고대 한국의 벽화고분

고대 한국의 벽화고분

초판 1쇄 발행 2023년 8월 1일

지은이 전호태

펴낸곳 서울대학교출판문화원
주소 08826 서울 관악구 관악로 1
도서주문 02-889-4424, 02-880-7995
홈페이지 www.snupress.com
페이스북 @snupress1947
인스타그램 @snupress
이메일 snubook@snu.ac.kr
출판등록 제15-3호

ISBN 978-89-521-3150-8 93910

고대 한국의 벽화고분

전호태 지음

서울대학교출판문화원

책을 열며

언젠가는 쓰려고 마음먹고 있던 영주의 2기 벽화고분에 대한 글을 마무리했다. 삼국시대의 벽화고분 가운데 가야, 백제, 신라의 것도 차례로 살펴보았으니, 이제 '고대 한국의 벽화고분'이라는 제목으로 책을 낼 수 있겠다는 생각이 들었다. 고구려 벽화고분에 대한 다른 글들을 아울러 한 권의 책으로 꾸몄다.

삼국 가운데 벽화고분을 가장 많이 축조한 나라는 고구려다. 2021년까지 확인된 고구려 벽화고분만 128기다. 고구려를 벽화고분의 나라라고 해도 과언이 아니다. 고분 내부를 벽화로 장식하는 고구려의 새로운 관습이 백제와 신라, 가야에는 자리 잡지 못했다. 영주 벽화고분의 사례로 보아 신라와 가야 등에도 고분벽화 문화는 전해졌지만, 기존의 관습에 더해지거나 관습을 바꾸는 데 이르지는 못했던 것 같다.

고분벽화는 관념과 실제가 혼합된 회화 작품이다. 그림의 제재는 실제 삶의 이모저모에서 가져오지만, 현실 너머의 소망을 담아내고 있다는 점에서 고분벽화는 관념을 품은 실제라고 할 수 있다. 회화 작품에서 관념과 실제를 모두 읽어 낼 수 있다면, 이런 그림을 공부하는 사람은 새 작품이 발견되고 보고될 때마다 긴장되고 흥분될 수밖에 없다. 실제 고대 사회가 꾸려지는 모습, 사람들의 관계, 생각이나 느낌, 맵시나 행동거지가 영상처럼 그림으로 남아 있다면, 이를 힐끗 보지도 않고 지나치는 사람은 없을 것이다.

백제와 신라는 각각 2기씩, 가야는 1기의 벽화고분만 남겼고 벽화의 보존 상태도 양호하지 않다. 하지만 이것만으로도 벽화가 제작되던 시기의 문화와 종교, 회화 양식 등은 파악할 수 있다. 심지어 당시 동아시아 각 지역 사이에 이루어지던 문화 교류가 회화 양식에 미친 영향 관계와 그 정도도 짚어 낼 수 있다. 이런 점에서 고분벽화는 옛사람들의 한순간, 곧 '현재'를 가장 잘 담아낸 기록이자 증언이다.

이 책에는 고구려의 지역문화 현황을 담아낸 벽화고분의 시기별 사례 분석, 백제·신라·가야 벽화고분의 현황 검토, 고구려 고분벽화에서 읽어 낸

고구려인의 미의식과 생사관, 문화유산으로서 고분벽화의 가치를 정리한 성과를 차례로 실었다. 부록으로 남북국시대 발해의 벽화고분에 대한 소개도 더했다.

이 책을 통해 독자는 고대 한국의 여러 나라 사이에 있었던 문화와 사상의 교류, 각 나라 지역문화의 변동 과정이나 그로 말미암은 결과와 만날 수 있을 것이다. 우리의 옛 모습 가운데 오늘날에도 여전히 우리의 일부로 남아 있는 것이 무엇인지도 일부 알 수 있을 것이다. 이 책을 읽는 과정이 나름 독자의 삶에서 의미 있는 순간일 수도 있으리라 기대해 본다.

글을 쓰고 다듬는 과정에 함께해 준 딸 혜전, 아들 혜준에게 감사한다. 열심히 기도로 후원해 준 하늘나라의 아내 장연희에게도 감사한다. 책을 내기로 하고 까다로운 편집 작업에 기꺼이 매달려 준 편집팀에도 감사한다.

2023년 여름, 일산 호수공원 곁 서재에서

전호태

차례

제2부 백제, 신라, 가야

제1장 백제

제2장 신라

제3장 가야

제3부 미의식과 세계관

서론

고분 내부가 벽화로 장식된 사례는 삼국시대 고구려의 유적에서 자주 발견되지만, 백제, 신라, 가야의 유적에서도 제한적으로 확인된다. 고구려의 경우, 2021년까지 128기의 벽화고분이 확인되었으며 유적 조사가 계속되는 한 앞으로도 발견 사례는 꾸준히 늘어날 것이다. 북한과 중국에서 발견, 조사되고 있는 고구려 벽화고분은 무덤의 구조, 벽화 내용에 의해 초기, 중기, 후기로 시기 구분이 이루어지고 있으며 중기인 5세기 중엽부터 5세기 말의 것이 압도적 다수다.

3세기 중엽 이래 5세기 초까지 축조, 제작된 고구려 벽화고분 가운데는 구조 및 내용에서 중국 요양지역의 위·진(魏·晉) 시기 유적과 비교될 수 있는 사례가 여럿 있다. 이는 고구려에 고분벽화라는 장의미술이 출현하는 과정에 요양 일대 고분벽화 제작 전통이 영향을 미쳤기 때문으로 볼 수 있다. 관실이 여럿 있는 요동성총, 널방 둘레에 회랑이 있는 안악3호분, 태성리3호분 등이 그런 경우다.

이 책의 제1부 제1장에서는 고구려 초기 벽화고분을 대표하는 사례로 안악1호분을 제시했다. 안악1호분은 4세기 말에 축조된 것으로 보이는데, 4세기 초부터 겪었던 정치 질서의 변화로 말미암아 대방군이 자리 잡고 있던 안악 일대에서 고유의 문화전통에 새로운 요소가 어떻게 더해졌는지를 잘 보여 준다.

고구려 중기 벽화고분의 의미 있는 사례로는 옥도리벽화분, 송죽리벽화분, 천왕지신총, 통구12호분을 선정했다. 근래에 발견, 조사된 옥도리벽화분은 5세기 전반 남포지역에 축조된 감 달린 두방무덤이다. 황해와 대동강이 만나는 곳에 있는 남포는 427년부터 고구려의 수도로 기능했던 평양의 외항 기능을 담당했다. 옥도리벽화분은 남포가 바다로 들어오넌 한계 분화와 고구려 고유의 색이 짙은 문화가 섞여 새로운 문화로 재창조되던 곳임을 확인시켜 주는 유적이다.

5세기 중엽으로 편년되는 연탄 송죽리벽화분 역시 근래에 발견, 조사된 유적이다. 무덤 구조상 평양 및 남포 일원의 두방무덤과 통하지만, 벽화 주제가 생활풍속이라는 점에서 송죽리벽화분은 생활풍속 및 사신을 중심으로 벽화가 구성되던 5세기 중엽의 평양 및 남포지역 벽화고분과는 차이를 보인다. 벽화 구성에서 송죽리벽화분은 5세기 후반에도 생활풍속이라는 벽화 주제를 고집하던 안악지역 외방무덤 벽화고분의 전통에 닿아 있다고 할 수 있다.

천왕지신총은 무덤칸에 목조가옥의 뼈대에 해당하는 보와 소슬, 소로 등을 나타내면서 실물과 그림을 어우러지게 배치한 특이한 구조를 보여 주는 유적으로 잘 알려졌지만, 지금까지 별도의 연구가 이루어지지 않았다. 널방 벽을 사방연속 연꽃귀갑문으로 장식하고 그 위에 무덤주인의 생활 장면을 그린 점에서 천왕지신총은 고구려 남북의 다른 벽화고분과 차이를 보인다. 더하여 천장고임은 천왕과 지신, 상금서수와 선인으로 장식되었다는 점을 보면 천왕지신총 무덤주인의 내세관은 복합적이고 모호하다. 천왕지신총은 무덤 구조와 벽화 구성에서 순천 일대가 문화적 점이지대였다는 사실을 잘 보여 주는 의미 있는 사례라고 할 수 있다.

통구12호분은 5세기 중엽 고구려 국내성 일대 장의미술의 흐름을 보여 주는 의미 있는 사례 가운데 하나다. 발견 이후, 조사 보고 외에 별도의 연구가 이루어지지 않았던 통구12호분은 하나의 무덤무지 안에 두 개의 돌방이 별도로 축조된 뒤 널길로 이어진 특이한 유적이다. 벽화 구성으로 볼 때, 남분과 북분의 무덤주인은 불교 신앙을 지니고 있었지만, 불교의 낙원이라는 정토에 대해 구체적으로 알고 있지 못했다고 할 수 있다. 통구12호분은 5세기 중엽 국내성에 살던 고구려 귀족들 사이에서 불교 신앙의 내용과 심도는 믿는 이마다 달랐음을 확인시켜 주는 유적이다.

고구려 후기 벽화고분인 오회분4호묘 벽화는 통구사신총과 오회분5호묘 벽화를 잇는 작품이다. 오회분4호묘 벽화는 고구려 고유의 신화 체계를 형상화해 나타낸 점에서 평양 일대의 6세기 고분벽화 및 중국 남북조시대의 6세기 회화와 구별된다. 오회분4호묘 벽화는 앞 시기의 충분히 다듬어지지 않은 관념 체계의 표현에서 한 걸음 더 나아가 비교적 잘 정리된 신화 체계를 세련되게 표현해 냈다는 점에서 고구려 국내성 화파의 개성적인 회화 세계를 잘 구현한 사례로 평가할 수 있다.

강서대묘는 6세기 말에 축조, 제작된 고구려 후기의 벽화고분이다. 강서대묘는 6세기 말 고구려 화가가 이전 시기의 미술 사조를 종합한 위에 새로운 기법을 고민하고 나름의 결론을 내린 뒤, 그 결과를 작품으로 남긴 매우 주목할 만한 사례다. 벽화 전반에 안정감과 균형감이 흐르고, 화가의 새로운 시도가 의미 있는 회화적 효과로 이어졌음이 확인된다.

이 책의 제2부에서는 백제, 신라, 가야의 벽화고분을 다루었다. 백제와 신라는 각각 2기씩, 가야는 1기의 벽화고분만 남겼지만, 이것만으로도 벽화가 제작되던 시기의 문화와 종교, 회화 양식 등은 파악할 수 있다. 심지어 당시 동아시아 각 지역 사이에 이루어지던 문화 교류, 회화 양식의 영향 관계와 정도도 짚어 낼 수 있다. 백제의 벽화고분이 공주 송산리6호분과 부여 능산리1호분 등 2기만 발견된 것은 고분벽화라는 장의미술이 백제 문화의 한 요소로 뿌리내리지 못했기 때문이라고 할 수 있다. 백제의 사원에서 온갖 명목의 재를 행했다면 불교적 내세관에 바탕을 둔 그림을 무덤 안에 그려 넣을 필요는 없었을 것이다. 상지상묘술(相地相墓術)에 입각해 찾아낸 사신지세(四神之勢)의 땅에 무덤을 조성했다면 굳이 무덤 안에 사신도를 그릴 이유는 없지 않겠는가.

영주 순흥 읍내리벽화분과 어숙지술간묘 벽화는 순흥에 전해진 불교 신앙이 6세기에는 내세관을 변화시킬 정도에 이르렀음을 알게 한다. 비록 신라의 수도인 경주에서는 6세기 전반 이른 시기에도 무속적 사고가 주류의 위치를 유지하고 있었지만, 고구려와의 접경 지역에서는 죽은 뒤 불교에서 말하는 하늘 세계나 정토에 태어나 새로운 삶을 누리려는 사람들이 생겨났음을 고분벽화를 통해 알 수 있다.

고령 고아동 벽화고분은 6세기를 전후해 가야지역에 새로이 출현한 횡혈식 석실묘 가운데 하나다. 중국 남조에서 백제에 전파된 전축분을 본떠 축조된 이 무덤을 장식한 연꽃은 고령 대가야의 왕실이 불교적 전생관과 왕생관에 바탕을 둔 내세관을 받아들였음을 확인시켜 준다. 물론 이런 새로운 시도와 관념이 대가야의 귀족들에게도 받아들여졌는지는 알기 어렵다.

고대 유적이나 유물 각각이 지닌 문화사적·예술사적 의미를 확인하는 데만 치중하다 보면 고대의 문화유산을 관통하는 그 시대의 미의식이나 세계관에는 관심을 기울이고 의미를 읽어 내기 어렵다. '미의식과 가치관, 세계관'에 대한 이 책 제3부는 벽화고분 각각을 살펴보는 과정에서 그냥 지나치기 쉬운 세계관이나 미의식을 읽어 내는 데 초점을 맞추었다. 유적이나 유물을 만든 장인이나 예술가의 의식 세계를 관통하고 있는 당대의 가치관이나 예술관을 밝히는 작업도 역사적·문화적 의미가 크다고 판단했기 때문이다.

고구려 천하관을 담은 새로운 문화의 정립은 5세기 이래 고구려 사회의 '진행형 과제'였다. 6세기 말 작품인 강서대묘 벽화의 사신도는 6세기 전반, 집안 국내성과 평양 고분벽화 사신도가 보여 주는 남북문화의 서로 다른 흐름을 넘어 새로운 문화의 흐름을 창조한다. 배경 화면을 비워 우주적 깊이의 공간에서 사신을 유영하게 한 고구려 화가의 창의성은 아무리 높이 평가해도 지나치지 않다.

연꽃으로만 장식된 장식무늬 고분벽화를 고구려 바깥에서는 찾아보기 어렵다. 신선이나 천인(天人)을 동반하지 않은 사신만의 세계 역시 고구려 후기의 고분벽화에서만 확인할 수 있다. 5~6세기에 작품 활동을 한 고구려 화가는 특정한 회화 제재만으로 화면을 구성해서 해당 제재를 통로로 삼아 깊고 풍부한 관념의 세계에 접근할 수 있게 했다.

6~7세기 고구려 고분벽화의 주제는 사신이다. 4~5세기 고분벽화에 정좌 초상의 형태로 혹은 풍경 속 인물로 그려지던 무덤주인이 더는 화면에 보이지 않는 대신, 사신이 무덤칸 벽면의 주인공으로 묘사된다. 하늘 별자리의 화신인 사신이 벽화의 유일한 주제이자 제재가 되면서 무덤칸은 벽과 천장의 구별이 없는 하나의 공간이 된다. 즉 6세기에 들어서면서 고분 안 내세 삶의 공간은 승선(昇仙) 신앙과 불교 신앙의 낙원 관념이 혼합된 세계로 바뀐다.

문화사, 예술사, 종교·사상사, 사회사적 측면에서 다양한 가치와 의미를 지니고 있음에도 불구하고 고구려 고분벽화 연구는 여전히 성과의 축적이 제한적이다. 고분벽화 분석을 바탕으로 어떤 역사상을 읽어 내고자 할 때, 역사학, 고고학, 미술사학, 종교학 등 여러 방면에서 종합적·입체적 접근을 시도해야 하기 때문이다. 따라서 고분벽화 연구는 여러 분야의 연구자들이 팀을 이룬 학제적·융합적 연구가 이루어져야 한다. 향후 고구려 고분벽화 연구 성과를 지속적으로 산출하고 축적하기 위해서는 유적과 유물 정보의 DB센터 설립과 운영, 학술정보 수집과 공유, 연구를 전담할 연구 거점(post)의 확보, 연구자 네트워크의 결성과 활성화 등이 이루어져야 할 것이다.

한편, 발해 문왕의 딸인 정효공주묘의 벽화와 왕릉으로 추정되는 삼릉둔2호묘 벽화는 구성과 기법에서 당(唐) 고분벽화의 영향을 읽을 수 있지만, 무덤 구조나 벽화 제작이라는 행위는 고구려의 문화적 전통과 맥이 닿아 있다고 할 수 있다. '화제(畵題)의 선택적 수용과 재배치'는 고분벽화 수용과 발전 과정에서 특히 두드러지게 나타나는 고구려식 문화 재창조 방식이다.

당 문화의 영향도 일부 보이는 발해 고분벽화에 이후 발해 특유의 문화적 개성이 어떤 방식으로 반영되었는지는 간간이 이루어지고 있는 북한과 중국의 발해 고분 조사 결과를 지켜보면서 가늠해야 할 듯하다.

제1부

고구려

제1장

초기: 안악1호분

1. 유적 개요

안악1호분은 1949년 안악지역에서 발견된 3기의 벽화고분 가운데 하나다. 안악3호분은 357년 작성된 묵서묘지명과 대행렬도를 포함한 풍부한 벽화 내용으로 말미암아 관심과 연구의 대상이 되었고, 안악2호분은 벽화의 세련된 필선과 불교 관련 제재가 연구자들의 눈길을 끌었다. 이와 달리 안악1호분은 위의 두 벽화고분에 비해 벽화의 보존 상태도 좋지 않고 제재와 구성에서 뚜렷한 특징을 보이지 않는다는 이유로 제대로 연구가 이루어지지 않았다.

그러나 안악1호분도 안악을 중심으로 한 지역문화의 전개 과정을 잘 담아낸 유적이라는 점에서 유의해 살펴볼 필요가 있다. 안악1호분 무덤 구조와 벽화 제재의 분석을 통해 고구려가 재령강 일대로 영역을 확장한 뒤 대방고지이던 안악의 문화가 겪은 변화 양상을 읽어 낼 수 있기 때문이다. 또한 고구려 이전과 이후의 역사문화, 관념과 신앙이 어떻게 같고 다른지가 무덤칸 벽과 천장 곳곳에 슬쩍슬쩍 덧씌워졌을 수도 있다.

안악1호분은 황해남도 안악군 대추리 상지마을(옛 지명: 황해도 안악군 대원면 산상리)에 있다.[1] 대추리 상지마을 뒤 언덕 위에 있는 2기의 고구려 흙무지

1 채병서, 『안악 제1호분 및 제2호분 발굴보고』(『유적발굴보고』 IV), 1958, 1~21쪽; 문화보존연구소편집부 편, 「안악1호무덤」, 『우리나라역사유적』, 과학백과사전출판사, 1983, 154쪽; 朝鮮畵報社編輯部 編, 『高句麗古墳壁畵』, 講談社, 1985, 도판 135~143; 조선유적유물도감편집위원회 편, 『조선유적유물도감』 6(고구려편 4), 외국문종합출판사, 1990,

돌방벽화무덤 가운데 남쪽의 것이다. 약 400m 뒤 북쪽 구릉에는 안악2호분이 있다. 1949년 3월 상산리 상지마을 농민들이 도로수리용 잡석을 모으려고 석곽에 사용된 돌을 뽑다가 발견했다. 같은 해 4월 13일~4월 15일에 걸쳐 북한의 물질문화유물조사보존위원회에 의해 1차 조사가 이루어졌다.

그러나 한국전쟁 도중 조사기록과 자료가 흩어지거나 없어져 1957년 5월 7일~5월 15일 사이에 북한 과학원 고고학 및 민속학연구소 주도로 2차 조사가 진행되었다. 조사 당시 널길은 110cm, 널방은 50~60cm 높이로 토사가 쌓여 있었다. 널길 어귀 안쪽에는 너비×높이×두께 1.25×0.80×0.12m 크기의 큰 판돌이 폐쇄석으로 세워져 있었다. 널방 입구의 널길 동벽과 서벽에서 두 짝의 돌문을 달았던 문확이 발견되었고 문짝 잔편이 확인되었다.

무덤의 방향은 서쪽으로 2° 기운 남향이다. 널길과 널방으로 이루어진 외방무덤으로 널길과 널방의 길이×너비×높이는 각각 2.47×0.97×1.55m, 2.85~2.88×2.53~2.55×3.35m이다(그림 1-1). 석회암과 화강암 편석으로 널방 벽과 천장을 쌓았으며, 돌 틈 사이는 진흙과 석회로 메웠다. 돌벽 위에는 4~5cm 두께로 회를 발랐다. 널방 바닥은 진흙으로 다져 마무리했다. 널방의 천장 구조는 평행삼각고임이다.

무덤 안에서 쇠관못 3점, 금제단추형장식물 1점, 금제심엽형장식물 1점이 발견, 수습되었다. 널방 벽과 천장에 벽화를 그렸으나 회벽이 황갈색으로 변색되고 벽화 퇴색도 심해 알아보기 어려운 곳도 적지 않다. 벽화의 주제는 생활풍속이다.

널방 벽 모서리에는 기둥이 묘사되었고 벽과 천장고임 경계에는 보와 도리가 그려져 널방 내부가 목조가옥의 내부처럼 느껴지게 했다. 널방 동벽과 남벽에는 의장기수가 동원된 행렬과 고취악대가 표현되었고, 서벽에는 여인들의 행렬과 사냥 장면이 묘사되었다. 널방 북벽에는 각루(閣樓), 회랑이 있는 대규모 귀족 저택이 그려졌다.

안악1호분 널방 천장고임 제1층에는 변형 구름무늬 계통의 장식무늬를, 그 위에는 기린(麒麟), 천마, 비어(飛魚), 사람 머리의 짐승, 상서로운 새 등을 묘사했다. 동심원문 등으로 장식된 천장고임 제3층을 지나 제4층에 이르면 사람 머리의 새, 짐승 머리의 새를 비롯한 상서로운 새들이 등장한다. 천장

도판 194~204.

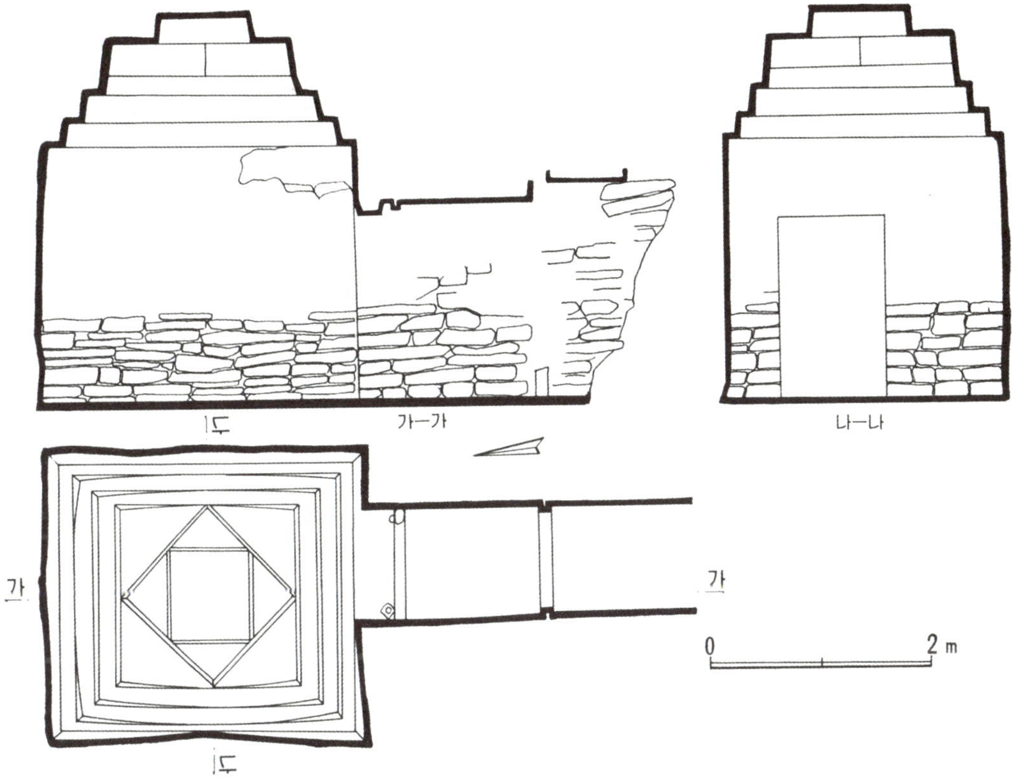

그림 1-1　　안악1호분 무덤칸 실측도

의 평행고임에 묘사된 새와 짐승들 가운데 모습이 제대로 남아 있는 것은 날개 달린 물고기, 날개 달린 말, 날개 달린 기린, 한 쌍의 봉황, 사람 머리의 새, 사람 머리의 짐승 등이다. 평행고임 전체에 기금이수 16마리가 배치되었던 것으로 보이나 일부 흔적이라도 남은 것은 11마리뿐이다. 천장고임 제5층에는 각 방위에 맞추어 북두칠성을 비롯한 별자리를 그려 넣었다.

안악1호분은 전형적인 외방무덤이면서 널방 천장 구조가 평행삼각고임이다. 널길과 외방으로 이루어진 무덤 구조는 후기 벽화고분과 다르지 않으나, 무덤칸에 사용된 석재의 형태, 무덤칸 축조 방식 등은 초기 돌방무덤의 특징을 잘 드러낸다. 벽화에 사신을 연상시키는 제재는 등장하지 않는다. 널방 천장벽화의 제재들은 주로 신선 신앙을 연상시키는 것들이다.[2] 안악1호분 무덤칸에서 출토된 금제 심엽형장식 등은 4세기로도 편년 가능한 것들이

2　全虎兌, 「古墳壁畵로 본 高句麗人의 神仙信仰」, 『新羅文化』 17·18합집, 2000, 10~11쪽.

다. 무덤 구조와 벽화 주제, 벽화 제재의 구성 방식, 출토 유물 등을 종합적으로 고려하면 안악1호분은 4세기 말 축조되었다고 보아도 큰 무리가 없을 듯하다.

2. 벽화 분석

1) 널방 벽

널방 남벽에는 고취악대가 포함된 행렬이 그려졌다(그림 1-2). 벽화의 많은 부분이 훼손되었지만, 기마 인물과 기수들, 커다란 세운 북을 메고 가며 연주하는 사람이 희미하게 남아 있다. 세운 북으로 해석되는 악기는 가운데 고리로 걸고 좌우에서도 걸어 당겨서 아래로 쏠리는 무게를 견뎌내도록 장치되어 있어 무거운 금속제 악기인 동고(銅鼓)일 가능성도 있다.

남벽의 행렬은 동벽에서 시작된 행렬의 전열에 해당한다(그림 1-3). 중열에 해당하는 동벽 행렬도에는 호위대 역할을 하는 기수들의 행렬과 그 아래에 세 대의 수레가 그려져 있다. 수레 행렬의 아랫부분 벽화는 박락되었다.

행렬도는 평양권 고분벽화에 여럿 남아 있다. 회랑의 대행렬도로 잘 알려진 안악3호분 외에도 덕흥리벽화분, 약수리벽화분 등에서도 보인다. 행렬도는 무덤주인이 생전에 누린 권세와 지위가 어느 정도였는지를 보여 주는데 효과적인 벽화 제재다.

널방 서벽 상단, 화면 왼편에는 기마사냥 장면이 배치되었다(그림 1-4). 화면에는 힘껏 달아나는 노루 한 마리와 소나무 한 그루로 산비탈 숲이 압축적으로 표현되었다. 노루는 이 숲으로 막 뛰어들려 하고, 뒤쫓는 기마사냥꾼은 달리는 말 위에서 상체를 약간 앞으로 내밀며 활시위를 힘껏 당긴 상태다. 이제 사냥꾼이 시위를 놓으면 화살이 달아나는 짐승의 목덜미를 꿰뚫을지, 아니면 날아간 화살이 제 몸에 닿기 전 노루가 아슬아슬하게 소나무 숲 안으로 사라질지, 도대체 어떤 일이 일어날지, 결과가 어떨지 아무도 모른다. 벽화를 그린 화공은 쫓기는 짐승과 쫓는 사냥꾼 사이의 긴장감을 깊이 당겨진 활시위만큼이나 팽팽하고 가감 없이 나타냈다.

널방 서벽 상단 오른편, 곧 화면의 북쪽에는 매사냥 장면이 표현되었다.

그림 1-2 안악1호분 널방 남벽 및 천장고임 벽화 모사선화: 행렬
그림 1-3 안악1호분 널방 동벽 및 천장고임 벽화 모사선화: 행렬
그림 1-4 안악1호분 널방 서벽 및 천장고임 벽화 모사선화: 사냥
그림 1-5 안악1호분 널방 북벽 및 천장고임 벽화 모사선화: 귀족 저택

화면에서 머리에 챙이 넓은 패랭이를 쓴 기마인물은 창공으로 날려 보낸 매를 보느라 빨리 달리는 말 위에서 허리를 굽혀 몸을 앞으로 내밀면서 오른손으로는 챙의 한쪽 끝을 잡고 있다. 사냥감이 된 까투리는 산봉우리 위의 창공을 향해 급히 날아가고 있고 그 뒤를 쫓는 매는 활짝 폈던 두 날개의 폭을 순간적으로 오므려서 더 빠른 속도를 내며 창공으로 치솟고 있다. 매가 몸 뒤로 빼낸 두 발은 깃털에 가려진 상태다. 매사냥의 긴박한 순간이 너무 생생하게 묘사되어 마치 동영상의 한 장면을 보는 듯하다. 벽화를 그린 화공은 매사냥 과정의 각 순간을 한 화면에 그렸다. 이른바 사건의 전개 과정을 한 화면에 나타내는 이시동도법(異時同圖法)이 적용된 경우다.[3] 벽화의 매사냥 장면은 4세기 말 매사냥이 고구려인에게 매우 익숙한 사냥 방법이었다는 사실을 알게 한다.[4]

안악지역에는 외방무덤인 봉성리1호분 널방 벽에도 매 그림이 남아 있다.[5] 무덤 널방 벽에 흐릿하게 남은 벽화와 무덤칸 바닥에 떨어진 벽화 조각에서는 크고 작은 세 개의 산봉우리, 산봉우리 위에 앉은 매, 산봉우리 위의 소나무 몇 그루 및 구름 등이 확인되었다. 안악1호분 벽화 중의 산봉우리를 향해 날아가는 매와 까투리 그림을 고려하면 봉성리1호분 벽화에 묘사된 장면도 사냥을 위해 날아가는 매를 나타낸 것일 가능성이 크다.

집안의 마선구1호분, 장천1호분, 삼실총 벽화에도 매사냥 장면이 남아 있다.[6] 삼실총 제1널방 벽에는 기마인물 하나가 매로 꿩을 사냥하는 모습이 남아 있는데, 매를 팔뚝에 올린 준비 장면과 매를 날려 꿩을 뒤쫓는 장면이 한 화면에 그려졌다. 안악1호분 벽화의 매사냥 장면에서와 같은 이시동도법이 적용된 또 다른 사례다. 장천1호분 앞방 벽의 매사냥도 및 2인 주악가무도에서도 이시동도법에 바탕을 둔 벽화가 보인다.

매사냥 장면 아래에는 여러 형태의 모자를 쓴 여인들이 일정한 간격을 이룬 채 어디론가 가고 있는 모습이 그려졌다. 눈길을 끄는 것은 이 행렬의 한가운데에 그려진 소나무다. 장면을 나누는 용도로 보기 어려운 소나무에

---

3 전호태, 『고구려 고분벽화 읽기』, 서울대학교출판부, 2008, 78~81쪽.
4 전호태, 「고구려의 매사냥」, 『역사와 경계』 91, 2014.
5 김사봉, 「학계소식: 봉성리벽화무덤에 대하여」, 『력사과학』 1980년 2기, 47~48쪽.
6 池內宏·梅原末治, 『通溝』 卷下, 日滿文化協會, 1940, 21~27쪽, 도판 47~68; 吉林省博物館輯安考古隊(方起東), 「吉林輯安麻線溝一號壁畫墓」, 『考古』 1964年10期; 吉林省文物工作隊·集安縣文物保管所(陳相偉·方起東), 「集安長川一號壁畫墓」, 『東北考古與歷史』 1輯, 1982.

어떤 관념이 투사되었는지는 알기 어렵다. 행렬 가운데 소나무 왼편의 인물은 두 소매 안에서 팔목을 맞잡았다. 색동치마 위에 점무늬가 있는 두루마기를 걸친 이 여인은 머리에 모자로 보이는 것을 썼는데, 다른 고분벽화에는 보이지 않는 것이다. 이 여인의 뒤를 따르는 네 사람도 여인으로 보이며, 머리에 두 개의 삼각뿔 형태의 모자를 썼는데, 얼굴에는 표정이 없어 마치 가면을 쓴 듯이 보인다.

널방 북벽에는 대규모 저택이 묘사되었다(그림 1-5). 2층 전각을 중심으로 주위에 기와지붕이 있는 담을 둘렀으며 네 모서리와 각 방향의 변 중심에는 대문을 설치했다. 저택을 둘러싼 담에 일정한 간격으로 기둥과 주두가 세워졌고 위에 지붕이 있는 것으로 보아 실제로는 담이 아닌 회랑일 수도 있다. 담으로 보이는 저택의 경계 부분은 중간 부분이 안으로 꺾여 들어와 저택 전체가 가운데에서 잘록해진 듯 보이지만, 이것은 규모가 상당한 저택을 조감도식으로 그려 내는 과정에서 원근감과 입체감을 살리기 위해 시각적인 혼란을 무릅쓴 결과다. 중앙의 2층 전각의 끝이 들린 추녀 용마루 끝에는 치미 형태의 기와가 얹혀 있다. 저택 안팎에는 건물 크기와 비례가 맞지 않는, 커다랗게 묘사된 사람이 여럿이 등장한다. 하지만 화면이 흐려 이들이 어떤 자세로 무슨 일을 하고 있는지는 알 수 없다.[7]

초기 생활풍속계 벽화고분에서 널방 북벽은 무덤주인 부부의 생활 공간이다. 따라서 장방 안에 앉은 무덤주인 부부가 남녀 시종의 시중을 받는 장면이 그려지는 것이 일반적이다. 고구려 초기 생활풍속계 고분벽화 가운데 안악1호분 벽화처럼 귀족의 저택이 통째로 그려진 다른 사례는 확인되지 않는다. 그러나 중국의 후한 시기 고분벽화와 화상석무덤에서는 무덤주인의 저택이나 통치 공간이 무덤 안의 한 벽면에 통째로 묘사되는 사례가 적지 않다.[8] 안악1호분 벽화의 귀족 저택 그림은 이런 표현의 바탕에 깔린 관념을 받아들인 경우라고 할 수 있다.

---

7 발굴보고에는 7명의 남녀 인물이 그려졌다고 하나, 그들의 자세 등에 대한 언급은 없다(채병서, 『안악 제1호분 및 제2호분 발굴보고』, 6쪽).

8 중국 하북 안평 녹가장 동한묘 중실에 묘사된 정원건축도 역시 그러한 사례로 볼 수 있다(中國美術全集編輯委員會 編, 『中國美術全集』 繪畫編 12, 文物出版社, 1989, 18쪽).

2) 널방 천장고임

널방 천장고임 측면에는 기금이수(奇禽異獸)와 별자리를 그렸고, 널방 천장고임 2층 남쪽에는 불꽃무늬 사이로 천마와 비어를 그렸다. 벽화의 천마는 날개가 있어 서아시아 및 그리스 신화의 '페가수스'를 연상시킨다(그림 1-6, 1-7). 곁의 불꽃에 비해 크기도 작아 장난감처럼 앙증맞은 느낌을 주기도 한다. 천마와 마주보는 비어(飛魚) 역시 날개가 달렸다(그림 1-8, 1-9). 『산해경(山海經)』에서는 노수(勞水)의 비어를 먹으면 치질과 설사가 낫는다고 한다.[9] 하늘 세계

그림 1-6　안악1호분 널방 천장고임 벽화: 천마
그림 1-7　덕흥리벽화분 앞방 천장고임 벽화: 천마

그림 1-8　안악1호분 널방 천장고임 벽화: 비어
그림 1-9　덕흥리벽화분 앞방 천장고임 벽화: 비어

9　『山海經』, 「中山經」.

의 존재로 그려진 벽화 속의 천마와 비어는 덕흥리벽화분 앞방 천장고임 벽화의 사례로 볼 때, 하늘의 별자리를 형상화한 것으로 볼 수 있다. 천장고임 4층 삼각석 옆면의 그림은 남아 있지 않다. 천장고임 5층 삼각석 옆면에는 별 1개가 남아 있는데, 본래는 남두육성을 그렸던 것으로 보인다.[10]

널방 천장고임 2층 동쪽에는 불꽃무늬 사이로 꽁지깃이 유난히 긴 서조(瑞鳥)와 사람 머리의 짐승을 그렸다. 짐승의 이목구비는 알아보기 어려우나 몸은 발굽 동물인 소를 연상시킨다(그림 1-10). 이런 유형의 짐승으로 안악1호분 벽화와 비교될 만한 것은 덕흥리벽화분 앞방 천장고임 직녀 근처에 그려진 성성(猩猩)이다(그림 1-11). 성성은 『산해경』에도 나오는데, 사람이 이것

10

11

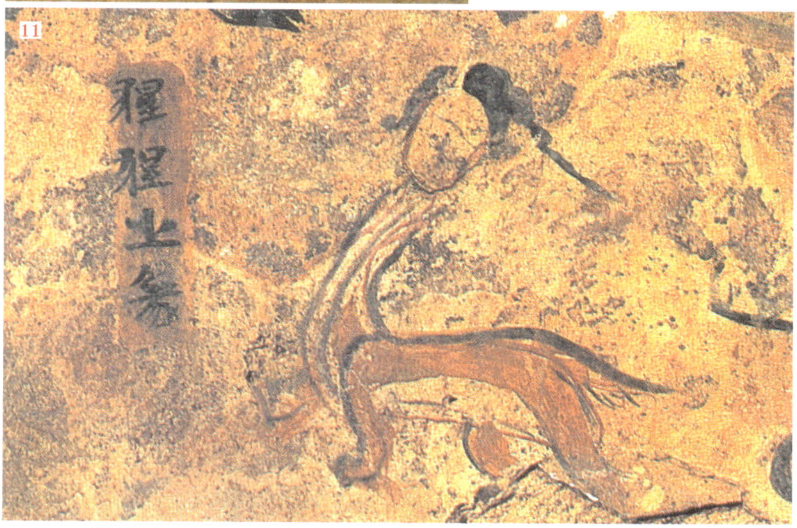

그림 1-10 안악1호분 널방 천장고임 벽화: 사람 머리 짐승
그림 1-11 덕흥리벽화분 앞방 천장고임 벽화: 성성

10 김일권, 『고구려 별자리와 신화』, 사계절, 2008, 102쪽.

을 잡아먹으면 잘 달리게 된다고 한다.[11] 또한 사람이 이 짐승을 잡으려고 술독과 여러 켤레의 신발을 끈으로 잇대어 놓아 두면, 그 조상의 이름을 들먹이며 꾸짖고 욕을 하며 지나가지만 결국 되돌아와 술을 마시고 신발을 신어 보다가 사람에게 붙잡히고 만다는 재미있는 짐승이기도 하다. 천마와 비어처럼 서조와 사람 머리의 짐승 역시 별자리가 형상화된 사례로 이해할 수 있다.

널방 천장고임 4층 삼각석 옆면에는 각각의 삼각석마다 새 한 마리씩이 그려졌는데, 그중 한 마리는 사람 머리의 새다(그림 1-12). 자세와 크기, 위치 등으로 보아 머리 부분이 남아 있지 않은 다른 한 마리도 사람 머리의 새였을 가능성이 크다. 이렇게 사람 머리가 달린 새가 그려진 다른 벽화고분으로 덕흥리벽화분, 천왕지신총, 무용총, 삼실총이 있다. 덕흥리벽화분의 두 마리 새 곁에는 각각 천추(千秋), 만세(萬歲)라는 묵서가 있으며(그림 1-13), 천왕지신총 벽화의 사람 머리가 달린 새 곁에는 천추라는 묵서가 남아 있다. 천추와 만세는 천 년, 만 년이라는 오랜 세월 동안 살고 싶은 소망이 형상화된 존재다. 덕흥리벽화분과 천왕지신총의 사례로 볼 때, 무용총, 삼실총, 안악1호분 벽화의 사람 머리의 새 역시 천추, 만세로 보아도 무리가 아닐 듯하다. 천장고임 5층 삼각석 옆면에는 세 개의 별이 선으로 이어진 3성 별자리가 표현되었다. 이 별자리는 동쪽을 대표하는 심수(心宿)로 추정된다.[12]

널방 천장고임 2층 서쪽에는 기린(麒麟) 그림이 남아 있다(그림 1-14). 다만 가운데 불꽃무늬와 기린과 마주 보는 자리의 기금이수는 그림이 남아 있지 않다. 그러나 기린은 한 쌍의 상서로운 짐승을 가리키는 말이고, 장천1호분과 강서대묘 벽화의 사례에서 확인할 수 있듯이 서로 마주 보는 한 쌍으로 그려지는 것이 일반적이다(그림 1-15). 이런 점을 고려할 때, 안악1호분 벽화에도 기린은 암수가 서로 마주 보는 상태로 묘사되었을 가능성이 크다.

성인이 났을 때 세상에 모습을 보인다는 상서로운 동물인 기린은 허리에 날개가 달렸으며 이마에 뿔이 하나 솟아 있다. 집안의 장천1호분과 삼실총에 묘사된 기린은 상서로운 기운이 날카롭고 힘 있게 뻗쳐 나오며, 꼬리가 길고 풍성하다(그림 1-16).[13] 이와 달리 안악1호분의 기린은 둥글고 부드러운

---

11 『山海經』, 「南山經」, 「海內南經」 및 「海內經」.

12 김일권, 『고구려 별자리와 신화』, 102쪽.

13 전호태, 『고분벽화로 본 고구려 이야기』, 풀빛, 2006, 74~75쪽.

그림 1-12 덕흥리벽화분 앞방 천장고임 벽화: 천추
그림 1-13 덕흥리벽화분 앞방 천장고임 벽화: 만세

그림 1-14 안악1호분 널방 천장고임 벽화: 기린
그림 1-15 강서대묘 널방 천장고임 벽화: 기린
그림 1-16 삼실총 제1널방 천장고임 벽화: 기린

필선으로 그려져 귀여운 느낌을 준다. 벽화의 기린은 개념상 서아시아 및 그리스 신화에 등장하는 유니콘에 가깝다.

널방 천장고임 4층 삼각석 옆면에는 각각의 삼각석마다 새를 한 마리씩 그렸는데, 한 마리는 머리가 남아 있지 않고 다른 한 마리는 머리가 길짐승

그림 1-17　덕흥리벽화분 앞방 천장고임 벽화: 길리
그림 1-18　덕흥리벽화분 앞방 천장고임 벽화: 부귀

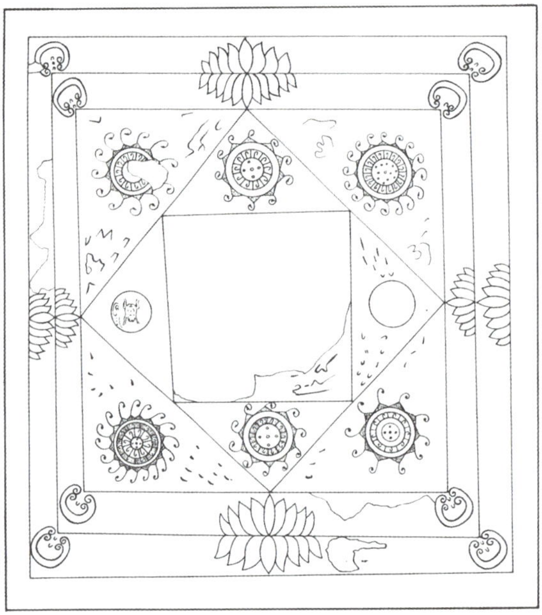

그림 1-19　안악1호분 널방 천장 벽화 모사선화

의 그것이다. 천추, 만세의 사례로 보아 머리가 없는 다른 한 마리도 짐승 머리의 새였을 가능성이 있다. 덕흥리벽화분 앞방 천장고임에 그려진 길리(吉利)와 부귀의 사례로 보면 안악1호분의 짐승 머리 새에도 이와 비슷한 관념이 투사되었을 수 있다(그림 1-17, 1-18). 천장고임 5층 삼각석 옆면에는 N자형 4성 별자리가 표현되었다. 널방 천장고임 2층 북쪽에는 한 쌍의 상서로운 새를 그렸으며, 천장고임 4층 삼각석 옆면의 그림은 남아 있지 않다. 천장고임 5층 삼각석 옆면에는 북두칠성이 그려졌다.

안악1호분 널방 천장고임의 평행고임 및 삼각고임 밑면과 천장석 그림은 일부만 남아 있다(그림 1-19). 평행고임의 네 모서리에는 겹 고사리 무늬가 배치되었고 각 면 가운데에는 연꽃이 피어난 형상이 그려졌다. 천장고임 4층에 해당하는 삼각고임 제1층 밑면의 각 삼각석 가운데에는 양식화된 연꽃무늬를 그려 넣었다. 천장고임 5층에 해당하는 삼각고임 제2층 밑면 동쪽과 서쪽 삼각석에는 해와 달을 묘사했고, 남쪽과 북쪽 삼각석에는 양식화된 연꽃문을 그렸다. 해 안의 두꺼비 그림은 남아 있지만, 달 안의 세발까마귀 그림은 남아 있지 않다.

3. 4세기 안악 문화와 고구려

4세기 초 미천왕이 보낸 고구려군이 잇달아 진입하면서 낙랑군과 대방군의 영역은 고구려 땅이 되었다. 두 지역의 주민 가운데 일부는 다른 곳으로 옮겨졌고 이들이 떠난 빈자리는 외부의 이주민으로 채워졌다. 대방군 영역을 둘러싼 고구려와 백제의 힘겨루기가 계속되면서 안악 일대는 사회적 안정을 이루지 못한 채, 행정 체제와 인적 구성도 변화를 겪지 않을 수 없었다. 안악3호분에 묘지명을 남긴 동수 역시 그런 사회 변화의 와중에 남쪽 땅으로 보내진 전연(前燕)의 망명객이었다.[14]

4세기 내내 안악 일원에 어떤 정치적 사건이 있었는지, 사회·문화적으로는 어떤 흐름이 만들어졌는지에 대한 문헌 기록은 전하지 않는다. 그러나 안악에서 발견된 3기의 벽화고분을 통해 시대별 변화 양상을 어느 정도 읽어낼 수 있다. 그리고 안악3호분보다 수십 년 늦게 제작된 것으로 보이는 안악1호분은 4세기 말에도 안악에 특유의 문화가 남아 있었음을 미루어 짐작하게 한다.

357년 묵서묘지명이 있는 안악3호분이 회랑이 있는 여러방무덤인 것과 달리 안악1호분은 전형적인 외방무덤이다. 무덤 구조로 볼 때 안악3호분은

14 여호규, 「4세기 高句麗의 樂浪·帶方 경영과 中國系 亡命人의 정체성 인식」, 『韓國古代史研究』 53, 2009. 동수의 파란만장한 삶은 전호태, 「역사의 블랙홀, 동수묘지」, 『고대로부터의 통신』, 푸른역사, 2003 참조.

그림 1-20 안악1호분 널방 남벽 벽화: 행렬
그림 1-21 안악1호분 널방 남벽 벽화: 행렬 중 고취악대
그림 1-22 안악1호분 널방 동벽 벽화: 행렬 중 수레

요양 위·진 고분과 연결되지만,[15] 안악1호분은 대방지역의 외방계열 전축분과 이어진다. 천장고임은 안악3호분과 안악1호분 모두 산동지역 한대의 석실분과 구조적으로 같다.[16]

안악1호분은 벽화 구성과 표현에서 앞의 안악3호분과 공유하는 것이 있고 그렇지 않은 것이 있다. 행렬도는 두 무덤 모두에서 벽화 제재로 선택되지만, 규모도 다르고, 표현 방식도 구별된다(그림 1-20~1-22). 여러방무덤의 긴 회랑에 그려진 대행렬도와 외방무덤의 벽을 화면으로 삼은 행렬도는 다를 수밖에 없다. 무덤에 묻힌 이의 신분과 지위도 차이가 있고, 두 사람이 겪은 사회·문화적 경험도 다르며 무덤 장식을 담당한 화공이 벽화 제재를 소화하는 방식도 같지 않기 때문이다.

안악1호분 벽화를 그린 화공은 벽화 제재를 압축해 구성하고 묘사하면서도 표현된 장면이 만만치 않은 규모인 듯이 느껴지게 했다. 널방 벽 상부에 그려진 행렬도의 경우, 의장 기수들의 행렬 사이에 거대한 북(혹은 동고)을 메고 가며 연주하는 장면을 그려 넣어 행렬에 동원된 고취악대의 규모가 상당하다는 사실을 드러냈다.

안악3호분에서는 제재로 선택되지 않았던 사냥 장면이 안악1호분에서는 널방의 한 벽을 차지하게 그려진 점도 주목된다(그림 1-23, 1-24). 안악1호분 사냥도에서는 화공의 압축적인 표현 능력이 두드러지는데, 화공은 일반 사냥과 매사냥을 한 화면에 압축해 사실감 있게 묘사하고 있다. 가운데 거대

15 전호태, 「고구려 안악3호분 재론」, 『한국고대사연구』 44, 2006.
16 전호태, 『고구려 벽화고분』, 돌베개, 2016.

그림 1-23 안악1호분 널방 서벽 벽화: 사냥
그림 1-24 안악1호분 널방 서벽 벽화: 매사냥

그림 1-25 안악1호분 널방 서벽 벽화: 행렬 중의 여인
그림 1-26 안악1호분 널방 서벽 벽화: 여인 행렬

한 바위가 여럿 치솟은 암산을 그리고 좌우에 각각 짐승과 새를 사냥하기 위해 애쓰는 기마사냥꾼을 1명씩 등장시켜 구성한 화면은 여러 명의 기마사냥꾼이 여러 종류의 동물을 쫓아 산야를 누비며 활시위를 당기는 모습을 그려낸 무용총이나 덕흥리벽화분, 약수리벽화분의 사냥도보다 어떤 면에서는 더 박진감 있고 사실적이다.

사냥도의 아래쪽에 묘사된 여인들의 행렬에서 두드러지는 것은 기묘한 구성을 보이는 복식이다. 비교적 모습이 잘 남아 있는 한 여인이 몸에 걸친 것은 국내성 중심의 원고구려 복식이라고 할 수 있는 점무늬 두루마기와 색동치마다(그림 1-25, 1-26). 색동치마는 이보다 늦은 시기의 작품인 수산리벽화분의 귀부인도 걸치고 있는 것으로 귀족 복식의 한 요소다. 점무늬 두루마기는 전형적인 북방 복식으로 4세기 말 평양 일원의 고분벽화에서는 찾아보기 어렵다. 이를 통해 국내성 중심의 원고구려 복식이 4세기 말에는 대방 문화의 한 요소로 자리 잡을 정도에 이르렀다는 해석도 가능하다.

행렬의 여인들이 쓴 두 뿔이 있는 듯한 모양의 머리쓰개는 기원과 용도를 파악하기 어렵다. 다만 이 쓰개 아래로 묘사된 여인들의 얼굴이 마치 가면을 쓴 듯이 보이는 것은 아직은 인물의 개성 표현이 허용되지 않고 있던 사회적 분위기로 말미암은 현상일 수 있다. 안악3호분이나 덕흥리벽화분 벽화에서 확인할 수 있듯이 화공은 개개인의 특징을 읽어 내고 묘사할 수 있는 능력을 지니고 있지만, 사회에서 이것이 허용되지 않는다면 굳이 무리해서 그렇게 표현할 이유는 없는 것이다.

널방 천장고임의 기금이수 그림에서 두드러지는 부분은 물에서 사는 물고기와 뭍에서 사는 짐승들에게 날개가 달렸다는 사실이다. 날개 달린 짐승이나 사람은 중국의 후한(後漢)시대 화상석에서는 즐겨 표현되지만, 위·진시대에 이르면 사실상 모습을 감춘다. 신선 신앙이 위·진시대에 도교의 한 부분으로 흡수되면서 날개 없이 승선하는 존재를 상정하고 묘사하게 된 까닭이다.

미천왕에 의해 낙랑군과 대방군이 멸망하는 과정에 낙랑군의 지배층은 고구려에 적극적으로 저항하다가 요동으로 망명하지만,[17] 대방군에서는 그런 움직임이 확인되지 않는다.[18] 이런 까닭에 두 군이 멸망한 뒤, 낙랑 고지의 주민 구성은 바뀌게 되었다.[19] 대방 고지의 경우는 그런 불상사를 겪지 않았던 것으로 보인다. 물론 지배층의 망명과 이주는 있었을 것이다. 그러나 낙랑군과 대방군 사회의 변화 양상은 차이가 있었던 것이 확실하다. 4세기 초 이후, 낙랑 고지에 더는 한계 문화의 색채를 보여 주는 무덤이 축조되지 않은 것과 달리 대방 고지에서는 전축분이 계속 축조되었기 때문이다.[20]

---

17 낙랑 사람들은 요동인 張統을 중심으로 세력을 이루고 고구려군에 저항하다가 王遵의 인솔 아래 千餘家가 요동의 새로운 지배자 慕容廆의 휘하로 들어간다(『資治通鑑』 卷88, 「晋紀」 10, 孝愍建興元年條).

18 오영찬, 「고구려 벽화고분의 등장과 낙랑·대방군」, 『고분벽화로 본 고구려 문화』, 고구려연구재단, 2005.

19 고구려는 낙랑지역에서 남녀 二千餘口를 포로로 잡아 국내성지역으로 보낸다(『三國史記』 卷17, 「高句麗本紀」 5, 美川王 14年條).

안악1호분은 대방 고지에 더는 전축분이 축조되지 않은 뒤 등장한 벽화고분 가운데 하나다. 요양 위·진 고분과 친연성을 보이고 대방의 전축분과 구별되는 안악3호분과 달리 안악1호분은 지역 무덤 양식의 전통을 잇는 면이 있다. 이런 점에서 안악1호분에 그려진 벽화가 대방 고지에서 유지되던 한계 문화의 성격도 담아내고 있을 가능성이 크다.[21] 널방 천장고임의 기금이수도 이와 관련해 주목할 만한 제재다.

남포의 감신총 벽화에 낙랑 사회에 전해졌던 서왕모 신앙의 한 자락이 남아 있듯이[22] 안악1호분 벽화에는 한계 문화의 한 요소가 흔적을 남기고 있다. 한대 산동과 서주지역 화상석에 즐겨 그려지던 날개 달린 짐승과 물고기는 『산해경』에 전해지는 오랜 관념의 소산이다. 기서(奇書)에 속하는 『산해경』은 한대 이전 지리 관념과 인식의 산물이지만,[23] 한의 생활문화에 큰 영향을 끼쳤다.

『산해경』에는 온갖 기괴한 형상의 정령과 사람으로 가득한 산과 바다가 묘사되었는데, 이런 세계에 대한 상상과 인식은 한대 이후에도 평범한 백성 사이에는 낯설지 않은 일상의 일부였다. 전한(前漢)시대에 축조된 호남 장사 마왕퇴1호무덤과 마왕퇴3호무덤 출토 칠관화(漆棺畵)에는 『산해경』에 바탕을 둔 정령의 세계가 실재하는 듯이 생생하게 묘사되어 있다.

중국에서 『산해경』적 상상과 인식은 유교적 사고가 확산되면서 지식 관료들 사이에서 불식되어 갔다. 하지만 사회 전반에서 『산해경』적 관념이 기층으로 깊이 가라앉기 시작한 때는 위·진시대다. 기존의 무속신앙과 신선신앙이 도교의 한 갈래로 흡수되면서 상상의 존재들이 인격화되고 『산해경』에 남아 전하던 무속적(巫俗的)인 인식의 대상은 알게 모르게 배제되기 때문이다. 삼국시대 이후 제작된 화상석에 우인(羽人)을 비롯한 상상적 존재들이 드물게 표현되거나, 아예 표현되지 않는 것도 이와 관련된 현상으로 볼 수 있다.[24]

흥미로운 것은 안악1호분 벽화에는 중국의 삼국 및 위·진시대의 화상석

---

20 오영찬, 『낙랑군 연구』, 사계절, 2006.
21 전호태, 「고구려 고분벽화의 기원」, 『강좌 한국고대사』 9권, 가락국사적개발연구원, 2003.
22 전호태, 『고구려 고분벽화 연구』, 사계절, 2000.
23 정재서 역주, 『山海經』, 민음사, 1985, 16~17쪽.
24 전호태, 『중국인의 오브제』, 성균관대학교출판부, 2020, 143~144쪽.

제재 구성의 변화가 반영되지 않았다는 사실이다. 의장기수들이 포함된 행렬이나 산야를 배경으로 펼쳐지는 사냥 장면은 후한 말기부터 위·진시대에 이르는 시기의 중국 화상석과 고분벽화 제재로 선택되고, 고구려 고분벽화에도 그려진다. 하지만 『산해경』적 인식을 전제로 한 표현은 위·진시대의 중국과 고구려의 새로운 영역인 대방 고지 안악에서 차이를 드러내고 있다.

대방군은 후한 말 요동을 지배하던 공손씨가 낙랑 남부도위를 따로 떼어 설치한 지방 행정단위다. 하지만 전신은 고조선 지배 아래 있던 진번국이다. 옛 진번국 영역은 한에 의해 진번군이 설치되었다가 후에 낙랑의 남부도위로 재정비되었다. 이런 전력으로 볼 때 대방지역은 낙랑과는 사회·문화적으로도 구별된 곳이었을 가능성이 크다. 삼국시대의 위에 의해 공손씨가 멸망한 뒤에도 대방군은 낙랑과 별도로 관리되었다.

위와 서진에서 관리가 파견되었지만, 삼국 및 위·진시대의 중국 문화가 낙랑과 대방에 어느 정도 영향을 끼쳤는지는 확실하지 않다. 그러나 대방군의 멸망 이후 상당한 기간이 흐른 뒤 축조된 안악1호분 벽화의 날개 달린 물고기와 짐승을 보면, 『산해경』적 인식의 결과물이라는 점에서 위·진시대의 중국 문화가 대방의 안악지역에 전해졌다 하더라도 뿌리 내리는 정도에 이르지는 못했음을 짐작할 수 있다.

사실 행렬도와 사냥도, 대규모 귀족 저택에서의 생활 장면도 후한시대 고분벽화와 화상석의 주요한 제재 가운데 하나였으므로 안악1호분 벽화에는 위·진시대 장의미술이 별 영향을 끼치지 않았다는 해석도 가능하다. 그러나 안악1호분 널방 천장 고임석 밑면에 그려진 연꽃은 이런 판단을 주저하게 한다(그림 1-27~1-32). 천장에 간략하게 묘사된 벽화의 연꽃은 후한 고분벽화와 화상석에는 잘 등장하지 않는 제재이기 때문이다.

안악1호분 널방 천장 벽화의 주제는 연꽃이다. 와당문같이 양식화된 상태이지만, 안악1호분에서는 해와 달이 나타내는 하늘 세계가 온통 연꽃으로 채워졌다. 천장석 그림은 남아 있지 않으나 여기에 활짝 핀 연꽃이 그려져 있었다면 안악1호분과 이웃한 안악2호분의 무덤주인이 꿈꾸던 내세는 불교의 정토이거나 하늘 세계다.[25]

그런데 비천(飛天)과 공양자가 등장하는 안악2호분 벽화와 달리 안악1호

---

25 전호태, 『고구려 벽화고분』, 145~146쪽.

그림 1-27 안악1호분 널방 천장고임 벽화: 천마와 비어
그림 1-28 안악1호분 널방 천장고임 벽화: 서조 1
그림 1-29 안악1호분 널방 천장고임 벽화: 서조 2
그림 1-30 안악1호분 널방 천장고임 벽화: 기린
그림 1-31 안악1호분 널방 천장고임 벽화: 서조 3
그림 1-32 안악1호분 널방 천장고임 벽화: 사람 머리 짐승

분 벽화에는 널방 천장을 장식한 연꽃 외에 불교와 관련된 제재가 보이지 않는다. 널방 천장고임에 그려진 것은 『산해경』과 관련이 깊은 기금이수들이고, 벽에 묘사된 것은 무덤주인의 신분과 지위를 알려 주는 행렬과 저택, 사냥 장면이다. 무덤주인이 불교 신앙에 빠진 사람임을 알리는 묘지명이 남아 있지도 않다. 그렇다면 이 연꽃은 어떤 관념의 소산일까?

357년 묵서명이 있는 안악3호분에는 널방 천장석에 연꽃이 그려졌고, 무덤주인이 정좌한 장방 위에 연봉오리와 연꽃이 표현되었다. 408년 묵서묘지명이 있는 덕흥리벽화분의 무덤주인 진은 자신을 석가모니불의 제자라 밝히고 있으며, 벽화에는 연못과 칠보공양(七寶供養) 장면이 묘사되었다. 이런 사실을 아울러 고려하면 4세기 말 이전에 대방지역에도 불교가 알려졌을 가능성이 크다.

안악1호분 천장 벽화의 주제는 연꽃이지만, 그 외의 벽화 제재는 주로 생활풍속과 무속신앙에 관한 것이다. 이를 고려하면 천장에 묘사된 연꽃에 어떤 관념이 담겨 있는지 확언하기 쉽지 않다. 그러나 4세기 말 동아시아 종교 관념의 흐름 전반과 장의미술 제재 각각에 부여된 의미까지 아울러 고려한다면 안악1호분 천장을 장식한 연꽃에는 두 갈래 이상의 서로 다른 이미지가 겹쳐졌다고 할 수 있다. 다시 말해 전통적인 천제 및 하늘 세계 인식과 불교 여래 및 정토 관념이 모호하게 뒤섞인 상태다.

안악1호분보다 먼저 축조된 안악3호분에서도 천장석에 그려진 연꽃에는 천제 및 하늘 세계 인식과 불교 여래 및 정토 관념이 겹쳐져 있다. 안악1호분이 축조된 뒤 그리 멀지 않은 시기에 조성된 덕흥리벽화분의 무덤주인 진은 앞서 언급했듯이 묵서묘지명에 자신을 석가모니불의 제자라고 밝히고 칠보공양이라는 불교 행사를 치르면서도 재래의 관념과 신앙을 바탕으로 무덤 자리를 정하고 장례의 때를 정하는 과정을 자세히 기술하고 있다. 진의 불교 여래에 대한 신앙이 얼마나 불교적인지를 의심케 하는 대목이다.

중국에 전해진 뒤 사회에 뿌리내리는 과정에서 불교는 도교적 관념과 용어로 자신들의 교리를 설명하려 했다. 중국의 초기 불교 경전에 도교 용어가 빈번하게 등장하고 결국 불교의 용어로도 자리 잡게 되는 것도 이 때문이다. 중국의 불교는 이른바 격의불교(格義佛敎) 시대를 거쳐 사회에 뿌리내렸다.[26] 이런 과정과 내용이 후한 및 위·진의 지배를 받았던 낙랑과 대방에도 전해졌을 가능성은 매우 크다.

314년 멸망 이후 고구려의 지배 아래 들어간 대방이 4세기 말까지 내내 동수와 같은 중국계 망명인을 매개로 한 간접 지배 상태에 있었던 것으로 보기는 어렵다.[27] 4세기 후반 전축분 축조가 중단된 시점과 중앙정부에서 파견된 고구려인이 지방 행정을 장악한 시기는 겹칠 가능성이 크다. 안악1호분 널방 사냥도 아래 그려진 고구려 복식 여인이 주도하는 행렬은 이와 관련하여 주목할 만한 장면이다. 적어도 4세기 말 안악1호분 벽화가 그려질 즈음에는 고구려 문화가 부분적으로라도 대방 사회에 침투해 자리 잡기 시작했고, 대방의 기존 문화는 구성과 내용이 바뀌기 시작했을 수 있다. 안악1호분 벽화에 시점과 내용이 다른 문화 요소가 뒤섞여 배치되고 그려지게 된 것도 이 때문일 것이다.

4세기 말로 편년되는 안악1호분은 357년 묵서명이 있는 안악3호분과 5

---

26 鎌田茂雄 著, 鄭舜日 譯, 『中國佛敎史』, 民族社, 1985, 58~60쪽.

27 임기환, 『고구려정치사연구』, 한나래, 2004; 여호규, 「4세기 高句麗의 樂浪·帶方 경영과 中國系 亡命人의 정체성 인식」.

세기 후반으로 편년되는 안악2호분 사이를 잇는 유적이다. 대방지역에서 전축분 축조가 중단된 뒤 등장하는 외방의 돌방무덤이라는 점에서 요양 위·진 고분처럼 회랑이 있는 여러 방의 돌방무덤인 안악3호분과 다르며, 생활풍속 위에 불교의 상징적 표현이 혼재된 점에서 불교적 내세관에 바탕을 두고 벽화가 그려진 안악2호분과도 구별된다.

안악1호분 벽화의 제재 구성 방식은 대방 고지인 안악지역이 고구려의 영역이 된 뒤 4세기 후반 북방의 원고구려 문화를 받아들이면서도 한계 문화의 색채는 어느 정도 유지하는 방식으로 꾸려졌음을 알게 한다. 대방의 안악1호분 벽화는 대방의 문화가 후한 대까지 이 지역에 흘러들어 뿌리내린 한계 문화 위에 동아시아에 전해진 새로운 관념 세계인 불교 신앙도 받아들여 한때는 서로 다른 종교 관념이 겹쳐진 문화적 혼합 상태였음도 내비친다. 안악1호분 널방 천장에 그려진 연꽃에서는 천제 및 하늘 세계에 대한 인식과 불교 여래와 정토 관념을 동시에 읽어 낼 수 있다.

외래문화 요소의 구성 비율이 높은 안악3호분 무덤 구조 및 벽화 구성과 달리 안악1호분 무덤 구조와 벽화 구성은 대방 사회의 문화전통에 뿌리를 두고 있다. 안악1호분은 대방 고지인 안악이 겪을 수밖에 없던 정치 질서의 변화를 받아들이면서도 고유의 문화전통에 새로운 문화 요소를 덧붙여 특유의 새로운 문화를 성립해 나가는 노정을 잘 보여 주는 유적이다.

제2장

중기

1. 옥도리벽화분

1) 유적 개요

(1) 무덤 구조와 출토 유물

옥도리벽화분은 2010년 발굴, 조사되고 2011년 보고서가 발간되었다.[1] 북한 사회과학원 고고연구소가 발굴을 주도했고, 중국 연변대학교 인문사회과학원 연구진이 조사에 참여했다. 한국 동북아연구재단이 연변대학교를 지원하고 조사보고서를 발간했다. 남북한과 중국이 힘을 모아 고구려 역사문화 공동 연구를 진행한 셈이다.

옥도리벽화분이 소재한 남포시 용강군은 고구려 지역문화의 중심지 가운데 하나다. 고구려 평양권은 평양, 남포, 안악으로 세분될 수 있는데, 남포의 중심이 바로 용강 일대다. 옥도리벽화분은 용강지역에서 발견된 20기의 벽화고분 가운데 하나로 남포지역 문화의 성격을 밝히는 데 큰 도움이 될 것으로 보인다.[2]

1 동북아역사재단, 『옥도리 고구려 벽화무덤』, 2011. 2010년 5월 20일부터 6월 24일까지 조사가 진행되었다. 연변대학교에서는 역사학부의 박찬규, 정경일 교수가 발굴에 참여했다.

2 옥도리벽화분에 대한 1차 연구는 고광의, 이유리에 의해 이루어졌다(고광의, 「옥도리 고구려 고분벽화에 대한 고찰」, 『고구려발해연구』 41, 2011; 이유리, 「고구려 옥도리 벽화고분 연구」, 숙명여자대학교 석사학위논문, 2014).

평양 일대는 4세기 초 고구려의 영역이 되었고, 5세기에는 새로운 수도권이 되었다. 427년 평양으로 수도가 옮겨지면서 대동강 중하류 일대는 고구려 정치·문화의 새로운 중심으로 떠올랐다.[3] 특히 남포 일대는 수로를 통한 평양과 외부 세계 사이의 교통을 담당하는, 이른바 문화와 문화가 만나 새로운 문화가 형성되는 곳이 되었다. 옥도리벽화분은 남포지역의 이러한 문화적 특징을 담은 유적일 수 있다.

발굴보고서에 따르면 옥도리벽화분은 감이 달린 두방무덤이고, 벽화의 주제는 생활풍속과 사신이다. 남포와 평양 일원에는 옥도리벽화분과 무덤 구조, 벽화 주제가 같은 벽화분이 여럿 있다.[4] 물론 유적 사이에 세부적인 차이는 존재한다. 이 장에서는 지역별·시기별 비교 분석 과정에서 옥도리벽화분과 다른 벽화분 사이에 공유되는 것과 않는 것을 밝히고 그 원인으로 작용한 사회·문화적 흐름을 읽어 내고자 한다. 옥도리벽화분의 문화사적 자리매김을 통해 남포 문화의 지역적 특징도 자연스레 드러날 것이다.

옥도리벽화분은 용강군 옥도리 황산 북쪽 기슭에 반(半)지하식으로 조성되었다.[5] 유적의 동북쪽에 있는 석천산 일대에는 용강대묘, 쌍영총, 간성리 연화총 등이 있다. 유적 서북의 오석산 아래는 황룡산성이 자리 잡은 곳이다. 옥도리벽화분에서 북으로 올라가 강서구역에 이르면 수산리벽화분, 약수리벽화분, 강서대묘와 강서중묘, 덕흥리벽화분 등이 나온다.

옥도리벽화분은 앞방의 동벽과 서벽에 각각 퇴화형 감이 설치된 감 달린 두방무덤이다. 남북으로 놓인 무덤 널길의 방향은 160° 기울어진 남향이다(그림 1-33).[6] 널길부터 널방에 이르기까지 벽체 일부와 천장이 남아 있지 않아 널길의 경우 천장 구조뿐 아니라 벽체 길이부터 높이까지 알기 어렵고, 앞방과 이음길, 널방은 벽체 높이와 천장 구조를 알기 어렵다(그림 1-34).[7] 널길부터 널방까지 바닥은 생토 위에 회를 덮고 다졌으며 벽은 돌로 쌓은 뒤 두 차례 회를 바르고 다듬었다.

---

3 『三國史記』 卷18, 「高句麗本紀」 6, 長壽王 15年條; 임기환, 「고구려 평양 도성의 정치적 성격」, 『한국사연구』 137, 2007.

4 전호태, 『고구려 고분벽화 연구』, 사계절, 2000, 410쪽, 표 5 참조.

5 이하 옥도리벽화분의 무덤 구조와 벽화 내용은 동북아역사재단, 『옥도리 고구려 벽화무덤』 참조.

6 동북아역사재단, 『옥도리 고구려 벽화무덤』, 22쪽, 도면 4.

7 동북아역사재단, 『옥도리 고구려 벽화무덤』, 23~24쪽, 도면 5.

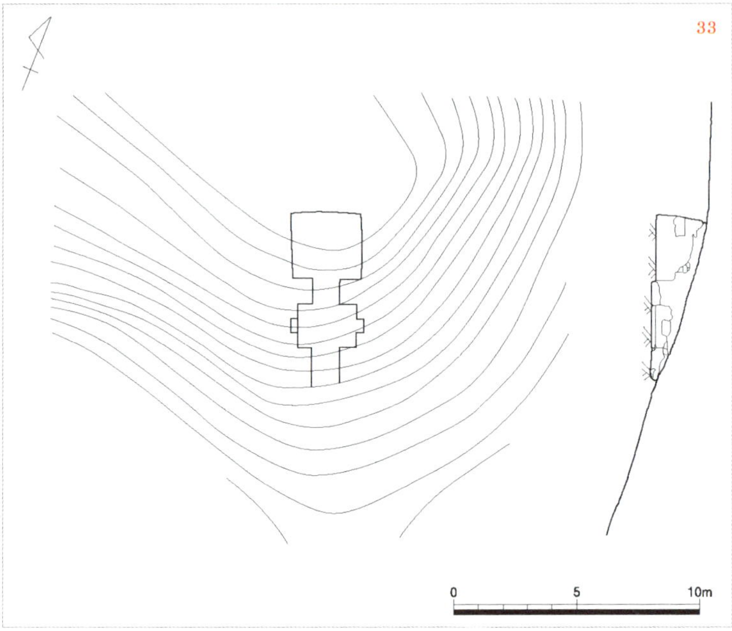

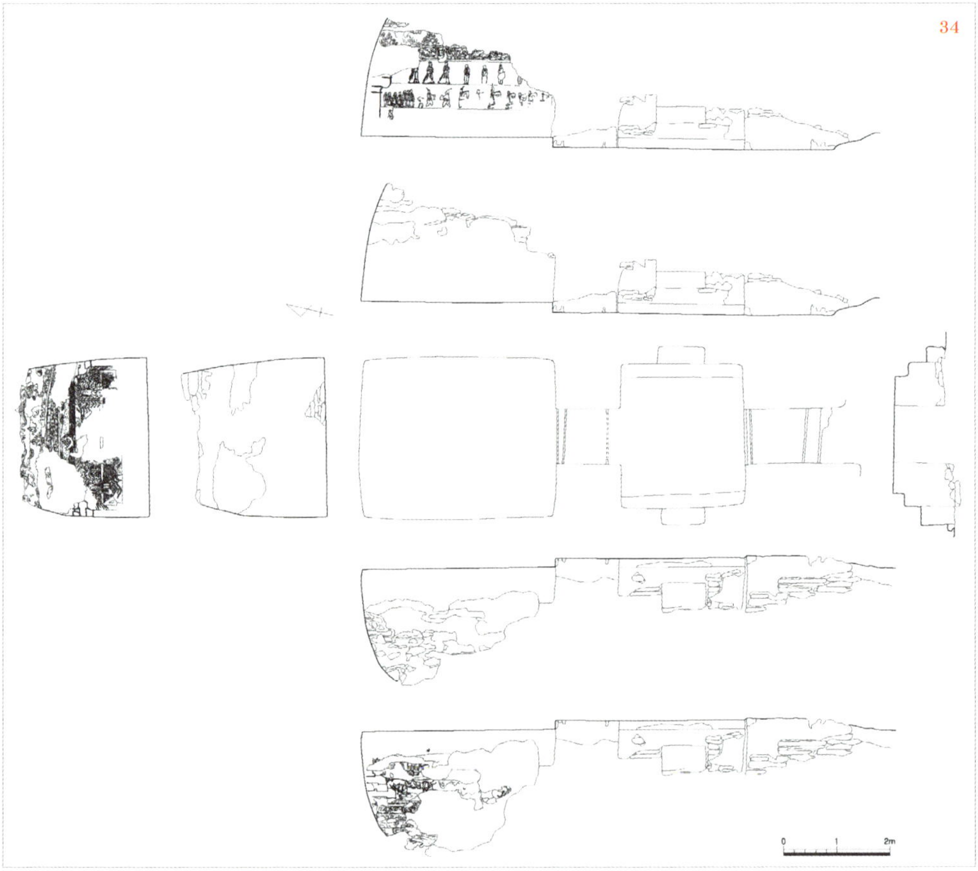

그림 1-33 옥도리벽화분 배치 실측도
그림 1-34 옥도리벽화분 무덤칸 실측도

널길의 길이×너비×높이는 175×107×22~102cm다.[8] 널길 동벽과 서벽의 길이×높이는 각각 143×22~70cm, 175×55~102cm다. 널길 입구와 끝에는 문턱이 설치되었고, 문턱 양쪽 끝에는 직경과 깊이가 각각 8cm 정도인 문구멍 자리가 뚫려 있다. 문턱의 길이×너비×높이는 각각 22×107×17cm, 10~11×107×10cm다.

장방형인 앞방의 길이×너비×높이는 185×258×78~106cm다.[9] 그러나 벽체까지 파괴가 심해 남은 높이가 남벽은 102cm, 동벽은 78~106cm, 서벽은 96~102cm, 북벽은 40cm에 불과하다. 앞방의 동벽과 서벽 앞에 길이×너비×높이 185×20~25×18cm 크기의 단이 하나씩 설치되었다. 두 개의 단 위에 감이 설치되었다. 앞방의 동벽과 서벽에 달린 감의 남은 길이×너비×높이는 각각 72×30×30cm, 65×52×54cm다.

앞방과 널방 사이의 이음길 역시 벽과 천장이 대부분 파괴되었다. 이음길의 남은 길이×너비×높이는 88~90×100×30cm다. 방형인 널방은 앞방에 비해 파괴의 정도가 덜하다. 널방은 바닥이 앞방 및 이음길보다 18cm 높다. 널방의 남은 길이×너비×높이는 285×283×80~230cm다.[10] 동벽과 서벽, 북벽의 남은 높이는 각각 80~200cm, 124~214cm, 230cm다. 무덤 안에서는 쇠관못 15점과 관고리 손잡이 1개가 출토되었다.

(2) 벽화 제재와 구성

옥도리벽화분 널길과 앞방, 이음길은 벽체의 파괴가 심하고 천장부는 전혀 남아 있지 않다. 앞방 동벽 북쪽, 서벽 감의 벽체에 검붉은 색으로 칠한 기둥의 흔적이 극히 부분적으로 남아 있는 정도다. 다행히 널방의 동벽과 서벽, 북벽은 파괴가 심하지 않아 벽화 제재와 구성을 일부 읽어 낼 수 있다. 남은 벽화의 제재로 볼 때, 옥노리벽화분의 벽화 주제는 생활풍속과 사신이다.

옥도리벽화분 널방 동벽에는 행렬과 가무 장면을 묘사했다. 화가는 화면을 위아래 3단으로 나눈 다음 각 단마다 서로 구별되는 제재를 배치했다(그림 1-35).[11] 벽화가 비교적 잘 남은 제1단 북쪽에는 남쪽을 향해 나란히 선 여인

---

8 이하 남북 길이, 동서 너비를 기준으로 크기를 제시한다. 발굴보고서에 기록된 널길 두 벽의 남은 높이는 22~102cm이다.

9 발굴보고서에 기록된 앞방 각 벽의 남은 높이는 78~106cm이다.

10 발굴보고서에 기록된 널방 각 벽의 남은 높이는 80~230cm이다.

셋, 남쪽에는 여인들을 마주 보며 열을 지어 서 있는 남자 넷을 묘사했다.

여인들은 모두 머리에 흰 두건을 썼고 둥근 깃의 긴 두루마기를 걸쳤다. 두 손을 가슴께로 올려 맞잡고 있으며 허리에서 앞으로 행주치마와 유사한 옷자락이 단을 이루어 내려간다. 허리 뒤로는 매듭을 이룬 천 자락이 발목 근처까지 길게 늘어뜨려진다. 이들과 마주 보며 공손한 자세로 서 있는 사람들은 시종으로 보이는데, 이 인물들은 왼쪽 여밈의 곧은 깃 저고리와 통 넓은 바지 차림이다.[12]

화면 제2단에는 가무도가 그려졌다. 북쪽에 7명의 남녀가 나란히 바짝 붙어 선 채 노래를 부른다. 마주 보며 춤추는 무용수 둘, 나란히 줄지어 춤추는 무용수 일곱이 묘사되었다. 노래 부르는 사람들과 춤추는 사람들 사이에 그림의 흔적이 일부 남아 있으나 내용을 알기 어렵다.

노래를 부르는 일곱 사람 가운데 앞의 세 사람과 마지막 한 사람은 왼쪽 여밈 긴 소매 저고리와 통 넓은 바지 차림이다.[13] 네 번째부터 여섯 번째까지 세 사람은 왼쪽으로 여민 긴 두루마기와 주름치마를 입었다. 노래하는 사람들과 마주 보는 무용수 아홉 사람 가운데 처음 두 사람은 두 팔을 앞으로 나란히 뻗고 있으며 한 발은 내딛고 다른 한 발은 뒤로 뺀 자세다. 둘 다 새 깃 장식 관모를 머리에 썼다.[14] 화면의 왼쪽 무용수는 긴 소매 저고리에 통 넓은 바지 차림이나 오른쪽 무용수는 바지통 너비가 애매해 판단하기 어렵다. 두 사람 뒤의 무용수 일곱도 왼쪽으로 여민 긴 소매 저고리나 두루마기를 걸쳤는데, 모두 두 팔을 뒤로 휘저으며 올린 자세다. 이들 가운데 첫 번째 사람은 머리에 두 깃 장식 관모를 썼고 저고리와 바지 차림이다. 세 번째와 네 번째 무용수는 두루마기에 주름치마 차림이며, 뒤의 세 사람은 저고리와 바지를 입었다. 제3단에는 검은 책을 머리에 쓴 인물의 머리와 어깨 부분이 남아 있

11 동북아역사재단, 『옥도리 고구려 벽화무덤』, 31~32쪽, 도면 8.

12 발굴보고서는 벽화의 인물들이 통 좁은 바지를 입은 것으로 묘사하고 있으나 보고서의 사진 48에서 알 수 있듯이 통이 넓은 바지 차림이다(동북아역사재단, 『옥도리 고구려 벽화무덤』, 102쪽, 사진 48).

13 동북아역사재단, 『옥도리 고구려 벽화무덤』, 117쪽, 사진 63에 의하면 합창단의 네 사람은 통 넓은 바지 차림이다. 이들과 마주 보는 무용수들도 모두 통 넓은 바지를 입었다. 바지통의 넓이가 애매한 인물도 있으나 화가가 무용수가 통 넓은 바지를 입는다는 사실을 충분히 인식하지 못하면서 나타난 현상이라고 할 수 있다.

14 본래 절풍은 위가 좁고 아래가 넓은 고깔 형태의 모자다. 벽화의 무용수는 새 깃으로 장식했고 덮개가 네모진 관모를 썼다.

다. 윗도리가 저고리인지 두루마기인지는 알 수 없으나 깃이 곧으며 왼쪽 여밈이다.

동벽 좌우 모서리에 기둥과 두공을 그렸으며 벽과 천장고임의 경계에는 도리를 나타냈다. 도리 위에 일정한 간격으로 삼각화염문을 그렸고 위쪽 고임과의 경계에는 활짝 핀 연꽃의 아래 반쪽을 표현했다. 그 위로 몸에 줄무

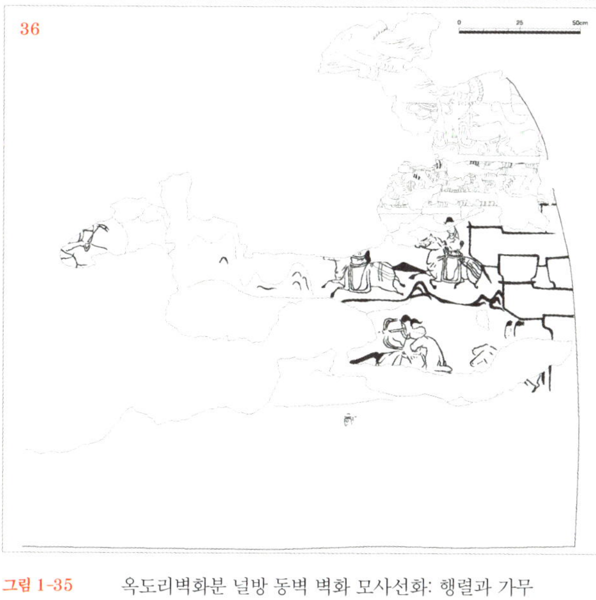

그림 1-35 옥도리벽화분 널방 동벽 벽화 모사선화: 행렬과 가무
그림 1-36 옥도리벽화분 널방 서벽 벽화 모사선화: 사냥

늬가 있는 짐승의 몸통 일부가 남아 있다. 위치와 방향으로 볼 때 청룡의 일부인 듯하다.

옥도리벽화분 널방 서벽은 벽화의 박락이 심하다. 벽화의 주제는 사냥이다(그림 1-36).[15] 자세히 살펴보면 낮게 흐르는 산줄기를 나타낸 검은 물결무늬 선에 의해 화면의 위아래가 둘로 나뉘었다. 위쪽 단의 북쪽에 두 사람의 기마사냥꾼이 가운데 묘사된 산을 향해 말을 달리는 장면, 남쪽에 화살을 날리려는 사람의 머리와 몸이 일부 남아 있다. 위쪽 단의 화면 가운데에 황색 바탕에 검은 선을 물결치듯 넣은 산줄기가 배치되었다. 아래쪽 단에 말을 나란히 앞을 향해 나아가게 하는 두 사람의 기마사냥꾼과 이들 쪽으로 말을 내달리며 몸을 뒤로 틀어 화살을 날리려는 기마사냥꾼 한 사람이 묘사된 부분이 보인다. 화면 아래쪽에 사람 얼굴만 남은 부분이 있다.

화면의 기마사냥꾼들은 머리에 흑건(黑巾)을 썼다. 화면 제일 위쪽 모서리의 기마사냥꾼은 둥근 깃 저고리에 통 넓은 바지를 입었다.[16] 사냥꾼들이 사용하는 활은 고구려 특유의 맥궁(貊弓)이다. 말들은 몸통이 둥글고 다리가 짧으며 가늘다.

서벽 좌우 모서리에도 기둥과 두공을 그렸으며 벽과 천장고임의 경계에는 도리를 나타냈다. 도리 위에 일정한 간격으로 삼각화염문을 그리고 위쪽 천장고임과의 경계에 활짝 핀 연꽃의 아래 반쪽을 표현한 것도 동벽과 같다. 그 위로 백호에 해당하는 짐승의 목과 다리 일부가 남아 있다.

옥도리벽화분 널방 북벽에는 무덤주인 부부의 장방생활 장면을 묘사하였다(그림 1-37).[17] 장방 안 평상에 네 사람의 남녀가 앉아 있는 장면이 묘사된 것으로 보이나 화면 서쪽의 무릎 꿇고 두 손을 가슴 앞에 올려 맞잡은 채 비스듬히 몸을 돌려 앉은 여인 한 사람의 모습만 비교적 온전히 남아 있다. 둥근 깃의 긴 옷을 입은 이 여인은 볼과 입술에 붉은 연지를 발랐다. 여인 바로 곁의 인물은 정좌한 모습인 듯하나 대부분 지워졌고, 그 옆의 벽화는 완전히 박락되었다. 화면 동쪽에도 한 여인이 무릎 꿇고 비스듬히 앉아 있으나 얼굴은 보이지 않는다. 이 여인은 왼쪽 여밈의 곧은 깃 긴 두루마기 차림이다. 무

---

15 동북아역사재단, 『옥도리 고구려 벽화무덤』, 33~34쪽, 도면 9.

16 동북아역사재단, 『옥도리 고구려 벽화무덤』, 125쪽, 사진 71, 72는 기마사냥꾼들이 통 넓은 바지를 입었음을 확인시켜 준다.

17 동북아역사재단, 『옥도리 고구려 벽화무덤』, 27~28쪽, 도면 7.

0 25 50cm

그림 1-37 옥도리벽화분 널방 북벽 벽화 모사선화: 주인부부 장방생활

덤주인 부부 네 사람이 앉은 평상의 틀은 붉은 바탕에 기하문으로 장식되었고, 평상 안은 검은 바탕에 붉은 점을 규칙적으로 찍어 장식했다.

평상 뒤에 남녀 하인들이 조그맣게 그려졌는데, 여섯 사람의 모습이 남아 있다. 네 시녀는 둥근 깃의 긴 옷을 입었고, 두 남종은 곧은 깃의 저고리를 걸쳤다. 평상의 배경으로 드리운 휘장에는 '王' 자 문이 사방으로 열과 행을 이루며 빼곡히 장식되었다. 화면 동쪽 끝 여인의 오른쪽 어깨 뒤의 장식문 글자는 '大' 자다.[18]

장방 지붕 아래에는 장식술들이 달렸다. 장방의 지붕 한가운데 삼각문이 장식되었고 그 위에 무늬로 장식된 보가 그려졌다. 보와 장방 지붕 사이

18 행으로 보면 휘장 동쪽 끝에서 9번째 행이다. 휘장 전체에서도 이 행에만 '大' 자가 쓰였다.

표 1-1 옥도리벽화분 무덤 구조와 벽화 구성

<table>
<tr><th colspan="2">널길</th><th colspan="4">감</th><th colspan="7">앞방</th><th colspan="3">이음길</th></tr>
<tr><td rowspan="3">벽</td><td rowspan="3">천장</td><td colspan="2">동감</td><td colspan="2">서감</td><td colspan="6">벽</td><td rowspan="3">천장</td><td colspan="2">벽</td><td rowspan="3">천장</td></tr>
<tr><td rowspan="2">벽</td><td rowspan="2">천장</td><td rowspan="2">벽</td><td rowspan="2">천장</td><td colspan="2">남벽</td><td rowspan="2">동벽</td><td rowspan="2">서벽</td><td colspan="2">북벽</td><td rowspan="2">동벽</td><td rowspan="2">서벽</td></tr>
<tr><td>동</td><td>서</td><td>동</td><td>서</td></tr>
<tr><td rowspan="2">?</td><td rowspan="2">?</td><td rowspan="2">?</td><td rowspan="2">?</td><td rowspan="2">?</td><td rowspan="2">?</td><td>?</td><td>?</td><td>?</td><td>?</td><td>?</td><td>?</td><td rowspan="2">?</td><td rowspan="2">?</td><td rowspan="2">?</td><td rowspan="2">?</td></tr>
<tr><td colspan="6">각 벽 모서리: 기둥</td></tr>
</table>

<table>
<tr><th colspan="6">널방</th></tr>
<tr><td colspan="5">벽</td><td rowspan="3">천장</td></tr>
<tr><td colspan="2">남벽</td><td rowspan="2">동벽</td><td rowspan="2">서벽</td><td rowspan="2">북벽</td></tr>
<tr><td>동</td><td>서</td></tr>
<tr><td>?</td><td>?</td><td>행렬, 가무</td><td>사냥</td><td>무덤주인 부부, 장방생활</td><td rowspan="2">사신</td></tr>
<tr><td colspan="5">각 벽 모서리: 기둥</td></tr>
</table>

의 좁은 공간은 새 구름무늬로 채워졌다. 북벽 좌우 끝 모서리에는 기둥과 두공이 묘사되었다.

보의 위에 일정한 간격으로 삼각화염문을 그리고 위쪽 고임과의 경계에 활짝 핀 연꽃의 아래 반쪽을 표현한 것은 동벽, 서벽과 같다. 삼각화염문 사이로 연봉오리가 떠 있고 그 위에 두 마리의 현무가 마주 서 있는 모습이 표현되었다. 거북의 몸을 감은 뱀 몸통의 일부, 거북 등딱지의 육각귀갑문, 한 발은 들고 한 발은 버티고 있는 거북의 두 앞다리가 남아 있다. 위에서 살펴본 옥도리벽화분 벽화 제재와 구성을 알기 쉽게 정리하면 〈표 1-1〉과 같다.

2) 무덤 구조와 벽화 제재 분석

옥도리벽화분은 앞방 동벽과 서벽에 감이 달린 두방무덤이다. 앞방에 감이나 곁방이 달린 여러방무덤은 평양권에서 발견되는 벽화분의 여러 유형 가운데 하나다.[19] 평양권의 감 달린 두방무덤의 감실은 5세기 초를 경계로 퇴화하기 시작해 5세기 중엽에는 소멸 단계에 들어선다.

옥도리벽화분의 감은 퇴화형이다. 하지만 감 앞에 제단에 해당하는 시

19 전호태, 『고구려 고분벽화의 세계』, 서울대학교출판부, 2004.

그림 1-38 옥도리벽화분 널방 동벽 1단 벽화: 여인 행렬
그림 1-39 안악2호분 널방 서벽 벽화: 여인 행렬

설이 만들어져 있는 것으로 보아 감의 기능이나 역할은 어느 정도 인식되고 있었음을 알 수 있다. 감의 형태, 제단의 존재 등을 고려하면 옥도리벽화분의 축조 시기는 5세기 초에서 중반 사이이다.

옥도리벽화분 널방 동벽 1단 여인 행렬의 여인들은 복식과 자세로 보아 귀족이다(그림 1-38). 행주치마처럼 앞으로 내린 U자형 천 자락은 폐슬(蔽膝)로 해석되기도 하나 알려진 것과 형태가 크게 다르다.[20] 안악2호분 벽화에도 동벽 여인 행렬을 연상시키는 장면이 묘사되었는데(그림 1-39), 벽화 제재의 위치, 표현 방식 등에서 두 장면이 동일한 문화와 관념의 소산임을 알 수 있다.

여인들을 맞는 인물들은 왼쪽 여밈의 곧은 깃 저고리와 통 넓은 바지 차림이다. 왼쪽 여밈 저고리 차림의 사람들은 집안 국내성지역 고분벽화에서 주로 나타난다.[21] 4세기 편년 안악과 평양, 남포 일대 고분벽화에 묘사된 인

20 고광의, 「옥도리 고구려 고분벽화에 대한 고찰」, 147~151쪽; 이유리, 「고구려 옥도리 벽화고분 연구」, 61~62쪽.
21 전호태, 『고구려 생활문화사 연구』, 서울대학교출판문화원, 2016, 34~36쪽.

물들은 대개 둥근 깃이나 맞 여밈, 오른쪽 여밈의 윗도리 차림이다. 그런데 408년 묵서명이 있는 덕흥리벽화분에도 왼쪽 여밈 저고리 차림 인물은 보이지 않는다. 옥도리고분벽화의 제작 시기를 가늠하는 데 참고할 필요가 있을 듯하다.

옥도리벽화분 널방 동벽 2단에는 7명의 합창, 9명의 무용이 한 장면으로 묘사되었다. 소매나 팔이 닿도록 가깝게 붙어 선 채 노래를 부르는 일곱 사람은 왼쪽 여밈의 긴 소매 저고리나 소매통이 넓은 두루마기를 입었다(그림 1-40). 저고리 끝이 엉덩이를 다 가릴 정도는 아니지만 허리 아래로 내려오며, 긴 소매 끝도 허리 아래로 길게 내려온다. 뒤로 내린 짧은 머리는 가리지 않고 드러냈다. 저고리와 두루마기의 깃과 소매 끝에는 선(襈)을 댔다.

동벽 2단의 합창대는 자세와 복식에서 7명으로 이루어진 집안 무용총 벽화 합창대와 비교된다(그림 1-41). 무용총 합창대의 인물들도 옥도리벽화분 합창대처럼 소매나 팔이 닿도록 가깝게 붙어 섰고, 왼쪽 여밈의 긴 소매 저고리나 소매통 넓은 두루마기를 입은 점도 매우 비슷하다. 윗도리의 깃과 소매 끝에 선(襈)을 댄 점도 같다. 그러나 무용총 인물들이 입은 저고리와 두루마기에는 국내성지역 특유의 점무늬가 있다. 앞의 두 사람이 머리에 절풍을 쓴 점도 다르다. 이와 같이 두 벽화분의 합창대는 복식에서 차이점도 있지만 공유하는 부분도 적지 않다. 무용총은 5세기 중엽으로 편년되는 유적이다.[22]

동벽 2단의 무용수들도 여러 면에서 집안 국내성지역 고분벽화 무용수들과 비교된다(그림 1-42~1-45). 두 사람이 마주 보며 두 팔을 앞으로 내어 올리거나 좌우로 펴서 휘젓는 자세는 장천1호분과 통구12호분, 마선구1호분 벽화에 보인다. 장천1호분의 경우 무용수가 머리에 절풍을 썼고, 마선구1호분에서는 책관을 썼다. 옥도리벽화분의 무용수 두 사람은 머리에 새 깃으로 장식한 관모를 썼다. 4세기로 편년되는 평양권 고분벽화에는 머리에 절풍이나 새 깃 장식 관모를 쓰고 춤추는 사람이 등장하지 않는다.[23] 7인무의 선두에 선 무용수가 머리에 새 깃 두 개를 꽂은 관모를 쓰고 있는 점도 눈길을 끄는 부분이다. 유사한 장면을 무용총 벽화의 5인무에서 볼 수 있는데, 여기에서도 선두의 무용수는 새 깃 두 개를 장식한 절풍을 머리에 썼다.

---

22 전호태, 『고구려 고분벽화 연구』, 417쪽, 표 10.

23 전호태, 『고구려 생활문화사 연구』, 222~224쪽.

그림 1-40 옥도리벽화분 널방 동벽 2단 벽화: 합창대
그림 1-41 무용총 널방 동남벽 벽화: 합창대

옥도리벽화분 널방 동벽 2단의 무용수들이 입은 저고리와 바지, 두루마기도 합창대 사람들의 경우와 같이 곧은 깃에 왼쪽 여밈이나 옷에 점무늬가 장식되지는 않았다. 그러나 팔을 나란히 앞으로 내뻗거나 뒤로 젖힌 자세는 집안 국내성 고분벽화 무용수들과 같다. 화가가 무용수의 옷깃 선을 뻣뻣한 직선으로 그어 춤출 때 느껴질 수 있는 부드러운 몸짓이 충분히 드러나지 못하게 한 점도 비슷하다. 물론 무용총 무용수들의 춤추는 모습에서 느껴지는 뻣뻣함을 통구12호분이나 마선구1호분 벽화에서는 느끼기 어렵다. 이것은 화가가 사용하는 필선이 달랐기 때문일 수도 있고 시기적인 차이에서 비롯되었을 수도 있다. 우리는 통구12호분이나 마선구1호분도 5세기 중반으로 편년된다는 사실을 염두에 둘 필요가 있다.[24]

옥도리벽화분 널방 서벽 벽화의 주제는 사냥이다(그림 1-46). 벽화 박락

24 전호태, 『고구려 고분벽화 연구』, 417쪽, 표 10.

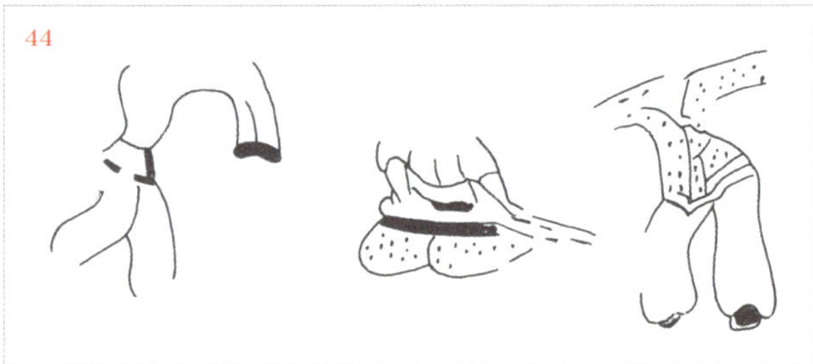

그림 1-42 옥도리벽화분 널방 동벽 2단 벽화 모사선화: 무용
그림 1-43 장천1호분 앞방 남벽 벽화 모사선화: 무용과 합창
그림 1-44 통구12호분 널방 벽화 모사선화: 2인무
그림 1-45 무용총 널방 벽화: 무용

이 심하지만 남은 부분으로도 기마사냥의 활력은 충분히 읽어 낼 수 있다. 화면이 위아래로 단이 지는 점은 아예 단을 나누어 사냥 장면을 묘사한 송죽리벽화분 사냥도와 비교된다(그림 1-47). 두 고분의 사냥도 이외에 단을 나누어 사냥 장면을 묘사한 사례는 아직 확인되지 않는다.

서벽 사냥도의 특징을 잘 보여 주는 것은 아래 단의 파르티안 샷 장면이다. 머리에 흑건을 쓴 기마사냥꾼은 달리는 말 위에서 몸을 돌려 짐승을 겨눈 활시위를 놓으려 한다. 말은 네 발로는 달리면서도 고개를 돌려 주인이 활을 겨눈 짐승을 향해 눈길을 주고 있다. 실제 기마사냥이 이루어지는 상태에서는 이런 장면을 볼 수 없다. 그러나 덕흥리벽화분 사냥도에는 말의 이런 모습이 표현되었다(그림 1-48). 이와 달리 무용총 사냥 장면의 말은 주인이 파르티안 샷을 구사하는 동안 앞만 보고 달린다(그림 1-49).

산줄기에 굵고 가늘게 파상선을 넣어 사냥터 특유의 속도감, 긴장감을 자아내는 묘사 방식은 무용총 사냥도의 두드러진 특징 가운데 하나다. 덕흥리벽화분 사냥도의 산은 높고 낮은 둥근 봉우리가 들판 사이에 띄엄띄엄 배치되어 정물적인 느낌이 강하고, 약수리벽화분 사냥도에서는 아예 동심반원 형태의 산봉우리들을 한곳에 몰아 두어 기마사냥이 이루어지는 들판과 공간적으로 분리시켰다.[25] 이런 사례들과 비교할 때, 옥도리벽화분 사냥도의 산은 무용총 벽화의 것과 같은 표현 기법이 사용된 경우라고 할 수 있다. 옥도리벽화분 사냥도의 기마사냥꾼 및 말을 묘사하는 방식과 산을 표현하는 기법이 서로 다른 계통의 기법이라는 점이 눈길을 끈다.

옥도리벽화분 널방 북벽 벽화의 주제는 무덤주인 부부의 장방생활이다(그림 1-50). 화면에는 10명 가까운 남녀 시종이 좌우로 긴 평상 위에 앉은 네 사람의 무덤주인 부부를 모시는 장면이 묘사되었다. 무덤주인 부부와 남녀 시종들 뒤에 드리운 휘장은 열과 행을 이룬 '王' 자, '大' 자로 장식되었다. 수렵총에도 주인과 세 사람의 부인이 평상에 정좌한 모습이 묘사되었다. 그러나 주인과 정부인, 두 부인이 서로 다른 평상에 앉아 있다.[26] 집안 국내성 고

---

25 조선유적유물도감편집위원회 편, 『조선유적유물도감』 5(고구려편 3), 외국문종합출판사, 1990(『북한의 문화재와 문화유적』 I, 서울대학교출판부, 2000, 도판 325에서 재인용).

26 조선유적유물도감편집위원회 편, 『조선유적유물도감』 6(고구려편 4), 외국문종합출판사, 1990(『북한의 문화재와 문화유적』 II, 서울대학교출판부, 2000, 도판 102에서 재인용).

그림 1-46 옥도리벽화분 널방 서벽 벽화 모사선화: 사냥
그림 1-47 송죽리벽화분 앞방 서벽 벽화 모사선화: 사냥
그림 1-48 덕흥리벽화분 앞방 천장고임 벽화: 사냥
그림 1-49 무용총 널방 벽화: 사냥

분벽화에는 주인이나 주인부부가 평상 대신 의자나 바닥에 깐 자리 위에 앉은 모습으로 묘사된다(그림 1-51).

비교적 온전하게 남은 평상 서쪽 끝자리의 부인은 볼과 이마에 연지로 화장을 하고 두 손은 가슴 앞에 올려 소매 안에서 마주 잡았다(그림 1-52). 여인이 볼과 이마에 연지를 넣어 멋을 낸 모습은 안악3호분이나 덕흥리벽화분, 감신총 벽화에는 보이지 않는다(그림 1-53, 1-54). 그런데 수산리벽화분, 쌍영총의 귀부인과 시녀들은 연지 화장을 하고 있다(그림 1-55). 따라서 볼과 이마에 연지를 넣는 것은 5세기 전반 어느 시기부터인가 평양의 여인들 사이에 유행한 새로운 화장법임을 알 수 있다.

맞잡은 두 손이 소매 안에 가려진 모습이 안악3호분 벽화에는 보이나 감

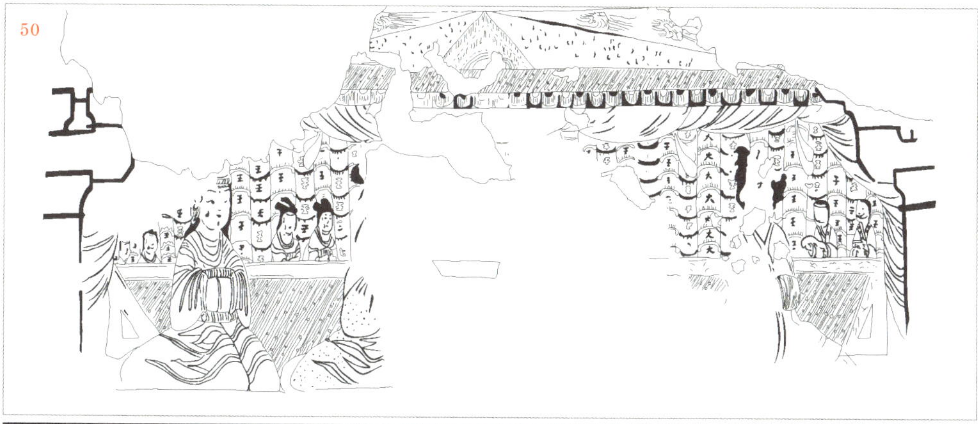

그림 1-50 옥도리벽화분 널방 북벽 벽화 모사선화: 주인부부 장방생활
그림 1-51 각저총 널방 벽화: 주인부부 장방생활
그림 1-52 옥도리벽화분 널방 북벽 벽화: 귀부인
그림 1-53 안악3호분 앞방 서쪽 곁방 벽화: 귀부인
그림 1-54 감신총 앞방 서벽 벽화: 시녀
그림 1-55 쌍영총 널방 북벽 벽화: 귀부인

신총이나 수산리벽화분, 안악2호분, 쌍영총 벽화의 등장인물에서는 확인되지 않는다. 이는 집안 국내성 고분벽화에서도 마찬가지다. 하지만 옥도리벽화분의 부인은 소매 바깥으로 손과 팔목을 드러낸다.[27] 이런 점에서 옥도리벽화분의 부인은 안악3호분 귀부인 및 시녀들과 같은 관습을 유지하고 있다고 할 수 있다.

옥도리벽화분 주인부부가 앉은 평상 뒤의 '王' 자, '大' 자 유운문 휘장 장식은 평양권 벽화분 가운데는 감신총 벽화분에서만 보인다.[28] 이와 달리 집안권 벽화분에서는 산성하332호분, 장천2호분, 미창구장군묘 등에서 이를 볼 수 있다.[29] 산성하332호분은 널방 벽면 전체, 장천2호분과 미창구장군묘는 앞방 벽면이 '王' 자 유운문으로 장식되어 무덤주인이나 신상의 뒷면 휘장 장식으로 쓰인 평양권 벽화분과 구분된다.

'王' 자 유운문 휘장이나 벽면 장식이 무덤주인의 신분이나 소속, 계통을 나타내는지는 확실치 않다.[30] 무덤의 위치, 규모, 벽화 구성이 다양해 일률적 해석을 적용하기 어렵기 때문이다. 그러나 6세기 신라의 금석문에 보이는 '王' 자가 신분, 지위를 높여 부르는 용어로 쓰였음을 고려하면[31] 벽화분에 장식된 '王' 자 유운문은 무덤주인이 내세 삶을 높이고 현세 삶을 기리는 의미를 담고 있을 수 있다. 연꽃장식 벽화분이 죽은 이가 연화정토에서 새 삶을 누리기를 기원하고 담보하는 성격을 지닌 것과 비슷하다고 하겠다.[32] 죽은 자가 새 삶터에서 왕과 같은 삶을 누린다면, 이는 남은 자들에게도 좋은 영향을 미치지 않겠는가?

옥도리벽화분 앞방과 널방 벽 모서리에 표현된 기둥과 두공, 도리와 보

---

27 각저총의 두 부인 사례는 池內宏·梅原末治, 『通溝』 卷下, 日滿文化協會, 1940, 143~144쪽, 도판 40~41 참조.

28 朝鮮總督府(關野貞 外), 『朝鮮古蹟圖譜』 二, 名著出版社, 1915, 도판 490, 493.

29 조선유적유물도감편집위원회 편, 『조선유적유물도감』 5, 도판 299; 吉林省文物工作隊, 「吉林集安長川二號封土墓發掘紀要」, 『考古與文物』, 1983年1期(崔茂藏 韓譯, 『增補 高句麗.渤海文化-中國考古學者의 發掘報告書』, 集文堂, 1985); 辛占山, 「桓仁米倉溝高句麗"將軍墓"」, 『日本東亞細亞文明的原流的考古學硏究』, 1993.

30 정호섭, 『고구려 고분의 조영과 제의』, 서경문화사, 2011, 296~297쪽; 박아림, 「고구려 벽화의 장식문양과 錦帳의 표현」, 『고구려발해연구』 43, 2012, 59쪽.

31 『迎日 冷水里碑』의 7왕이 대표적이다. 비문의 7왕은 지도로 갈문왕, 사덕지 아간지, 자숙지 거벌간지, 이부지 일간지 등 신라 6부의 지도자급 인물들이다. 시대와 지역이 다르지만 '王' 자의 용법이나 인식을 이해하는 데는 참고가 될 듯하다.

32 전호태, 『고구려 고분벽화 연구』, 222~223쪽.

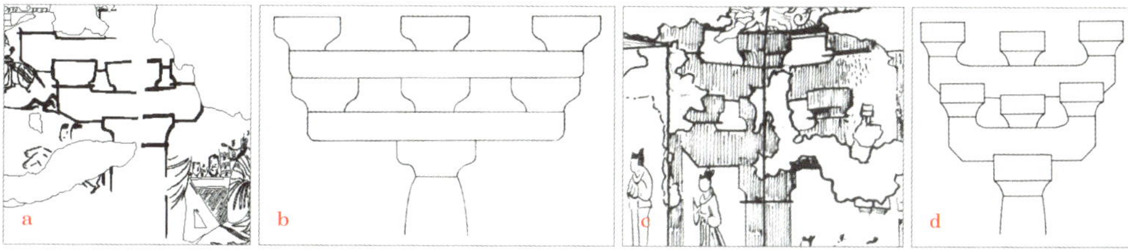

그림 1-56 고분벽화의 2중3두식 두공
a. 옥도리벽화분; b. 안악1호분; c. 감신총; d. 용강대묘

는 무덤칸을 목조가옥의 내부처럼 보이게 하는 장치다. 벽화의 주제를 공간적으로 나누는 경계이기도 하다. 이는 특히 벽과 천장 사이의 보는 땅의 세계와 하늘을 나누어 보게 한다. 기둥과 두공, 도리와 보는 사신을 벽화의 주제로 삼기 이전 제작된 고분벽화의 기본 제재이기도 하다.

무덤칸 벽 모서리에 그려진 기둥은 민흘림기둥이다. 평양권의 덕흥리벽화분, 감신총, 용강대묘, 집안권의 각저총, 무용총 벽화에도 민흘림기둥이 표현되었다.[33] 두공은 2중3두식으로 같은 유형의 두공을 안악1호분, 감신총, 용강대묘에서 볼 수 있다(그림 1-56).[34] 옥도리벽화분은 벽화의 기둥 형태와 두공 유형이 감신총, 용강대묘와 닮았다. 두 벽화고분은 5세기 전반으로 편년된다.

무덤칸의 벽과 천장고임 경계에 묘사된 도리와 보 안에는 장식무늬를 넣었다(그림 1-57). 넝쿨형 구름무늬, 용틀임형 구름무늬, 용당초문, 초룡반리문 등 여러 가지 이름으로 불리는 이 장식무늬는 감신총과 개마총에도 보인다.[35] 집안의 산성자귀갑총에도 돌기가 돋은 줄기가 넝쿨처럼 뻗어 나가는 장식문이 발견된다.[36] 또한 삼실총에는 이와 유사한 장식문이 옥벽(玉璧)을 꿰뚫으며 교차하며 뻗어 나간다.[37] 용강대묘에는 이런 유형의 도안을 바탕으로

33 동북아역사재단, 『옥도리 고구려 벽화무덤』, 38~39쪽; 이유리, 「고구려 옥도리 벽화고분 연구」, 17쪽.

34 전호태, 『고구려 생활문화사 연구』, 200~201쪽.

35 장식문의 다양한 명칭에 대한 정리는 이유리, 「고구려 옥도리 벽화고분 연구」, 18쪽 참조.

36 조선유적유물도감편집위원회 편, 『조선유적유물도감』 5(『북한의 문화재와 문화유적』 I, 236쪽, 도판 301에서 재인용).

37 池內宏·梅原末治, 『通溝』 卷下, 155쪽, 도판 52; 전호태, 『고구려 벽화고분』, 돌베개, 2016b, 243쪽, 그림 12.

그림 1-57 고분벽화의 도리 및 보 장식문
a. 옥도리벽화분; b. 감신총; c. 개마총; d. 삼실총; e. 용강대묘

그림 1-58 고분벽화 및 칠화의 삼각화염문
a. 옥도리벽화분; b. 감신총; c. 각저총; d. 무용총; e. 황남대총 출토 칠기; f. 중국 북위 칠관채화

하되 유형상 구분되는 장식무늬가 등장한다. 도안의 형태로 보면 감신총과 삼실총 벽화의 장식무늬가 옥도리벽화분의 것과 가장 가깝다.

도리와 보 위에 일정한 간격으로 표현된 삼각화염문은 덕흥리벽화분, 감신총, 대안리1호분, 팔청리벽회분, 각저총, 무용총 등 평양권 및 집안권 고분벽화에 모두 보인다. 비슷하게 삼각형 꼭짓점을 화살표로 장식한 표현을 경주 황남대총 남분 출토 칠기 소반 장식무늬에서도 볼 수 있다.[38] 이 삼각화염문을 삼각문으로 한 번 더 장식한 무늬가 중국의 영하 고원에서 출토된 북위 칠관채화에 보인다(그림 1-58).[39] 돈황 막고굴이나 대동 운강석굴에서도 삼각화염문이 벽화로 그려지거나 불전(佛殿) 용마루에 장식된 사례가 발견된다.

벽화, 칠화 등에 보이는 이런 삼각화염문이 박산문(博山文)이나 불상 광배문(光背文)에서 비롯되었다는 견해가 있다.[40] 또한 미륵 도솔천을 나타내는 표현으로 불국토에서의 새 삶을 기원한다는 해석도 있다.[41] 그러나 삼각화염문은 대안리1호분이나 팔청리벽화분, 각저총같이 불교적 색채가 뚜렷하지 않은 벽화분에서도 보인다. 따라서 벽화분마다 제재에 부여된 의미에 차이가 있을 수 있다.

확실한 것은 삼각화염문이 이 세상과는 다른 세계의 상징으로 쓰인다는 사실이다. 안악2호분 널방 북벽 장방 지붕에 묘사된 순수한 불꽃 형태의 장식문도 주인 부부가 새로운 삶터에서 새 삶을 누리고 있다는 표시일 것이다. 초기의 삼각화염문이 고사리무늬 조합으로 이루어진다는 사실을 고려할 때 벽화나 칠화의 삼각화염문은 하늘의 기운이 응축된 상태를 나타낸 것으로 보인다.

천장고임의 사신이 그려진 공간 아래에는 일정한 간격으로 활짝 핀 연꽃의 일부를 그렸는데(그림 1-59), 보는 이가 꽃의 반은 화면의 구분선 아래, 나머지 반은 위에 그려진 듯 느끼게 했다. 천장고임에 화면을 위아래로 나누는 선을 그은 것은 벽화의 중심 제재가 달라진다는 사실을 확인시키려는 의도일 것이다.

벽화의 홑꽃잎 연꽃은 꽃잎 끝이 둥글고 부드러운 평양형이다.[42] 같은 유형의 연꽃이 감신총의 신상형 인물이 정좌한 평상 아래에도 묘사되었다. 덕흥리벽화분 벽화의 연못에 핀 연꽃도 홑꽃잎으로 그려졌다. 그러나 5세기 후반의 작품인 수산리벽화분과 안악2호분 벽화의 연꽃은 겹꽃잎이다. 따라서 옥도리벽화분에 등장하는 연꽃이 상대적으로 이른 시기의 표현 방식으로 그려졌음을 알 수 있다.

북벽의 삼각화염문 사이의 공간 위쪽에 그려진 연꽃송이는 안악3호분

---

38 전호태, 『고구려 고분벽화 연구』, 65쪽, 그림1-38 ①.

39 전호태, 『고구려 고분벽화 연구』, 65쪽, 그림1-38 ②.

40 김원룡, 『한국벽화고분』, 일지사, 1980.

41 이송란, 「고구려 고분벽화의 천상표현에 나타난 화염문의 의미와 전개」, 『미술사학연구』 220, 1998, 12쪽.

42 전호태, 「고구려 고분벽화에 나타난 하늘연꽃」, 『미술자료』 46, 1990, 8~32쪽.

그림 1-59 고분벽화의 연꽃문
a. 옥도리벽화분; b. 감신총; c. 덕흥리벽화분; d. 수산리벽화분; e. 안악2호분

장방 지붕을 장식한 연꽃이나 연꽃송이보다 오히려 형태가 단순하다(그림 1-60). 비교가 되는 사례로는 복사리벽화분 천장고임의 연꽃송이를 들 수 있을 것이다. 집안 장천1호분이나 무용총 벽화의 연꽃송이 역시 옥도리벽화분의 것에 비하면 인식이 적극적이고 묘사에도 정성을 들였다고 할 수 있다. 안악 지역 벽화분인 복사리벽화분은 5세기 초로 편년되는 유적이다.[43]

옥도리벽화분 널방 천장고임에는 사신이 묘사되었다. 북벽 천장고임에는 쌍현무의 몸 일부와 앞다리 부분이 남아 있다(그림 1-61). 사실 집안권과 평양권 고분벽화에 쌍현무가 표현된 사례는 많지 않다. 다만 삼실총 벽화에는 쌍현무가 천장고임에 묘사되었고 옥도리벽화분에서와 같이 한쪽 발을 들고 있다(그림 1-62). 맹수를 연상시키는 두툼한 앞발의 형태도 두 고분벽화의 현무가 유사하다.

천장고임이 아닌 벽에 쌍현무가 표현된 사례로는 대안리1호분, 쌍영총, 수렵총을 들 수 있다.[44] 이들 고분은 벽화 주제가 생활풍속 및 사신이다. 쌍영총 널방 북벽 무덤주인 부부의 장방 곁에 그려진 쌍현무는 거북이 앞발 하나를 든 자세다. 대안리1호분의 쌍현무는 벽면의 반을 차지할 정도로 크게

43 전호태, 『고구려 고분벽화 연구』, 419쪽.
44 조선유적유물도감편집위원회 편, 『조선유적유물도감』 6(『북한의 문화재와 문화유적』 II, 도판 54, 87, 99에서 재인용).

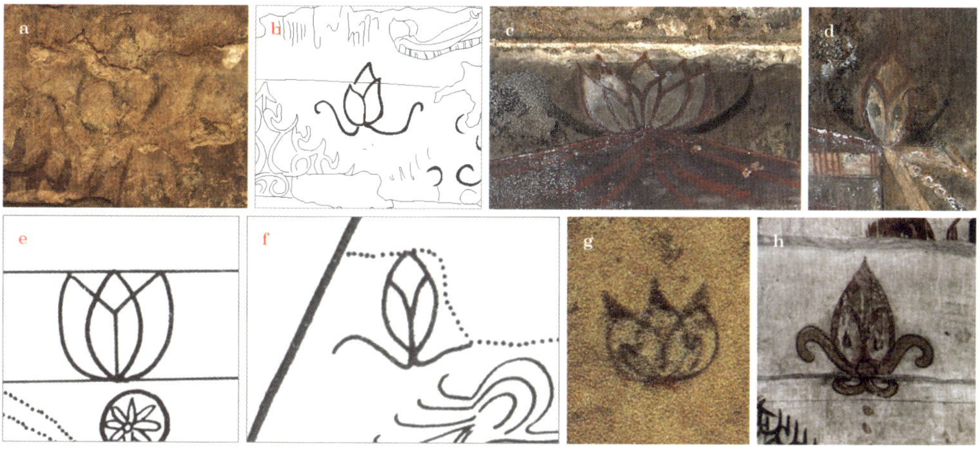

그림 1-60 고분벽화의 연꽃송이
a·b. 옥도리벽화분; c·d. 안악3호분; e·f. 복사리벽화분; g. 장천1호분; h. 무용총

그림 1-61 옥도리벽화분 널방 북벽 천장고임 벽화 모사선화: 쌍현무
그림 1-62 삼실총 제2널방 천장고임 벽화: 쌍현무

그려졌고 두 앞발이 땅을 딛고 있으며, 수렵총의 쌍현무는 벽화가 박락되어 앞발의 자세가 확인되지 않는다.

벽화의 남은 상태로 보아 천장고임 동쪽과 서쪽에 각각 청룡과 백호가 그려진 것은 확실하나 쌍으로 묘사되었는지는 알 수 없다. 집안권 벽화분인 삼실총은 5세기 중반으로, 평양권 벽화분인 쌍영총은 5세기 후반의 늦은 시기로 편년되는 점이 참고할 만하다. 쌍영총 벽화의 사신이 벽면의 상당한 공간을 차지하도록 그려진 점을 고려하면 옥도리벽화분에 사신이 그려진 시기를 5세기 후반으로 편년하기는 어려울 듯하다.

옥도리벽화분은 퇴화형 감이 달린 두방무덤이다. 무덤 구조로 볼 때 옥도리벽화분의 축조 시기는 5세기 중엽을 넘어서기 어렵다. 옥도리벽화분의 민흘림기둥과 2중3두식 두공은 5세기 전반으로 편년되는 벽화분에 자주 보인다. 벽화에 보이는 연꽃문의 형태는 5세기 초로 편년되는 벽화분의 것과 크게 다르지 않다. 무덤칸 천장고임에 쌍현무가 그려지는 고분벽화의 제작 시기는 5세기 중엽 또는 그 이전으로 편년된다. 널방의 장방 휘장에 묘사된 '王' 자 유운문(流雲文)은 5세기 전반 고분벽화에는 벽면에 부분적으로 나타나지만 5세기 중반 고분벽화에서는 벽면 전체를 장식하는 요소로 바뀐다.

옥도리벽화분에서 특히 주목할 만한 것은 여인들이다. 볼과 이마에 연지 화장을 한 여인들은 감신총에서는 보이지 않다가 옥도리벽화분에 대거 등장한다. 여인들의 연지 화장은 수산리벽화분, 쌍영총 여인들로 이어진다. 등장인물들의 새로운 화장 방식을 기준으로 할 때, 옥도리벽화분은 감신총보다 늦고 수산리벽화분보다 빠르다.

벽화 인물들의 옷깃은 둥근 깃과 곧은 깃이 섞여 있다. 둥근 깃의 옷을 입은 사람들은 5세기 후반으로 편년되는 안악2호분에 한 차례 더 등장한다. 남자들은 절풍이 아닌 관모에 새 깃을 꽂아 장식했다. 이는 남북 혼합 복식의 사례라고 할 수 있다. 5세기 중엽으로 편년되는 연탄 송죽리벽화분 사냥도의 기마인물들은 전형적인 새 깃 장식 절풍을 머리에 쓰고 있다.[45]

북방식으로 묘사된 산줄기를 배경으로 남쪽 복식의 인물들이 기마사냥에 나선 장면도 눈길을 끈다. 408년에 제작 덕흥리벽화분이나 5세기 전반으

---

45 김광철·안춘성, 「송죽리 고구려 벽화무덤 발굴보고(2)」, 『조선고고연구』 2, 2014, 36쪽; 정경일, 「송죽리 고구려 벽화무덤의 발굴 정형에 대하여」, 『전북사학』 48, 2016, 312쪽, 도면 5.

로 편년되는 약수리벽화분 사냥도에서는 찾아볼 수 없는 남북 회화 양식이 혼재하고 있기 때문이다. 무덤 구조와 벽화 구성, 기법에 나타난 이와 같은 요소들을 함께 고려할 때, 옥도리벽화분은 5세기 전반의 늦은 시기로 편년하는 것이 적절할 듯하다.

3) 5세기 전반의 남포 문화와 옥도리벽화분

한 지역의 문화의 전통은 사회질서와 주민 구성의 역사에 바탕을 둔다. 또한 자연환경과 인문지리의 결과물이기도 하다. 주민 구성이 달라지고 사회질서가 흔들리면 문화에도 변화가 오기 마련이다. 낙랑이 터 잡은 대동강 중하류 지역, 대방의 영역이던 재령강 유역에서 시작된 문화가 변동을 겪기 시작한 것은 4세기 초 고구려에 편입되고 난 뒤부터다.[46]

낙랑, 대방을 영역에 편입시킨 뒤 고구려 중앙정부는 두 지역을 서로 다른 방식으로 대했다. 낙랑 사람들은 고구려 세력의 남하를 막으려 애썼지만, 대방 사람들은 그러지 않았기 때문일 것이다.[47] 고구려 중앙정부는 낙랑의 주민은 일부 이주시켰으나 대방의 주민은 그대로 두었다. 이 때문인지 대방 지역에서는 기존의 문화에 큰 변화가 일어나지 않아서,[48] 기존의 전돌무덤이 계속 축조되고 기년명 벽돌도 만들어졌다. 그러나 낙랑지역의 문화는 크게 흔들린 듯하다. 낙랑지역에 새로운 묘제가 출현했기 때문이다.

낙랑의 영역은 지리적·문화적으로 크게 둘로 나뉠 수 있다. 남포를 중심으로 한 대동강 하류지역과 보통평야가 펼쳐진 지금의 평양 일대다.[49] 수로 교통을 중심으로 판단할 때, 용강과 강서를 포함한 남포 일대는 평양의 관문 지역에 해당한다. 즉 평양이 외부와 교통할 때, 사람과 물화가 들고나는 장소가 남포 일대인 것이다. 그런 점에서 남포 일원은 서로 다른 문화의 접점

46 『三國史記』 卷17, 「高句麗本紀」 5, 美川王 14年 10月, 15年 9月條.

47 오영찬, 『낙랑군연구』, 사계절, 2006.

48 오영찬, 「대방군의 군현지배」, 『강좌 한국고대사』 10, 가락국사적개발연구원, 2003.

49 전호태, 『고구려 생활문화사 연구』, 71~81쪽. 고구려 석실분이 집안, 서평양, 동평양, 안악의 네 지역군으로 나뉠 수 있다는 강현숙의 지적은 지역문화 단위 설정에도 도움이 된다(강현숙, 「고분을 통해 본 4·5세기대 고구려의 집권체제」, 『한국고대사연구』 24, 2001, 46쪽).

이기도 하다.

고구려에 편입되기 이전 낙랑의 중심이던 평양과 외부 세계의 접촉은 수로 교통을 통해서도 이루어졌다. 북방에 버티고 있는 고구려로 말미암아 육로 교통이 수월하지 않게 될 경우, 수로 교통이 선택될 수밖에 없었기 때문이다. 압록강 하류의 서안평은 낙랑과 요동의 육로 교통을 유지시켜 주기도 했으나 서해안 수로 교통이 가능하도록 낙랑의 국경 길목을 지켜 주는 기능도 담당했던 도시로 보아야 할 것이다.

고구려 역시 낙랑을 국토에 편입시킨 뒤 수로 교통의 관문으로서 남포의 역할에 주목하고 본래의 기능이 유지되도록 제반 조치를 취했을 것이다. 묘지명을 통해 유주자사를 역임한 것으로 밝혀진 '진'의 무덤 덕흥리벽화분이 남포에 자리 잡은 것도 이와 관련되었을 가능성이 크다. 모용선비의 후연 출신으로 보이는 '진'은 고구려에 망명한 뒤 남쪽으로 보내져 남포의 관문 기능을 유지하는 행정 담당자가 된 듯하다.[50] 덕흥리벽화분의 묘지명과 벽화 구성, 벽화 기법에 여러 관념과 문화가 섞여 있되 고구려의 색깔보다 한계의 색깔이 짙은 것도 이러한 사정과 관련이 있을 것이다.

낙랑이 고구려의 영역이 된 뒤 남포를 거쳐 평양으로 들어간 낙랑의 문화에 고구려적 색채가 짙었을 것은 두말할 필요가 없다. 두 국가의 문화 혼합이 이루어지면서 주류가 달라지는 등 그로 말미암은 영향은 가장 먼저 남포 문화에 나타났을 것이다. 감신총 벽화에 보이는 강한 불교적 색채도 고구려의 집안 국내성지역으로부터 받은 문화적 영향의 결과로 볼 수 있다.[51] 벽화의 서왕모 도상이나 등장인물들이 착용한 한계 복식은 5세기 남포 문화의 변화가 점진적이라는 사실을 잘 보여 준다. 기존 한계 문화의 비중이 급격히 낮아지거나 전통이 일시에 소멸하지는 않았을 것이기 때문이다.[52]

점진적 변화를 겪던 남포 문화에 고구려색이 주류적 위치를 차지하게 된 계기는 427년 이루어진 평양 천도일 것이다.[53] 이미 평양 9사의 건립, 주

---

50 전호태, 『고구려 벽화고분』, 108~109쪽. 고구려의 낙랑·대방 고지 경영과 중국 망명객의 존재 양태에 대해서는 여호규, 「4세기 고구려의 낙랑·대방 경영과 중국계 망명인의 정체성 인식」, 『한국고대사연구』 53, 2009, 171~181쪽; 공석구, 「4세기 고구려 땅에 살았던 중국계 이주민」, 『고구려발해연구』 56, 2016 참조.

51 전호태, 『고구려 고분벽화 연구』, 114~124쪽.

52 전호태, 「고구려 고분벽화의 기원」, 『강좌 한국고대사』 9, 가락국사적개발연구원, 2002.

53 『三國史記』 卷18, 「高句麗本紀」 6, 長壽王 15年條; 공석구, 「고구려의 영역과 평양천도 문

민의 대거 이주 등 사전 정지작업이 있었지만,[54] 왕실이 옮겨 오고 대소귀족과 관료들이 대거 이주해 오면서 평양사회의 문화적 분위기는 이전과 크게 달라질 수밖에 없었다. 이로 말미암아 대동강 유역에 남아 있던 한계 문화는 사회적 영향력을 잃고 평양 문화 구성 요소의 하나로 그 위상이 떨어진 반면, 국내성 중심 문화가 평양지역의 주류로 자리 잡게 된다. 수산리벽화분과 쌍영총은 평양 천도 이후 남포 문화가 겪은 변화를 잘 보여 주는 유적이라고 할 수 있다.[55]

옥도리벽화분은 수산리벽화분, 쌍영총보다 앞서 남포 용강지역에 축조된 무덤으로, 남포 문화에 고구려색이 완전히 자리 잡기 전인 5세기 전반 늦은 시기에 무덤이 축조되고 벽화가 그려졌다. 이런 까닭에 옥도리벽화분은 수산리벽화분이 출현하기 이전 남포 문화가 어떤 양상이었는지를 보여 주는 문화유산이다. 평양 천도를 계기로 남포 문화가 겪는 변화를 읽을 수 있게 하는 또 하나의 징검돌인 셈이다.

옥도리벽화분은 퇴화형 감 앞에 제단이 설치되어 있는데, 이런 점에서는 혼전(魂殿)으로서 감에 대한 인식과 기능이 남은 경우라고 할 수 있다. 그러나 널방 북벽에 묘사된 주인 부부 장방생활도는 혼전이 설치되는 사당과 무덤에 대한 이전 시대의 인식과 표현이 쇠퇴했음을 보여 준다. 덕흥리벽화분에 감이 설치되지 않고 앞방과 널방의 북벽에 거듭 주인 초상이 묘사된 것도 혼전 인식의 쇠퇴와 관련이 있다.[56] 반면 감신총에는 두 개의 감에 각각 주인의 초상과 신상이 그려지고 앞방 천장고임에는 서왕모까지 묘사되었는데, 여기서 우리는 새로운 신앙의 대상도 혼전이라는 전통 관념의 표현 공간 안에서 이해하고 수용하려는 의지를 읽을 수 있다. 즉 5세기 전반 남포 일대에서는 신구 관념과 신앙의 병립, 혼재 상태가 계속되었다고 정리할 수 있다.

제」, 『한국고대사연구』 33, 2004; 임기환, 「고구려 평양도성의 정치적 성격」, 『한국사연구』 137, 2007.

54 『三國史記』 卷18, 「高句麗本紀」 6, 廣開土王 2年 8月條; 『三國史記』 卷18, 「高句麗本紀」 6, 廣開土王 18年 7月條; 김병곤, 「고구려의 평양천도 기획시점과 남진」, 『고구려발해연구』 3, 2011; 장종진, 「5世紀 前後 國際情勢와 高句麗 平壤遷都의 배경」, 『한국고대사연구』 61, 2011; 노태돈, 「광개토왕대의 정복활동과 고구려 세력권의 구성」, 『한국고대사연구』 67, 2012.

55 전호태, 『고구려 벽화고분』, 192~193쪽, 229~231쪽.

56 東潮, 『高句麗考古學硏究』, 吉川弘文館, 1997, 316~317쪽; 전호태, 『고구려 벽화고분』, 107쪽.

옥도리벽화분 널방에 묘사된 인물들의 복식은 북방과 남방의 것이 섞여 있다. 새 깃 장식 관모의 경우, 집안 국내성 고분벽화에서는 보이지 않는 유형이다. 5세기 초까지 평양권 고분벽화의 등장인물들은 모자에 새 깃을 장식하지 않았다.[57] 따라서 새 깃 장식 모자는 북방과 남방의 전통이 자연스럽게 섞여 새로운 유형의 문화가 창안되기에 앞서 시도된 단순한 문화적 혼합의 과정이자 결과라고 할 수 있다. 그러나 이는 남북문화가 혼재에서 한 걸음 더 나아가려 하고 있음을 잘 보여 주는 사례이기도 하다.

비록 몸 일부만 남았으나 옥도리벽화분 널방 천장고임의 쌍현무도 주목할 만한 벽화 제재다. 유사한 사례를 평양권 고분벽화가 아닌 집안 국내성의 삼실총 벽화에서 찾을 수 있기 때문이다. 약수리벽화분에서 잘 나타나듯이 평양권 고분벽화에서는 5세기 전반에 이미 무덤주인을 지키는 신수로서 현무의 역할이 강조되고 있었다. 현무가 천장고임에 표현되면서도 무덤주인 곁에 그려진 데서 이런 사실이 잘 드러나는데, 사신이 널방 벽에 묘사되는 5세기 후반 편년 수렵총이나 쌍영총에서 쌍현무는 주인부부 곁에 그려져 있다. 이와 달리 옥도리벽화분의 쌍현무는 주인부부와 공간적으로 분리되어 있다. 화가가 평양권 고분벽화의 사신 표현 방식을 따르지 않은 것이다. 이것은 옥도리벽화분 벽화를 담당한 화가들이나 이들이 속한 공방 안에도 갈래가 다른 회화 전통이나 예술 경향이 공존, 혼재했을 가능성을 엿볼 수 있는 부분이다.

5세기 초 축조된 덕흥리벽화분은 기존 한계 문화의 전통 위에 고구려 문화가 더해지는 과정을 잘 보여 준다.[58] 덕흥리벽화분의 행렬도와 등장인물들의 복식을 보면 4세기 중엽 유적인 안악3호분에서 두드러지던 한계 문화가 남포지역에서는 후퇴하고 있음을 알 수 있다. 벽화의 구성과 배치에서 고구려가 국가적 차원에서 장려하던 불교 신앙이 무덤주인 '진'의 내세관 인식과 표현에 강한 영향을 미치고 있다는 사실도 확인할 수 있다.

감신총은 5세기 전반 남포 문화의 변화 양상이 일률적이지 않았음을 알려 준다. 대동강 하구를 통해 북방의 집안 국내성 문화가 남포에 계속 유입되고 있었다 하더라도 남포 일대에서는 기존의 한계 문화에 바탕을 두고 외

57 전호태, 『고구려 생활문화사 연구』, 71~81쪽.
58 전호태, 『고구려 고분벽화의 세계』, 142~143쪽.

부 세계의 새로운 문화적 요소를 수용, 소화하려는 노력이 계속되었음이 감신총에서 잘 드러난다.[59] 감신총 벽화에서는 여전히 한계 복식의 인물들이 화면의 중심적 역할을 담당하고 있지만, 새로운 신앙의 대상이 기존 관념의 틀 안에서 이해되고 이를 바탕으로 표현되고 있다.

옥도리벽화분은 5세기 전반의 늦은 시기 남포 일원에서 새로운 문화 요소를 중심에 두고 남북문화를 혼합시키려는 사례에 해당한다. 즉 덕흥리벽화분, 감신총이 보여 주는 문화 혼재 상태에서 한 걸음 더 나아가려는 노력의 과정이자 결과가 옥도리벽화분이라고 할 수 있다. 옥도리벽화분에서 한계 복식의 인물들은 제한적으로 등장하며, 남북 복식의 특징이 혼합된 새로운 형태의 복식을 착용한 인물이 화면에 모습을 보이기도 한다. 화가는 내세 신앙과 관련이 깊은 신수를 기존 방식과는 다르게 배치하고 묘사하면서 기존 예술 전통과의 차별화를 시도하기도 한다.

남포는 평양으로 가는 관문이었다. 남포로 유입된 외부 세계의 문화는 남포에 머무르기도 하고 남포를 거쳐 평양까지 들어가기도 했을 것이다. 5세기 초 평양이 고구려의 새로운 서울로 선정되어 천도를 준비하는 과정은 집안 국내성의 고구려 문화가 남포를 거쳐 평양으로 들어가는 과정이기도 했다. 한계 문화의 색깔이 짙던 남포 문화는 4세기 후반부터 고구려 집안 국내성 문화의 영향권 안에 들기 시작했고 5세기 전반에는 고구려의 색채를 띤 북방 문화의 강한 세례를 받는다.

옥도리벽화분은 남포지역에 축조되던 감 달린 두방무덤의 하나다. 벽화의 제재 대부분은 기존에 남포지역 고분벽화에서 선택되던 것들이다. 그러나 옥도리벽화분의 감은 퇴화 단계의 것인데도 감 앞에 제단이 설치되었다. 혼전(魂殿)에 대한 인식이 퇴화하면서도 유지되는 과도기적 문화의 상황이 무덤 구조에도 반영되고 있는 셈이다.

옥도리벽화분의 벽화 구성과 표현 기법도 전통의 계승과 새로운 시도의 과정을 동시에 보여 준다. 벽화의 등장인물 가운데 일부는 둥근 깃 옷차림이고 다른 일부는 곧은 깃 옷차림이다. 새 깃으로 장식한 관모를 머리에 쓴 인물들도 등장한다. 고깔 형태의 절풍이 아닌 네모진 관모에 새의 깃을 장식하고, 이것을 머리에 쓴 채 춤추는 무용수는 집안권 및 평양권 고분벽화 어디

---

59 전호태, 『고구려 벽화고분』, 109쪽.

에서도 찾아보기 어렵다. 무용총 사냥도에 보이는 파상선 무늬의 산줄기를 배경으로 덕흥리벽화분 사냥도에 등장하는 기마 사냥꾼들이 위아래로 구획된 공간에서 짐승을 쫓는 장면은 옥도리벽화분에서만 볼 수 있다. 천장고임에 쌍현무를 그리고 벽에 주인부부의 모습을 묘사하는 방식도 평양권 고분벽화의 일반적인 제재 배치 및 구성과는 다르다. 한마디로 옥도리벽화분에는 남북 문화요소의 혼재, 혼합 양상이 두드러진다. 즉 옥도리벽화분은 5세기 전반의 남포 문화가, 고구려 문화의 색이 짙지만 한계 문화도 일정한 비중을 유지한 상태로 문화 재창조의 노정에 있었음을 확인시켜주는 유적이라고 할 수 있다.

2. 송죽리벽화분

1) 유적 개요

(1) 무덤 구조와 출토 유물

문화권이 성립되는 요인은 여러 가지이지만, 자연환경, 인문지리가 기본 바탕을 이루는 것은 어디나 같다. 하나의 문화권은 생활양식이나 종교문화 등에서 다른 문화권과 구별되는 색깔을 지닌다. 그리고 문화권은 성립 과정에서 갖추게 되는 특유의 색깔을 유지, 강화하려는 경향을 보인다.

고구려 고분벽화는 지역문화의 성격, 지역문화권 사이의 교류 과정과 결과를 파악하는 데 매우 중요한 유적이다. 벽화에 묘사된 생활문화의 양상, 세계관의 내용에서 문화권 단위의 색깔을 읽어 낼 수 있기 때문이다. 고구려의 문화권이 크게 집안 국내성 문화권, 평양 문화권으로 나뉘며 평양 문화권 안에 안악 문화권이라는 지역문화권이 존재했다는 사실도 고분벽화의 제재와 구성을 비교하고 분석하는 과정을 통해 밝혀졌다.[60]

그렇다면 문화권의 경계지대는 어떤 문화적 색깔을 보일까? 대문화권

60 전호태, 「고구려 고분벽화의 기원」; 전호태, 「고구려 안악3호분 재론」, 『한국고대사연구』 44, 2006.

안에서 소문화권이 성립, 전개되는 양상은 어떨까? 어떤 요인들이 소문화권의 색깔을 결정하고 변화시킬까? 여러 소문화권 사이의 관계는 고분벽화에 반영될까? 고분벽화는 소문화권의 성립과 변화 양상을 반영하며 그려질까?

이 질문에 대답할 수 있는 가장 적절한 고분은 연탄 송죽리벽화분이다. 연탄 송죽리벽화분은 안악 문화권의 북쪽 경계지대에서 발견되었다.[61] 연탄군은 행정구역상 황해북도에 속하지만, 평양과 경계가 닿는 곳이다. 그러나 평양 문화권에 속한 곳은 아닌데, 본래 황주군의 일부였고 재령강으로 흘러드는 황주강 유역이기 때문이다. 남쪽 경계가 자비령이므로 연탄군은 평안도와 황해도 사이의 지리적·문화적 점이지대에 가깝다. 송죽리벽화분의 구조, 벽화 제재와 구성, 기법에 눈길이 가는 것도 이러한 지리적 배경 때문이다. 이 유적을 통해 지역문화권 경계의 문화를 읽어 낼 수도 있다고 기대할 수 있다. 송죽리벽화분은 어느 지역문화의 산물일까? 송죽리벽화분의 고분벽화는 고구려 지역문화의 어떤 측면을 두드러지게 보여 줄까?

송죽리벽화분(송죽리1호분)은 북한의 사회과학원 고고학연구소 조사팀이 황해도 일대 고구려 유적을 조사하는 과정에서 발견되었고, 2002년 9월 7일부터 9월 21일까지 발굴, 조사되었다.[62] 이 유적은 황해북도 연탄군 송죽리 소재지 동북 1km 지점 마두부락(송죽리1작업반) 들판에 분포한 20여 기의 고구려석실분 가운데 하나로, 고분군의 중심에서 서남쪽으로 떨어진 곳에 조성되었다. 발굴 당시 봉분은 없어진 상태였고, 석실의 천장부도 일부만 남아 있었다.

송죽리벽화분은 앞방과 널방으로 이루어진 반지하식 무덤으로, 무덤칸 바닥이 지표면에서 2m 깊이에 있다. 무덤칸의 방향은 남향이다. 무덤길 벽은 강돌과 다듬은 석회암으로 쌓았으며 너비×길이×높이가 154×

61 永島暉臣愼, 「북한 고고학의 최신성과」(부산대학교, 2002); 永島暉臣愼, 「새로 발견된 고구려 벽화고분의 특징에 대하여-황해북도 연탄군 송죽리 벽화무덤」, 『고구려와 동아시아-문물교류를 중심으로』(고려대학교 국제학술심포지엄, 2005); 윤광수, 「연탄군 송죽리 고구려 벽화무덤」, 『조선고고연구』 3, 2005. 북한에서는 고분을 명명할 때 '무덤'이라는 용어를 쓴다. 그러나 필자는 한국에서의 관례대로 '분'을 사용해 이 유적에 송죽리벽화분이라는 명칭을 사용하고자 한다.

62 김대영·김광철, 「송죽리 고구려 벽화무덤 발굴보고(1)」, 『조선고고연구』 4, 2013; 김광철·안춘성, 「송죽리 고구려 벽화무덤 발굴보고(2)」, 『조선고고연구』 2, 2014; 정경일, 「송죽리 고구려 벽화무덤의 발굴 정형에 대하여」, 『전북사학』 48, 2016. 이하 송죽리벽화분의 무덤 구조와 벽화 구성은 위의 보고를 바탕으로 한다.

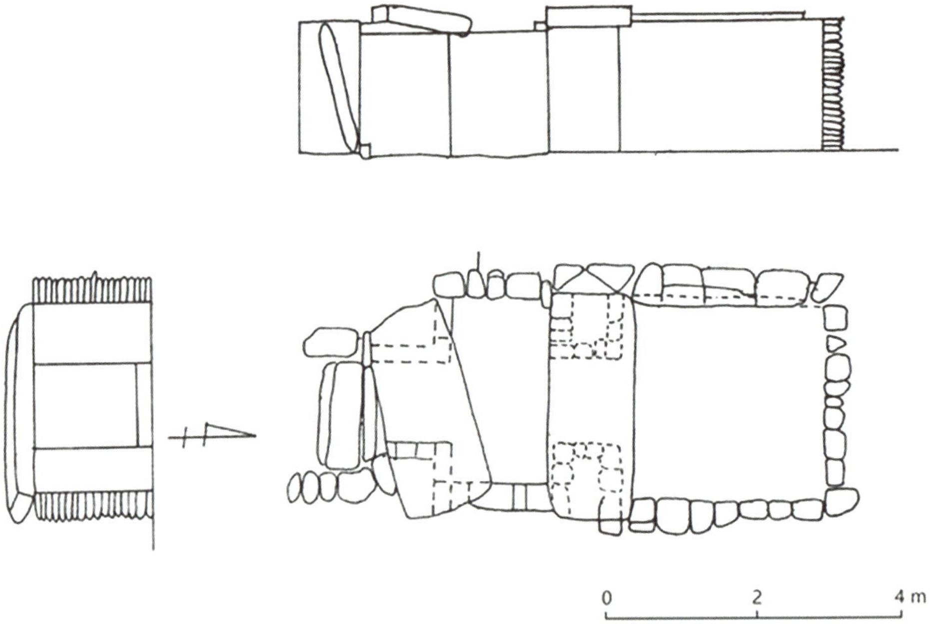

그림 1-63 송죽리벽화분 무덤칸 실측도

80~100×180cm이다. 무덤길에 잇댄 널길은 앞방 남벽 가운데서 약간 동쪽으로 치우쳐 설치되었다. 널길은 다듬은 석회암으로 쌓았고, 2.5cm 두께로 회를 덮어 매끈하게 다듬었다. 널길의 너비×길이×높이는 110×120×163cm다. 그리고 무덤길과 널길 사이에 너비×높이×두께가 148×184×19cm인 큰 판돌이 경사지게 놓여 있다. 널길이 시작하는 지점에 놓인 문턱돌의 높이×두께는 25×23cm다. 널길 바닥은 진흙과 강돌을 7cm 두께로 깔고 다진 뒤 그 위에 숯을 0.5cm 두께로 한 층 깔고 2.5cm 두께로 회를 덮었다. 널길 천장은 너비×길이×두께가 125×275×24cm이며 점판암 판돌을 올린 평천장이다.

앞방은 너비×길이×높이가 245×140×162cm로 동서의 너비가 길고 남북의 길이가 짧은 장방형이다. 천장은 남아 있지 않으나 동북벽 모서리에 편평하게 안으로 들어온 천장돌 일부가 남아 있는 것으로 보아 평행고임이었을 것으로 추정된다. 널길처럼 바닥에 회를 덮었고 벽도 다듬은 석회암으로 쌓은 뒤 회로 미장을 했다. 이음길은 너비×길이×높이가 110×98×170cm이며 천장은 너비×길이×두께가 112×305×27cm인, 점판암 판돌을 올린 평천장이다. 그리고 사잇길이 끝나는 지점에 너비 4.6cm 크기의 문틀

자리가 남아 있다. 널방은 너비×길이×높이가 271×273×170cm이고, 정방형이며 다듬은 석회암으로 쌓았다. 16단에 이르는 석회암 벽의 돌 사이 틈은 석회로 메웠다. 천장은 거의 완전히 깎여 나갔으나 서벽에 평행고임에 사용된 점판암 천장돌 일부가 남아 있다. 널방 역시 바닥은 강돌과 진흙으로 다진 뒤 숯을 깔고 회를 덮어 마무리했다. 널방 바닥에 천장돌로 사용되었던 석회암 판돌 여러 개가 떨어진 상태로 발견되었다. 무덤 안에서는 금동반지 1점, 은비녀 3점, 관못 17점, 관 손잡이 1점, 파편 상태의 토기 9개(독 2개, 동이 1개, 단지 4개, 굽 달린 그릇 1개, 일반 토기 1개)가 수습되었다(그림 1-63).

(2) 벽화 제재와 구성

송죽리벽화분은 널길과 이음길, 앞방과 널방의 벽에 회를 바르고 곱게 다듬은 다음 그 위에 벽화를 그렸으나 남아 있는 부분이 적다. 천장에도 벽화를 그렸을 것으로 추정되나 천장 부분이 남아 있지 않아 확인되지 않는다. 벽화의 주제는 생활풍속이다.

송죽리벽화분의 구조와 벽화를 자세히 살펴 보면, 널길부터 널방까지 벽의 한쪽 끝이나 모서리에 붉은색으로 기둥을 그려 넣어 무덤 안이 마치 목조 가옥의 실내처럼 보이게 했다. 널길 동벽과 서벽에는 각 벽의 남쪽과 북쪽에 기둥을 그려 넣고 사이에 행렬을 묘사했는데, 동벽의 개마기사 행렬과 서벽의 갑주무사 행렬이 일부 남아 있다(그림 1-64, 1-65). 동벽의 북쪽에 남아 있는 6인의 개마기사는 긴 창을 비스듬히 세워 든 채 일정한 간격을 유지하며 앞으로 나아가는 모습이다. 갑주기사와 개마기사 모두 부분적으로만 남아 있으나, 투구와 갑옷이 찰갑(札甲)으로 만들어졌음을 알 수 있다. 흰색, 노란색, 자주색 선들을 엇바꾸어 그어 말 갑옷의 찰갑을 나타낸 점이 눈길을 끈다. 인물들 사이의 간격으로 보아 행렬은 개마기사 10인 규모였던 것으로 추정된다.[63]

널길 서벽에 남은 개마기사 1인과 5인의 갑주무사의 행렬 가운데 가장 남쪽의 개마무사는 일행과 함께 남쪽을 향하면서 뒤따르는 사람들을 향해 살짝 고개를 돌리고 있는데,[64] 이 인물의 투구와 갑옷은 다른 네 사람의 것과

---

63 김광철·안춘성, 「송죽리 고구려 벽화무덤 발굴보고(2)」, 34쪽.

64 보고서(김광철·안춘성, 「송죽리 고구려 벽화무덤 발굴보고(2)」)에는 고개를 돌린 인물이 갑주무사 중 1인으로 오해할 수 있게 서술되었다. 개마무사 뒤에 묘사된 것도 개마로 해석될 여지가 있다. 서벽에도 개마무사 행렬이 표현되었을 가능성을 고려할 수 있다.

그림 1-64 송죽리벽화분 널길 동벽 벽화 모사선화: 기마대
그림 1-65 송죽리벽화분 널길 서벽 벽화 모사선화: 갑주무사
그림 1-66 송죽리벽화분 앞방 남벽 동쪽 벽화 모사선화: 시종
그림 1-67 송죽리벽화분 앞방 남벽 서쪽 벽화 모사선화: 문지기 장수

다르다. 널길 바닥에서 개마기사와 갑주무사들을 그린 벽화편이 다수 수습되었다.

앞방 남벽의 동쪽에는 머리에 책(幘)을 쓴 인물, 서쪽에는 문지기 장수가 그려져 있다(그림 1-66, 1-67). 남벽 동쪽의 인물은 검은 책을 쓰고 진황색 두루마기를 걸친 모습으로 무릎을 꿇고 있는데, 오른손을 배 앞에 올리고 왼손으로 어떤 물건을 세워 들었다.[65] 남벽 서쪽의 문지기 장수는 두 다리로 우뚝 선 채 오른손으로 고리자루긴칼을 칼집에서 빼려는 자세를 취하고 있다. 장수는 머리에는 운두 높은 찰갑 투구를 썼으며, 몸에는 경갑이 솟은 찰갑 갑옷을 걸쳤다. 무릎까지 가린 갑옷 아래로 흰색 바지가 보인다.

앞방 동벽은 먹선을 통해 화면이 위아래 세 단으로 나뉘었다. 기마인물 행렬이 묘사되어 있으나 남은 부분이 적다(그림 1-68). 제일 위 제1단에는 남쪽을 향해 나란히 서 있는 세 인물이 극히 부분적으로 남아 있다. 제2단에는 기마인물 2인과 시종 3인, 흰 개 한 마리가 남아 있다. 화면 가운데 기마인물은 검붉은 색 말을 탔으나 말의 다리 부분만 남은 상태다. 말을 끌고 가는 시동은 왼쪽 여밈의 연청색 저고리에 통 좁은 진노랑 바지 차림이며 무릎 아래에 각반을 둘렀다. 말 위에 탄 주인 쪽으로 고개를 살짝 돌리고 부드럽게 미소 짓는

---

65 永島暉臣愼, 「북한 고고학의 최신성과」, 永島暉臣愼, 「새로 발견된 고구려 벽화고분의 특징에 대하여–황해북도 연탄군 송죽리 벽화무덤」 및 ppt로 소개된 발굴 당시의 사진에 의하면 앞방 남벽 동쪽 벽화 모사선화는 화면이 반전된 것이다. 이를 여기에서 바로잡는다.

그림 1-68 송죽리벽화분 앞방 동벽 벽화 모사선화: 기마 행렬
그림 1-69 송죽리벽화분 앞방 서벽 벽화 모사선화: 사냥
그림 1-70 송죽리벽화분 이음길 동벽 벽화 모사선화: 문지기 장수
그림 1-71 송죽리벽화분 이음길 서벽 벽화 모사선화: 문지기 장수

시동의 표정이 잘 살아 있다. 기마인물 뒤로 두 명의 시종이 따르고 있으나 다리를 비롯해 몸의 일부만 남아 있다. 꼬리를 말아 올린 채 일행의 뒤를 따르는 흰 개는 수염과 털까지 섬세하게 묘사되었다. 말을 끌고 가는 시동 앞에도 기마인물의 일부가 남아 있다. 제3단에는 기마인물 2인과 개 한 마리의 모습 일부가 남아 있다. 한편 동벽 밑에서는 절과 의장기 벽화편이 수습되었다.

앞방 서벽도 화면이 위아래 세 단으로 나뉘었으며 벽화의 주요 제재는 사냥이다(그림 1-69). 화면 제일 위 1단에는 달리는 말 위에서 몸을 뒤로 틀어 호랑이에게 활을 쏘는 기마사냥꾼과 말을 타고 비스듬히 달려 올라가면서 사슴을 향해 활을 당기는 기마사냥꾼의 모습이 비교적 잘 남아 있다. 호랑이와 사슴 모두 이미 몸에 화살이 꽂힌 상태로 달아나고 있다. 두 개의 새 깃으로 장식한 절풍을 쓴 기마사냥꾼은 노란 바탕에 붉은 점무늬 저고리를 걸쳤고 팔에는 가죽 토시를 둘렀다. 사냥꾼이 손에 쥔 활은 마디가 5개인 맥궁(貊弓)이고 화살촉은 끝이 넓고 편평한 도끼날 꼴이다. 머리에 장식 없는 절풍(折風)을 쓴 기마사냥꾼이 허리에 찬 화살통에는 6대의 화살이 남아 있다.

2단에는 기마사냥꾼 한 사람이 힘껏 내달리는 세 마리의 큰뿔사슴에게 화살을 날리려는 모습이 그려져 있다. 검은색 저고리를 걸치고 밤색 가죽토시를 팔에 두른 사냥꾼이 머리에 쓴 절풍에는 새 깃이 여럿 꽂혀 있다. 달아나는 세 마리의 사슴 가운데 제일 앞의 것은 목에, 제일 뒤의 것은 엉덩이에 화살이 꽂힌 상태다. 3단의 벽화는 박락이 심해 검붉은 색의 채색 흔적만 일부 남아 있다. 북벽의 동쪽 벽화는 심하게 박락되어 내용이 확인되지 않는다. 서쪽 벽화는 연봉오리와 구름무늬 정도만 알아볼 수 있다.

널방으로 이어지는 이음길 동벽과 서벽에는 문지기 장수가 묘사되어 있다(그림 1-70, 1-71). 찰갑 갑옷 차림의 동벽 문지기 장수는 허리에서 무릎 위까지 남은 상태다. 어떤 무기를 들고 있었는지는 확인되지 않는다. 서벽의 문지기 장수도 찰갑 갑옷 차림인데, 왼쪽 다리 부분만 남았다. 다리 앞으로 고리자루긴칼의 칼집 일부가 비스듬히 보인다. 이음길 바닥에서 문지기 장수가 입은 갑옷 부분의 벽화편들이 다수 수습되었다.

널방 남벽의 벽화는 남아 있지 않으나 남벽 앞에서 검은색으로 채색된 벽화편이 여러 조각 수습되었다. 동벽에는 수레바퀴와 짐승의 다리, 수레를 마중하는 듯 보이는 검은 관모를 쓴 인물의 몸 일부가 남아 있다. 동벽 앞에서 사람의 다리, 연봉오리, 투구와 갑옷, 구름무늬, 격자문 등이 그려진 벽화편이 다수 수습되었다. 서벽 벽화는 모두 박락되었으나 서벽 앞에서 검은색 모자를 쓴 사람의 얼굴이 그려진 벽화편과 채색 부분만 남은 벽화편이 여러 점 수습되었다.

안벽인 북벽에는 무덤주인의 실내 생활을 묘사한 벽화가 일부 남아 있다. 평상 일부와 관복 주름에 해당하는 선이 평상 위에 남아 있는 것으로 보아 주인공이 평상 위에 앉아 있는 모습이 묘사된 것으로 보이나 벽화의 많은

표 1-2 송죽리벽화분 무덤 구조와 벽화 구성

널길			앞방						
벽		천장	벽						천장
동벽	서벽		남벽		동벽	서벽	북벽		
			동	서			동	서	
개마기 사행렬	갑주무 사행렬	?	인물	문지기 장수	화면 3단: 기마인물 행렬	화면 3단: 기마사냥	?	연봉 오리	?
각 벽 남북 끝: 붉은색 기둥			각 벽 모서리: 붉은색 기둥						

이음길			널방					
벽		천장	벽					천장
동벽	서벽		남벽		동벽	서벽	북벽	
			동	서				
문지기 장수	문지기 장수	?	?	?	수레, 인물 벽화편: 갑주무사, 연봉오리, 구름	?	무덤주인 장방 생활도	?
각 벽 남북 끝: 붉은 색 기둥			각 벽 모서리: 붉은 색 기둥					

부분이 박락된 상태다. 화면 동쪽 위에 평상 쪽을 향해 걷는 두 사람의 다리 부분이 보인다. 북벽 앞에서 사람, 연꽃, 격자문이 그려진 벽화편이 여러 점 수습되었다. 이상의 송죽리벽화분의 벽화 제재와 구성을 알기 쉽게 정리하면 〈표 1-2〉와 같다.

2) 무덤 구조와 벽화 분석

5세기 초 및 중엽에 축조된 벽화고분 가운데는 좁고 긴 장방형 앞방이 달린 2실분이 많다.[66] 5세기 초 축조된 덕흥리벽화분은 전형적인 두방무덤에 가깝고 앞방과 널방 모두 천장 구조가 궁륭평행고임이다. 반면 동암리벽화분은 앞방이 조금씩 퇴화되는 단계의 무덤으로 앞방 천장은 평행고임, 널방 천장은 평행삼각고임으로 마무리되었다. 감신총은 앞방에 두 개의 감실이 달려 있으며, 가장리벽화분은 앞방에 세 개의 평행삼각고임 천장을 올려 앞방 좌우가 감실과 같은 효과를 내게 했다. 복사리벽화분은 앞방의 좌우가 감실로 바뀐 경우다. 집안의 각저총과 무용총도 퇴화 단계의 장방형 앞방이 달린 두방무덤이다. 이상의 무덤들에서 앞방의 형태, 퇴화 정도, 천장 구조 등을 모두 고려하면 송죽리벽화분은 무덤 구조상 동암리벽화분과 가장 가깝다.

생활풍속은 5세기 전반 편년 벽화고분의 보편적인 벽화 주제인데, 송죽리벽화분의 벽화 주제 역시 생활풍속이다. 5세기 중엽에 가까워지며 평양 문화권과 집안 국내성지역 벽화고분의 벽화 구성에서 생활풍속 제재의 비중은 낮아지고 장식무늬와 사신 제재의 비중이 높아진다. 물론 안악지역 벽화고분은 5세기 중엽 이후에도 주요 벽화 주제가 생활풍속이다.[67] 또한 장식무늬로서 연꽃의 비중은 높아지지만, 사신이 새롭고 주요한 벽화 제재로 등장하지는 않는다. 이는 안악권 고분벽화 제재 구성의 특징이기도 하다.

송죽리벽화분 널길 벽에 그려진 행렬은 4~5세기 평양, 안악 일대 고분벽화 구성의 특징적 요소 가운데 하나다. 안악3호분, 태성리1호분, 감신총, 안악2호분 널길 벽화에서 의장 행렬이나 무사, 남녀 인물의 행렬이 발견된

66 전호태, 『고구려 고분벽화의 세계』.
67 전호태, 「고구려 안악3호분 재론」.

그림 1-72 송죽리벽화분 앞방 남벽 동쪽 벽화 모사선화: 시종
그림 1-73 수산리벽화분 널방 동벽 벽화: 시종
그림 1-74 송죽리벽화분 앞방 남벽 서쪽 벽화 모사선화: 문지기 장수
그림 1-75 안악2호분 앞방 남벽 서쪽 벽화 모사선화: 문지기 장수

다. 5세기 후반의 늦은 시기에 제작된 쌍영총에서도 역시 널길 벽에 개마무사와 수레, 남녀 시종들이 행렬을 지어 등장한다. 행렬이 묘사된 벽화고분은 대부분 두방무덤으로 안악2호분만 외방무덤이다.

송죽리벽화분 널길 벽화에서 주목되는 것은 벽이 시작되고 끝나는 지점에 표현된 붉은색 기둥이다. 무덤칸 벽 모서리에 기둥이, 벽과 천장의 경계에 들보가 그려지는 것은 4~5세기 생활풍속계 벽화고분의 공통 현상으로, 평양권이나 집안권이 구별되지 않는다. 그러나 널길 벽에 붉은색 기둥을 그린 사례는 확인되지 않는다. 기둥과 들보 그림이 무덤주인이 살게 될 내세의 삶터를 공간적으로 확인시켜 주는 장치임을 고려하면 송죽리벽화분 널길 벽에 묘사된 기둥은 널길부터 내세가 시작된다는 관념의 표현이라고 할 수 있다.

무덤 앞방 남벽 동쪽의 무릎 꿇은 인물은 수산리벽화분의 유사한 자세의 인물과 비교된다(그림 1-72, 1-73).[68] 물론 수산리벽화분의 인물은 무릎을 꿇으며 몸을 곧추 세웠고 두 손을 모아 잡고 공손하게 귀족 두 사람에게 예를 올리고 있다. 주목할 만한 것은 두 고분벽화 인물의 얼굴을 묘사하는 방식과 기법에 유사한 점이 많다는 사실이다. 송죽리벽화분 인물 묘사에 사용된 선이 매우 부드러운 반면, 수산리벽화분 인물 묘사에 사용된 선은 깔끔하

68 김종혁, 「수산리고구려벽화무덤 발굴중간보고」, 『고고학자료집』 4, 1974, 도판 10; 조선유적유물도감편집위원회 편, 『조선유적유물도감』 5(고구려편 3)(『북한의 문화재와 문화유적』 I, 도판 246에서 재인용).

고 힘 있게 흐른다는 정도의 차이가 있을 뿐이다. 머리에 쓴 책과 몸에 걸친 긴 두루마기는 평양권 고분벽화 인물 복식의 특징이기도 하다.

무덤 앞방 남벽 서쪽의 문지기 장수의 고리자루긴칼을 뽑으려는 자세, 투구와 갑옷의 형태 등은 안악2호분 벽화의 문지기 장수를 연상시킨다(그림 1-74, 1-75).[69] 송죽리벽화분의 문지기 장수가 안악2호분 벽화의 인물보다 눈이 옆으로 더 길고 가늘게 표현된 점, 투구의 경갑 표현에 붉은 선이 보이며 투구의 술 장식이 붉지 않고 검다는 점 정도의 차이가 있을 뿐이다. 이는 두 고분의 문지기 장수를 그린 화가들이 사실상 동일한 모본을 사용했거나 같은 화공 가문이나 공방 소속일 가능성을 고려하게 한다.

송죽리벽화분 앞방 동벽과 서벽 화면은 3단으로 나뉘었다(그림 1-76). 이런 방식으로 화면이 분할된 사례는 5세기의 다른 고분벽화에서도 확인할 수 있다. 예를 들어, 덕흥리벽화분의 경우 화면을 위아래 둘로 나누거나 좌우로 나누고 다시 위아래로 나누어 4등분한 뒤 벽화 제재를 구분해 그렸다.[70] 안악2호분, 수산리벽화분, 대안리1호분도 필요에 따라 화면 일부를 위아래로 구분하기도 하고, 화면 전체를 위아래 2단으로 나누기도 했다.[71] 5세기 후반의 늦은 시기 작품인 쌍영총 벽화에도 화면을 위아래 2단으로 나눈 사례가 보인다.[72] 동산동벽화분, 옥도리벽화분과 장천1호분 벽화에서는 화면을 위아래 3단, 4단으로 나눈 경우를 볼 수 있다(그림 1-77, 1-78).[73]

옥도리벽화분은 화면 1단에 행렬, 2단에 가무도를 배치했으며 3단 벽화는 박락으로 확인되지 않는다. 장천1호분은 화면을 위아래 3단으로 나누고 무덤주인 부부가 정자에 앉아 관람하는 제1단의 가무도를 위아래 2단으로

---

69 고고학 및 민속학연구소, 『안악 제1호분 및 제2호분 발굴보고』(『유적발굴보고』 IV), 과학원출판사, 1960, 도판 9; 조선유적유물도감편집위원회 편, 『조선유적유물도감』 5(『북한의 문화재와 문화유적』 I, 도판 262에서 재인용).

70 박진욱·김종혁·주영헌·장상렬·정찬영, 『덕흥리고구려벽화무덤』, 과학백과사전출판사, 1981, 도판 5; 조선유적유물도감편집위원회 편, 『조선유적유물도감』 5(『북한의 문화재와 문화유적』 I, 도판 155~156에서 재인용).

71 조선유적유물도감편집위원회 편, 『조선유적유물도감』 5(『북한의 문화재와 문화유적』 I, 192~193쪽, 도판 238, 204쪽, 도판 253에서 재인용); 조선유적유물도감편집위원회 편, 『조선유적유물도감』 6(고구려편 4)(『북한의 문화재와 문화유적』 II, 47쪽, 도판 56에서 재인용).

72 조선유적유물도감편집위원회 편, 『조선유적유물도감』 6(고구려편 4)(『북한의 문화재와 문화유적』 II, 도판 73에서 재인용).

73 吉林省文物工作隊集安縣文物保管所, 「集安長川1號壁畵墓」, 『東北考古與歷史』 1, 1982, 41쪽, 도면 2; 동북아역사재단, 『옥도리 고구려 벽화무덤』, 31~32쪽, 도면 7, 64~65쪽.

그림 1-76 송죽리벽화분 앞방 동벽 벽화 모사선화: 기마 행렬
그림 1-77 옥도리벽화분 널방 동벽 벽화 모사선화: 행렬과 가무
그림 1-78 장천1호분 앞방 남벽 벽화 모사선화: 주인부부의 가무 관람

나누어 묘사하는 방식을 택했다. 제2단의 그림은 음식상을 나르는 장면이고, 그 아래 제3단 벽화는 박락되어 내용이 파악되지 않는다.

송죽리벽화분 앞방 동벽의 기마인물 행렬에서 주목되는 것은 제2단 가운데 크게 그려진 기마인물과 말잡이 시동이다. 제일 앞사람의 두 다리만 남은 제1단 벽화, 두 사람의 기마인물이 확인되는 제3단 벽화와 비교할 때 동벽 화면의 중심 인물은 제2단 가운데에 묘사되었음이 확실하다. 자주색 말에 올라탄 기마인물은 점무늬 바지를 입었고 앞뒤로 세 사람이 시중들고 있다. 송죽리벽화분에서 가장 잘 남아 있는 말잡이 시동의 차분하고 여유 있는 태도와 걸음걸이에서도 행렬의 주인공을 모시는 사람 특유의 자부심을 느낄 수 있다. 또한 5세기 전반까지 안악 지역 고분벽화 인물도에 보이지 않던 점무늬 바지가 화면에 등장하는 점도 송죽리벽화분의 문화사적 자리매김과 관

그림 1-79 송죽리벽화분 널방 벽화: 말잡이 시동
그림 1-80 안악2호분 널방 벽화: 비천
그림 1-81 수산리벽화분 널방 벽화: 시종
그림 1-82 수산리벽화분 널방 벽화: 시녀

련해 눈여겨볼 부분이다. 집안 국내성 중심 고구려 전통 복식의 특징이기도 한 점무늬 저고리와 바지 차림의 인물이 대동강 남쪽, 재령강 유역 고분벽화에 묘사되고 있기 때문이다.

발굴 당시부터 조사자들의 주목을 받은 말잡이 시동은 화가가 깔끔하고 자신 있는 필치로 얼굴 세부를 묘사해 낸 경우다(그림 1-79).[74] 화가는 시동이 살짝 뒤돌아보는 순간의 표정까지 잡아낼 정도로 묘사력이 출중하다. 5세기 고분벽화 가운데 인물 묘사가 이 정도 수준에 이른 작품으로는 안악2호분의 비천(飛天)과 수산리벽화분의 남녀 시종 정도를 들 수 있을 것이다(그림 1-

74 김광철은 송죽리벽화분의 벽화 제재 전체에 세묘 화법이 적용된 점이 수산리벽화분 등과 다른 점이라고 한다(김광철, 「송국리무덤벽화의 특징」, 『조선고고연구』 2015년 3호). 그러나 표현 기법만으로는 송죽리벽화분의 선묘법이 수산리벽화분, 안악2호분 등과 다르다고 하기 어렵다.

80~1-82).[75] 세 벽화고분의 인물도는 우열을 가리기 어려울 정도로 선의 흐름이 유려하다. 굳이 나눈다면 송죽리벽화분 시동의 눈썹이며 눈매를 나타내는 선이 상대적으로 더 부드럽고 눈동자도 크다고 할 수 있다. 시동이 입은 왼쪽 여밈 저고리는 5세기 전반까지 평양권 고분벽화 인물 복식에서는 조금 낯선 것이다. 이런 복식의 인물은 5세기 전반의 늦은 시기로 편년되는 남포 지역 고분벽화에서부터 본격적으로 등장하기 시작한다.[76]

송죽리벽화분 앞방 서벽의 사례와 같이 사냥 장면을 3단으로 나누어 묘사한 경우는 다른 고분벽화에서는 찾을 수 없다. 사냥이 산과 골짝, 들판이 어우러진 넓은 공간에서 사람과 말, 짐승이 다수 등장해 쫓고 쫓기며 진행된다는 사실을 고려하면 화면을 위아래 3단으로 나눌 필요가 없기 때문일 것이다. 좁고 길게 여럿으로 나뉜 화면에 사냥 장면이 묘사된다면 화가가 사냥터 특유의 박진감, 긴장감, 운동감을 살려내기 어렵다. 화가로서는 한 화면 안에서 좌우, 위아래로 뛰박질하는 말과 짐승을 묘사하기가 더 쉽다.

3단 분할 묘사라는 제약에도 불구하고 화가는 고구려 사냥도에서 거의 빠지지 않는 기마사냥꾼의 파르티안 샷 묘사를 통해 사냥터 특유의 분위기를 성공적으로 살리고 있다(그림 1-83). 화면 제1단의 두 깃 절풍을 쓴 기마사냥꾼은 왼편으로 달리는 말 위에서 몸을 왼편으로 튼 채 같은 방향으로 달리다가 포효하며 머리를 틀어 방향을 바꾸려는 호랑이를 향해 화살을 날리려 하고 있다. 또 한 사람의 기마사냥꾼은 비스듬히 왼편 위를 향해 말을 타고 달리면서 활을 당겨 산기슭 아래로 달려 내려가는 사슴의 옆구리를 겨눈 상태다. 좁고 긴 화면이지만 화가는 말을 타고 달리는 두 기마사냥꾼의 자세, 두 마리 말과 쫓기는 짐승이 달리는 방향이 서로 엇갈리거나 변화를 보이게 함으로써 힘과 힘이 모이면서도 흩어지게 했다. 말 그대로 강약과 고저가 잘 어우러진 화면을 만들어 낸 것이다. 평양권 고분벽화에서 사냥터의 분위기를 이 정도로 잘 묘사한 사례는 찾아보기 어렵다. 송죽리벽화분 사냥도는 구도, 내용, 기법, 효과 등에서 집안 국내성 마선구1호분이나 무용총 사냥도와 가깝다(그림 1-84, 1-85).[77]

---

75 조선유적유물도감편집위원회 편, 『조선유적유물도감』 5(『북한의 문화재와 문화유적』 I, 도판 264에서 재인용); 조선유적유물도감편집위원회 편, 『조선유적유물도감』 6(『북한의 문화재와 문화유적』 II, 도판 236에서 재인용).

76 전호태, 『고구려 생활문화사 연구』, 80~81쪽.

그림 1-83 송죽리벽화분 앞방 서벽 벽화 모사선화(1~2단): 사냥
그림 1-84 마선구1호분 앞방 북쪽 곁방 동벽 벽화 모사선화: 사냥
그림 1-85 무용총 널방 서북벽 벽화: 사냥

송죽리벽화분 앞방 서벽의 사냥도에서도 중심 화면은 기마사냥꾼 한 사람이 세 마리의 사슴을 뒤쫓는 제2단이었을 가능성이 크다. 사냥꾼이 머리에 쓴 새 깃 장식 가득한 절풍만으로도 그가 사냥터의 중심 인물임을 알 수

---

77 池內宏·梅原末治, 『通溝』 卷下, 京城: 日滿文化協會, 1940, 113쪽, 도판 10; 吉林省博物館輯安考古隊(方起東), 「吉林輯安麻線溝一號壁畫墓」, 『考古』 10期, 1964.

있기 때문이다. 사냥 대상이 희생 제물로 쓰이는 큰뿔사슴인 점에서도 이런 사실이 잘 드러난다. 그러나 서벽 사냥도에서 가장 압권인 것은 제1단의 사냥 장면으로 보아야 할 것이다.

408년 묵서명이 있는 덕흥리벽화분과 5세기 초로 편년되는 약수리벽화분 사냥도에는 머리에 흑건(黑巾)을 쓴 기마사냥꾼만 등장한다.[78] 5세기 전반 작품인 감신총 벽화의 사냥 장면에도 새 깃 장식 절풍을 머리에 쓰고 기마사냥에 나선 인물은 보이지 않는다.[79] 평양 및 안악지역 고분벽화에 절풍을 쓴 기마인물이 등장하는 시기는 5세기 중엽 이후다. 대표적인 사례가 쌍영총 널길 벽화 속 기마인물이다.[80] 따라서 송죽리벽화분 사냥도의 등장인물이 하나같이 머리에 절풍을 쓴 것은 벽화 제작 시기와 관련해 주목할 필요가 있다.

이음길로 말미암아 벽이 동서로 나뉜 북벽은 서쪽의 연봉오리와 구름무늬 정도만 알아볼 수 있다. 5세기 초부터 평양 및 안악지역 고분벽화에 연못이 표현된다는 사실을 고려하면 북벽의 서쪽 벽도 연꽃과 관련된 제재가 배치되었을 수 있다. 덕흥리벽화분 앞방 북벽 서쪽에는 무덤주인의 정면 좌상이 표현되었다는 사실도 염두에 둘 필요가 있다.

송죽리벽화분 이음길 벽화의 주요 제재는 문지기 장수로, 각각 벽면 하나씩 차지한 두 사람의 갑주무사가 널방을 지키는 형국이다. 이음길 서벽에 그려진 문지기 장수는 자세까지 앞방 남벽 서쪽에 묘사된 인물과 같다. 5세기 전반 편년 평양 및 안악지역 두방무덤의 이음길 벽에 그려진 제재는 대개 널방 안쪽을 향한 무덤주인 부부 중심의 행렬이다. 송죽리벽화분처럼 이음길 동벽과 서벽에 실물 크기의 문지기 장수가 묘사된 사례는 5세기 중반 제작된 대안리1호분이 유일하다.[81] 대안리1호분은 벽화의 주제가 생활풍속 및 사신으로 앞방 남벽에 행렬과 사냥 장면이 배치되었다.

송죽리벽화분 널방 벽화는 박락이 심하지만 동벽 벽화의 내용은 남은 부분과 수습된 벽화편을 통해 어느 정도 추정이 가능하다. 무덤주인이 탄 수레 행렬을 마중하는 장면이 중심이고, 행렬 속에 갑주무사도 포함되었다고

---

78 조선유적유물도감편집위원회 편, 『조선유적유물도감』 5(『북한의 문화재와 문화유적』 I, 도판 197, 327에서 재인용).

79 국립중앙박물관, 『고구려 무덤벽화—국립중앙박물관 소장 모사도』, 주자소, 2006, 54~56쪽.

80 朝鮮總督府(關野貞 外), 『朝鮮古蹟圖譜』 二, 名著出版社, 1915, 도판 542.

81 과학원고고학및민속학연구소, 「평안남도룡강군대안리제1호묘발굴보고」, 『대동강및재령강류역고분발굴보고』(『고고학자료집』 2), 과학원출판사, 1959, 10쪽, 도판 35.

추측된다. 띄엄띄엄 남은 벽화 내용으로 보아 동벽에 연못이 표현될 만한 공간은 보이지 않는다. 벽화편에 보이는 연봉오리가 벽 상단에 묘사된 장식문의 일부였을 가능성도 고려해야 할 듯하다. 물론 송죽리벽화분의 경우도 널방 동벽 행렬의 목적지는 장방생활도가 그려진 북벽이다.

송죽리벽화분 널방 북벽 벽화의 주제가 무덤주인의 장방생활인 점은 5세기에 제작된 평양 및 안악지역 생활풍속계 벽화고분들과 같다. 북벽 앞에서 수습된 연꽃 벽화편은 안악3호분이나 천왕지신총의 사례를 볼 때, 장방의 덮개 부분을 장식하던 것이거나 장방생활도의 배경 장식일 수 있다.[82] 수산리벽화분과 안악2호분, 용강대묘의 경우 앞방이나 널방 벽 상부의 들보와 도리, 창방 사이 공간을 연꽃으로 채운 점도 연꽃 벽화편의 본래 자리와 관련해 참고가 될 듯하다.[83]

송죽리벽화분은 앞방이 장방형인 두방무덤이라는 점에서 무덤 구조로는 5세기 전반의 이른 시기에 만들어진 것으로 보아도 큰 무리가 없다. 그러나 벽화 제재의 구성과 기법으로 보면 5세기 중엽으로 제작 시기를 내려 보는 것이 더 합리적이다. 특히 행렬도의 점무늬 바지 차림의 기마인물, 말잡이 시동의 왼쪽 여밈 저고리, 사냥도에 등장하는 절풍을 쓴 기마사냥꾼들, 이음길 벽에 그려진 문지기 장수 등은 송죽리벽화분의 벽화 제작 시기를 5세기 전반의 이른 시기로 추측하기 어렵게 한다. 말잡이 시동의 얼굴 세부 묘사에서 확인되는 화가의 부드럽고 세련된 필치는 수산리벽화분 및 안악2호분 벽화 인물 묘사에도 거의 반복적으로 나타난다. 이들 세 고분의 벽화는 한 시대, 한 공방 소속 화가의 작품으로 보아도 무리가 없을 정도다. 무덤 구조와 벽화 제작 기법에서 확인되는 이러한 요소들을 하나로 묶어 판단한다면 송죽리벽화분의 축조 및 벽화 제작 시기는 5세기 중엽으로 보는 것이 적절할 듯하다.[84]

---

82 조선유적유물도감편집위원회 편, 『조선유적유물도감』 5(『북한의 문화재와 문화유적』 I, 도판 34에서 재인용); 朝鮮總督府, 『高句麗時代之遺蹟』 圖版下卷(古蹟調査特別報告第五冊), 1930, 도판 597~599.

83 조선유적유물도감편집위원회 편, 『조선유적유물도감』 5(『북한의 문화재와 문화유적』 I, 도판 238, 259에서 재인용); 朝鮮總督府, 『朝鮮古蹟圖譜』 二, 도판 517, 523.

84 김광철은 송죽리벽화분을 평양 일대 인물풍속도 주제의 두방무덤의 하나로 보고 5세기 전반의 이른 시기로 편년한다(김광철, 「송죽리 벽화무덤의 축조년대에 대하여」, 『조선고고연구』, 2010년 4호, 28~29쪽).

3) 5세기 평양·안악 문화와 송죽리벽화분

427년 천도가 이루어지기 이전부터 평양은 고구려 남방문화권의 중심이었다. 고국양왕이 왕명으로 '불교숭신(佛敎崇信)'을 장려한 뒤, 광개토왕이 평양에 9곳의 불교 사원을 열게 한 것도[85] 고구려 사회에서 평양이 지니고 있던 사회·문화적 위상이 만만치 않았기 때문이다. 고구려가 낙랑과 대방을 병합하고 유민들을 포함한 상당수의 백성을 국내성으로 이주시켰음에도 불구하고[86] 평양의 독자적인 문화 흐름은 유지되었던 것으로 보인다. 광개토왕이 평양에 불교 사원을 다수 두게 한 뒤 재차 평양 민호를 대거 다른 지역으로 옮기게 한 것도[87] 평양 문화의 흐름에 변화를 주기 위해서였다고 할 수 있다. 평양 천도를 앞둔 일종의 사회·문화적 정지 작업이었다는 해석도 가능하다.

장수왕에 의해 천도가 단행된 뒤 평양은 고구려의 새로운 사회·문화 중심지로서의 위상을 지니게 되었고 통합적 고구려 문화 창출을 담당하는 지역이 되었다. 천도 이전까지 평양 지역문화 특유의 색깔이 유지되고 있었다면 천도로 인해 그 한계를 넘어설 필요와 당위성이 주어진 셈이다. 다시 말해 평양을 중심으로 '고구려'라는 이름이 붙은 독자적이면서 보편적인 문화가 성립해 고구려 전역에 확산되고, 고구려 세력권 전체에 영향을 미칠 수 있어야 했다.[88]

고조선과 낙랑시대를 거치면서 평양 일대는 독자의 문화지대가 되었다면 안악지역은 대방군시대를 겪으며 나름의 문화적 색깔을 지니게 되었다고 할 수 있다.[89] 낙랑 남부도위에서 출발한 대방군 지역은 요동 공손씨 정권의 영향 아래 낙랑과는 다른 기간을 거쳤다.[90] 대방군은 한강 유역에 기반을 둔 백제와 교류하면서 주변 지역에 독자적인 영향력을 행사할 정도로 세력이

---

85 『三國史記』 卷18, 「高句麗本紀」 6, 故國壤王 8年 春3月條; 『三國史記』 卷18, 「高句麗本紀」 6, 廣開土王 2年 8月條.

86 『三國史記』 卷17, 「高句麗本紀」 5, 美川王 14年 8月條.

87 『三國史記』 卷18, 「高句麗本紀」 6, 廣開土王 18年 7月條.

88 이는 고구려 세력권을 고구려적 천하관의 범위로 상정함을 뜻한다. 고구려적 천하관에 대해서는 노태돈, 『고구려사연구』, 사계절, 1999 참조.

89 오영찬, 「대방군의 군현지배」, 『강좌 한국고대사』 10, 가락국사적개발연구원, 2003.

90 고구려의 영역이 된 이후에도 대방군 지역에서는 기존의 벽돌무덤이 축조되고, 기년명 벽돌도 제작되는 등 상당 기간 문화적 독자성이 유지된다(오영찬, 『낙랑군연구』, 사계절, 2006).

증대되기도 했다.

4~5세기 평양권 고분벽화는 대동강 유역의 평양 일대와 재령강 유역의 안악지역이 문화적으로 구분되었음을 확인시켜 준다. 고분벽화의 제재와 구성을 세부적으로 들여다보면, 대동강 중하류의 평양과 남포의 문화 양상에도 차이가 있음을 알 수 있다.[91] 무덤 구조와 고분벽화 제재 구성으로도 어느 정도 구별이 가능한 이들 지역별 문화권에 평양 천도는 어떤 영향을 미쳤을까? 그리고 평양 천도 전후 이들 지역문화권의 변화 양상은 어떠할까?

평양 천도를 전후해 가장 뚜렷한 변화를 보이는 지역은 대동강 하류의 남포 일대다. 앞에서 본 것처럼 남포는 수로를 통해 이루어지는 평양과 외부 세계 사이 교류의 관문이기도 하다. 실제 압록강 중류 북안의 집안 국내성과 대동강 북안 평양 사이의 교통은 육로보다 수로가 쉽다. 게다가 고구려 영역 안에서 이동하는 경우에도 험준한 산맥과 높고 좁은 고개, 넓거나 거칠게 흐르는 강이 겹겹이 가로놓인 육로보다 연안 항로로 이동하는 것이 때로는 더 안전할 수 있다.

4~5세기 편년 남포지역 고분벽화는 인물 복식에서 절풍과 왼쪽 여밈 저고리가 특징인 집안 국내식 그리고 책과 오른쪽 여밈 저고리나 두루마기가 특징인 평양식이 혼합된 양상을 보인다.[92] 남포식이라 부를 수 있는 복식 문화의 혼합 양상은 남포 일대가 고구려 남북문화가 만나는 지역이었던 데서 비롯된 현상이라고 할 수 있다. 원고구려 문화의 중심인 집안 국내성식 복식의 인물과 남방문화를 대표하는 평양식 복식의 인물이 남포지역 고분벽화에 자주 함께 등장한다는 점에서 남포 일대는 문화의 점이지대였다고 할 수 있다. 남포지역 고분벽화의 주제는 5세기 중엽 이후 생활풍속에서 생활풍속 및 사신으로 옮겨 간다.

안악지역 고분벽화에서도 서로 다른 고구려 남북문화권의 복식을 한 인물들이 함께 등장하는 사례가 있으나 극히 제한적이고, 책과 오른쪽 여밈 저고리나 두루마기 차림의 인물이 주류를 이룬다. 벽화 구성도 생활풍속이라는 전통적인 주제에서 벗어나지 않는데, 이런 현상은 5세기 중엽까지 유지된다.

평양지역의 경우, 시간이 흐름에 따라 머리에 책을 쓴 인물의 복식이 다

---

91 전호태, 『고구려 생활문화사 연구』, 71~75쪽.

92 전호태, 『고구려 생활문화사 연구』, 80~81쪽.

양하고 화려한 무늬로 장식된 왼쪽 여밈 저고리와 바지 등 남북 복식의 특징과 혼합되는 양상을 보인다. 아쉬운 것은 안악지역과 달리 평양 일대 고분벽화는 5세기 중엽 이후부터 벽화 제재로서 사신의 비중이 높아지면서 인물이 묘사되는 경우가 크게 줄어든다는 사실이다. 이 때문에 평양지역에서의 5세기 후반 인물 복식의 변화 양상은 제대로 읽어 내기 어렵다.

송죽리벽화분에는 절풍과 책, 두루마기와 왼쪽 여밈 저고리, 점무늬 바지가 모두 등장한다. 벽화 인물의 복식으로만 보면 송죽리벽화분은 남포지역 벽화분과 벽화 제재 구성 방식이 유사한 반면, 안악지역 벽화고분과는 차이가 있다.

송죽리벽화분 사냥도의 등장인물들은 모두 머리에 절풍을 썼다. 주목할 만한 것은 덕흥리벽화분이나 약수리벽화분, 감신총 등 5세기 편년 평양지역 고분벽화 사냥장면에는 머리에 흑건을 쓴 사냥꾼들의 모습만 보인다는 사실이다.[93] 안악지역 고분벽화에서는 4세기 말로 편년되는 안악1호분 외에 사냥도가 묘사된 고분벽화를 찾아볼 수 없다는 점도 유의해야 한다. 비록 화면을 위아래 3단으로 나눈 뒤 사냥 장면을 묘사했지만, 송죽리벽화분의 사냥도는 평양권 고분벽화에서는 특이한 사례다. 화가에 의해 재구성된 집안 국내성 양식 사냥도가 평양식 벽화분인 송죽리벽화분에 등장했다고 해도 과언이 아니다.

5세기 평양권에서 축조된 두방무덤 벽화고분은 5세기 중엽을 경계로 벽화 주제가 생활풍속 및 사신으로 바뀐다.[94] 물론 요동성총, 약수리벽화분에서 확인할 수 있듯이 평양과 남포지역의 감이나 곁방이 있는 여러방무덤 벽화고분 가운데 벽화 주제가 생활풍속 및 사신인 5세기 초 유적도 있다. 외방무덤의 경우에는 노산동1호분이나 안악동9호분처럼 4세기 말에도 사신을 벽화 주제로 삼은 사례들이 있다.[95]

송죽리벽화분은 전형적인 두방무덤이면서 벽화 주제가 생활풍속인 경우다. 5세기 중엽으로 편년되는 평양권의 두방무덤 벽화고분 가운데 송죽리

---

93 조선유적유물도감편집위원회 편, 『조선유적유물도감』 5(『북한의 문화재와 문화유적』 I, 도판 197, 327에서 재인용); 국립중앙박물관, 『고구려 무덤벽화: 국립중앙박물관소장 모사도』, 54~56쪽.

94 전호태, 『고구려 고분벽화 연구』, 410~411쪽, 표 5 및 표 6 참조.

95 전호태, 『고구려 고분벽화 연구』, 413쪽, 표 8 참조.

벽화분과 같은 사례는 천왕지신총뿐이다.[96] 즉 송죽리벽화분은 5세기로 편년되는 평양권 벽화고분의 벽화 주제가 5세기 중엽을 경계로 생활풍속에서 사신(四神)으로 옮겨 가는 현상이 나타나지 않는 몇 안 되는 유적 가운데 하나인 셈이다.

그러나 5세기 편년 북쪽의 집안권 벽화고분이나 남쪽의 평양권 벽화고분에서 공통적으로 나타나는 '연꽃'이라는 제재는 송죽리벽화분에도 등장한다. 벽화의 박락이 심해 벽의 배경이나 벽 상단 장식문 벽화 제재로 연꽃과 연봉오리를 채택했는지는 알 수 없다. 그러나 연꽃과 연봉오리가 송죽리벽화분의 벽화 제재 가운데 하나였던 것은 확실하다. 요약하자면, 송죽리벽화분의 벽화 구성도 5세기 고구려 문화의 큰 흐름의 일부를 이루고 있었다고 할 수 있다.

5세기 후반 편년 평양권 고분벽화에서는 인물이 세련된 필선으로 묘사된다. 수산리벽화분의 인물도는 그중 대표적인 사례에 해당한다. 수산리벽화분의 벽화를 담당한 화가가 인물 묘사에 주의를 집중할 수 있었던 것은 벽화 주제가 화가에게 익숙한 생활풍속인 점도 영향을 끼쳤을 것이다. 벽화의 주제가 생활풍속일 경우, 가장 중요한 제재는 무덤주인 부부를 비롯한 인물일 수밖에 없고, 따라서 화가는 익히 그려 왔던 방식과 기법으로 인물 묘사에 필력을 기울이게 된다. 물론 5세기 중엽을 기점으로 사신이 벽화의 주요한 제재로 떠오르고 여기에 집중하며 필력을 올린 화가는 나름의 유려하고 활달한 필선으로 사신을 묘사했을 것이다.

중요한 것은 수산리벽화분과 안악2호분 인물 묘사에 사용된 세련된 필선이 송죽리벽화분에서도 발견된다는 사실이다. 남포, 안악, 연탄은 거리상 서로 가깝지 않다. 지역문화권이나 생활권을 감안한다면 세 지역은 구별될 수밖에 없다. 때문에 무덤 구조에서 송산리벽화분은 다른 두 고분과 다르고, 벽화 제재의 구성에서 세 고분은 공통점 이상의 차이점을 보인다. 그런데도 5세기 중엽, 혹은 후반으로 편년되는 세 고분의 인물도는 묘사 기법과 효과에서 같은 느낌을 준다. 그 이유가 무엇일까?

앞에서 이미 언급했듯이 427년의 평양 천도는 고구려 사회·문화의 중심

---

96 關野貞, 「順川郡北倉面の八角天井塚に就て」, 『朝鮮と建築』 4卷11號, 1925, 6~8쪽; 朝鮮總督府, 『高句麗時代之遺蹟』 圖版下卷, 도판 581~613.

이 옮겨졌다는 점에서 고구려뿐 아니라 동북아시아 각국의 입장에서도 예의 주시할 사건이다.[97] 고구려 문화의 전개 방향과 관련해 주목되는 점은 동북아시아의 패권을 차지한 국가로서 고구려가 자신의 입지를 다지고 확인하는 모든 작업이 평양을 중심으로 펼쳐지게 되었다는 사실이다. 그렇기 때문에 평양을 중심으로 사회·문화 통합이 시도되고 성과를 거두어야 했으며, 고구려 중앙정부는 이를 위한 종교적·이념적 구심점으로 시조왕 주몽 신앙과 불교를 제시했다.[98] 5세기 고분벽화에 연꽃이 주요한 제재로 등장하고 연꽃을 벽화의 주제로 삼은 사례가 자주 발견되는 것도 이와 관련된 현상이라고 할 수 있다.

새로운 서울인 평양을 중심으로 문화 통합의 바람이 일자 그 영향을 먼저 받게 된 곳은 아무래도 가까운 평양, 남포, 안악 등 지역의 문화 중심지였을 것이다. 당연히 문화 통합의 바람이 어느 정도 강하게 부는가, 지역문화 전통의 뿌리가 어느 정도 깊은가에 따라 지역별 문화 내용의 변화 정도가 결정되었을 것이다. 위에서 보았듯이 고분벽화 등장인물 복식의 변화 양상은 이와 관련된 문화의 흐름을 이해하는 데 큰 도움이 된다.

문화 통합 운동이 시작된 지역답게 평양에서는 빠른 속도로 남북의 복식 혼합이 이루어져 남쪽 복식에 북쪽의 것이 더해지고 섞인 새로운 혼합형 복식이 출현했다.[99] 남포에서는 일정한 기간 남북의 복식이 혼재하다가 평양의 유형을 따라갔다. 안악에서는 5세기 후반까지 한계 문화에 바탕을 둔 남쪽 복식이 계속 등장했다. 물론 6세기에 들어서면서 안악지역에는 더 이상 고분벽화가 제작되지 않았던 까닭에 이후의 양상은 확인되지 않는다. 5세기 세 지역 고분벽화 인물 복식에서 나타난 이와 같은 변화 양상은 지역문화 전반에서 나타난 현상이었을 것이다.

송죽리벽화분이 조성된 연탄은 지역문화의 경계지역이다. 경계지대 문화의 특징은 어느 한쪽에 치우치지 않는다는 것이다. 그렇다고 독자성이 뚜렷한 것도 아니다. 때로 경계지대에서는 사회적·문화적 지체 현상도 나타나

---

97 공석구, 「고구려의 영역과 평양천도 문제」, 『한국고대사연구』 33, 2004; 임기환, 「고구려 평양도성의 정치적 성격」, 『한국사연구』 137, 2007; 김병곤, 「고구려의 평양천도 기획시점과 남진」, 『고구려발해연구』 39, 2011; 장종진, 「5世紀 前後 國際情勢와 高句麗 平壤遷都의 배경」, 『한국고대사연구』 61, 2011.

98 전호태, 『고구려 고분벽화 연구』, 138~140쪽.

99 전호태, 『고구려 생활문화사 연구』, 71~81쪽.

며 문화적 소속이 불분명한 문화 모자이크 상태에 머물기도 한다. 문화 전개의 새로운 방향이 제시되거나 적극적으로 지향, 추구되지도 않는다.

무덤 구조와 벽화 구성으로 볼 때 송죽리벽화분은 평양, 남포, 안악, 심지어 집안 국내성이라는 지역문화 중심의 문화 요소를 부분적으로만 지니고 있다. 그러나 새로운 유형의 벽화고분이 만들어진 것처럼 보이지는 않는다. 무덤 구조, 벽화 구성에서 송죽리벽화분과 비교되는 5세기 중엽 및 후반 편년 평양권 주요 벽화고분을 비교해 보면 이런 사실이 잘 드러난다.

〈표 1-3〉에서도 알 수 있듯이 전형적 두방무덤이라는 무덤 구조로 볼 때 송죽리벽화분은 평양 및 남포 유형에 가깝다. 그러나 평양 및 남포지역에서 5세기 중엽 및 후반 고분벽화의 일반적 주제는 생활풍속 및 사신이다. 외방무덤이 주류인 안악지역 벽화고분처럼 송죽리벽화분도 널길과 이음길 벽화 제재는 문지기 장수다. 그러나 송죽리벽화분에 표현된 절풍 차림 기마사냥꾼이 5세기 평양권 고분벽화 사냥도에는 등장하지 않는다. 생활풍속을 주제로 삼은 5세기 중엽 및 후반 평양권 고분벽화에서 연꽃은 주요한 제재로 비중이 높은 반면, 송죽리벽화분에는 연꽃이 등장하기는 하지만 벽화 제재로서의 비중은 확인되지 않는다.

송죽리벽화분과 수산리벽화분, 안악2호분 벽화의 인물 묘사에 적용된 세련된 필선은 세 고분벽화의 주제가 생활풍속인 것과 관련이 깊다고 할 수 있다. 사실상 동일 유파, 혹은 같은 공방의 화공들이 연탄, 남포, 안악이라는 서로 멀리 떨어진 지역의 고분벽화 제작에 참여할 수 있었던 것은 생활풍속을 주제로 한 모본(模本)을 쓰는 집단과 사신을 모본에 담아 그림을 그리는 사람들이 소속과 성향에서 뚜렷이 구별되었기 때문으로 보아야 할 것이다.

안악지역 고분벽화에 생활풍속 제재들이 계속 그려질 수 있었던 것도 이와 관련해 이해할 필요가 있다. '사신'이 신앙의 대상이며 고분벽화가 내세관의 표현이라는 사실을 고려하면 벽화를 그리는 화가나 화가가 속한 공방도 어떤 형태로든 벽화 주제와 관련된 종교, 신앙을 내면화하거나 염두에 둔 상태로 벽화 제작에 참여했을 것이기 때문이다. 생활풍속이라는 벽화의 주제도 계세적(繼世的) 내세관의 표현이다.[100] 즉 생활풍속 제재를 벽화로 그리는 화가 역시 이 사실을 마음에 둔 상태로 필선 하나하나에 정성을 기울였다

100 전호태, 『고구려 고분벽화의 세계』, 119~120쪽.

표 1-3 송죽리벽화분과 5세기 중엽 및 후반 편년 평양·안악지역 주요 벽화고분의 무덤 구조와 벽화 구성

<table>
<tr><th rowspan="4">구조
/
유적</th><th rowspan="4">벽화
주제</th><th colspan="3">널길</th><th colspan="7">앞방</th></tr>
<tr><th colspan="2">벽</th><th rowspan="3">천
장</th><th colspan="6">벽</th><th rowspan="3">천
장</th></tr>
<tr><th rowspan="2">동벽</th><th rowspan="2">서벽</th><th colspan="2">남벽</th><th rowspan="2">동벽</th><th rowspan="2">서벽</th><th colspan="2">북벽</th></tr>
<tr><th>동</th><th>서</th><th>동</th><th>서</th></tr>
<tr><td rowspan="2">송죽리
벽화분</td><td rowspan="2">생활
풍속</td><td>개마
기사
행렬</td><td>갑주
무사
행렬</td><td rowspan="2">?</td><td>인물</td><td>문지기
장수</td><td>화면 3단:
기마인물
행렬</td><td>화면 3단:
기마사냥</td><td>?</td><td>연봉
오리</td><td rowspan="2">?</td></tr>
<tr><td colspan="2">각 벽 남북 끝:
붉은색 기둥</td><td colspan="6">각 벽 모서리:
붉은색 기둥</td></tr>
<tr><td>천왕지
신총</td><td>생활
풍속</td><td>?</td><td>?</td><td>?</td><td>?</td><td>?</td><td>?</td><td>?</td><td>?</td><td>?</td><td>?</td></tr>
<tr><td>대안리
1호분</td><td>생활
풍속과
사신</td><td>?</td><td>?</td><td>?</td><td>사냥</td><td>수레
행렬</td><td>행렬</td><td>행렬</td><td>고취
악대,
행렬</td><td>행렬</td><td>?</td></tr>
<tr><td>수산리
벽화분</td><td>생활
풍속</td><td colspan="10">×</td></tr>
<tr><td>안악
2호분</td><td>생활
풍속</td><td colspan="10">×</td></tr>
</table>

<table>
<tr><th colspan="3">이음길(두방무덤)
널길(외방무덤)</th><th colspan="6">널방</th></tr>
<tr><th colspan="2">벽</th><th rowspan="3">천장</th><th colspan="5">벽</th><th rowspan="3">천장</th></tr>
<tr><th rowspan="2">동벽</th><th rowspan="2">서벽</th><th colspan="2">남벽</th><th rowspan="2">동벽</th><th rowspan="2">서벽</th><th rowspan="2">북벽</th></tr>
<tr><th>동</th><th>서</th></tr>
<tr><td>문지기
장수</td><td>문지기
장수</td><td rowspan="2">?</td><td>?</td><td>?</td><td>수레,
인물 벽화편:
갑주무사,
연봉오리, 구름</td><td>?</td><td>무덤주인
장방생활</td><td rowspan="2">?</td></tr>
<tr><td colspan="2">각 벽 남북 끝:
붉은색 기둥</td><td colspan="5">각 벽 모서리:
붉은색 기둥</td></tr>
<tr><td rowspan="2">?</td><td rowspan="2">?</td><td rowspan="2">?</td><td>?</td><td>?</td><td>?</td><td>?</td><td>주인부부
안채생활</td><td rowspan="2">해, 달, 별자리,
천왕, 지신,
상서동물,
연꽃, 도리, 보</td></tr>
<tr><td colspan="5">각 벽 배경: 연꽃장식연속귀갑문
각 벽 모서리: 기둥</td></tr>
<tr><td rowspan="2">문지기
장수</td><td rowspan="2">문지기
장수</td><td rowspan="2"></td><td>주작?</td><td>직녀,
주작</td><td>해,
음식준비,
상차림, 청룡</td><td>달,
인물
행렬,
백호</td><td>무덤주인
장방생활,
쌍현무</td><td rowspan="2">?</td></tr>
<tr><td colspan="5">각 벽 모서리: 우주역사</td></tr>
<tr><td rowspan="2">문지기
장수</td><td rowspan="2">문지기
장수</td><td rowspan="2">?</td><td>행렬</td><td>행렬</td><td>행렬</td><td>곡예관람</td><td>주인부부</td><td rowspan="2">연꽃, 봉황,
도리, 보</td></tr>
<tr><td colspan="5">각 벽 모서리: 장식기둥</td></tr>
<tr><td rowspan="2">문지기
장수</td><td rowspan="2">무인
행렬</td><td rowspan="2">?</td><td>문지기
장수,
비천</td><td>문지기
장수,
비천</td><td>비천,
공양자 행렬</td><td>행렬</td><td>여주인,
여인 행렬</td><td rowspan="2">연꽃, 도리, 보</td></tr>
<tr><td colspan="5">각 벽 모서리: 장식기둥</td></tr>
</table>

고 보아야 할 것이다.

평양 천도를 계기로 본격화된 평양 중심의 고구려 남북문화 통합의 흐름이 대동강 유역에는 빠르게 확산되었지만 5세기 후반까지 재령강 유역 안악지역의 고유 문화를 변화시키는 데까지는 이르지 못했다. 그러나 불교를 중심으로 한 국가 차원의 종교적·이념적 통합은 안악 일대에도 영향을 미쳤다. 연탄 송죽리벽화분을 축조하고 벽화를 그린 이들도 이와 같은 문화 흐름에 합류하고 있었지만 두 지역문화의 경계지대였던 까닭에 연탄 송죽리벽화분에는 평양과 안악, 심지어 남포, 집안 국내성, 어디에도 속하지 않은 벽화가 남겨졌다고 할 수 있다.

연탄 송죽리벽화분은 생활풍속을 벽화 주제로 삼은 5세기 중엽 편년 유적이다. 연탄은 안악 문화권의 북쪽 경계지역으로 평양 문화권과 맞닿는 곳이지만 평양 생활권에 속한 곳은 아니다. 송죽리벽화분은 무덤 구조와 벽화 구성에서 이러한 지리적·문화적 경계지대의 문화 양상을 잘 드러내는 유적이다.

송죽리벽화분은 앞방이 장방형인 두방무덤으로 무덤 구조상 평양 및 남포 일원의 두방무덤과 통한다. 평양과 남포 일대에서 5세기 중엽 및 후반 편년 두방무덤 벽화분의 벽화 주제는 생활풍속 및 사신이다. 그러나 송죽리벽화분은 벽화 주제가 생활풍속이라는 점에서 이런 흐름과 거리를 보인다. 오히려 5세기 후반에도 생활풍속이라는 벽화 주제를 고집하던 안악지역 외방무덤 벽화분과 가깝다.

송죽리벽화분의 사냥도는 위아래 3단으로 나뉜 화면에 그려졌고, 사냥도에 등장하는 기마사냥꾼들은 모두 머리에 절풍을 썼다. 그런데 5세기 평양권 고분벽화 사냥도의 기마사냥꾼들은 머리에 흑건을 쓰고 등장하고, 5세기 안악지역 고분벽화에는 사냥 장면이 묘사되지 않는다. 게다가 송죽리벽화분 사냥도 등장인물의 복식과 사냥 장면 묘사에 보이는 활력과 긴박감은 집안 국내성지역 고분벽화 사냥도를 연상시킨다.

송죽리벽화분의 말잡이 시동의 얼굴은 표정까지 읽을 수 있을 정도로 섬세하고 유려한 필선으로 묘사되었다. 그런데 수산리벽화분과 안악2호분 벽화 등장인물의 얼굴 표현에도 송죽리벽화분의 것과 거의 동일한 필선이 사용되었다. 세 고분에서 확인되는 화가의 세련된 필선은 인물 묘사에 익숙한 공방이나 가문이 고구려 사회에 존재했음을 시사한다. 생활풍속을 벽화의 주요 제재이자 주제로 삼는 지역문화에서 무덤주인을 포함한 인물 묘사는 중요시될 수밖에 없었다. 생활풍속은 계세적 내세관을 전제로 한 벽화 주제이기 때문이다. 송죽리벽화분은 평양 천도 이후, 평양을 중심으로 추진된 고구려 문화의 통합과 재창조 과정에 대동강과 재령강 일대의 지역문화가 어떻게 바뀌는지, 지역문화 경계지대의 문화 양상은 어떠한지를 알게 하는 유적이다.

3. 천왕지신총

1) 유적 개요

고구려 중기 벽화고분은 무덤 구조도 다양하고, 벽화의 주제도 여러 가지다.[101] 순천에서 발견된 천왕지신총은 여러방무덤으로 무덤을 축조하면서 내부 구조물의 어떤 부분은 목조가옥의 뼈대 일부를 재현하는 방식으로 짰고, 일부는 벽화로 그렸다. 구조상 실물과 허구를 조합했다는 점에서 중기 벽화고분 중에서도 특이한 사례에 해당한다고 할 수 있다.

천왕지신총 벽화의 구성도 고구려 중기의 다른 고분벽화와 다르다. 무덤칸의 벽은 연꽃문으로 장식하고 천장고임은 신화적 존재로 채웠는데, 이는 무덤칸 벽을 일상의 공간처럼 그리고 천장고임을 연꽃과 같은 종교적 상징으로 장식하는 일반적인 사례와 차이를 보인다. 다른 고분에서는 이런 식의 고분벽화 제재 구성을 찾아보기 어렵다. 천왕지신총이 이처럼 무덤 구조와 벽화 구성에서 비슷한 시기에 축조되고 제작된 다른 벽화고분 유적과 차이를 보이는 이유는 무엇일까?

이 절에서는 아직 개별적 검토가 이루어진 적이 없는 천왕지신총 무덤 구조와 벽화 구성이 어떤 문화사적 의미를 지니는지 밝혀 본다. 그리고 천왕지신총이 축조되던 시기에 출현한 평양권 및 집안 국내성지역 고분벽화와 비교하면서, 5세기 전반과 후반 고구려 사회가 겪었던 정치적·종교적 변동이 영향을 끼쳤을 가능성도 함께 추적해 보려고 한다. 천왕지신총의 고고학

---

101 전호태, 『고구려 고분벽화의 세계』.

86

87

그림 1-86 천왕지신총 전경(일제강점기, 발굴 전)
그림 1-87 천왕지신총 전경(일제강점기, 발굴 후)

적·미술사학적·종교문화적·역사적 자리매김을 위해서다.

천왕지신총은 평안남도 순천시 북창리(옛 지명: 평안남도 순천군 북창면 송계동, 평안남도 은산군 북산리)에 있다. 일제강점기인 1916년 11월 중순 고구려시대 벽화고분임이 확인되었다(그림 1-86).[102] 1917년 세키노 다다시(關野貞)의 주도로 발굴이 이루어져 실측도가 작성되었고, 오바 쓰네키치(小場恒吉)와 오다 후쿠조(太田福藏)가 벽화를 모사했다. 이때 제작된 모사도가 국립중앙박물관에 보관되어 있다.[103]

천왕지신총이 발견, 조사된 뒤 오래지 않아 옛 무덤 벽의 석회를 먹으면 여러 가지 병에 효능이 있다는 미신으로 말미암아 무덤 근처의 마을 사람들이 유적에 들어와 벽화 조각을 긁어내 가져가는 일이 일어났다. 이로 말미암아 1925년 10월 3일 처음 조사할 당시 거의 온전했던 널방 북벽 무덤주인 부부 가운데 남편의 모습이 거의 완전히 훼손되는 등 무덤 안 벽화가 상당히 많이 손상되었다.[104] 조선총독부의 문화재 담당 부서는 벽화가 더욱 심하게 훼손된 이후인 1930년에야 무덤문을 수리하고 무덤을 폐쇄했다(그림 1-87).

천왕지신총은 대동강변 북창벌에 있으며 북창면 송계동고분, 북창리제

102 關野貞, 「新に發見せられたる高句麗時代の繪畵」, 『國華』 327號, 1917, 74~81쪽; 朝鮮總督府(關野貞 外), 『大正五年度古蹟調査報告』, 1918; 關野貞, 「順川郡北倉面の八角天井塚に就て」, 『朝鮮と建築』 4卷11號, 1925, 6~8쪽; 朝鮮總督府, 『高句麗時代之遺蹟』圖版下卷(古蹟調査特別報告第五冊), 1930, 도판 581~613.
103 국립중앙박물관, 『고구려 무덤벽화—국립중앙박물관 소장 모사도』, 주자소, 2008.
104 早乙女雅博, 「高句麗壁畵古墳の調査と保存」, 『關野貞アジア踏査』, 東京大學總合硏究博物館, 2005, 286쪽.

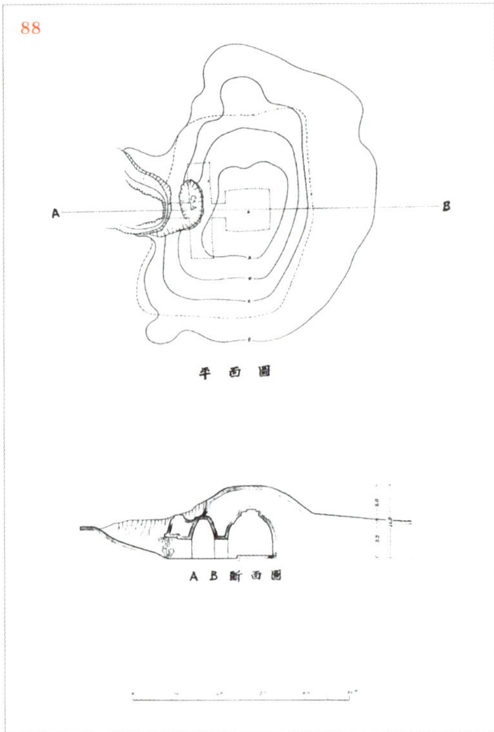

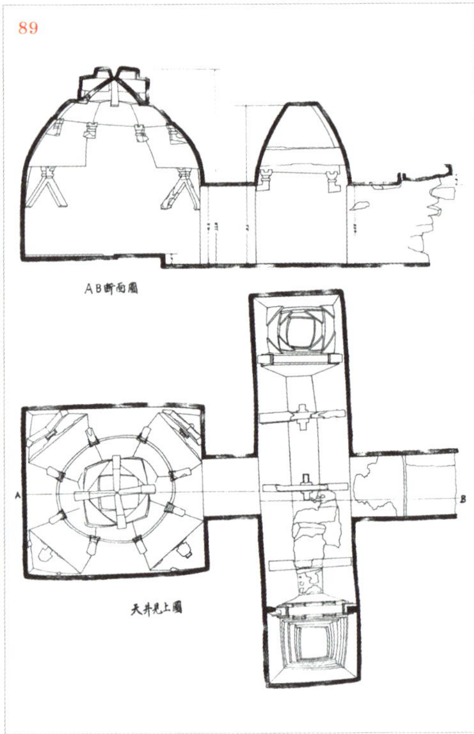

그림 1-88 천왕지신총 무덤칸 위치
그림 1-89 천왕지신총 무덤칸 실측도

1호분, 팔각천정총 등으로도 불린다. 처음 발굴 조사 당시 널방 천장고임 북측에서 '천왕(天王)', '지신(地神)'이라는 묵서(墨書)가 있는 그림이 확인되어 천왕지신총이라는 이름이 붙었다. 천왕지신총은 널길, 기둥과 천장에 의해 셋으로 나뉜 장방형 앞방, 이음길, 장방형 널방으로 이루어진 두방무덤이다. 앞방과 널방의 길이×너비×높이는 각각 1.56×6.73×3.00m, 3.14×2.83×3.70m이다(그림 1-88, 1-89).

앞방 동쪽칸 천장은 삼각고임, 가운데칸 천장은 세 개의 활개 받침이 있는 꺾음식고임이고, 서쪽칸 천장은 평행고임이다. 널방 천장부는 팔각고임과 사각고임이 엇물린 특이한 구조로 되어 있다. 무덤 안에 회를 바르고 그 위에 벽화를 그렸으며 벽화의 주제는 생활풍속과 장식무늬다.

널방 벽면과 천장고임에 목조가옥의 건축 부재인 기둥, 두공, 도리, 활개를 만들고 사이사이에 실물 두공과 활개, 소로를 배합하는 독특한 배치법을 적용해 무덤칸 안이 화려한 부재를 자랑하는 목조가옥 내부처럼 보이게 했다. 이런 까닭에 천왕지신총은 고구려 건축술을 실물에 가깝게 보여 주는 매우 독특한 유적으로 알려지게 되었다. 그러나 무덤의 널길과 앞방 벽화는 석회가 떨어져 나가 내용이 확인되지 않는다. 널방 벽과 천장고임 벽화도 발굴 당시에는 비교적 많이 남아 있었으나 이후 심하게 훼손되어 현재는 벽화가 거의 남아 있지 않다.

널방 벽에는 연꽃이 채워진 사방연속 연꽃귀갑문을 배경으로 생활풍속 제재를 그렸다. 널방 북벽에는 사방연속 연꽃귀갑문을 배경 화면으로 그리고, 가운데 위쪽에 두 채의 기와집과 인물을 나란히 묘사했다. 그리고 벽화 속 인물들과 가옥 사이의 공간 곳곳에 연봉오리를 그렸다. 서쪽 기와집 안에는 저고리와 바지 차림의 시종 두 사람과 세 갈래로 묶어 올린 뒤 그 위에 장식을 더한 머리를 하고 저고리와 주름치마를 입은 시녀 두 사람이 서 있는 모습을 묘사했다. 두 기와집 사이, 혹은 서쪽 기와집 끝에는 한 남자가 얼굴을 화면 동쪽의 정좌한 여인에게 향하고 있다.[105] 얼굴에 붉은색 화장의 흔적이 일부 남아 있는 동쪽 기와집 안의 여인은 머리에 여러 가지 꽃으로 장식된 모자를 쓰고 있다. 모자 아래로 흘러내린 장식 천이 여인의 얼굴 좌우로 두 가닥씩 흘러내렸으며 이마에도 활짝 핀 꽃 모양의 장식이 여럿 있다. 이 여인은 벽화의 다른 인물보다 크게 그려졌다.

벽화의 빈 공간을 채우고 있는 연봉오리는 물방울과 같은 형태로 내부는 양 끝이 휜 Y 자 선에 의해 세 부분으로 나뉘었다. 연꽃의 꽃받침, 받침 줄기, 꽃 안의 세부 표현 등은 생략되었다. 사방연속 연꽃귀갑문 안의 연꽃은 대부분 꽃잎이 8개이며 두 갈래 갈고리꼴 받침 줄기가 달렸다. 꽃잎 끝은 뾰족하고 날카로우며 꽃술과 잎맥이 표현되어 있다. 이런 묘사는 5세기 집안 국내성 계열 연꽃 표현에서 볼 수 있다.[106]

천장고임 아래, 그림 할게 및 실물 제공과 소로를 통해 8개의 독립적인 화면이 만들어진 8각 고임 제1층 북면의 '人' 자 소슬 사이 공간에는 양 끝에 사람 머리가 달린 짐승이 묘사되어 있다. 이 짐승의 두 머리 사이에는 '지신(地神)'이라는 글이 쓰여 있다. 서북면에는 왼손에 붉은색 번(幡)을 쥔 채 봉(鳳)

---

105 보고서에는 남자가 두 기와집 사이에 있는 듯이 설명했으나, 제시된 사진을 보면 서쪽 기와집의 끝 처마 아래 있는 듯이 보이기도 한다.

106 全虎兌, 「고구려 고분벽화에 나타난 하늘연꽃」, 『미술자료』 46, 국립중앙박물관, 1990, 15~16쪽.

으로 보이는 새에 타고 하늘을 나는 인물이 그려졌다. 이 인물의 머리 위에 '천왕(天王)'이라는 묵서가 있다. 천왕을 태운 새 밑으로 구름이 흐르며, '人' 자 형태의 소슬 사이로는 연봉오리와 비슷한 무늬가 그려졌다. 동북면에는 새를 탄 선인이 묘사되었는데, 이 선인은 손에 번을 들고 있다.

동면의 '人' 자 소슬 사이 공간에는 사람 머리의 새가 그려졌다. 새의 머리 앞에 천추(千秋)라는 묵서가 쓰였다. 동남면에는 허공을 유영하는 듯한 사슴과 비슷한 짐승이 묘사되었다. 동면의 천추와 마주 보는 서면에는 짐승 머리의 새가 그려졌다. 천추와 대칭되는 자리에 있어 만세(萬歲)로 볼 수도 있으나, 새 주변에는 어떤 묵서도 보이지 않는다. 서남면에는 긴 꽁지깃이 두 갈래로 나뉜 서조가 묘사되었고, 남면에도 서조 한 마리가 그려졌다.

소슬 밑의 창방 안과 소로 위에 가로로 펼쳐진 보의 내부는 돌기 달린 변형 구름무늬로 장식되었고, 보 위쪽 공간에는 달과 구름, 별, 서조 등이 그려졌다. 북면 도리 위쪽의 공간에 그려진 건 북두칠성이다. 동면 도리 위에는 세발까마귀가 들어 있는 해가, 서면 도리 위에는 두꺼비가 들어 있는 달이 묘사되었다. 남면 도리 위에 그려진 것은 남두육성이다. 이들 해와 달과 별자리 사이에는 간간이 구름이 묘사되었고, 묵선으로 서조도 표현되었다. 북두칠성과 해 사이 동북면 공간에는 세 겹 동심원 수십 개로 장식된 커다란 별이 묘사되었는데, 정체를 알 수 없다. 동면의 해와 서면의 달 남쪽에 각각 별 세 개가 줄로 이어진 별자리가 두 개씩 그려졌는데, 각각 심방육성(心房六星)과 삼벌육성(參伐六星)으로 해석된다.[107]

소슬 위로 솟은 소로 아래 앞면에는 붉은 구슬과 같은 것을 입에 문 귀면(鬼面) 형상을 한 괴수의 정면상이 묘사되었다. 이 귀면 괴수의 이마 한가운데에 '人' 자 장식의 연봉오리가 표현되었다. 천장 중심부에는 장식무늬를 그렸던 흔적이 남아 있다. 천왕지신총의 무덤 구조와 벽화 구성을 알기 쉽게 정리하면 〈표 1-4〉와 같다.

퇴화 단계의 장방형 앞방을 지닌 무덤 구조, 벽화와 실물이 어우러져 목조가옥의 내부 구조를 무덤칸 안에 재현하고 있는 점, 연꽃 장식무늬와 생활풍속 제재가 잘 어우러지게 벽화 구성을 시도한 점 등으로 보아 천왕지신총은 5세기 중엽에 축조되었을 가능성이 크다.

---

107 김일권, 『고구려 별자리와 신화』, 사계절, 2008, 109~112쪽.

표 1-4 천왕지신총 무덤 구조와 벽화 구성

편년	벽화 주제	벽화 구성						
		널길	앞방					
			앞벽(남벽)	왼벽(동벽)	오른벽(서벽)	안벽(북벽)	천장 고임	천장
5세기 중	생활풍속·장식무늬	?	?	?	?	?	?	?

벽화 구성						
이음길	널방					
	앞벽(남벽)	왼벽(동벽)	오른벽(서벽)	안벽(북벽)	천장고임	천장
?	연꽃장식 귀갑문	연꽃장식 귀갑문	연꽃장식 귀갑문	무덤주인 부부, 연꽃장식 귀갑문	천왕, 지신, 서수, 서조, 선인, 해, 달, 별자리, 장식무늬	?

2) 벽화 분석

널방 벽의 배경에 그려진 사방연속 연꽃귀갑문은 5세기 중엽을 전후한 시기에 집안 국내성지역 고분벽화에 주요 제재 겸 주제로 선택된 연꽃 장식문과 관련이 깊은 것으로 보인다(그림 1-90). 연꽃귀갑문이 장식된 벽화고분인 산성하귀갑총 외에도 산성하연화총(산성하983호분), 산연화총, 통구12호분, 장천1호분 등에서 연꽃 장식문이 확인되는데(그림 1-91, 1-92), 이들 고분은 무덤칸 전체, 혹은 무덤칸 천장고임을 연꽃귀갑문이나 연꽃문, 연꽃으로 장식한 유적으로 모두 집안 국내성지역에 있다.[108] 고구려의 첫 번째 수도였던 졸본(현 환인)에 있는 미창구장군묘도 무덤칸 벽과 천장고임이 연꽃으로 장식되었는데(그림 1-93)[109] 환인 미창구장군묘의 축조 시기도 5세기 중엽으로 추정된다.

사방연속 귀갑문은 5~6세기 동아시아 각국의 장식 미술에서 애용되던 모티프였다. 사방연속 귀갑문 장식은 삼국시대 신라의 무덤 출토 유물에서도 확인되고 남북조시기 중국의 각종 미술 작품에서도 보인다. 신라 유적인 경주 식리총(飾履塚, 노동동126호분)에서 출토된 금동신발의 바닥은 사방연속

108 전호태, 『고구려 벽화고분의 과거와 현재』, 성균관대학교출판부, 2020.
109 손수호, 「환인지방에서 새로 발견된 고구려 벽화무덤에 대하여」, 『조선고고연구』, 1992年 3期; 辛占山, 「桓仁米倉溝高句麗"將軍墓"」, 『日本東亞細亞文明的原流的考古學研究』, 1993; 武家昌, 「桓仁米倉溝將軍墓壁畵初探」, 『遼海文物學刊』, 1994年2期.

90

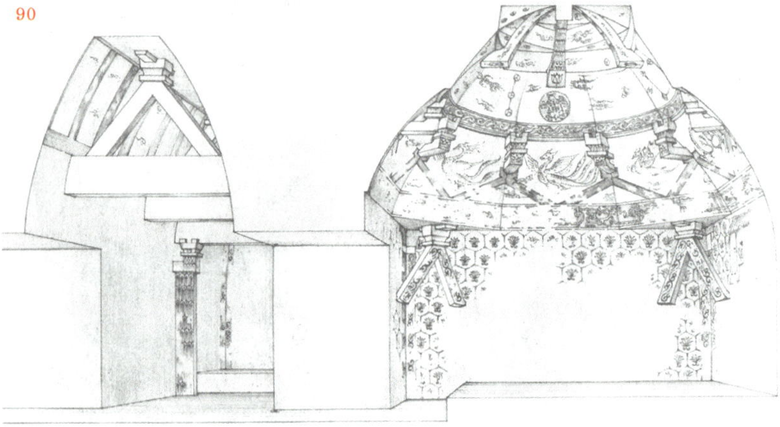

91

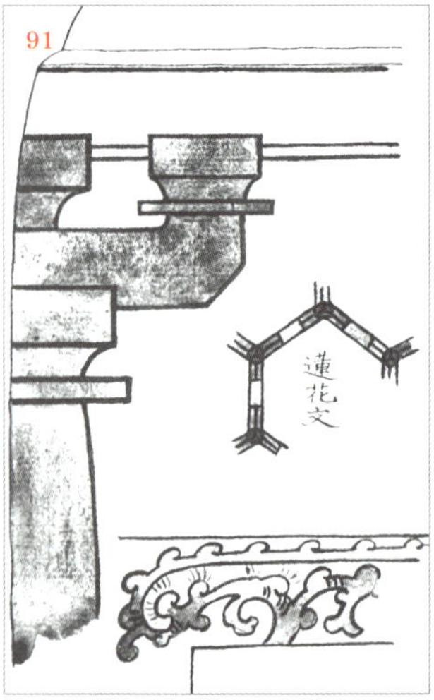

92

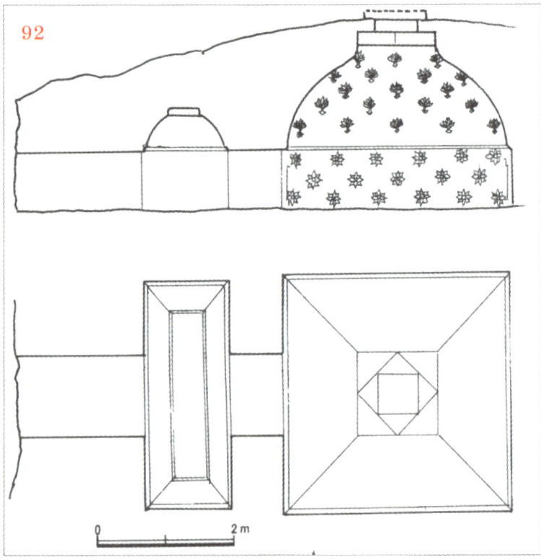

93

그림 1-90 천왕지신총 무덤칸 투시도
그림 1-91 산성하귀갑총 벽화 구성
그림 1-92 산연화총 무덤칸 실측도
그림 1-93 미창구장군묘 투시도(중국 오녀산성박물관)

귀갑문으로 장식되었는데, 귀갑문 안에는 괴수나 기이한 새와 짐승 등이 돋을새김 되어 있다(그림 1-94).[110] 식리총은 5세기 말부터 6세기 초 사이에 축조되었을 것으로 추정된다.[111] 괴수와 서조 등을 새겨 넣은 사방연속 귀갑문 장식의 북위시대 석관이 발견되는 사례도 여럿 있다(그림 1-95).[112]

그러나 사방연속 귀갑문 안에 연꽃을 그려 넣은 천왕지신총이나 산성하귀갑총 벽화와 같은 사례를 5~6세기 중국 남북조시대 장식 미술이나 백제, 신라의 유적, 유물에서는 찾아 보기 어렵다. 북위의 6세기 유물 가운데 하나인 중국 영하 고원 북위묘 출토 목관에서 발견된, 귀갑문에서 기원한 것으로 보이는 장식문 안에 당초문과 상서로운 새 등을 그린 사례는 있으나(그림 1-96),[113] 5세기 고분이나 공예품에서 연꽃이 장식된 귀갑문은 확인되지 않고 있다. 6세기에 축조된 백제 무령왕릉 출토 왕비 두침(頭枕)에 사방연속 귀갑문 안에 연화화생의 각 장면을 그려 넣은 사례, 왕의 족좌(足座)에 금제 연꽃을 사방연속 귀갑문 안에 장식한 사례는 보이지만,[114] 5세기 미술작품 가운데 연꽃장식 사방연속 귀갑문이 발견되지는 않는다.

적어도 지금까지 확인된 사방연속 연꽃귀갑문이 장식된 유적의 사례는 순천의 천왕지신총과 집안 국내성지역의 산성하귀갑총뿐이다. 사방연속 연꽃귀갑문의 발달 과정을 상정한다면 천왕지신총에서 산성하귀갑총으로, 다시 오회분4호묘로 벽화의 장식문이 바뀌었다고 볼 수 있다(그림 1-97). 물론 사방연속 귀갑문이라는 틀을 제외한다면 산연화총이나 미창구장군묘와 같이 연꽃으로만 장식된 벽화고분이 등장하기도 한다. 널방 북벽에 그려진 무덤주인 부부 생활도로 보아 천왕지신총 벽화의 사방연속 연꽃귀갑문은 화면의 배경 장식이자 무덤주인 부부가 살게 될 새로운 생활공간의 정체를 드러내는 장치라고 할 수 있다.

천왕지신총의 무덤주인은 평양이나 집안 국내성에 있는 여타 고분벽

---

110 이송란, 「新羅 古墳出土 工藝品에 보이는 外來要素의 淵源: 飾履塚 金銅飾履를 중심으로」, 『美術史學硏究』 203, 1994.

111 박천수, 『동아시아 고분 역연대 자료집』, 학연문화사, 2011.

112 김진순, 「집안 오회분4·5호묘 연구」, 『미술사연구』 17, 2003.

113 羅豊, 『胡漢之間—"絲綢之路"與西北歷史考古』, 文物出版社, 2004.

114 大韓民國文化財管理局, 『武寧王陵』, 학생사, 1974; 秦弘燮, 「武寧王陵 發見 頭枕과 足座」, 『백제연구』 6, 1975; 박서영, 「백제 무령왕릉 두침과 족좌의 용도와 성격」, 『미술사학연구』 289, 2016.

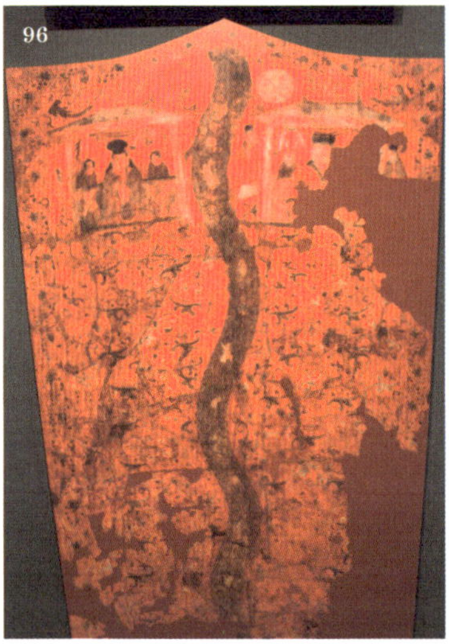

그림 1-94 경주 신라 식리총에서 출토된 금동신발 바닥의 사방연속 귀갑문
그림 1-95 중국 북위시대 석관 장식 사방연속 귀갑문
그림 1-96 중국 영하 고원 북위묘 출토 목관 장식화
그림 1-97 오회분4호묘 널방 북벽 장식화

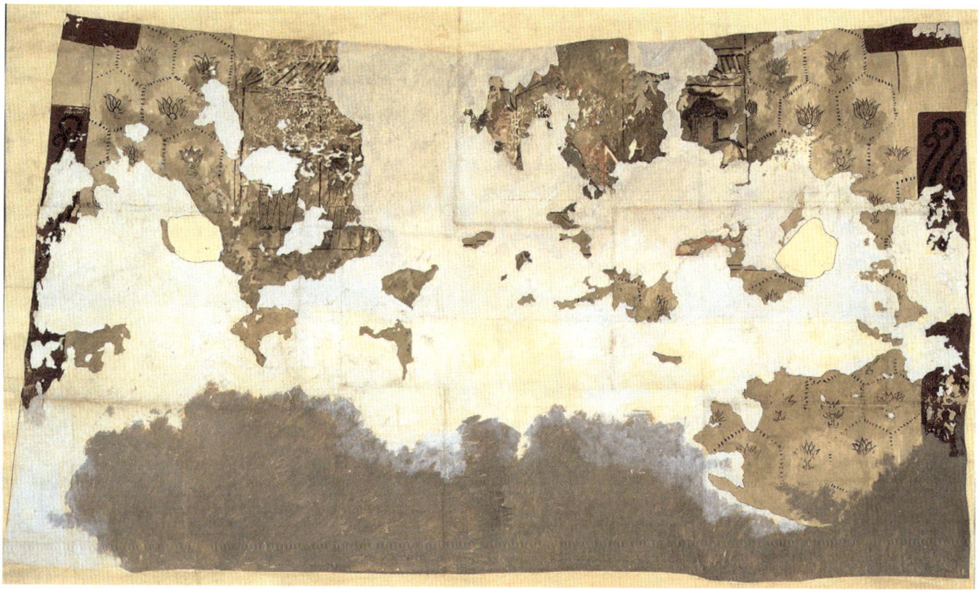

그림 1-98　천왕지신총 널방 북벽 벽화 모사도: 주인부부

화의 무덤주인들과는 다른 방식으로 묘사되었다. 서쪽 기와집의 끝에 묘사된 남자가 동쪽 기와집 안에 정면을 보고 앉은 여주인을 향해 앉아 있는 모습으로 그려졌기 때문이다(그림 1-98). 두 사람이 부부 관계라면, 천왕지신총의 실제 주인은 부인이고 남편은 종속적인 존재로 그려졌으므로 남성 주도였던 당시의 일반적인 사회질서와는 어긋나는 방식으로 벽화가 그려진 셈이다. 물론 고구려 설화 속의 온달과 평강공주처럼 부인이 남편보다 신분이 더 높은 사례도 있을 수 있으나,[115] 두 사람을 장례 지낸 뒤, 무덤칸 안에 벽화를 그렸다면 천왕지신총 벽화처럼 표현하지는 않았을 것이다. 천왕지신총 벽화는 불교의 낙원과 같은 새로운 내세 공간에 태어날 무덤주인의 위상이나 역할과 관련이 있는 것으로 보인다.

천왕지신총 널방 천장고임 벽화에서 먼저 눈에 띄는 것은 천왕과 지신이다(그림 1-99). 붉은색 번(幡)이 달린 줄을 손에 쥔 천왕은 끝 장식이 보주처럼 보이는 검은 모자를 머리에 썼다. 지신과 나란히 널방 안쪽인 천장고임

115　이런 종류의 이야기에는 역사적 사실 일부가 담겨 있을 수는 있으나, 전근대사회에 널리 퍼져 있던 스토리텔링의 한 유형으로 보는 것이 일반적인 시각이다(신종원, 『삼국유사 깊이 읽기』, 주류성, 2019).

상부 서북면과 북면에 배치된 점에서 천왕이 지닌 무게감을 알 수 있는데, 보통 무덤칸의 안쪽 벽 방향에 무덤에서 가장 중요한 존재를 배치하기 때문이다. 이는 사신도(四神圖) 무덤에서 현무를 안쪽 벽인 북벽에 그리는 것에서도 드러난다. 현무가 우주적인 질서의 회복을 의미하기 때문이다.

벽화의 천왕에게 불교적 존재로서의 의미가 투사되었는지는 알 수 없다. 불교에서는 천계 33천을 나누어 주관하는 천왕이 여럿 나오지만, 고구려의 시조왕 주몽의 아버지 해모수가 세상에서 천왕랑(天王郎)이라고 불린 데서 알 수 있듯이[116] 신선 신앙이나 토속 신앙에서 천왕은 천신을 의미하는 용어로 인식되어 표기되는 경우도 적지 않기 때문이다. 벽화에 천왕과 지신이 나란히 그려지는 데서도 이러한 사실이 잘 드러난다.

천왕과 나란히 그려진 지신은 몸의 양 끝에 사람 머리가 달린 용 혹은 뱀 형상인데, 이런 일신양두(一身兩頭)의 생명체는 408년 묵서명이 있는 덕흥리벽화분에도 그려졌다.[117] 덕흥리벽화분 앞방 천장고임에 묘사된 지축(地軸)도 사람 머리의 일신양두지만, 몸은 길짐승의 그것처럼 보인다는 점에서 천왕지신총의 지신과 차이를 보인다(그림 1-100).

동면에 그려진 사람 머리의 새 천추는 덕흥리벽화분을 비롯해 안악1호분, 무용총, 삼실총 등에도 보이는데(그림 1-101, 1-102), 무한한 삶에 대한 소망이 형상화된 경우다.[118] 서면에 보이는 짐승 머리의 새도 덕흥리벽화분을 비롯해 몇몇 벽화고분에 보이는 것으로, 이런 새에 투사된 관념은 천추, 만세, 길리 등과 크게 다르지 않았을 것이다(그림 1-103, 1-104). 살면서 늘 좋은 일만 있고, 편안하며 장수하기를 바라는 마음이 하늘의 별자리에 투사되고 형상화되며 심지어는 신앙의 대상으로까지 승격된 것이다.[119]

고구려 고분벽화에서 천추와 만세같이 사람 머리나 짐승 머리가 달린 새는 상서로운 뜻을 담은 존재지만, 『산해경(山海經)』과 같은 오래된 기서(奇書)

---

116 朝則聽事 暮卽升天 世謂之天王郎 『東國李相國集』 「東明王篇」.

117 全虎兌, 「古墳壁畵로 본 高句麗人의 神仙信仰」, 『新羅文化』 17·18합집, 동국대학교신라문화연구소, 2000, 11~12쪽.

118 南秀雄, 「高句麗古墳壁畵の圖像構成−天井壁畵を中心に」, 『朝鮮文化硏究』 2, 東京大學朝鮮文化硏究室, 1995.

119 정재서는 덕흥리벽화분의 사람 머리 새(萬歲)를 무덤의 나쁜 기운을 쫓아내고 죽은 자를 영원한 안식의 시계로 인도하는 존재로 이해하고 있다(정재서, 『이야기 동양신화−중국편』, 김영사, 2010, 434쪽).

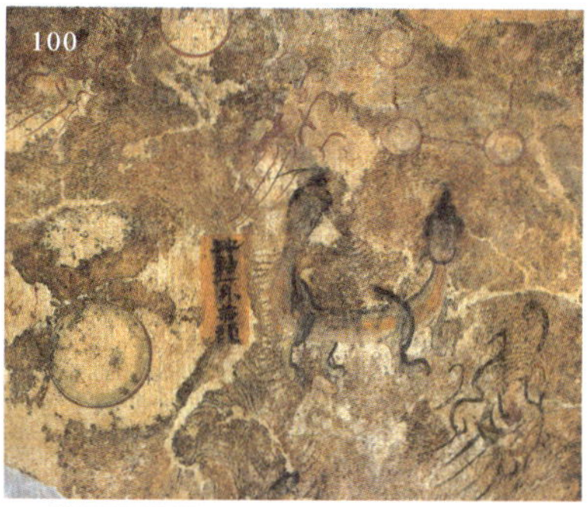

그림 1-99 천왕지신총 널방 천장고임 벽화 모사도: 천왕과 지신
그림 1-100 덕흥리벽화분 앞방 천장고임 벽화: 지축
그림 1-101 천왕지신총 널방 천장고임 벽화 모사도: 천추
그림 1-102 덕흥리벽화분 앞방 천장고임 벽화: 천추
그림 1-103 천왕지신총 널방 천장고임 벽화 모사도: 짐승 머리의 새
그림 1-104 덕흥리벽화분 앞방 천장고임 벽화: 길리

에는 이런 종류의 새들이 흉조로 인식되고 묘사된다. 이런 새들이 흉조에서 길조로 바뀌어 인식되고 그려지는 이유를 '이독제독(以毒除毒)'하려는 주술 관념에서 비롯된 현상으로 이해하기도 한다.[120]

---

120 정재서·전수용·송기정, 『신화적 상상력과 문화』, 이화여자대학교출판부, 2008, 265쪽.

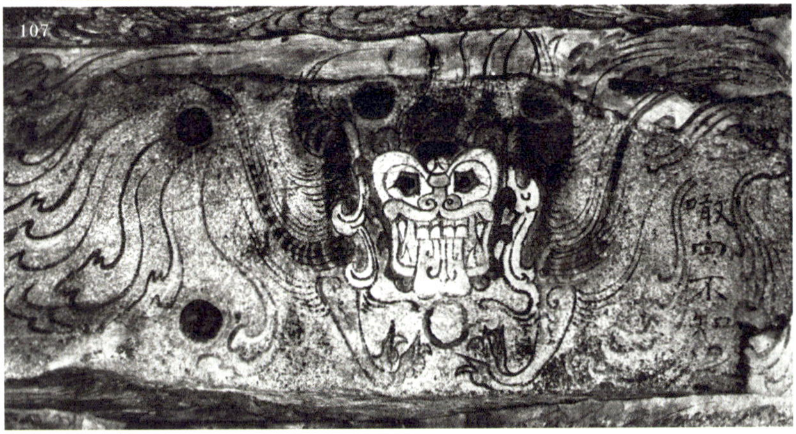

그림 1-105　천왕지신총 널방 천장고임 벽화 모사도: 귀면
그림 1-106　안악3호분 널방 입구 기둥머리: 귀면
그림 1-107　통구사신총 널방 천장고임 벽화: 귀면

소로 아래 앞면에 그려진 귀면은 안악3호분 벽화의 기둥머리에 그려진 것과 같은 의미와 기능을 지닌 일종의 벽사(辟邪) 괴수의 모습이다(그림 1-105, 1-106).[121] 이런 귀면이 더 사실적으로 생생하게 표현된 사례를 통구사신총

121　전호태, 『고구려 벽화고분』, 68쪽.

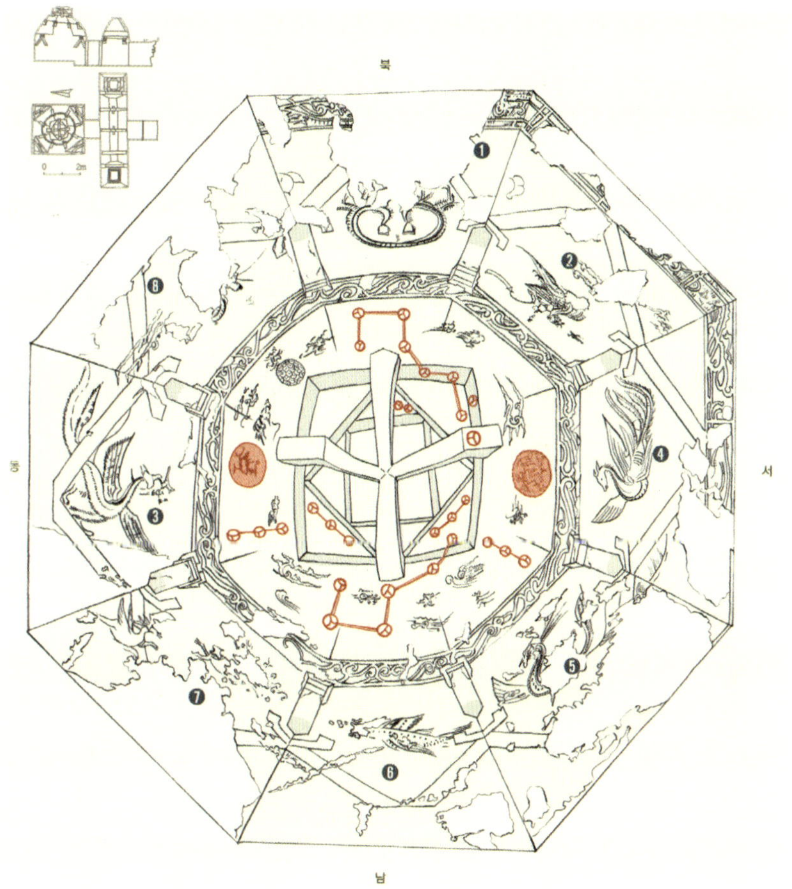

그림 1-108 천왕지신총 널방 천장고임 벽화 모사선화: 하늘 세계

벽화에서 볼 수 있다(그림 1-107).

보 위쪽 공간에 배치된 해와 심방육성, 달과 삼벌육성, 남두육성, 북두칠성은 고구려의 전형적인 사방위 별자리 체계를 잘 보여 주는 사례로 이해할 수 있다(그림 1-108).[122] 사숙도(四宿圖) 천문시스템으로 일컬어지는 이러한 별자리 배치와 표현은 쌍영총 벽화에도 보인다.

---

122 김일권, 『고구려 별자리와 신화』, 112쪽.

3) 5세기 평양권의 문화 동향과 천왕지신총 벽화

372년 소수림왕은 북중국의 전진(前秦)에서 보낸 승려 순도가 불상, 경문을 지니고 고구려에 이른 것을 계기로 불교 신앙을 공인했다.[123] 이후 391년 고국양왕은 불교를 믿어 복을 구하라는 교시를 내렸다.[124] 고국양왕의 뒤를 이은 광개토왕은 평양에 9사를 창건하게 해 고구려가 불교 국가가 되었음을 국내외에서 알게 했다.[125]

사실 전진에서 불교 승려 순도가 오기 전, 이미 고구려에는 불교가 알려져 있었다. 요동 지역에서는 불교 포교가 이루어지고 있었고, 평양 남쪽의 안악3호분 고분벽화에는 불교적 깨달음의 상징인 연꽃이 그려졌다.[126] 중국 북방에서 5호16국시대가 열리면서 호족 지배자들에 의해 불교 신앙이 적극적으로 받아들여지고, 도시에 사탑(寺塔)이 우후죽순처럼 세워졌음을 고려하면,[127] 4세기 중엽 즈음 고구려에도 불교가 알려져 불교와 관련한 활동의 징후가 보이는 것은 극히 자연스러운 현상이다.

그런데 고구려에서 공인된 불교가 고구려 사회에 뿌리내리는 과정이나 그로 말미암은 결과는 북쪽의 집안 국내성지역과 남쪽의 평양 일대에서 차이를 보였다. 예맥계 문화의 중심이자 오랜 기간 고구려의 수도로 번성하던 국내성에서는 불교가 빠르게 뿌리내리고 내세관에도 영향을 미쳤지만,[128] 427년 이후 고구려의 새로운 수도가 된 평양에서는 한계 문화의 색채 위에 불교 문화의 이미지가 더해지는 방식으로 불교 신앙이 퍼져 나갔다.[129]

따라서 5세기 중엽을 전후한 시기의 국내성지역 고분벽화와 평양 일대 고분벽화가 벽화 제재의 선택과 구성에서 크고 작은 차이를 보이는 것은, 평양 천도 뒤 한 세대가 지났음에도 두 지역의 서로 다른 문화전통이 강하게 작용한 까닭으로 보아야 할 것이다. 5세기 중엽 국내성지역에서는 연꽃장식

---

123 二年 夏六月 秦王符堅遣使及浮屠順道 送佛像經文 王遣使迴謝 以貢方物『三國史記』卷18, 「高句麗本紀」6, 小獸林王.

124 三月 下教 崇信佛法求福『三國史記』卷18, 「高句麗本紀」6, 故國壤王 9年.

125 創九寺於平壤『三國史記』卷18, 「高句麗本紀」6, 廣開土王 3年8月.

126 전호태, 「5세기 高句麗 古墳壁畵에 나타난 佛敎的 來世觀」, 『韓國史論』 21, 1989.

127 鎌田茂雄 지음, 정순일 옮김, 『중국불교사』, 경서원, 1996.

128 전호태, 『고구려 고분벽화 연구』.

129 十五年 移都平壤『三國史記』卷18, 「高句麗本紀」6, 長壽王; 전호태, 「고구려 고분벽화의 기원」.

벽화고분이 유행했지만,[130] 평양 일대에서는 그런 흐름이 뚜렷이 감지되지 않는 것도 이런 차이로 말미암은 현상이라고 할 수 있다. 평양 9사의 창건에도 불구하고 불교를 받아들이는 태도나 결과에서 두 지역이 보인 차이가 결국 제재 구성이 다른 벽화고분을 출현시킨 것이다.

평안남도 순천은 국내성에서 평양에 이르는 교통로에 있는 도시로 평양과 가깝다. 순천에서는 요동성총, 동암리벽화분, 용악동벽화분, 천왕지신총 등의 벽화고분이 발견되었는데, 무덤 구조나 벽화 구성에서 평양지역의 벽화고분과 구별되는 유적들이 있다. 요동성총도 그중 하나로, 긴 장방형 앞방에 4개의 관실이 달려 있다.[131]

5세기 초로 편년되는 요동성총 벽화의 주제는 생활풍속과 사신이다.[132] 앞방의 서쪽 곁방 벽에는 무덤주인의 장방생활도가, 천장고임에는 사신도가 그려졌다. 독립된 관실이 여러 개 달린 요동성총의 기원은 여러 개의 연접한 관실이 달린 위·진 시기 요양지역 벽화고분에서 찾을 수 있다.[133] 그러나 위·진 요양지역 벽화고분의 벽화 주제는 생활풍속이어서 요동성총 벽화의 사신이 어디에서 유래했는지는 따로 찾아보아야 할 것이다.

평양이나 국내성지역에서는 요동성총처럼 관실이 여럿 달린 벽화고분이 발견되지 않는다. 이것은 요동성총과 같은 유형의 벽화고분이 평양지역에 그대로 수용되지는 않았음을 의미한다. 평면 배치로 볼 때, 널방 둘레에 회랑이 설치된 남포의 태성리3호분, 안악의 안악3호분은 관실 둘레에 회랑이 있는 요양 봉태자1호묘와 봉태자2호묘에서 한 걸음 더 나아간 벽화고분이라고 할 수 있다. 무덤 유형으로 보면 요동성총/봉태자1호묘→ 태성리3호분/안악3호분으로 구조가 변화하는 과정을 상정하는 것도 가능하다. 이런 측면을 고려하면 요동성총을 요양지역 벽화고분이 평양지역으로 전파되는 중간 과정을 보여 주는 무덤으로 보아도 무리는 아닐 듯하다.

천왕지신총 역시 무덤 구조나 벽화 구성에서 평양 일대 벽화고분과는 차이를 보인다. 그렇다고 북으로 멀리 떨어져 있는 국내성 유형도 아니다.

---

130 전호태, 『고구려 고분벽화의 세계』.

131 과학원고고학및민속학연구소, 「평안남도순천군룡봉리료동성총조사보고」, 『대동강류역고분발굴보고』(『고고학자료집』 1), 과학원출판사, 1958.

132 전호태, 『고구려 벽화고분의 과거와 현재』, 53~69쪽.

133 전호태, 『중국 화상석과 고분벽화 연구』, 솔, 2007, 325쪽.

실물과 그림을 배합한 천왕지신총 무덤칸 구조는 목조건축의 아름다움을 잘 보여 주고 있는데,[134] 이와 같은 방식으로 제작된 벽화고분을 평양지역이나 국내성지역에서는 찾아볼 수 없다.

천왕지신총 벽화도 구성과 내용을 보면 고구려 남북 문화의 혼합에 가깝다. 무덤칸 벽면을 장식하고 있는 사방연속 연꽃귀갑문은 북방 유형으로 볼 수 있다. 5세기 중엽 평양지역에서 제작된 연꽃장식 고분벽화는 전동명왕릉에서만 발견되기 때문이다.[135] 물론 전동명왕릉 벽화의 경우, 사방연속 귀갑문 안에 연꽃을 그리지는 않았다. 사방연속 연꽃귀갑문이나 순수한 연꽃장식 고분벽화는 국내성지역에서 유행했다.

천왕지신총 널방 벽면은 사방연속 연꽃귀갑문으로 장식되었으나, 천장고임 1층 '人' 자 소슬 사이의 공간 8칸에는 천왕과 지신을 비롯해 천추 등과 상서로운 새를 탄 선인이 그려졌다. 천장고임 벽화의 이런 상금서수(祥禽瑞獸)와 선인은 국내성지역의 무용총이나 삼실총 벽화에도 보이지만, 계통적으로는 평양지역의 4세기 말 작품인 안악1호분을 비롯해 408년 묵서명이 있는 덕흥리벽화분의 벽화에 묘사된 기이한 생명체들과 더 가깝다. 천왕지신총의 지신이 덕흥리벽화분의 지축을 이은 존재로 그려진 것에서도 이런 사실이 잘 드러난다.[136] 이와 달리 5세기 전반 늦은 시기의 작품인 무용총이나 그보다 제작 시기가 조금 늦은 삼실총 벽화에는 천왕지신총 벽화에 보이는 것처럼 상금서수와 선인이 체계적으로 나뉘어 묘사되지 않았다. 이런 데서도 천왕지신총 널방 천장고임 벽화가 고구려 남북의 어느 지역과 더 가까운지 알 수 있다.

안악1호분이나 덕흥리벽화분의 상금서수는 도교의 선계 인식과 관련이 깊다. 실제 덕흥리벽화분 앞방 천장고임에는 선인과 옥녀가 등장하며,[137] 천왕지신총의 천왕과 선인처럼 덕흥리벽화분 벽화의 선인과 옥녀도 손에는 번(幡)을 들고 있다. 비록 안악1호분 천장고임에는 연꽃이 여럿 묘사되고 덕흥

---

134 윤장섭, 『韓國의 建築』, 서울대학교출판부, 1996; 전호태, 『고구려 생활문화사 연구』.

135 김일성종합대학, 『동명왕릉과 그 부근의 고구려유적』, 김일성종합대학출판사, 1976(呂南喆·金洪圭 日譯, 『5世紀の高句麗文化』 雄山閣, 1985); 학계소식, 「새로 발굴 정리한 고구려 동명왕릉」, 『력사과학』, 1978년 4기.

136 南秀雄, 「高句麗壁畵の地軸像」, 『古文化談叢』 30, 九州古文化研究會, 1993.

137 박진욱·김종혁·주영헌·장상렬·정찬영, 『덕흥리고구려벽화무덤』, 과학백과사전출판사, 1981(朝鮮畵報社 編, 高寬敏 日譯, 『德興里高句麗壁畵古墳』 講談社, 1986).

리벽화분 묵서묘지명에 무덤주인이 석가모니불의 제자라고 쓰여 있지만, 천장고임 벽화에 그려진 것은 선계와 관련된 존재들이다.[138] 천왕지신총의 경우에도 널방 벽과 천장 곳곳에 연꽃이 묘사되었음에도 천장고임에 눈에 잘 띄도록 그려진 것은 상금서수와 선인들이다. 여기서 천왕지신총 벽화 제재의 구성 방식이 남쪽 지역의 안악1호분이나 덕흥리벽화분 벽화와 가깝다는 사실이 잘 드러난다. 시간적인 흐름이나 지역문화의 성향으로 볼 때, 안악과 평양의 선계 인식과 표현이 순천을 거쳐 국내성지역에 전해져 벽화로 그려졌다는 해석도 가능하다.

이런 제반 사실을 고려하면 순천의 천왕지신총은 무덤 구조나 벽화 구성에서 평양 문화권과 집안 국내성 문화권 사이에 있다고 할 수 있다. 지리적으로는 평양 문화권에 속하고 위치도 평양에서 그리 멀지 않지만, 벽화 구성이나 무덤 구조로 볼 때 순천은 남북 문화권 사이에 있는 징검다리와 같다고 보아도 과언이 아니다. 순천은 요양지역 문화와 집안 국내성지역의 문화가 남쪽의 평양과 안악 일대로 전해지는 통로이기도 하고, 안악과 평양지역의 문화가 북으로 올라가는 길목이기도 했던 셈이다.

순천이 문화적 점이지대로 남북을 잇는 역할을 담당한 덕분에, 5세기 중엽 전후 집안 국내성지역에서 유행한 불교의 연꽃장식 고분벽화가 남으로 전해지면서 천왕지신총 널방 벽의 사방연속 연꽃귀갑문이 등장했다고 볼 수 있다. 안악과 평양 일대의 전통적인 선계 인식과 표현이 북쪽의 집안 국내성지역에 알려지는 과정에 천왕지신총 널방 천장고임의 상금서수와 선인이 묘사되었다는 해석도 가능하다. 남북에서 유행하던 문화 요소들이 평양에서 가까운 순천에서 만나 나란히 세워지다가 서로 섞이게 되었음을 천왕지신총이 보여 준다고 할 수 있다. 물론 전통이 달랐던 북방과 남방의 문화가 제대로 어우러진 모습은 5세기 말 남포의 쌍영총 벽화에서 찾아볼 수 있다.[139] 결국 차이를 보였던 남북문화를 섞어 새로운 문화로 창안하는 용광로가 가동된 곳은 5세기 후반, 동북아시아의 문화 중심지로 떠오른 고구려의 새 수도 평양이었다고 할 수 있는데, 그런 결과가 나오기까지의 중간 과정이 순천의 천왕지신총에서 확인된다.

---

138 전호태, 「고구려 덕흥리벽화분 연구」, 『역사와 경계』 95, 2015.

139 전호태, 「고구려 쌍영총 연구」, 『고구려발해연구』 46, 2013.

평안남도 순천의 천왕지신총은 무덤칸에 목조가옥의 뼈대에 해당하는 보와 소슬, 소로 등을 나타내면서 실물과 그림이 어우러지게 배치한 특이한 구조를 보여 주는 유적이다. 널방 벽을 사방연속 연꽃귀갑문으로 장식하고 그 위에 무덤주인 생활하는 장면을 그린 점에서도 고구려 남북의 다른 고분벽화들과 다르다. 천장고임에는 천왕과 지신, 상금서수와 선인을 그렸는데, 이러한 제재들을 체계적으로 8칸의 '人' 자 소슬 사이 공간에 배치함으로써 무덤주인의 소망이 불교의 낙원인 듯 보이나, 실제로 바라는 것은 선계에 가깝다는 사실을 잘 드러냈다.

앞서 언급했듯이 순천은 평양에 가깝지만, 고구려의 옛 수도 국내성과 새 수도 평양을 잇는 교통로에 있다. 순천에서 발견된 요동성총이 무덤 구조상 요양 위·진 벽화고분과 평양지역 벽화고분인 남포의 태성리3호분, 안악의 안악3호분을 잇는 벽화고분이듯이 천왕지신총도 무덤 구조와 벽화 구성을 보면 국내성과 평양 사이에 있다. 즉 북쪽의 국내성 문화와 남쪽의 평양 문화가 순천에서 만나 섞였음을 천왕지신총이 보여 준다고 할 수 있다.

천왕지신총 널방 벽에 그려진 사방연속 연꽃귀갑문은 연꽃장식이 유행했던 국내성지역에서 내려온 문화 요소다. 천왕지신총은 이런 연꽃장식 문화가 순천을 거쳐 평양에 전해졌음을 보여 준다. 안악1호분과 덕흥리벽화분에 보이는 상금서수와 선인 표현은 순천을 거쳐 국내성지역에 전해졌다. 천왕지신총 널방 천장고임에 천왕과 지신, 상금서수와 선인이 체계적으로 묘사된 것은 이런 문화 요소 전파의 중간 단계를 보여 준다고 할 수 있다. 즉 순천은 문화전통이 다른 고구려 남북의 두 문화가 만나 문화 혼합이 이루어지는 곳이었다는 사실이 천왕지신총을 통해 확인된다.

4. 통구12호분

1) 유적 개요

통구12호분은 하나의 흙무지 안에 두 기의 독립된 돌방무덤이 남북으로 나란히 놓여 있는 특이한 구조의 벽화고분이다. 널길 입구에서 두 기의 돌방무덤이 만나지만, 남분과 북분은 널길의 곁방 수도 다르고, 천장고임 구조도 다르다(그림 1-109, 1-110). 벽화의 주제는 큰 차이가 없으나, 제재 구성은 미묘한 차이를 보여 눈길을 끈다.

고구려의 국내성 중기 벽화고분은 무덤 구조도 다양하고, 벽화의 주제도 여러 가지다.[140] 특히 주목되는 것은 축조 시기에 큰 차이가 나지 않음에도 무덤마다 벽화 구성에서 차이를 보인다는 사실이다. 이는 5세기 중엽 전후 고구려 사회가 국내외의 다양한 문화의 흐름에 열려 있었던 것과 관련이 깊다고 여겨지는데, 통구12호분 역시 이런 점에서 눈여겨볼 필요가 있는 벽화고분 가운데 하나다.

통구12호분은 무덤의 구조와 벽화 제재의 구성 방식이 비교적 잘 알려진 유적이지만, 국내에서는 연구가 전혀 이루어지지 않았다. 사실 중국에서도 개략적인 검토만 한 차례 이루어졌을 뿐 벽화 제재를 심도 있게 살펴본 연구는 없었다.[141] 이런 점을 고려해 이 절에서는 벽화의 제재를 하나하나 나누어 검토하고, 벽화 구성상의 특징을 읽어 내 통구12호분이 사회사적·문화사적으로 어떤 의미와 가치를 지니는 유적인지 살펴보고자 한다.

통구12호분은 중국 길림성 집안시 태왕진 과수촌(옛 지명: 집안현 태왕향 우산촌)에 있다.[142] 무덤은 우산(禹山) 남쪽 기슭의 낮은 언덕 위에 있다. 남쪽으로 집안-통화 간 도로와 철로가 지나가며, 남쪽 460m 거리에 오회분5호묘와 오회분4호묘, 통구사신총 등의 대형 벽화고분들이 있다. 1930년대 일본인들에 의한 집안-통화 사이 철로 건설 작업 당시 이 일대의 고구려 유적 조사와 정리를 진행하면서 이 무덤을 통구112호분(通溝112號墳)으로 명명했으나, 통칭 통구12호분이라고 했다. 이 외에 집안서강12호쌍실분(輯安西崗12號雙

140 전호태, 『고구려 고분벽화의 세계』.

141 王承禮·韓淑華, 「吉林輯安通溝第十二號高句麗墓」, 『考古』 1964年2期(崔茂藏 韓譯, 『增補 高句麗渤海文化－中國考古學者의 發掘報告書』).

142 통구12호분에 대한 보고, 도면, 도판은 黑田源次, 「輯安古墳發掘に關する調査」, 『滿洲史學』 1卷2號, 1938; 黑田源次, 「輯安高句麗時代の古墳調査」, 『滿洲史學』 1卷3號, 1938; 黑田源次, 「輯安古墳壁畵模寫開始」, 『滿洲史學』 2卷2號, 1939; 黑田源次, 「輯安十二號墓の保存可能と存る」, 『滿洲史學』 2卷2號, 1939; 李殿福, 「1962年春香吉林輯安考古調査簡報」, 『考古』 1962年11期; 李殿福, 「集安高句麗墓研究」, 『考古學報』 1980年2期; 吉林省文物志編委會, 『集安縣文物志』, 1984, 137~140쪽; 李殿福, 「高句麗的考古學」, 『東北考古研究(二)』, 中州古籍出版社, 1994; 吉林省文物考古研究所·集安市博物館 編著, 『洞沟古墓群－1997年調査測繪報告』, 科學出版社, 2002, 57쪽; 魏存成, 『高句麗遺跡』, 文物出版社, 2002, 184쪽; 尹國有, 『高句麗壁畵研究』, 吉林文學出版社, 2003, 164쪽; 吳廣孝, 『集安高句麗壁畵』, 山東畵報出版社, 2006, 130~140쪽; 孫仁杰, 遲勇, 『集安高句麗墓葬』, 香港亞洲出版社, 2007, 115쪽; 耿鐵華, 『高句麗古墓壁畵研究』, 吉林大學出版社, 2008, 48쪽 참조.

室墳), 서강122호분(西崗122號墳), 통구20호분(通溝20號墳), 통구연실고분(通溝連室古墳) 등으로 불렸다.

1937년 6월 일본인 구로다 겐지(黑田源次)에 의해 무덤이 도굴되었다. 이 과정에서 무덤 안에 벽화가 그려졌다는 사실이 외부에 알려졌다. 그리고 벽화의 말구유 그림으로 말미암아 마조총(馬槽塚)으로 불리게 되었다. 도굴 이후 무덤문이 열린 채 방치되어 무덤 안에 사람들이 드나들게 되었고 자연히 벽화의 훼손도 심해졌다.

1956년 봄 집안현 문화과에 의해 흙무지가 더해지고 무덤문이 봉쇄되었으며, 1961년 가을에는 무덤문이 완전히 폐쇄되었다. 1962년 4월 길림성박물관과 집안현문물보관소에 의해 무덤의 재조사와 실측, 벽화 모사가 이루어졌으며 같은 해 5월 무덤에 대한 유지보수 작업이 진행되었다. 1964년 봄에는 무덤에 흙무지가 더해졌다.[143]

1966년 집안 통구고분군 우산하묘구 제1894호묘(JYM1894)로 정식 명명되었으나, 중국 측의 일반적인 표기로는 동구12호분(洞沟十二號墓), 혹은 통구12호묘다. 1977년에는 벽화 보존을 위해 화학 안료를 벽화 위에 입혔다. 1997년 5월 집안고분군 재조사와 실측 당시 집안시문물보관소에 의해 무덤문이 보수되었다. 2004년 7월 유네스코 세계문화유산에 등재되었다.

무덤의 외형은 밑이 네모진 상태에서 위로 좁혀지다가 끝이 살짝 잘린 듯이 마무리된 방대형이며 기단이 있다. 발견 조사 당시 무덤무지의 둘레는 약 90m, 높이는 4.6m였으며 1997년 조사 당시 밑면 한 변의 길이는 16m, 높이는 8m였다.[144] 1×1×2m 크기의 대형 석재 9매가 흙무지 밑을 받치고 있다. 흙무지 안에는 널길 입구가 이어진, 남과 북으로 독립된 두 개의 돌방무덤이 있다. 각 무덤칸의 방향은 남으로 8° 기운 서향이다.

남분(南墳)은 널길 좌벽과 우벽에 각기 하나씩의 곁방이 달린 외방무덤이다. 널방 천장 구조는 13단의 평행고임이며, 제3단, 7단, 11단의 각 방향 모서리에 작은 삼각석이 끼워졌다. 남분의 널길, 남과 북의 두 곁방과 널방의 길이×너비×높이는 각각 3.18×1.30×1.58m, 1.00×0.70×1.35m, 0.93×0.90×1.35m, 1.52×1.14×1.26m, 3.52×3.48×3.48m다. 남분보다 규모가

143 吉林省文物志編委會, 『集安縣文物志』, 1984, 375~379쪽.

144 黑田源次, 「輯安高句麗時代の古墳調査」, 『滿洲史學』 1卷3號, 1938; 吉林省文物考古硏究所·集安市博物館 編著, 『洞沟古墓群-1997年調査測繪報告』, 科學出版社, 2002, 57쪽.

109

110

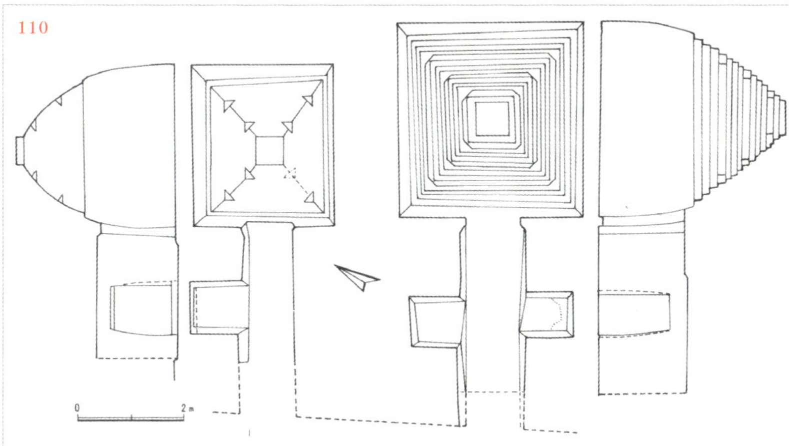

그림 1-109　통구12호분 전경
그림 1-110　통구12호분 무덤칸 실측도

작은 북분(北墳)은 널길 북벽에만 하나의 곁방이 있는 외방무덤으로 널방 천장 구조는 각 방향별로 천장부가 궁륭식으로 휘어들어 가는 사아궁륭식(四阿穹窿式)이다. 각 방향 모서리 중간에 버팀용 삼각석을 끼워 넣은 점이 눈길을 끈다. 북편의 곁방과 널방의 길이×너비×높이는 각각 1.30×0.93×1.10m, 2.94×2.50~2.70×3.04m다. 이 무덤의 남과 북의 두 무덤칸은 크고 작은 깬돌로 쌓아 올린 다음 빈틈은 회반죽으로 메우고 전면에 백회를 입혔다. 그리고 거기에 아교와 같은 접착성 물질을 덧입히고 표면을 윤기 있게 다듬은 후, 그 위에 벽화를 그렸으나 백회가 떨어져 나간 곳이 많다. 벽화의 주제는 생활풍속과 장식무늬다.

남분의 널길 양 벽에는 짐승 사냥 그림을 그렸으나 극히 일부분만 남았다.[145] 남벽에는 자색의 커다란 나무 아래에서 무엇인가를 향해 활을 겨누는 인물과 그 뒤를 따르는 인물의 일부가 보인다. 북벽에는 높은 산봉우리들을 배경으로 말을 타고 달리면서 동물들을 사냥하는 인물이 남아 있다.

널길 남벽에 잇닿아 있는 남쪽 곁방의 동벽에는 기와집 한 채가 있고, 서벽 남쪽에는 취사도구로 보이는 그릇 두 개가 놓여 있다. 남벽에는 황색 방책(方幘)을 머리에 쓴 한 인물이 시녀로 보이는 인물과 몇 가지 도구가 놓인 탁자를 앞에 두고 무엇인가 지시하는 모습을 표현했다.[146] 널길 북벽에 잇닿아 있는 북쪽 곁방의 북벽과 동벽에는 기와지붕의 마구간을 그렸다. 마구간 안에는 노란색 말구유와 날렵해 보이는 붉고, 푸르고, 누런 말 세 마리가 있다. 북벽 상단에는 푸른색 말안장이 보이며 마구간 곁에 한 인물의 상체 일부가 남았다.

널방 입구 방향인 서벽의 남쪽과 북쪽에는 위에 거문고를 반주하는 사람과 시종, 음악에 맞추어 춤추는 사람을 그렸다. 그러나 남쪽의 거문고 반주자는 몸체 일부만 남았다. 서벽의 남쪽과 북쪽 아래에는 엎드린 자세로 고개를 들고 귀를 세운 채 널길 입구를 쳐다보는 문지기 개를 묘사했다. 남쪽의 개는 누런색이고, 북쪽의 개는 검은색이다. 널방 북벽과 남벽에는 안벽인 동벽을 향해 수레를 끌고 가는 남녀 시종들을 그렸다. 안벽인 동벽에는 치미가 높게 솟은 청기와지붕집 안에 앉아 남녀 시종의 시중을 받는 무덤주인 부부의 모습을 묘사했다. 무덤주인은 평상(平床)에 정좌하고 있고, 부인은 무릎을 꿇고 두 손을 모은 공손한 자세로 무덤주인을 향해 앉았다.

널방 벽 위쪽에는 일정한 간격으로 붉고, 누르고, 검은 연꽃 일곱 송이를 그렸는데, 꽃심에 둥근 구멍이 있고 그 안에는 쇠녹의 흔적이 있다. 이는 유장(帷帳)을 거는 못을 박았던 자리로 추정된다. 벽 위쪽의 연꽃 그림은 남벽에서도 확인된다. 널방 벽의 모서리에는 꼬인 구름무늬로 장식된 붉은색 나

---

145 이하 벽화 내용과 구성에 대해서는 王承禮·韓淑華, 「吉林輯安通溝第十二號高句麗墓」, 『考古』 1964年2期(崔茂藏 韓譯, 『增補 高句麗渤海文化-中國考古學者의 發掘報告書』) 및 전호태, 『고구려 벽화고분의 과거와 현재』, 380~387쪽 참조.

146 보고서에서는 이 인물이 화가라고 했으나, 모사선화에 묘사된 것은 귀족으로 보이는 사람이 탁자와 그 위에 놓인 것들을 가리키며 시녀에게 무언가 지시하는 듯한 모습이다.

무 기둥을 그렸는데, 기둥머리가 천장석에까지 이른다. 널방 벽과 천장고임은 붉은색 창방으로 구분되어 있고, 널방 천장고임은 연꽃 및 연봉오리, 꼬인 구름무늬로 장식되었다.

북분(北墳)의 널길 남벽과 북벽에는 벽화가 남아 있지 않다. 널방 입구로 좌우가 나뉜 서벽의 남쪽 아래에는 문지기 개가 문을 향해 엎드린 모습이 일부 남아 있다. 널길 북벽에 잇닿아 있는 곁방의 서벽과 북벽에는 여러 가지 취사도구를 그렸다.

널방 남벽에는 전투 장면의 일부가 남았다. 동벽 가까운 면에는 투구를 쓰고 비늘 갑옷을 입은 한 무사가 둥근고리큰칼[환두대도]을 잡은 오른손을 치켜들어 포로가 된 비슷한 복장의 다른 무사의 목을 내리치려는 장면이 있다. 화면 가운데는 갑주무사 한 사람이 긴 극(戟)을 치켜든 채 말투구와 말갑옷으로 완전무장한 말을 타고 질주하는 장면이 보인다.

널방 북벽에는 사냥 그림의 일부가 남았다. 벽 한가운데에 붉은 말을 탄 무사가 산을 향해 달아나는 적갈색 사슴 세 마리를 향해 활을 당기는 모습, 그 뒤로 흰 말을 탄 또 한 사람의 무사가 활을 당겨 멧돼지를 겨누는 장면이 남았다.

널방 안벽인 동벽에는 남녀 시종의 시중을 받는 무덤주인 부부를 그렸으나 일부만 남았다. 다만 자신의 오른쪽을 향해 무릎 꿇은 부인의 자세로 보아 무덤주인 부부의 모습과 자세는 남분의 경우와 같았을 것으로 추측된다. 널방 벽의 각 면 모서리는 붉은색 기둥으로 장식되었고, 벽과 천장고임 사이는 붉은색 보로 구분되었다. 천장고임은 잎과 줄기가 달린 연꽃과 구름무늬로 장식되었다. 통구12호분 무덤 구조와 벽화 제재의 구성 방식을 알기 쉽게 정리하면 〈표 1-5〉와 같다.

통구12호분은 널방 안벽인 동벽에 무덤주인 부부 그림이 있는 독립된 두 개의 돌방무덤이 한 무덤무지 안에 있다. 따라서 이 무덤에는 매우 가까운 친족 관계인 두 가족이 묻혔을 가능성이 크다. 앞방이 퇴화된 곁방이 있는 점, 남분 널방 천장 구조가 짜임새 있는 평행고임인 점, 널방 벽화의 주제는 생활풍속이지만, 천장고임은 5세기 중엽 집안 국내성지역에서 유행한 연꽃무늬로 장식된 점 등을 고려할 때, 통구12호분은 5세기 중엽을 전후한 시기에 축조되고 벽화가 그려졌을 것으로 보인다.

표 1-5 통구12호분 무덤 구조와 벽화 구성

고분구조	편년	벽화주제	천장 구조: 곁방	천장 구조: 널방	벽화 구성: 널길	곁방: 벽	곁방: 천장고임	곁방: 천장	이음길	널방: 벽	널방: 천장고임	널방: 천장
남분	5세기 중엽	생활풍속, 장식무늬	평천장	변형 평행고임	사냥	취사도구, 마구간, 기와집, 인물	?		?	마차행렬, 가무, 무덤주인 부부 가내생활, 모서리: 기둥	연꽃, 구름, 도리와 보	기둥 끝
북분		생활풍속, 장식무늬	평천장	사아 궁륭식	?	취사도구	?		?	전투, 사냥, 무덤주인 부부 가내생활, 모서리: 기둥	연꽃, 구름, 도리와 보	기둥 끝

2) 벽화 분석

(1) 남분

통구12호분의 남분과 같이 널길 남벽과 북벽에 사냥 장면을 묘사한 다른 예는 확인되지 않는다. 같은 국내성지역의 무용총과 장천1호분의 경우, 사냥도는 널방 벽에 배치되었다. 그러나 마선구1호분은 앞방 북쪽 곁방 동벽에 사냥도가 그려진 점에서 통구12호분 남분 벽화와 비교된다(그림 1-111, 1-112).[147] 두방무덤의 앞방이 퇴화하면서 앞방 벽에 그려지던 주요한 제재들이 널방 벽으로 옮겨지는 경향이 있음을 고려하면, 통구12호분 남분 널길 벽의 사냥도는 널방 벽에 우선 그려지는 주요한 제재에는 포함되지 못했지만, 벽화로 묘사되어야 하는 장면으로는 여겨졌음을 알 수 있다. 국내성지역 고분벽화에서 사냥도가 중요한 제재였다는 점에서 이는 의미가 담긴 선택의 결과라고 할 수 있다.

널길 남벽 남쪽 곁방의 동벽에 묘사된 기와집은 쓰임새가 명백히 드러나지 않는다. 하지만 남쪽 곁방 서벽 남쪽에 취사도구로 보이는 그릇들이 그려졌고, 북쪽 곁방 북벽과 동벽에 기와지붕이 있는 마구간이 묘사되었음을 고려하면, 이 기와집도 귀족 저택의 사랑채나 안채의 여러 시설 중 하나임은

147 吉林省博物館輯安考古隊(方起東), 「吉林輯安麻線溝一號壁畫墓」, 『考古』, 1964年10期(姜仁求 韓譯, 『百濟文化』 1, 1980).

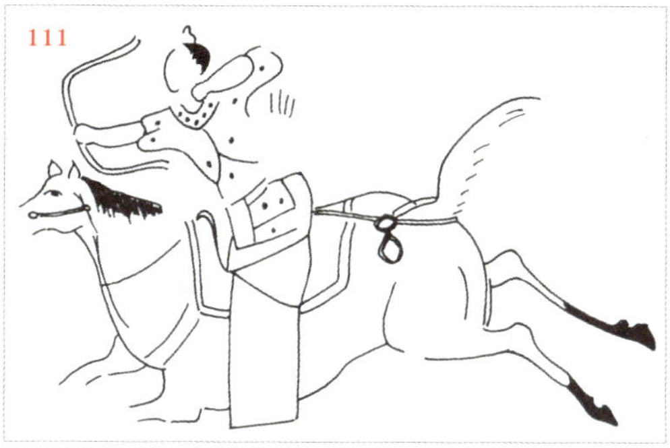

그림 1-111 통구12호분 남분 널길 북벽 벽화 모사선화: 사냥
그림 1-112 마선구1호분 앞방 북쪽 곁방 동벽 벽화 모사선화: 사냥

틀림없다. 국내성지역 무용총의 퇴화 단계인 앞방 동남벽에도 쓰임새가 명확하지 않은 기와집이 한 채 그려졌다.[148]

널길 남벽에 잇닿아 있는 남쪽 곁방의 서벽 남쪽에 묘사된 탁자 위의 그릇은 상차림과 관련되어 있음이 거의 확실하다(그림 1-113). 머리에 방책(方幘)을 쓰고 품이 넓은 바지를 입은 것으로 보아 남벽의 인물은 귀족으로 보아야 할 것이다. 하지만 귀족 남자가 시녀로 보이는 인물에게 뭔가를 지시하는 듯한 이 장면이 구체적으로 무엇을 그려낸 것인지는 알기 어렵다.

널길 북벽에 잇닿아 있는 북쪽 곁방의 북벽과 동벽에 묘사된 마구간과 비교되는 그림은 무용총 앞방 서남벽에 그려진 두 개의 말안장, 마선구1호분 앞방의 남쪽 곁방 서벽에 그려진 외양간이다. 둘 다 고분 앞방의 벽이나 앞방에 딸린 곁방이 귀족 저택 부속시설을 묘사하는 공간으로 활용되었음을

148 池內宏·梅原末治, 『通溝』 卷下, 日滿文化協會, 1940, 도판 16-2.

그림 1-113 통구12호분 남분 널길 남쪽 곁방 서벽 및 남벽 벽화 모사선화: 상차림
그림 1-114 통구12호분 남분 널길 북쪽 곁방 북벽 및 동벽 벽화 모사선화: 마구간

확인시켜 주는 사례다(그림 1-114).

널방 서벽 남쪽과 북쪽의 위에 묘사된 거문고 연주자와 연주에 맞추어 춤추는 두 무용수의 모습은 장천1호분 앞방 북벽에 그려진 오현금(五絃琴) 연주에 맞춰 춤을 추는 장면을 연상시킨다(그림 1-115, 1-116). 여유 있고 부드러운 몸놀림을 보여 주는 벽화의 2인무는 춤의 성격상 완함 연주에 맞춘 무용총 벽화의 군무보다는 오현금 연주에 맞춘 장천1호분 벽화의 독무(獨舞)에 더 가깝다고 볼 수 있다.

널방 입구인 서벽 좌우 아래에 그려진 두 마리의 개는 각저총 앞방과 널방 사이 이음길 벽화에 보이는 문지기 개에 해당한다. 고구려를 포함한 동북아시아의 여러 민족 사이에서 개는 단순한 문지기에 그치지 않고 죽은 이의 영혼을 저승으로 안내하는 인도견(引導犬)으로도 인식되었다.[149] 통구12호분과 각저총 벽화의 개에도 그런 이미지가 투사되었을 수 있다.

널방 북벽과 남벽에 그려진 인물 행렬과 구성이 유사한 사례는 평양권 남포 덕흥리벽화분 이음길 벽화에서 찾아볼 수 있다(그림 1-117, 1-118). 그런데 모사선화로 볼 수 있듯이 행렬의 제일 앞에서 수레를 끌고 가는 것은 소나 말이 아니라 사람이다. 이처럼 사람이 끄는 손수레의 모습은 장천1호분

149 『三國志』 卷30, 「魏書」 30, 烏桓鮮卑東夷傳 烏桓; 전호태, 「고구려 고분벽화의 개」, 『한국고대사연구』 97, 2020.

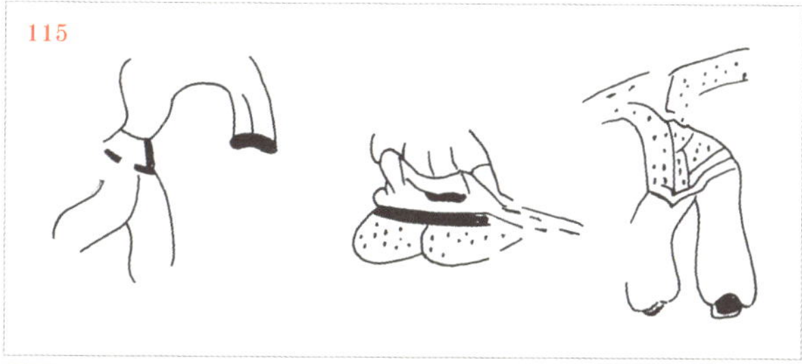

그림 1-115　통구12호분 남분 널방 서벽 위 남쪽 벽화 모사선화: 거문고 연주에 맞춘 춤
그림 1-116　장천1호분 앞방 북벽 벽화: 오현금 연주에 맞춘 춤

의 백희기악도(百戲技樂圖)에서 볼 수 있지만, 행렬을 이루며 손수레를 끌고 가는 사례는 다른 고분벽화에서 찾아볼 수 없다. 보고자는 이 행렬이 무덤주인 부부에게 예물을 전하기 위한 것으로 보고 있다.[150] 국내성지역 고분벽화에 독립된 행렬이 그려진 다른 사례로 삼실총 제1널방과 장천1호분 널방 벽화를 들 수 있지만, 두 고분벽화의 행렬에는 수레가 등장하지 않는다.

널방 안벽에 무덤주인 부부의 모습을 그린 다른 사례는 집안권과 평양권 고분벽화에서 찾아볼 수 있다. 주목할 것은 집안 국내성지역 고분벽화의 무덤주인 부부는 삼실총 벽화처럼 기와집이라도 그 안에 설치된 장방 안에서 시중을 받는 모습으로 그려졌다는 것이다(그림 1-119). 평양권 고분벽화의 무덤주인 부부 가운데 쌍영총 벽화에서와 같이 장방 안의 기와집에 정좌한

150　王承禮·韓淑華,「吉林輯安通溝第十二號高句麗墓」,『考古』, 1964年2期(崔茂藏 韓譯,『增補高句麗渤海文化－中國考古學者의 發掘報告書』).

117

118

그림 1-117　통구12호분 남분 널방 남벽 벽화 모사선화: 행렬
그림 1-118　덕흥리벽화분 이음길 벽화: 행렬

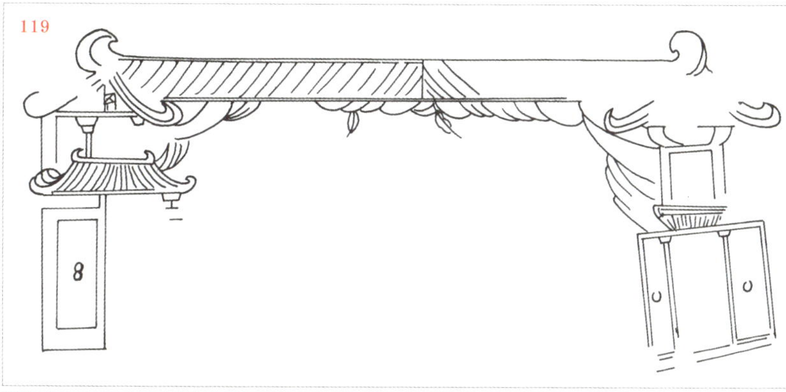

그림 1-119　통구12호분 남분 널방 동벽 벽화: 무덤주인 부부
그림 1-120　쌍영총 널방 북벽 벽화: 무덤주인 부부

그림 1-121　통구12호분 남분 널방 천장고임 벽화: 연꽃
그림 1-122　장천1호분 널방 천장고임 벽화: 연꽃

모습으로 그려지는 사례가 있다(그림 1-120). 이런 미묘한 차이는 두 지역문화의 상이한 전통을 반영하는 것일 수도 있다.

널방 천장고임에 그려진 연꽃과 연봉오리는 같은 국내성지역의 장천1호분 널방 벽과 천장고임 벽화를 떠오르게 한다(그림 1-121, 1-122). 5세기 중엽을 전후한 시기에 국내성지역에서는 벽과 천장고임을 연꽃으로만 장식한 고분벽화가 다수 제작되는데,[151] 통구12호분 남분 천장고임 벽화도 이런 연꽃을 중심으로 한 불교 신앙과 관련이 깊은 벽화 작품 활동의 결과로 보아야 할 것이다.

(2) 북분

북분(北墳)의 널길 북벽 북쪽 곁방 서벽과 북벽에 그려진 취사도구는 이 공간이 부엌으로 여겨졌음을 보여 준다. 남아 있지 않은 벽화도 귀족 저택의 여러 시설 가운데 일부였음을 미루어 짐작할 수 있다. 통구12호분보다 축조 시기가 한참 빠른 안악3호분의 경우, 앞방의 서쪽 곁방에는 무덤주인 부부를 그리고, 동쪽 곁방에 안채 시설을 나누어 표현하는 식으로 벽화 제재가 짜임새 있게 배치되었다.[152] 그러나 통구12호분 북분의 경우에는 곁방이 하나만 설치되어 안악3호분 식의 제재 배치는 어려웠던 것으로 보인다. 안채 널방 입구 서벽 남쪽 아래에 묘사된 개는 문지기 역할을 한다고 짐작할 수 있다.

북분 널방 벽화에서 주목되는 것은 전투 장면이다. 남벽 동쪽 위에 남아 있는 적장 참수도는 생생하고 구체적이다(그림 1-123). 이시동도법(二時同圖法)으로 그려진 장천1호분의 매사냥 장면이나 오현금 연주에 맞춰 춤을 추는 장면을 고려할 때,[153] 긴 극을 치켜든 채 말을 타고 달리는 갑주무사는 적장을 참수하는 인물과 동일인일 가능성이 크다. 삼실총의 기마전투 장면을 고려하면(그림 1-124), 벽화가 보이지 않는 부분에는 본래 패배한 적장이 말을 탄 채 갑주로 무장한 무덤주인과의 기마전에 패해 쫓기는 모습이 그려졌을 수 있다.

널방 북벽에 사냥도가 배치된 것은 무용총과 장천1호분 벽화의 사냥도에서 보듯이 생전의 무덤주인 삶에서 사냥이 지니는 가치와 의미가 컸기 때

---

151 전호태, 『고구려 고분벽화의 세계』, 194~195쪽.

152 황욱, 「안악제3호분발굴보고」, 『유적발굴보고』 3, 1958; 전호태, 「고구려 안악3호분 재론」, 『한국고대사연구』 44, 2020.

153 전호태, 『고구려 벽화고분』, 271~274쪽.

그림 1-123 통구12호분 북분 널방 남벽 벽화 모사도: 전투와 참수
그림 1-124 삼실총 제1널방 서북벽 벽화: 공성전

문이다.[154] 벽화 구성상 평양권 고분벽화에서 인물행렬도가 중시된 것과 달리 국내성지역 고분벽화에서는 사냥도가 제재로서 중시되었음을 이 벽화로도 확인할 수 있다.

널방 안벽인 동벽의 무덤주인 부부 생활도는 표현과 구성에서 남분 벽화와 크게 다르지 않다. 이는 비슷한 시기에 제작된 장천1호분 벽화에서는 무덤주인 부부 생활도가 생략되고, 널방이 아예 연꽃으로 장식된 것과 대조된다. 널방 천장고임이 잎과 줄기가 달린 연꽃과 구름무늬로 장식된 사실을 함께 고려하면(그림 1-125), 통구12호분 남분과 북분 벽화는 불교사원 내부의 온갖 장엄한 모습을 연상하게 하는 장천1호분 벽화 단계로 가는 과도기의 작

154 전호태, 『무용총 수렵도』, 풀빛, 2020, 62~64쪽.

그림 1-125 통구12호분 북분 널방 천장고임 벽화: 연꽃
그림 1-126 삼실총 제2널방 천장고임 벽화: 연화화생

품이라고 할 수 있다. 마치 연못을 옮겨 놓은 듯한 느낌을 주는 북분 널방 천장고임 벽화의 연꽃에 사람 얼굴이 그려지면 삼실총 벽화의 연화화생 장면과 유사해진다(그림 1-126). 이런 점을 고려하면 북분 널방 천장고임 벽화에 연화화생 관념이 투사되었다는 해석도 가능하다.

3) 5세기 집안 국내성 문화의 동향과 통구12호분

5세기에 고구려는 전성기를 누렸다. 하지만 국내성 사람들은 427년 나라의 수도가 평양으로 옮겨지면서[155] 고구려 제2의 도시, 옛 수도의 백성으로 살아야 했다. 시간이 흐름에 따라 남쪽의 평양은 정치뿐 아니라 문화의 중심으로 부상했지만, 북쪽의 국내성은 새로운 문화의 흐름과 조금씩 비껴가면서 알게 모르게 고구려 문화의 중심에서 밀려났다. 물론 그렇다고 해서 국내성의 지위가 하루아침에 고구려의 평범한 성 중 하나처럼 되지는 않았을 것이다. 400여 년 동안 고구려의 성장을 주도한 도시, 고구려 최고의 귀족 가문들이 뿌리내린 유서 깊은 성 특유의 자부심과 전통은 연면히 이어지고 있었으리라.

155 十五年 移都平壤『三國史記』卷18,「高句麗本紀」6, 長壽王.

4세기 말부터 5세기 초 사이, 고구려의 수도 국내성에서 이루어지고 있던 가장 큰 사회적 변화는 불교의 수용과 확산이었다.[156] 고국양왕 이래 국가가 적극적으로 지원하던 불교 신앙은 오래지 않아 국내성지역에 뿌리내렸고,[157] 보수성이 매우 강한 내세관에도 영향을 미쳤다. 전통적인 계세적(繼世的) 내세관을 대신하는 불교의 전생적(轉生的) 내세관인 왕생정토관(往生淨土觀)이 국내성 일대의 귀족과 백성들 사이에 퍼지고 자리 잡기 시작한 것이다.[158]

불교 신앙이 고구려인의 내세관에까지 영향을 주었음은 5세기 전반의 고분벽화에 연꽃이 자주 그려지고, 불교 승려가 무덤주인에게 설법하는 장면이 그려지는 데서도 잘 드러난다. 5세기 중엽 국내성지역 고분벽화에는 연꽃만으로 장식된 사례도 자주 보이는데, 이는 죽은 이가 내세의 삶터로 불교의 정토라는 새로운 낙원을 상정한 데서 말미암은 현상이다.

고구려에 불교 신앙과 예술이 전해진 통로는 여러 갈래였을 것이다.[159] 국내성지역으로 불교 문화가 전파될 때는 내륙 아시아 초원의 길을 거친 뒤 부여성을 지나 국내성에 이르는 교통로도 자주 활용되었을 것으로 보인다.[160] 삼실총과 장천1호분 벽화에 보이는 여러 가지 서역문화 요소는 이 통로를 거친 문화 교류의 결과로 보아야 할 것이다.

불교 문화가 초원의 길을 거치지 않고 북중국 통로로 전파될 때는 자연스레 북중국의 주요 도시를 지나게 되므로 어느 정도 '중국화'된 상태로 고구려에 전해지게 된다. 서아시아와 인도에서 중앙아시아에 이른 낯설고 새로운 문화나 예술, 관념이 오아시스 길을 지나면 중국의 서안과 낙양을 거쳐 고구려의 요동성에 이른다. 요동성에서 만주, 한반도 지역으로 뻗은 교통로는 압록강 하구를 지나 바로 평양에까지 이르거나, 아니면 압록강을 거슬러 올라 국내성으로 이어진다. 5세기 평양권 고분벽화에서 서역문화 요소가 드물게, 심지어 거의 보이지 않는 것은 주로 이 오아시스 길로 외부 세계의 문화, 예술이 전해졌기 때문일 것이다.

---

156 二年 夏六月 秦王符堅遣使及浮屠順道 送佛像·經文 王遣使迴謝 以貢方物『三國史記』卷18, 「高句麗本紀」6, 小獸林王; 정병삼, 『한국불교사』, 푸른역사, 2020.

157 三月 下教 崇信佛法求福『三國史記』卷18, 「高句麗本紀」6, 故國壤王 8年.

158 전호태, 「5세기 高句麗 古墳壁畵에 나타난 佛敎的 來世觀」, 『韓國史論』 21, 1989.

159 鄭守一, 「高句麗와 西域 關係 試考」, 『高句麗硏究』 14, 2002.

160 전호태, 「고분벽화로 본 고구려와 중앙아시아의 교류」, 『한국고대사연구』 68, 2012.

광개토왕에 의해 터가 닦인 평양 천도가 장수왕에 의해 이루어졌으나,[161] 국내성에 기반을 두고 있던 고구려 최고의 귀족 가문들이 너나없이 남쪽의 평양에 새롭게 뿌리내리려 하지는 않았던 듯하다. 5세기 후반 백제가 북위에 보낸 국서(國書)에 장수왕이 고구려의 귀족 세력을 대거 제거했음을 짐작할 수 있는 어구가 보이기 때문이다.[162] 당시 장수왕과 귀족 세력 일부가 갈등을 빚을 만한 정치적인 사안 중의 하나가 나라의 사회문화 중심을 옮기는 천도였을 것임은 충분히 짐작할 수 있다.

평양지역 초기 고분벽화에는 한계(漢系) 문화의 색채가 뚜렷하다.[163] 이와 달리 집안 국내성 고분벽화는 예맥계 문화에 바탕을 둔 미감을 출발점으로 삼은 듯하다. 국내성지역에서 제작된 이른 시기의 고분벽화 가운데 하나인 각저총 벽화 제재들에서는 한계 문화 요소를 찾아보기 어렵기 때문이다.[164]

고유의 예맥계 문화가 지배적이던 국내성지역에 5세기 전후, 이전의 어떤 문화보다 강하게 밀려든 새 물결이 바로 불교 문화다. 물론 그 계기는 소수림왕의 불교 공인이다. 승려 순도가 불상과 경문을 지니고 국내성에 들어와 왕의 환대를 받으면서 시작된 불교 신앙과 문화의 전파는 오래지 않아 국내성 귀족과 백성의 삶에 큰 변화를 가져왔다. 고구려에서 불교가 공인된 지 20년 가까이 흐를 즈음 고국양왕이 내린 '불교를 믿어 복을 구하라'는 왕명은 국내성 일대에 불교가 완전히 뿌리내리는 효과를 발휘했을 것이다.

각저총과 이웃한 무용총 벽화에는 불교 승려가 등장하고, 연화화생 관념이 전제된 하늘 연꽃이 그려졌다.[165] 각저총 벽화에서는 넝쿨 구름 위, 해와 달, 별자리로 채워졌던 하늘이 무용총 벽화에서는 떠오르는 연꽃과 연봉오리 위, 선인들이 평상 위에 앉아 있거나 새처럼 날아다니는 하늘 세계로 모습이 바뀌었다(그림 1-127, 1-128). 일상이 펼쳐진 벽면 그림은 각저총이나 무용총이 크게 다르지 않지만, 구름 위 하늘의 모습은 두 고분이 마치 시간적·공간적으로 멀리 떨어져 있는 것처럼 차이를 보인다.

---

161 손영종, 『고구려사』 1, 과학백과사전종합출판사, 1990.

162 又云 今璉有罪 國自魚肉 大臣彊族 戮殺無已 罪盈惡積 民庶崩離 是滅之期 假手之秋也 『三國史記』 卷25, 「百濟本紀」 3, 蓋鹵王 18年; 노중국, 「4~5세기 백제의 성장·발전과 삼국의 각축–개로왕 국서의 내용을 중심으로」, 『鄕土서울』 66, 2005.

163 전호태, 「고구려 고분벽화의 기원」.

164 전호태, 「고구려 각저총 벽화 연구」, 『미술자료』 57, 1996.

165 池內宏·梅原末治, 1940, 『通溝』 卷下(日滿文化協會).

그림 1-127 각저총 널방 천장고임 벽화: 하늘 세계
그림 1-128 무용총 널방 천장고임 벽화: 하늘 세계

무용총보다 조금 늦거나 비슷한 시기에 축조된 것으로 보이는 삼실총은 서로 붙어 있는 세 널방 벽화의 구성 방식에서 미묘한 변화를 보인다. 5세기 내내 국내성지역에서는 문화와 관념의 변화가 계속되었음을 짐작하게 하는 부분이다. 삼실총의 제1널방 벽면은 각저총, 무용총 벽화와 크게 다르지 않다. 그러나 제2널방, 제3널방 벽면은 서역인 얼굴의 우주역사(宇宙力士)로 채워져 있는 점에서 완전히 새롭다. 이는 불교 문화와 함께 고구려에 전해진 서아시아와 인도의 아틀라스 관념이 벽화 구성에도 영향을 끼쳤음을 알게 한다.[166]

삼실총 벽화의 우주역사는 장천1호분 벽화에서도 보인다(그림 1-129, 1-130). 삼실총처럼 5세기 중엽 전후에 제작된 것으로 보이는 장천1호분 벽화에서 우주역사는 벽면이 아닌 천장 삼각고임 측면에 층층이 하나씩 묘사되었다.[167] 삼실총 벽화의 역사보다 서역인 이미지가 더 강한 장천1호분 벽화의 역사들과 장천1호분 백희기악도에 빈번히 등장하는 서역인 이미지의 인물들을 보면 고구려 국내성으로의 문화 전파 통로로 빈번히 활용되었을 내륙 아시아 초원의 기능과 역할에 좀 더 주의를 기울이게 된다(그림 1-131).[168]

삼실총과 장천1호분은 연화화생이 구체적으로 묘사된 벽화고분이기

166 전호태, 「고구려 삼실총 벽화 연구」, 『역사와 현실』 44, 2002.
167 吉林省文物工作隊·集安縣文物保管所(陳相偉·方起東), 「集安長川一號壁畵墓」, 『東北考古與歷史』 1輯, 1982.
168 전호태, 『고구려 생활문화사 연구』, 319~327쪽.

그림 1-129 삼실총 제2널방 벽화: 우주역사
그림 1-130 장천1호분 앞방 천장고임 벽화: 우주역사
그림 1-131 아프가니스탄 핫다 Tapa-i-Kafariha 사원(2~3세기) 출토 장식 부조: 우주역사(프랑스 국립 기메 동양박물관)

그림 1-132 삼실총 제2널방 천장고임 벽화: 연화화생
그림 1-133 장천1호분 앞방 천장고임 벽화: 남녀쌍인 연화화생

도 하다. 그러나 삼실총에 그려진 것은 불교적 관념을 그대로 반영한 1인 연화화생이지만, 장천1호분에는 고구려인의 자의적 해석이 전제된 듯한 남녀쌍인 연화화생이 표현되었다는 점에서 서로 차이를 보인다(그림 1-132, 1-133).[169] 사실 이런 벽화의 뜻은 연꽃에서 새로 태어나 정토에서 삶이 이루어지는 것이므로 연화화생이 표현된 벽화고분의 무덤주인이 소망하던 것은 끝없는 윤회에서 벗어나 정토에서 누리는 새 삶이다. 장천1호분 널방 벽과 천장이 온통 연꽃으로만 장식된 것도 이 때문이다. 삼실총과 장천1호분 벽화의 연화화생은 무용총 널방 천장고임에 떠오르는 연꽃과 연봉오리로만 표현된 연화화생 관념을 형상화했는데, 국내성 귀족 사이에 왕생정토관이 더 깊이 자리 잡게 되었다고 해석할 수 있다.

통구12호분 남분과 북분 벽화에 연화화생 장면은 남아 있지 않다. 벽면에 그려진 것이 제대로 남아 있지 않아서이기도 하지만, 천장고임이 온통 연꽃으로만 장식된 것으로 보아 연화화생이라는 제재는 처음부터 그려지지 않았을 가능성이 크다. 앞에서도 언급했지만 연화화생 관념은 천장고임에 가득한 연꽃 속에 녹아 있다고 보아도 될 것이다.

통구12호분 역시 널길의 곁방이나 널방 벽면에는 무덤주인이 생전에 누리던 삶의 이모저모가 그려졌다. 물론 벽화로 남겨진 일상의 모습이 반드시 무덤주인의 생전을 회고하려는 뜻에서 그려진 것이라고 보기는 어렵다. 일반적으로 고분벽화의 벽면에는 현실 세계의 경험을 바탕으로 무덤주인이 새로운 삶의 공간에서 누리는 더 나은 일상이 그려지기 때문이다.[170]

천장고임 벽화로 보아 통구12호분 남분과 북분 벽면에 그려진 이 새로운 일상의 공간은 정토다. 여래나 보살, 천왕, 신중(神衆)들은 보이지 않지만, 무덤주인들이 꿈꾸던 새로운 내세의 삶터는 더 나은 일상이 보장되는 공간으로서의 정토라고 할 수 있다. 불교사원의 불화(佛畫)에 묘사되는 정토가 아닐 뿐이다. 불교라는 새로운 종교 신앙을 받아들였음에도 고구려 일부 귀족들이 마음속에 그리던 내세적 삶의 공간은 불교를 받아들이기 이전에 알고 믿던 세계와 크게 달라지지 않았던 셈이다.

통구12호분 벽화가 그려지던 때와 약간의 시차를 두고 있다고 여겨지는

---

169 전호태, 『고구려 생활문화사 연구』, 290쪽.
170 전호태, 『고구려 고분벽화의 세계』, 120쪽.

장천1호분 벽화의 앞방이 불교사원 내부처럼 장식된 것은 장천1호분의 무덤주인이 지닌 불교 신앙의 심도와 내용 때문으로 보아야 할 것이다. 통구12호분은 남분과 북분 널방 천장고임이 연꽃으로 장식되었는데, 장천1호분의 앞방 벽은 일상의 공간처럼 그려졌지만 연꽃잎으로 빈 공간이 채워지고 천장고임은 불교사원 내부처럼 장엄하다. 그리고 널방은 벽과 천장은 온통 연꽃으로 가득하다. 여기에서도 두 무덤주인의 불교 신앙 차이가 드러난다고 할 수 있다. 장천1호분에 묻힌 귀족 부부는 실제 여래가 주관하는 불교의 정토에서 연화화생하기를 간절히 소망했지만, 통구12호분의 주인들이 꿈꾸던 낙원은 정토로 불렸음에도 진정한 의미의 정토는 아니었던 셈이다.

또한 널길 벽 곁방에 사냥도가 남아 있는 남분과 달리, 북분에서는 사냥도와 전투도가 널방 벽에 그려졌다. 이는 북분 주인이 생전에 이루었던 가장 큰 위업이 큰 전투에서 적장을 제압하고 참수하는 전공이었기 때문일 것이다. 생전의 기억을 되살리고 내세에도 이런 일이 있기를 바라는 마음으로 이 그림을 남겼다고 해석할 수 있는데, 불교의 정토에서 이런 일은 꿈조차 꿀 수 없다. 비록 불교를 믿고, 정토라는 새로운 낙원에 대한 설법도 들었지만, 북분에 묻힌 귀족이 꿈꾸던 정토는 생전에 경험한 세계의 질서, 모습에서 벗어난 것이 아님을 벽화를 통해 다시 확인할 수 있다고 하겠다.

고분벽화가 보여 주듯이 5세기 중엽을 전후한 시기, 고구려 국내성 일대의 귀족들이 믿던 불교는 외형적으로, 혹은 선언적으로는 큰 차이가 없어도 내용적으로는 상당한 편차가 있었던 듯하다. 윤회론도 알려지고 정토왕생이라는 개념도 전해졌지만, 이를 받아들인 귀족들과 백성들이 실제 마음속으로 믿고 알던 세계는 각양각색이었음이 확실하다. 5세기 중엽 국내성지역 벽화고분의 다양한 구성이 이러한 사실을 잘 드러낸다.

널방이 셋인 삼실총 벽화의 우주역사와 연화화생은 무덤주인들이 서역에서 전한 불교 문화를 어느 정도 이해하고, 연화화생이라는 개념도 알고 있었음을 짐작하게 한다. 하지만 우주역사로 벽면을 채운 데서 드러나듯이 삼실총 세 널방의 무덤주인들도 마음속에 정토에서의 삶을 구체적으로 그리지는 않았던 듯하다. 이와 달리 장천1호분 벽화에서는 연화화생과 우주역사에 더해 여래와 보살까지 묘사되고, 관이 놓인 널방은 연화정토처럼 연꽃으로만 채워져 있어 무덤주인 부부가 함께 정토왕생을 간절히 소망했다는 사실을 알게 한다.

그러나 통구12호분의 남분과 북분은 널방 천장고임을 연꽃으로 채웠을 뿐 이 외 공간에는 일상생활을 재현한 듯한 장면을 그려 넣어 무덤주인들의 불교 신앙이 구체적이지 않았음을 짐작하게 한다. 혹, 무덤주인들이 정토를 꿈꾸었다 하더라도 그들은 생전에 누린 삶과 크게 다르지 않은 내세적 삶이 정토에서 재현될 수 있다고 믿고, 이를 소망했다. 연꽃으로 가득한 천장고임이 정토를 의미할 수는 있지만, 통구12호분 남분과 북분에 묻힌 이들이 불교에서 말하는 정토 세계의 모습을 구체적으로 그리며 소망했다고 보기는 어렵다. 승려들에게서 여래의 가르침을 듣던 무용총의 무덤주인이 일상의 공간 위에 연봉오리와 연꽃이 떠오른 선인들의 하늘 세계를 그리게 했듯이, 통구12호분의 무덤주인들도 불교의 가르침은 듣고 배웠으나 정토가 어떤 세계인지는 제대로 알지 못했고, 이를 그림으로 표현하게 할 수도 없었던 것이다.

소수림왕의 불교 공인, 고국양왕의 불교를 믿어 복을 구하라는 교시는 수도이던 시절의 국내성에서 이루어졌다. 427년 나라의 수도는 평양으로 옮겨졌지만, 국내성은 국가가 후원하는 불교 신앙의 중심도시로 남았다. 국내성의 귀족과 백성들은 불교를 일상생활 속 신앙으로 받아들인 데서 한 걸음 더 나아가 새로운 내세관의 바탕으로도 삼았다.

5세기 중엽을 전후해 국내성지역에서 제작된 고분벽화에 연꽃이 자주 등장하고, 심지어 주제로 연꽃을 택하는 사례가 빈번한 것은 이런 내세관의 변화로 말미암은 것이다. 5세기 국내성 일대 고분벽화에서는 불교적 제재로서 연꽃이 다양한 방식으로 표현되는데, 삼실총과 장천1호분 벽화에 보이는 연화화생은 정토의 탄생 방법이라는 점에서 그런 관념의 수용과 표현에 특히 주목해야 하는 경우다.

무용총 벽화에는 연화화생이 연봉오리와 연꽃이 하늘로 떠오르는 모습으로 표현되는데, 실제 연화화생으로 탄생한 새로운 하늘 세계의 주인공은 앉아 있거나 날아다니는 선인들이다. 무용총 벽화보다 제작 시기가 늦은 삼실총 벽화에서 연화화생은 한 사람이 연꽃에서 탄생하는 모습으로 묘사되며, 장천1호분 벽화에서는 남녀 2인이 연꽃에서 태어나는 모습으로 그려진다. 무용총 벽화에서 형상화되기 시작한 연화화생이 장천1호분 벽화에서 고구려인 나름의 해석을 거친 모습으로 묘사된 셈이다. 여래와 보살이 등장하고, 우주역사와 연화화생이 그려지며 연꽃으로 가득 채워진 공간에 관이 놓였다는 점에서 장천1호분 무덤주인 부부의 정토왕생관은 매우 구체적인 소망을 담고 있었다고 할 수 있다.

이와 달리 통구12호분의 남분과 북분은 널방 천장고임만 연꽃으로 장식되었을 뿐, 이 외 공간은 일상생활 모습으로 채워졌다. 무덤주인들이 정토에서의 새 삶을 꿈꾸었다고 해도 새 삶터는 불교의 낙원보다는 고구려인의 전통적인 내세, 현세가 재현되는 공간에 가깝다. 통구12호분의 무덤주인들은 스스로 불교 신앙을 지니고 있다고 믿었지만, 불교의 낙원인 정토에 대해 구체적으로 알고 있지는 못했다. 5세기 중엽 고구려의 국내성지역에서는 불교적 내세관이 벽화로도 그려졌으나, 이런 고분벽화를 통해 불교 신앙의 내용과 심도는 믿는 이마다 달랐음을 알 수 있다.

제3장

후기

1. 오회분4호묘

1) 유적 개요

중국 길림성 집안의 오회분4호묘는 고구려 후기 문화의 큰 흐름이 북방과 남방으로 나뉘어 전개되었음을 알려 주는 구체적인 증거 가운데 하나다.[1] 주요한 유적에 관한 그동안의 연구 성과는 고구려 후기 북방문화의 흐름을 이해하기에 제한적이다. 미술사학 분야에서 몇 차례 이루어진 연구로 문화적 성격은 일부 밝혀졌으나, 6세기 동아시아 문화의 큰 흐름 속에서 이 유적이 지니는 문화사적 의미가 제대로 자리매김되었다고 보기는 어렵다.

미술사학 분야에서 기존 연구는 오회분4호묘 벽화의 몇 가지 제재에 보이는 동서교류사적 의미 파악에 주력했다.[2] 이를 통해서 오회분4호묘를 비롯한 6세기 집안지역 고분벽화 출현의 배경은 일부 밝혀졌으나 이를 바탕으로 한 더욱 엄밀하고 구체적인 연구는 뒤따르지 못했다. 이는 동서 교류의 실상에 관한 사전연구가 충분히 이루어지지 않은 까닭이기도 하고, 고구려

1 全虎兌, 「高句麗 後期 四神系 古墳壁畫에 보이는 仙·佛 混合的 來世觀」, 『蔚山史學』 7, 1997; 김진순, 「高句麗 後期 四神圖 고분벽화와 古代 韓·中 문화 교류」, 『선사와 고대』 30, 2009; 전호태, 「고구려 통구사신총 연구」, 『高句麗渤海研究』 41, 2011; 전호태, 「고구려 진파리1호분 연구」, 『역사와 현실』 95, 2015.

2 김진순, 「집안 오회분4·5호묘 연구」, 『미술사연구』 17, 2003.

고분벽화를 주제로 한 연구의 동력이 확보되지 못했기 때문이기도 하다. 이 절에서는 오회분4호묘 벽화의 제재가 지닌 문화사적 맥락에 바탕을 둔 분석과 종합을 통해 6세기 동아시아 문화 교류의 큰 흐름 속에서 고구려 국내성 지역의 문화가 지닌 성격과 위상을 재정립하고자 한다.

오회분4호묘는 중국 길림성 집안시 태왕진 과수촌(옛 지명: 집안현 태왕향 우산촌)에 있는 고구려 흙무지 돌방 벽화무덤이다(그림 1-134).[3] 오회분(五盔墳)으로 불리는 통구평야 중앙부의 대형 흙무지 돌방무덤 5기 가운데 오회분5호묘와 함께 정식 조사를 거쳐 벽화가 발견된 2기의 벽화무덤 중 하나다. 1945년 이전 일본인 학자들에 의한 이 일대 고분들에 대한 조사 당시 서강61호분(西崗61號墳), 혹은 통구미편호분(通溝未編號墳)으로 불렸다. 1950년 겨울 인민해방군 부대장에 의해 무덤문이 열려 임의로 사용되다가 국가문화부의 개입으로 무덤문이 폐쇄되었는데,[4] 이때 무덤 안의 벽화가 관계자들의 눈길을 끌었다.

1962년 6월부터 8월까지 길림성박물관과 집안현문물보관소에 의해 정식 발굴, 조사되었고, 1963년 10월 집안현문물보관소에 의해 무덤문이 폐쇄되었다. 1964년 발굴보고서가 출간되면서 오회분4호묘라는 이름으로 널리 불리게 되었다. 1965년 6월 길림성박물관에 의해 무덤 실측과 무덤 안 벽화의 모사 작업이 이루어졌다.[5] 1966년 통구고분군 고분 분포 상황에 대한 전면 재조사 과정에서 정식으로 무덤 번호가 부여되었다. 현재 중국 측의 공식 명칭은 집안 통구고분군 우산하묘구 제2104호묘(JYM2104)이나 일반적으로는 오회분4호묘로 불린다. 1974년 10월 집안현문관소에 의해 무덤이 수리되었

3 오회분4호묘에 대한 학술적 보고와 도면, 도판은 關野貞, 「朝鮮平壤附近の樂浪高句麗及び支那輯安縣附近の高句麗遺蹟」, 『朝鮮及滿洲』 78, 1914; 關野貞, 「滿洲輯安縣及び平壤附近に於ける高句麗時代の遺蹟」(一), 『考古學雜誌』 5卷3號, 1914; 朝鮮總督府(關野貞 外), 『朝鮮古蹟圖譜』一, 名著出版社, 1915; 楊泓, 「高句麗壁畵石墓」, 『文物參考資料』, 1958年4期; 吉林省博物館(李殿福·方起東), 「吉林輯安五塊墳四號和五號墓清理略記」, 『考古』, 1964年2期; 梅原末治·藤田亮策 編, 『朝鮮古文化綜鑑』 卷IV, 養德社, 1966; 吉林省文物工作隊(李殿福), 「吉林集安五塊墳四號墓」, 『考古學報』, 1984年1期; 吉林省文物志編委會, 『集安縣文物志』, 1984, 145~147쪽; 조선유적유물도감편집위원회 편, 『조선유적유물도감』 6(고구려 4), 외국문종합출판사, 1990, 도판 287~307; 吉林省文物考古研究所·集安市博物館 編著, 『洞沟古墓群-1997年調查測繪報告』 科學出版社, 2002, 59쪽; 孫仁杰·遲勇, 『集安高句麗墓葬』, 香港亞洲出版社, 2007, 95~96쪽; 耿鐵華, 『高句麗古墓壁畵研究』, 吉林大學出版社, 2008, 50쪽 참조.

4 吉林省文物志編委會, 『集安縣文物志』, 375쪽.

5 吉林省博物館(李殿福·方起東), 「吉林輯安五塊墳四號和五號墓清理略記」.

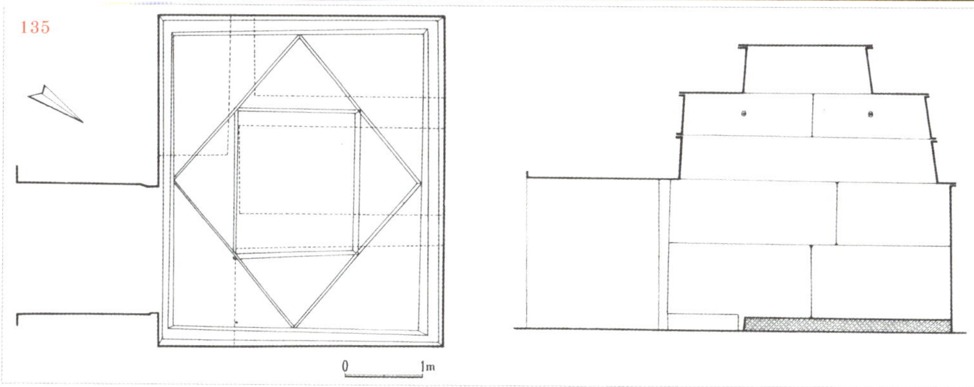

그림 1-134　오회분4호묘 전경
그림 1-135　오회분4호묘 무덤칸 실측도

고, 1974년 3월 길림성박물관과 집안현 문관부문에 의해 벽화 수리가 검토되었으며, 같은 해 9월 집안현문관소에 의해 벽화 수리 및 화학적 보존 처리 작업이 이루어졌다.[6]

발굴 조사를 통해 무덤 안에서 금동단추 2점, 금동정 1점, 금동꽃무늬 장식품 1점, 도금박편 2점, 쇠못 3점과 칠기 관목 잔편 여러 점이 수습되었다. 이후 1997년 재조사와 실측 보고 작업이 이루어졌고, 2004년 7월 유네스코 세계문화유산에 등재되었다. 2004년부터 2005년에 걸친 무덤 주변 소

6　吉林省文物志編委會,『集安縣文物志』, 380~382쪽.

사 과정에서 평기와와 반원통형 기와의 파편들이 수습되었다. 무덤의 외형은 밑이 네모진 상태에서 위로 좁혀지다가 끝이 살짝 잘린 듯이 마무리된 절두방추형[방대형]이며 밑면 한 변의 길이는 30m, 무덤무지의 높이는 10m다.[7]

오회분4호묘는 널길과 널방으로 이루어진 외방무덤으로 무덤칸의 방향은 동으로 30° 기운 남향이며, 널길이 널방 남벽의 동편에 치우쳐 설치된 널길 편동식이다. 무덤길, 널길, 널방의 길이×너비×높이는 각각 6×8×3m, 1.88×1.75×1.74m, 3.68×4.20×3.64m이다(그림 1-135). 널방의 벽과 천장은 잘 다듬은 화강암제 판석으로 축조되었다. 널방 천장 구조는 2단 삼각고임이다. 1층 고임돌의 폭은 56cm, 2층 고임돌의 폭은 60cm다. 널방 바닥에는 세 개의 돌관대가 나란히 놓였고, 남벽 서측 벽에 잇대어 돌상이 설치되었다. 관대, 돌상의 길이×너비×높이는 각각 2.45~2.71×1.05~1.25×0.16m, 1.78×0.20×0.20m다.

석면 위에 직접 벽화를 그렸으며 벽화의 주제는 사신(四神)이다. 적색, 갈색, 녹색, 황색 등을 주조로 한 벽화는 채색이 화려하고 적절한 농담의 변화가 특징이다. 벽화의 안료는 대부분 주사(朱砂), 석록(石綠), 석황(石黃), 백자석(白赭石), 백악(白堊) 등 천연 광석에서 얻어 낸 광물성 재료를 동물성 아교에 개어 만든 것들이며, 화청(花靑), 등황(藤黃), 연지(胭脂) 등의 식물성 재료로 만든 안료도 사용되었던 것으로 추정된다.

널길 좌우 벽에는 실물 크기의 문지기 역사(力士)를 그렸는데, 희미하게 남아 있어 형상을 복원하기 어려운 상태다.[8] 널방 벽에는 화려한 사방연속무늬를 배경으로 사신을 그렸다. 남벽의 주작은 서쪽에 한 마리만 묘사되었다. 주작은 두 다리를 모아 널방 문 방향으로 날아오르려는 듯한 자세를 하고 있으며, 부리는 노란 기운이 있고 벼슬은 붉다. 주작의 가늘고 긴 목에는 두 줄의 색깔 띠가 있다. 몸통과 꼬리는 붉으며, 활짝 편 두 날개의 앞쪽 깃은 푸른색이다.

동벽의 청룡은 오색찬란한 몸을 드러낸 채 하늘에서 내려오는 자세다. 목 뒤에는 척목(尺木)이 휘날리며, 목 아래쪽에는 두 줄의 색깔 띠가 그려졌

7 집안현에서 문물지가 출간되던 1984년 당시의 무덤무지 밑면 둘레는 160m, 높이는 8m였다(吉林省文物志編委會, 『集安縣文物志』, 145쪽).

8 이하 오회분4호묘 벽화 구성에 대해서는 吉林省文物工作隊(李殿福), 「吉林集安五塊墳四號墓」; 全虎兌, 「高句麗 後期 四神系 古墳壁畫에 보이는 仙·佛 混合的 來世觀」 참조.

다. 어깻죽지 뒤로는 붉은 불꽃 형상의 날개털이 여러 갈래로 뻗어 나간다. 그리고 뒤의 두 다리에서는 희고 상서로운 기운이 날개털처럼 흘러 나간다.

서벽의 백호도 하늘에서 내려오는 자세다. 백호의 머리와 얼굴은 호랑이와 비슷하다. 붉은 아가리를 크게 벌려 위아래 송곳니를 드러냈는데, 혀는 내밀지 않았다. 백호의 몸통은 호랑이의 줄무늬에서 응용된 굵고 가는 줄무늬로 장식되었다. 백호의 어깻죽지 뒤로 뻗은 날개털은 칼날처럼 날카롭고 길게 뒤로 뻗어 나간다. 과장되게 벌린 아가리와 부릅뜬 눈, 위아래로 번뜩이는 희고 날카로운 송곳니, 앞으로 내밀며 들어 올린 오른쪽 앞발 등이 상상 속의 신수(神獸)인 백호의 위력을 잘 드러낸다.

북벽의 현무는 서편을 향해 서 있다. 벽면의 중심부에 비교적 작게 그려진 현무의 뱀은 거북의 몸을 한 차례 감은 상태에서 제 몸을 여러 차례 복잡하게 얽은 뒤, 하늘로 쳐든 거북의 머리와 직각을 이루게 머리를 수평으로 뻗었다. 뱀과 거북의 몸은 모두 오색(五色)이다.

사신의 배경을 이루는 귀갑형 사방연속무늬 각각은 둥근 부채의 양 끝을 뾰족하게 잡아 뺀 듯이 보이기도 한다. 각각의 무늬 안에는 불꽃 형상의 기운 사이로 피어오르는 팔메트 모양의 이파리와 좌우로 펼쳐진 인동잎 사이의 연꽃 위에 서거나 앉은 인물을 그렸다. 검고, 붉고, 노란 삼색 선으로 테두리를 그린 이 사방연속무늬 안의 인물은 모두 10명이다.

남벽 주작의 머리 위 무늬 안에 그려진 인물은 얼굴 부분이 희미하다. 날개 아래에 묘사된 인물은 머리가 길게 내려왔고, 귀는 뾰족하다. 오른쪽 무릎은 꿇고, 왼쪽 다리는 굽혀 세웠다. 연꽃 이파리, 혹은 커다란 찻잎으로 보이는 것을 손으로 집어 컵으로 보이는 그릇 안에 넣으려는 듯이 보인다.

동벽 청룡의 등 위의 무늬 안에는 한 손에 둥근 부채를 들고 고개를 오른쪽으로 틀어 비스듬히 아래쪽을 보는 날개 달린 인물이 묘사되었다.

서벽의 세 인물 가운데 백호의 등 위에 그려진 사람은 둥근 부채를 들고 앞을 응시하는 모습이다. 백호의 꼬리 끝과 뒷다리 사이의 좁은 공간에 그려진 인물은 연꽃 위에 무릎 꿇고 앉아 손에 든 책과 같은 것을 보고 있다. 백호 꼬리가 시작되는 지점, 뒷다리 아래쪽 인물도 선 채 앞을 보고 있다.

북벽 현무의 거북 머리 대각선 위쪽, 화면 서쪽 모서리 가까운 곳에 그려진 인물은 둥근 부채를 들고 서서 비스듬히 현무 쪽을 내려다보는 듯하다. 현무의 거북 머리 앞의 약간 떨어진 자리에 묘사된 인물은 머리를 풀어 헤쳤고 맨발이다. 그는 무릎을 꿇고 앉은 채 바닥에 그려진 8괘를 보고 있다. 현무의 뱀이 심하게 제 몸을 얽은 형상 위에 그려진 인물도 둥근 부채를 들고 선 채 정면을 바라보고 있다. 현무의 거북 꼬리 뒤쪽에 묘사된 인물도 선 채 정면을 보고 있다. 무늬 속 인물들의 어깨 좌우로는 더듬이 같은 선이 뻗어 나왔는데, 이 더듬이 같은 선은 무늬 속 인물들이 하늘 세계의 존재, 혹은 신선계의 일원임을 나타내는 표지일 수 있다.

널방 벽 모서리에 그려진 짐승 머리 사람 몸의 괴수와 이 괴수를 향해 내려오는 듯이 그려진 교룡(交龍)은 앞선 시기 고분벽화의 기둥과 두공을 대신하는 존재다. 사나운 얼굴의 괴수는 입을 크게 벌리고 포효하는 모습이다. 부릅뜬 눈의 눈자위가 붉다. 윗몸은 벗었으며 아래에는 짧은 잠방이와 같은 것을 걸쳤다. 오른쪽 다리는 뒤로 빼고 왼쪽 다리는 약간 구부린 자세로 두 팔을 높이 들어 위에서 내려오는 교룡의 머리를 받쳐 들고 있다. 괴수의 머리와 팔, 다리에서 강한 기운이 날개털 모양으로 뻗어 나온다. 네 모서리 괴수의 얼굴은 표정이 모두 다르며 색도 다른데, 각각 청색, 자두색, 진홍색, 녹색이다.

널방 벽 상단에는 위아래에 마름모꼴을 이은 장식무늬 줄을 넣고, 두 줄의 장식무늬 사이에 용들이 서로를 얽어 이룬 또 하나의 무늬 띠를 넣었다. 벽마다 두 마리씩 용이 서로를 감으며, 네 벽의 용 8마리가 모서리 가까이에서 다음 벽으로 이어지는 용의 몸을 물어 서로를 잇고 있다.

천장 삼각고임 1단 측면에는 각각 해신과 달신, 각종 문명신을 묘사했다. 동쪽 모서리에는 소의 머리를 한 농업신과 부드러운 몸놀림을 보여 주는 불의 신이 묘사되었다. 농업신은 손에 곡식의 이삭을 쥔 채 앞으로 내달리고 있으며, 불의 신은 손에 든 횃불을 돌아보며 앞으로 나아가는 자세다. 두 신의 앞뒤에 화면을 나누는 역할을 하는 진홍색 가지의 나무가 여러 그루 그려졌다. 이런 나무는 다른 문명신의 앞뒤에도 묘사되었다. 1단 측면의 중심에는 각각 하늘을 받치는 용이 한 마리씩 그려져 모서리에 둘씩 묘사된 신들을 독립적인 제재로 인식할 수 있게 한다.

남쪽 모서리에는 대장장이 신과 수레바퀴의 신을 그렸다. 대장장이 신은 모루 위에 붉게 달아오른 쇳덩이를 올려놓고 쇠망치로 두드리고 있다. 수레바퀴의 신은 왼손으로 수레바퀴를 잡았고 오른손에는 망치를 들었다. 서쪽 모서리에는 숫돌의 신과 용을 탄 선인을 그렸다. 숫돌의 신은 모루 위에 숫돌을 올리고 그 위에 올린 것을 두 손으로 잡고 갈고 있다. 오색의 용을 탄 선인은 두 귀가 뾰족하다. 북쪽 모서리에서 서로 마주 보며 힘차게 날아오른 자세의 해신과 달신은 상반신은 사람이고 하반신은 용이다. 남자인 해신은 머리 위에 해를, 여자인 달신은 달을 받쳐 들었다. 삼각고임 1단 밑면에는 온몸으로 하늘 세계를 받쳐 든 자세의 오색 용을 한 마리씩 그렸다.

천장고임 2단 측면에는 여러 가지 악기를 연주하는 기악천(伎樂天)과 해와 달, 각종 별자리를 표현했다. 동면에는 해와 구름을 가운데 두고 각각 용과 봉황을 타고 하늘을 나는 선인 둘을 묘사했다. 오색의 용을 탄 선인은 배소(排簫)를, 봉황을 탄 선인은 횡적(橫笛)을 불고 있다. 남면에는 남두육성과 구름을 배경으로 공작을 탄 선인과 수적(竪笛)을 부는 선인을 그렸다. 서면에는 달과 구름을 배경으로 용을 타고 하늘을 날면서 나팔을 부는 선인과 백학을 탄 선인을 묘사했다. 북면에는 북두칠성과 구름을 배경으로 거문고와 요고를 연주하는 선인, 선약이 담긴 검은 그릇을 받쳐 든 선인을 그렸다. 삼각고임 2단 밑면에도 역시 온몸으로 하늘 세계를 받쳐 든 자세의 오색 용을 한 마리씩 그렸다.

천장 개석 밑면에는 별자리와 구름을 배경으로 힘차게 꿈틀거리는 황룡(黃龍)을 한 마리 그렸다. 황룡은 오행신앙(五行信仰)에서 중앙을 나타내는 신수이자 황제를 상징하는 존재다. 이상의 오회분4호묘 무덤 구조와 벽화 제재의 구성을 알기 쉽게 정리하면 〈표 1-6〉과 같다.

오회분4호묘는 벽화의 전체적인 내용과 표현 기법, 무덤 구조 등이 이웃한 오회분5호묘와 유사하다. 그러나 널방 벽 사방연속무늬 안을 불꽃 형상의 기운 사이로 피어오르는 팔메트 모양의 이파리, 혹은 불꽃 형상으로 피어오르는 기운의 이미지로 채운 오회분5호묘와 달리 오회분4호묘는 연꽃에서

표 1-6 오회분4호묘 무덤 구조와 벽화 구성

<table>
<tr><th rowspan="3">편년</th><th rowspan="3">벽화 주제</th><th colspan="5">벽화 구성</th></tr>
<tr><th rowspan="2">널길</th><th colspan="4">널방</th></tr>
<tr><th>동벽</th><th>남벽</th><th>서벽</th><th>북벽</th></tr>
<tr><td>6세기 후반</td><td>사신</td><td>문지기</td><td>청룡, 귀갑형 사방연속 무늬, 천인</td><td>주작, 귀갑형 사방연속 무늬, 천인</td><td>백호, 귀갑형 사방연속 무늬, 천인</td><td>현무, 귀갑형 사방연속 무늬, 천인</td></tr>
</table>

<table>
<tr><th colspan="3">벽화 구성</th></tr>
<tr><th colspan="3">널방</th></tr>
<tr><th>벽 모서리와 상단</th><th>천장고임</th><th>천장석</th></tr>
<tr><td>괴수, 용, 얽힌 용무늬</td><td>해신, 달신, 문명신, 기악천, 해, 달, 별자리, 구름, 용</td><td>황룡</td></tr>
</table>

태어난 듯이 보이는 인물을 더해 세부적으로 다른 분위기를 연출하고 있다. 벽화의 표현 기법 등이 오회분5호묘 벽화보다 정제되고 세련된 점, 널방 천장고임 벽화가 더 짜임새 있고 안정감이 있는 점 등으로 보아 오회분4호묘는 오회분5호묘보다 늦은 시기인 6세기 후반에 그려졌을 가능성이 크다.[9]

2) 벽화 제재 분석

(1) 널방 벽

오회분4호묘 널방 벽에 그려진 사신은 통구사신총 및 오회분5호묘 벽화의 사신과 형상, 채색, 표현 기법이 크게 다르지 않다. 그러나 6세기 평양지역 고분벽화에 그려진 사신과는 차이를 보인다. 진파리1호분 벽화의 백호는 얼굴과 몸을 그리는 선이 둥글어 사납고 거칠어 보이지 않지만(그림 1-136), 강서중묘 벽화의 백호는 얼굴이 상당히 기괴하게 바뀌어 호랑이의 형상에서 많이 멀어졌다(그림 1-137). 오회분4호묘 벽화의 백호는 얼굴 형상에서 두 고분벽화의 사이에 있고, 앞으로 나아가는 자세에서는 평양지역 두 고분벽화의 백호보다 힘이 있다(그림 1-138).

오회분4호묘 널방 서벽 백호와 자세 및 형상이 유사한 작품은 중국 남북조의 6세기 묘지 개석 장식화와 화상전, 고분벽화에서 찾아볼 수 있다.[10] 북위 원휘묘(元暉墓, 520년) 및 북위 이주습묘(爾朱襲墓, 529년) 출토 묘지 개석(그림 1-139), 강소 단양(丹陽) 호교1호남조대묘(胡橋1號南朝大墓) 화상전에 묘사된 백호는 호랑이 특유의 형상에서 조금씩 벗어나고 있으며(그림 1-140), 동위(東魏) 시대의 작품인 자현(磁縣) 동위여여공주묘(東魏茹茹公主墓) 벽화의 백호는 호랑이의 그것에서 상당히 벗어나 고구려 오회분4호묘 벽화에 그려진 백호의 얼굴과 비교할 수 있을 정도다.

오회분4호묘 널방 북벽에 그려진 현무는 뱀의 심한 얽힘이 눈에 두드러진다(그림 1-141). 뱀의 이런 얽힘을 통구사신총 벽화에서는 볼 수 있지만(그림 1-142), 진파리1호분이나 강서대묘와 같은 평양권 고분벽화에서는 볼 수 없

---

9 전호태, 『고구려 벽화고분의 과거와 현재』, 성균관대학교출판부, 2020.

10 전호태, 『고구려 고분벽화의 세계』, 서울대학교출판부, 2004.

그림 1-136 진파리1호분 널방 서벽 벽화: 백호
그림 1-137 강서중묘 널방 서벽 벽화: 백호
그림 1-138 오회분4호묘 널방 서벽 벽화: 백호

그림 1-139 중국 하남 낙양 북위 이주습묘(爾朱襲墓, 529년) 출토 묘지 개석 선각화 탁본: 백호
그림 1-140 중국 강소 단양(丹陽) 호교1호남조대묘(胡橋1號南朝大墓) 화상전: 백호

그림 1-141 오회분4호묘 널방 북벽 벽화: 현무
그림 1-142 통구사신총 널방 북벽 벽화: 현무
그림 1-143 강서대묘 널방 북벽 벽화: 현무
그림 1-144 중국 산동 임구 북제 최분묘(551년) 널방 북벽 벽화: 현무와 선인

다(그림 1-143). 이와 비교할 수 있는 사례는 중국 남북조시대의 고분벽화에서도 찾아보기 어렵다. 중국의 북조 묘지 개석과 고분벽화에 보이는 현무의 뱀은 거북의 몸을 여러 차례 감은 모습으로 등장할 뿐, 제 몸을 꽈배기처럼 얽지는 않았다(그림 1-144).

오회분4호묘 벽화 속 현무에 보이는 뱀의 제 몸 얽기는 벽 상단부에 그려진 용이 두 마리씩 서로를 얽으면서 자아내는 분위기나 삼각석 밑면에 묘사된 용들이 보여 주는 이미지와 유사하다 보는 것이 옳을 듯하다. 오회분4호묘 벽화에 등장하는 이 용들은 몸을 얽거나 크게 틀면서 강한 기운을 내뿜는 것이 특징인데, 현무의 뱀과 거북은 서로를 얽는다고 해도 이런 강한 기운의 흐름을 자아내기는 쉽지 않기 때문이다. 비교적 강한 기운을 내뿜는 북제 최분묘 벽화의 현무도 이런 기운을 뿜어내기 위해 거북을 여러 차례 감은 뱀이 제 몸을 한 차례 더 꼬아 틀면서 머리를 거북의 머리를 향해 내리고 있다. 이로 보아 통구사신총이나 오회분4호묘의 현무를 그린 고구려 화가는 뱀이 제 몸을 여러 차례 꼬게 해 강한 기운 생동의 효과를 내려 했을 가능성이 크다.

오회분4호묘의 널방 벽을 장식하는 사방연속무늬는 통구사신총 벽화에는 보이지 않던 것이다(그림 1-145). 평양지역 고분벽화에도 이런 형식의 사방연속무늬는 보이지 않고, 중국 북조 고분벽화에도 이런 유형의 사방연속무늬가 장식된 사례가 확인되지 않는다. 다만 중국 북조의 다른 회화 작품에서는 사방연속무늬가 표현된 사례를 찾아볼 수 있다.

중국 영하 고원 북위묘에서 발견된 칠관 뚜껑의 장식화는 오회분4호묘 벽화의 것과 유사한 형식의 사방연속무늬로 장식되어 있으나, 각각의 무늬 안에 그려진 것은 기이한 새와 짐승들이다(그림 1-146). 칠관 측면의 장식화는 전형적인 사방연속 귀갑문인데, 연속된 귀갑문에 걸쳐 원을 더한 뒤 원의 일부와 귀갑 사이의 공간에 여러 가지 설화와 관련된 인물, 동물을 그렸다(그림 1-147).

고원 북위묘 칠관화의 사방연속무늬와 관련해 주목할 만한 것은 고구려 고분벽화와 신라의 유물에 보이는 귀갑문 장식이다. 5세기 중엽 작품인 순천의 천왕지신총 벽화에는 안에 연꽃이 그려진 사방연속 귀갑문이 보인다(그림 1-148). 5세기 말에서 6세기 초에 축조된 것으로 추정되는 경주의 식리총(飾履塚)에서 출토된 금동신발 바닥도 사방연속 귀갑문으로 장식되었는데(그림 1-149), 귀갑문 안에는 괴수나 기이한 새와 짐승 등이 돋을새김되었다. 북위 석관 화상 중에는 안에 괴수와 서조 등을 그린 사방연속 귀갑문을 배경으로 사신이 선각된 사례도 있다.[11]

그러나 오회분4호묘 벽화와 같이 연꽃에서 태어난 듯한 인물이 묘사된 사례는 찾아볼 수 없다(그림 1-150~1-152). 북주 칠관화의 두 사례로 보아 5세기 이래의 사방연속 귀갑문에서 비롯되었다고 볼 수 있는 사방연속무늬 안에 연화화생 인물을 그린 오회분4호묘 벽화의 장식무늬는 기원이 같은 계통 표현중에서는 최종 단계라고 볼 수 있을 듯하다.

오회분4호묘 벽화의 사방연속무늬 속 10명의 인물은 연꽃에서 화생한 존재이지만, 등에 날개가 돋은 사람, 8괘를 보는 사람, 연꽃 이파리나 찻잎

---

11 김진순, 「집안 오회분4·5호묘 연구」.

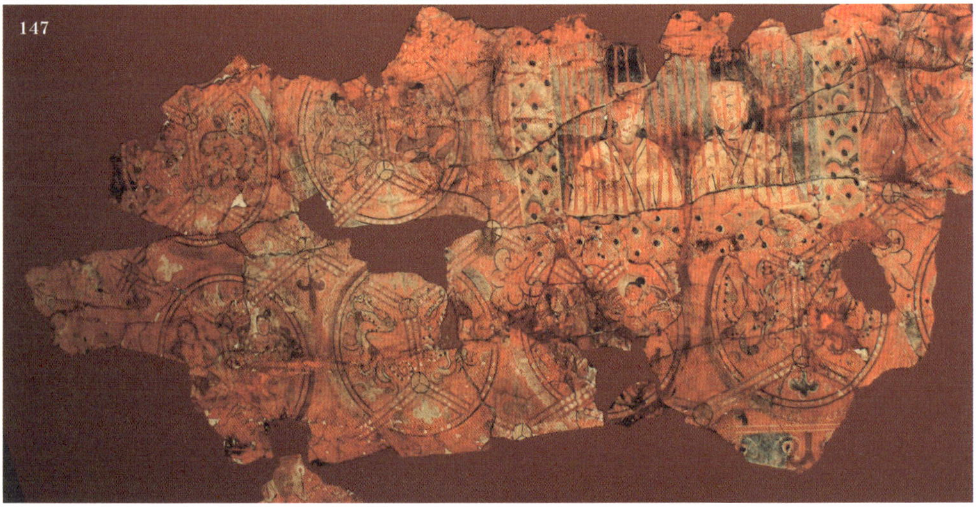

그림 1-145 오회분4호묘 널방 동벽 벽화: 청룡
그림 1-146 중국 영하 고원 북위묘 출토 칠관 장식화: 사방연속무늬
그림 1-147 중국 영하 고원 북위묘 출토 칠관 장식화: 귀갑문과 원문
그림 1-148 천왕지신총 투시도: 사방연속 귀갑문
그림 1-149 경주 신라 식리총 출토 금동신발: 사방연속 귀갑문

그림 1-150　오회분4호묘 널방 벽화: 사방연속무늬 속의 선인 1
그림 1-151　오회분4호묘 널방 벽화: 사방연속무늬 속의 선인 2
그림 1-152　오회분4호묘 널방 벽화: 사방연속무늬 안에서 선인이 화생하는 과정

으로 보이는 것을 컵 속에 넣으려는 사람으로 묘사된 점을 보아 불교보다는 도교의 신선에 해당하는 존재일 가능성이 크다. 북위에서 도사 구겸지의 강력한 도교화 정책으로 말미암아 도교의 위상이 높아지고,[12] 도교의 천존상(天尊像)도 불상처럼 만들어진 사례가 적지 않았다는 사실을 고려하면, 불교의 연화화생 역시 도교적 관념의 일부로 수용되었을 가능성이 있다. 오회분4호묘의 천장고임 벽화 중에 붉은 단약이 담긴 검은 칠기를 받쳐 든 인물이 등

12　모종감 지음, 이봉호 옮김, 『중국도교사: 신선을 꿈꾼 사람들의 이야기』, 예문서원, 2015.

장하는 것으로 볼 때, 사방연속무늬 속의 인물들을 선인으로 보아도 큰 무리는 없을 듯하다.

오회분4호묘 널방 벽 상단의 얽힌 용무늬는 음양의 교합을 나타내는 것으로 해석할 수 있는데(그림 1-153),[13] 유사한 사례를 중국 남북조의 고분벽화나 화상전에서는 찾아보기 어렵다. 다만 북위시대의 돌기둥 받침에 용들이 서로의 꼬리를 물면서 원을 이루는 형상이 부조되어 음양 질서의 회복, 순환과 관련짓는 이전의 해석을 어느 정도 뒷받침해 준다(그림 1-154, 1-155).

오회분4호묘 널방 벽 모서리의 괴수는 몸에서 뿜어 나오는 기운이 매우 강하다(그림 1-156). 위에서 내려오는 교룡을 받치는 자세도 대단히 역동적이다. 이런 형상과 자세의 괴수가 평양지역 고분벽화에는 보이지 않는다. 5세기 고분벽화에서 기둥을 대신하는 이런 형상의 괴수는 중국 남북조시대의 돌기둥 받침이나 돌상 다리, 묘지 개석, 석관 장식에도 보인다(그림 1-157, 1-158). 그러나 중국 남북조시대 고분벽화에 이런 괴수가 그려진 사례는 찾아보기 어렵다.

(2) 널방 천장고임과 천장석

오회분4호묘 널방 천장 삼각고임 1단 측면 동쪽 모서리에는 소의 머리를 가진 농업신이 묘사되었다(그림 1-159). 이 신의 모습과 조형적으로 닿는 것은 중국 섬서와 산서 한(漢) 화상석무덤에서 발견되는 소의 머리를 한 신과 문지기다(그림 1-160, 1-161). 소의 머리를 한 사람은 한대 이후의 중국 회화나 조소에서는 찾아보기 어렵다. 중국에서 염제(炎帝) 신농은 이미 한대에 머리에 면류관을 쓴 역사적 인물로 표현된다. 오회분4호묘 벽화의 농업신은 고구려 삼실총 벽화의 창을 세워 든 소뿔을 단 사람에게서 조형적 연원을 찾을 수도 있을 듯하다(그림 1-162).[14]

동쪽 모서리에 그려진 불의 신은 오회분5호묘 벽화에도 보이지만, 6세기로 편년되는 고구려의 다른 고분벽화에는 보이지 않는다. 중국의 진·한~남북조시대 회화나 조소 작품에서도 불의 신으로 상정될 수 있는 인물은 찾아보기 어렵다. 일부 연구자들은 오회분4호묘 벽화의 불의 신이 농업신과

---

13 김진순, 「집안 오회분4·5호묘 연구」.
14 全虎兌, 「고구려 삼실총벽화 연구」, 『역사와현실』 44, 2002.

그림 1-153　오회분4호묘 널방 벽 상단 모서리 벽화: 얽힌 용무늬
그림 1-154　중국 산서 대동 출토 북위 돌기둥 받침: 얽힌 용무늬
그림 1-155　중국 산서 대동 사마금룡묘 출토 북위 돌기둥 받침: 얽힌 용무늬
그림 1-156　오회분4호묘 널방 벽 모서리 하단 벽화: 지천괴수(支天怪獸)
그림 1-157　중국 북위시대 석관 장식: 괴수 1
그림 1-158　중국 북위시대 석관 장식: 괴수 2

그림 1-159 오회분4호묘 널방 천장고임 1단 벽화: 불의 신과 농업의 신
그림 1-160 중국 섬서 유림 한화상석: 소의 머리를 한 신
그림 1-161 중국 섬서 유림 한화상석: 소의 머리를 한 문지기
그림 1-162 삼실총 제2널방 천장고임 벽화: 소뿔 달린 전쟁의 신

함께 표현된 점에 착안해 『산해경』에 염제 신농과 함께 언급된 화정(火正) 축융(祝融)으로 보기도 한다.[15] 『산해경』에서 언급된 이런 유형의 신은 불로 단약(丹藥)을 제조하는 샤먼, 혹은 신선의 원형으로 이해되기도 한다.[16]

남쪽 모서리에 묘사된 대장장이 신도 6세기에 제작된 고구려의 평양권 고분벽화에 보이지 않는 존재다(그림 1-163). 중국의 남북조시대 회화나 조소 작품에서도 이런 모습의 인물은 찾아보기 어렵다. 대장장이의 일인 제련(製鍊)도 불을 다루는 직업이라는 사실을 고려하면 이런 유형의 신도 불사의 단

15 李殿福, 「集安高句麗墓研究」, 『考古學報』 1980年2期. 경철화는 오회분5호묘 벽화의 불의 신을 축융으로 보았다(耿鐵華, 「集安五盔墳五號墓藻井壁畫新解」, 『北方文物』, 1993年3期).
16 정재서, 『不死의 신화와 사상』, 민음사, 1995.

약 제조와 관련해 이해하면 될 듯하다. 신선과 관련된 일화에 대장장이가 등장하는 것도 신선과 샤먼, 불이 서로 관련 있기 때문일 것이다.

남쪽 모서리에 대장장이 신과 함께 그려진 수레바퀴의 신도 고구려의 6세기 평양권 고분벽화에는 보이지 않는다. 중국의 남북조시대 회화나 조소 작품에도 수레바퀴의 신은 등장하지 않는다. 그러나 한대 산동 화상석에는 수레바퀴를 다루는 사람이 묘사되어 있다.

한대 화상석에는 죽은 이의 영혼이 수레를 타고 저승길 여행을 떠나는 장면이 자주 묘사되는데, 아마 신분과 지위가 있는 이들이 말이 끄는 수레를 타고 행차하던 당대의 관습에서 나온 표현일 것이다. 위진남북조 시기의 귀족은 소가 끄는 수레를 탔다.[17] 이렇듯 수레에는 신분, 지위가 얽혀 있다. 이런 점에서 고구려 고분벽화에 묘사된 수레바퀴를 다루는 신은 주요한 의미를 지닌 존재인 것이다.

『산해경』에는 수레를 만든 인물로 제준(帝俊)의 후예 길광(吉光)이 언급된다. 본래 동이계의 무서(巫書)였다고 평가되는 『산해경』의 등장인물이나 기이한 생명체들은 원래의 이름이나 역할과 다르게 편집되었을 수 있다.[18] 이런 점을 고려하면 고구려의 신화나 전설에 길광에 해당하는 신이 언급되다가 고분벽화에 형상화되었을 가능성도 있다.

서쪽 모서리에는 용을 타고 하늘을 나는 인물과 숫돌의 신이 묘사되었다(그림 1-164). 숫돌의 신 역시 6세기 고구려의 평양권 고분벽화에는 보이지 않는다. 중국 남북조시대의 미술 작품에서도 찾아볼 수 없다. 『산해경』에도 숫돌의 신에 대한 언급은 없다. 중국의 옛 문헌에서 숫돌의 신과 비교할 수 있는 인물은 『열선전』과 같은 도교 계통 저서나 기이한 이야기를 모아 담은 짧은 소설집에 보이는 마경인(磨鏡人)이다. 보통 여염의 거리를 돌아다니며 오래된 거울을 갈아 주는 이런 인물들의 정체는 신선이다.[19] 대장장이 신의 사례로 보아 벽화에 묘사된 숫돌의 신 또한 신선과 관련될 수 있다.

숫돌의 신과 함께 그려진 오색의 용을 탄 인물도 평범한 사람은 아닐 것이다. 여러 문명신들과 같이 삼각고임 1단 측면에 그려졌다는 사실만으로도 용을 탄 인물의 무게감은 남다르다. 아마 이 용을 탄 인물도 신의 반열에 든

17 전호태, 『중국 화상석과 고분벽화 연구』, 솔, 2007.
18 정재서, 『산해경』, 민음사, 2004.
19 정재서, 『한국 도교의 기원과 역사』, 이화여자대학교출판부, 2006.

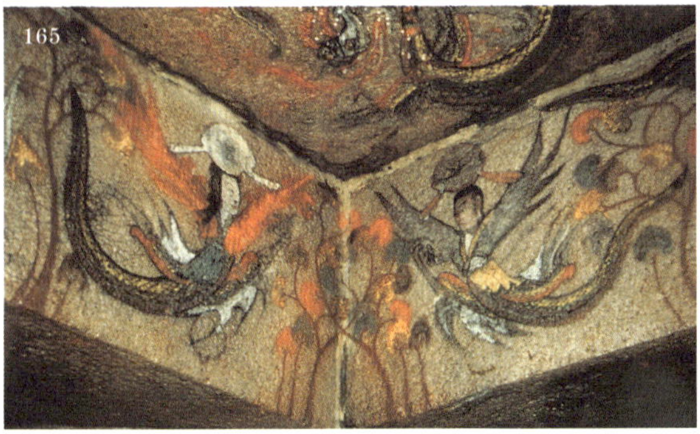

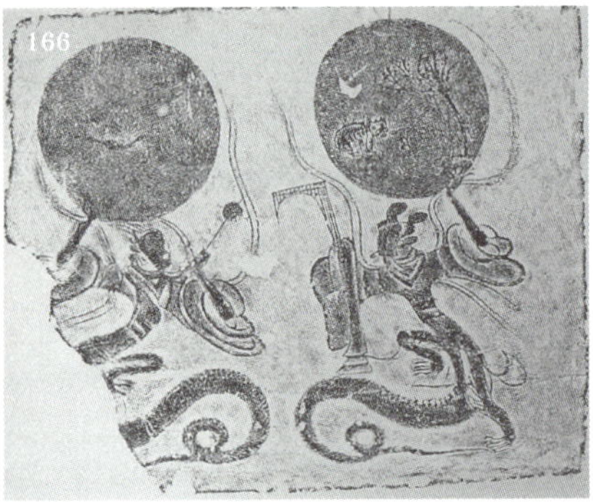

그림 1-163　오회분4호묘 널방 천장고임 1단 벽화: 수레바퀴의 신과 대장장이 신
그림 1-164　오회분4호묘 널방 천장고임 1단 벽화: 용을 탄 선인과 숫돌의 신
그림 1-165　오회분4호묘 널방 천장고임 1단 벽화: 해신과 달신
그림 1-166　중국 산동 한화상석 탁본: 해신과 달신

존재일 것이나 정체는 알 수 없다.

삼각고임 1단 측면 북쪽 모서리에는 해신과 달신이 표현되었다(그림 1-165). 이 두 신의 모습은 중국 한대(漢代) 화상석의 주요 제재 가운데 하나인 복희형 해신, 여와형 달신에서 조형적 연원을 찾을 수 있다(그림 1-166).[20] 그

20 전호태, 「고구려 고분벽화의 해와 달」, 『미술자료』 50, 1992; 權寧弼, 『실크로드 미술–중

그림 1-167　오회분4호묘 널방 천장고임 2단 벽화: 해와 기악 선인들
그림 1-168　오회분4호묘 널방 천장고임 2단 벽화: 달과 선인들
그림 1-169　오회분4호묘 널방 천장고임 2단 벽화: 남두육성과 선인들
그림 1-170　오회분4호묘 널방 천장고임 2단 벽화: 북두칠성과 선인들

러나 단순히 해와 달을 들고 허공에 떠 있는 모습으로 새겨진 한대 화상석의 해신, 달신과 달리 오회분4호묘의 해신과 달신은 용의 몸을 하고 두 다리를 치켜세우고 뒤로 뻗는 역동적인 자세를 보여 준다. 오회분4호묘 벽화와 비교될 수 있는 중국 남북조시대 서위(西魏) 시기 6세기 작품으로 돈황 285굴

앙아시아에서 한국까지』, 열화당, 1997.

그림 1-171 오회분4호묘 널방 천장석 벽화: 황룡
그림 1-172 통구사신총 널방 천장석 벽화: 황룡

복희형 해신과 여와형 달신이 있지만, 각각 해와 달을 가슴에 안고 있는 두 신의 모습에서 고구려 벽화에서와 같은 역동성은 느끼기 어렵다.

삼각고임 2단 측면에는 해, 달, 남두육성, 북두칠성을 배경으로 하늘을 날면서 악기를 연주하거나, 붉은 단약이 든 사발을 받쳐 든 채 어디론가 날아가는 선인들이 묘사되었다(그림 1-167, 1-168). 단약이 들어 있는 사발을 손에 든 두 인물은 각각 삼각고임 2단 남면과 북면에 표현되었는데(그림 1-169, 1-170), 도교에서 남두육성과 북두칠성이 생사수복(生死壽福)과 관련해 중요한 의미를 갖는 별자리임을 고려하면[21] 두 인물이 도교의 장생불사(長生不死) 관념과 깊이 연계된 존재라는 사실이 잘 드러난다. 오회분4호묘 삼각고임 2단에 묘사된 인물들은 불로불사(不老不死)의 경지에 이른 선계의 사람들임이 거의 확실하다.

오회분4호묘 널방 천장석에 그려진 황룡은 오행의 중앙에 해당하는 신수다(그림 1-171). 목에 색 띠가 있고 몸통이 오색인 점은 삼각고임 밑면에서 위를 받치는 자세의 용이나 벽 상단에서 띠를 이루는 용들과 다르지 않으나, 천장석에 배치되었다는 점에서 이 용에는 오행(五行) 신수의 하나로서 관념과

21 김일권, 『고구려 별자리와 신화』, 사계절, 2008.

역할이 부여되었다고 할 수 있다.[22] 통구사신총 널방 천장석에도 오회분4호묘 벽화의 황룡과 같은 형태, 자세의 용이 묘사되었는데(그림 1-172), 이 역시 부여된 의미와 역할이 같다고 보아도 될 듯하다. 이 외에 평양권 강서대묘 널방 천장석에도 오행의 황룡에 해당하는 용이 묘사되어 온전히 오행 질서가 관철된 상태에서 무덤주인의 내세 속 삶이 꾸려지기를 바라는 이들의 기원을 잘 드러내고 있다.

3) 6세기 고구려 문화와 오회분4호묘

6세기 전반은 동아시아 4강의 하나이자 동북아시아 패권 국가였던 고구려의 위상이 흔들리는 시기다. 문자명왕(재위 491~519) 통치 초반에 부여를 복속시킨 뒤 더는 대외 확장이 이루어지지 않았고, 주변 국가와의 관계에서 오히려 조금씩 수세에 몰리면서 내부적으로는 불안한 기운이 감돌게 된 것이 6세기에 접어들 당시 고구려의 모습이었다. 문자명왕의 뒤를 이은 안장왕(재위 519~531) 시기에 다시 백제에 공세를 취하는 등 국력 회복의 기운을 보이지만, 안장왕의 뒤를 이은 안원왕(재위 531~545) 통치 말년의 왕위 계승 분쟁을 계기로 고구려는 쇠락의 길로 들어선다.[23]

『일본서기』의 기사로 보아 안원왕 말년의 왕위 계승 분쟁 당시 고구려의 귀족 대부분은 왕의 외척인 추군과 세군 세력 중 한쪽에 가담했고, 추군 측이 세군 측을 제압한 뒤, 세군 측에 가담한 세력을 대거 제거했던 듯하다.[24] 동아시아의 강자 고구려를 이끌던 귀족들이 둘로 나뉘어 한쪽이 큰 피해를 본 이 사건은 이후 동아시아의 정세가 급변하는 와중에 고구려가 제대로 대응하지 못하게 된 주요 원인이 되었을 것이다.

---

22 벽화의 황룡을 신분, 지위의 표현으로 이해하기도 하나(최택선, 「고구려사신도무덤의 등급에 대하여」, 『조선고고연구』 1987년 3호; 최택선, 「고구려사신도무덤의 주인공문제에 대하여」, 『조선고고연구』 1988년 1호) 이는 별도의 논의를 통해 타당성이 검토되어야 할 것이다.

23 임기환은 안원왕뿐 아니라 선대 왕인 안장왕도 비정상적인 죽음을 당했을 것으로 보았다(임기환, 『고구려 정치사 연구』, 한나래, 2004, 262~269쪽).

24 是年 高麗大亂 被誅殺者衆百濟本記云 十二月甲午 高麗國細群與麤群 戰于宮門 伐鼓戰鬪 細群敗不解兵三日 盡捕誅細群子孫 戊戌 狛國香岡上王薨也 『日本書紀』 卷19, 「天國排開廣庭天皇欽明天皇」 7年.

523년 북위에서 6진(六鎭)의 난이 일어나 북중국의 안정이 흔들리고, 그 여파로 535년 북위가 동위와 서위로 분열되는 큰 변화가 일어났지만, 고구려는 이에 별다른 반응을 보이지 않았다. 북중국의 정세 변화에 기민하게 대응하던 광개토왕이나 장수왕 시대와 달리 안원왕 시기의 고구려는 내부의 안정을 다지는 데 여념이 없었기 때문일 것이다.

『삼국사기』의 기사로도 확인할 수 있듯이 고구려가 내부적으로 흔들리던 6세기 전반에도 고구려와 중국 남북조의 관계는 안정적으로 유지되었다.[25] 고구려의 사절은 이전과 다름없이 북위와 양을 오갔으며 인적·물적 교류는 계속되었다. 6세기 전반의 이러한 국제 관계와 관련해 주목할 만한 것은 고분벽화에 나타나는 집안 국내성지역과 평양 일대의 서로 다른 회화적 흐름이다.

6세기 국내성지역에서 제작된 통구사신총과 오회분5호묘 벽화의 가장 큰 특징은 기운 넘치는 필선과 화려한 색감, 신화적 제재의 표현이다.[26] 벽면을 채운 사신의 움직임에만 강한 운동감이 배어 있는 것이 아니라 배경의 기운 표현도 생동감이 넘친다. 용은 오색으로 화려하게 그려지고 기운은 불꽃처럼 내뻗어 무덤칸 안도 그 영향을 받는 것처럼 느껴지게 한다.

그러나 6세기 평양 일대의 고분벽화는 국내성지역 벽화와 분위기가 다르다. 진파리1호분과 진파리4호분 벽화의 필선도 기운의 표현에 초점이 맞추어져 있지만 부드럽고 우아하게 흐르며, 그 영향은 화면을 벗어나지 않는다.[27] 청룡과 백호의 움직임도 기운의 흐름을 타는 듯이 보인다. 현무의 뱀과 거북은 내재된 기운을 제어하며 음양 질서의 온전한 회복에 집중하는 듯이 보인다. 차분한 느낌을 주는 간색 위주의 색감도 필선의 편안한 흐름과 잘 어울린다.

같은 시기에 제작된 두 지역의 고분벽화가 이처럼 대조적인 필선과 색감, 분위기를 보이는 이유는 무엇일까? 그리고 벽화의 주제는 같으나 제재의 세부적 구성에서 뚜렷한 차이를 보이는 원인은 어디에 있을까? 두 지역에서 활동하던 화가들의 성향 차이일까? 아니면, 국내성과 평양 일대의 문화적 분위기가 서로 달라서일까?

---

25 노태돈, 『고구려사연구』, 사계절, 1999.

26 전호태, 「고구려 통구사신총 연구」.

27 전호태, 「고구려 진파리1호분 연구」.

6세기 고분벽화에서 보이는 공통적인 '기운의 흐름' 표현은 중국의 남북조 회화와 조소 작품에도 보이는 것으로 운기화생(雲氣化生)이라는 관념과 관련이 깊다.[28] 운기화생을 연상하게 하는 초보적인 표현은 남북조 이전 시기의 미술에도 나타나지만, 운기화생을 제대로 형상화한 작품은 주로 남북조 시기의 미술에서 확인할 수 있다. 흥미로운 것은 이런 운기화생과 연화화생이 함께 표현된 사례가 고구려 고분벽화에 보인다는 사실이다.

진파리1호분 벽화에는 운기에서 서조가 탄생하고, 운기의 흐름 속에서 연꽃도 화생한다. 이는 중국 남북조시기에 도교와 불교가 사회의 중심적 종교 신앙으로 위상을 확보하려는 과정에 도교의 운기화생과 불교의 연화화생(蓮花化生) 관념이 섞이고 그로 말미암은 영향이 미술 작품에도 반영된 결과가 고구려에 영향을 미쳤기 때문일 수 있다. 국내성지역의 통구사신총 벽화에도 천인과 사신이 강한 기운의 흐름 속에 그려지고, 인동넝쿨 속에서 꽃이 피는 장면이 묘사되어 운기화생과 연화화생 관념이 알게 모르게 한 화면에 표현되었음을 알 수 있다.

내부 정세의 변화에도 불구하고 5세기와 크게 달라지지 않은 고구려와 중국 남북조의 교류는 북위나 양에서 이루어지고 있던 미술 사조의 흐름이 고구려에도 전해지게 했을 것이다. 진파리1호분이나 통구사신총 벽화에 보이는 기운의 흐름 표현도 고구려와 중국 남북조 사이에 계속된 교류의 결과라고 할 수 있다. 그런데 국내성지역과 평양권 고분벽화의 기운 표현에서 미술적 효과가 서로 다르게 나타나는 이유는 무엇일까?

우선 고려할 수 있는 것은 고구려 남북의 두 중심 도시인 평양과 국내성에 형성된 문화의 성격 차이다. 오랜 기간 고구려의 수도였던 국내성 일대는 예맥계 고구려인의 정치, 사회, 문화의 중심이었던 반면, 평양지역은 한계 문화의 영향을 강하게 받았던 낙랑의 터였다는 사실이다. 평양의 대동강 이남을 중심으로 성립된 낙랑 문화는 장기간 중국 한계 문화의 영향에서 벗어나지 못했다. 평양권의 초기 고분벽화에 한계 문화의 색채가 뚜렷이 남아 있는 것도 이 때문이다.[29]

이런 까닭에 평양권 초기 및 중기 고분벽화에는 중국의 한 및 위·진 시

---

28 吉村怜, 『天人誕生圖の硏究』, 東方書店, 1999, 163~180쪽.

29 전호태, 「고구려 고분벽화의 기원」, 『강좌 한국고대사』 9, 가락국사적개발연구원, 2002.

기 고분벽화에 유행하던 일부 제재가 등장하는데, 그중 하나가 무덤주인을 주인공으로 한 행렬도다.[30] 예맥계 문화가 강했던 국내성지역 고분벽화에는 대규모 행렬도가 보이지 않는다. 고국양왕과 광개토왕 시기에 추진된 불교 신앙 확산 정책으로 말미암아 국내성지역에는 연꽃장식 고분벽화가 대거 출현하지만, 광개토왕이 평양 9사 창건을 지시했음에도 불구하고 평양 일대 고분벽화에는 불교로 인한 영향이 미미하게 나타난다.[31]

4~5세기 남북 문화권의 중심 도시인 평양과 국내성 고분벽화에 나타나는 이와 같은 차이에도 불구하고 평양권의 쌍영총 벽화와 같이 남북문화의 통합을 이루어 낸 작품이 출현하는 것은 고구려 사회의 통합이라는 당대의 과제를 고려하면 긍정적인 현상으로 보아야 할 것이다. 물론 남북문화에 존재하던 서로 다른 색깔이 섞여 아예 제3의 새로운 색이 된 것도 아니고, 통합의 흐름이 국내성지역의 문화 색깔을 바꾸는 데까지 이른 것은 아니다. 국내성지역 고분벽화에 쌍영총 벽화가 보여 주는 새로운 흐름이 보이지는 않기 때문이다.

앞에서 보았듯이 6세기 고분벽화는 남북의 차이가 다시 뚜렷해졌음을 잘 드러낸다. 필선과 색감의 차이는 두 지역 화가들이 각기 서로를 다른 유파로 인식할 정도로 남북이 달랐음을 한눈에 알 수 있게 한다. 같은 화제를 필선과 색감이 다르게 그리고 그로 말미암은 효과도 달라지게 했다는 점에서, 국내성 화파와 평양 화파는 같은 제재를 보고, 해석하고, 소화하는 방식이 뚜렷이 구별될 정도였음을 잘 알 수 있다.

이런 남북 화파의 차이를 더 깊어지게 한 것은 6세기 전반 고구려 사회가 겪은 정치적 분열이었을 가능성이 크다. 안원왕 말년 평양에서 벌어진 왕위 계승 투쟁에 국내성에 기반을 둔 귀족들과 평양에 기반을 둔 귀족들이 서로 대척점에 섰다면,[32] 이는 결과적으로 두 지역 사이에 깊은 사회적 고랑을 팠을 수 있기 때문이다. 7세기 후반 최고 권력자의 자리에서 쫓겨난 남생이 국내성을 거점으로 삼아 두 동생 남건, 남산에 대항할 수 있었던 것도 국내성 귀족들의 동의와 후원을 받았기 때문이었을 것임을 고려하면, 수도가 옮겨진 지 오랜 시간이 지난 6세기에도 국내성은 고구려의 지배 귀족들에게는

---

30 전호태, 『고구려 고분벽화 연구』, 사계절, 2000.

31 전호태, 『고구려 고분벽화의 세계』.

32 林起煥, 「6·7세기 高句麗 政治勢力의 동향」, 『韓國古代史硏究』 5, 1992.

여전히 평양 다음으로 중요한 도시였음을 알 수 있다. 고구려가 멸망할 때까지 국내성이 이런 위상을 유지하고 있었다면, 국내성 화파가 고분벽화로 자신들의 회화 경향을 드러내는 것이 부자연스럽게 보일 이유는 없을 것이다.

오회분4호묘 벽화는 6세기 중엽 이후 국내성 화파의 동향을 잘 보여 주는 작품이다. 오회분4호묘 벽화는 앞선 시기의 작품인 통구사신총이나 오회분5호묘 벽화보다 필선이 다듬어지고 세련되었다. 오색 위주의 화려한 색감은 그대로이나 제재를 배치하고 표현하는 방식도 단순하지 않고 나름의 질서를 갖추었다.

고구려가 겪은 6세기 전반 늦은 시기의 혼란과 분열은 국내성 문화가 지역성이나 독자성을 더 뚜렷하게 드러내는 계기가 되었을 수 있다. 고구려와 중국 남북조, 혹은 내륙아시아 유목 세계와의 접촉은 계속되었지만, 외부로부터의 새로운 자극을 수용하고 소화하는 방식에서 국내성 일대와 평양지역 사이의 차이가 더 벌어졌을 수도 있는 것이다.

오회분4호묘 벽화의 사방연속무늬 속 인물들은 하나같이 활짝 핀 연꽃 위에 서거나 앉아 있다. 벽화의 변형 귀갑형 무늬 하나하나가 연화화생의 공간임을 고려하면, 무늬 속 인물들이 연화화생한 존재임은 의심할 필요가 없다. 설령 화면 속의 이 인물들이 도교의 선인이라고 하더라도 선계에서 새롭게 탄생하는 과정은 불교의 낙원인 정토에서 일어나는 것과 같은 셈이다. 그런데도 화면에서 이들의 모습이 자연스럽게 느껴질 수 있는 것은 6세기 동아시아에서 연화화생이 더는 불교 고유의 관념으로만 인식되지 않았기 때문일 것이다.

오회분4호묘 널방 천장고임에 그려진 해신과 달신, 여러 문명신들은 잘 정비된 나름의 신화 체계를 형상화한 결과로 보인다. 통구사신총 널방 천장고임에 나누어 표현된 신들이 충분히 다듬어지지 않은 관념을 그림으로 그린 것이라면, 오회분4호묘 벽화의 신들은 질서와 체계가 제대로 잡힌 상태의 신화 속 모습이다. 즉 오회분4호묘는 이러한 신화 체계가 오회분5호묘 벽화로 먼저 그려지고, 이것이 더 세련된 기법으로 묘사된 작품이라고 할 수 있다.

5~6세기 중국 남북조 회화나 고구려의 평양지역 고분벽화에는 해신, 달신, 문명신들이 그려지지 않았지만, 국내성지역의 오회분5호묘와 오회분4호묘 벽화에는 이런 신들이 묘시된 것은 국내성 중심의 독자적인 문화에서 비롯된 현상으로 보아야 할 듯하다. 오회분4호묘 벽화에 보이는 해신과 달신, 문명신들이 도교의 신화 체계에는 등장하지 않고, 불교에서는 아예 언급되지 않는데, 여기서도 이런 신들의 형상화는 국내성 화파가 자기 사회의 신화를

개성적으로 해석하고 표현한 결과라는 사실을 확인시켜 준다. 그런데 6세기 동아시아의 종교 신앙의 흐름에서 이런 신들의 모습은 이질적이고 생경했다.

4세기 말 고국양왕이 왕명으로 불교 신앙을 장려하고 고유의 제의 체계를 정비한 이래,[33] 고구려 사회에는 불교가 널리 퍼지고 주몽과 유화를 신으로 모시는 사당들이 곳곳에 세워졌다. 645년 고구려가 당과 전쟁할 때 요동성이 위기에 빠지자 백성들은 주몽사(朱蒙祠)에 가서 제사를 드리며 도움을 청했다.[34] 중국의 사서에도 언급되었듯이 고구려인이 신앙하던 주몽은 등고신이고 유화는 부여신이다.

5세기에 쓰인 모두루묘지명의 내용으로 볼 때,[35] 해와 달의 아들인 주몽은 광개토왕릉비문에 쓰여 있듯이 살아서 하늘로 올라갔으므로[36] 사실상 해신이고, 주몽의 어머니인 유화는 달신이다. 그렇다면 6세기에 고분벽화로 그려진 해신과 달신은 고구려인들이 신앙하던 등고신과 부여신, 즉 주몽신과 유화신으로 치환될 수도 있는 존재다.[37] 이 경우, 해신, 달신과 함께 그려진 문명신들은 주몽신과 유화신을 보좌한 하위 신들로 이해될 수 있을 것이다.

도교의 신선 신앙보다 불교적 색채가 더 짙은 6세기 평양지역 고분벽화와 달리 국내성지역 고분벽화에는 도교의 신선 신앙과 불교적 표현이 적절히 섞여 있다. 벽화에 운기화생이 뚜렷이 형상화되어 있지는 않지만, 단약사발을 들고 있는 선인들과 연화화생한 선인들이 함께 표현된 오회분4호묘 벽화는 이런 현상이 두드러진 사례다. 그러나 천장고임에 묘사된 해신, 달신, 문명신들은 도교의 신선 신앙 및 불교 신앙과 거리가 있는, 고구려 고유의 신화와 관련된 존재들이다.

427년 고구려의 새로운 수도가 된 평양은 동북아시아뿐 아니라 동아시아 문화 중심지의 하나가 되었고, 기존의 평양 문화에 여러 갈래의 외래문화를 더해 개방성과 보편성이 두드러진 새로운 문화를 창안해 내고 있었다면,

---

33 三月 下教 崇信佛法求福 命有司 立國社 修宗廟 『三國史記』 卷18, 「高句麗本紀」 6, 故國壤王 8年.

34 城有朱蒙祠 祠有鎖甲·銛矛 妄言前燕世天所降 方圍急 飾美女以婦神 誣言朱蒙悅 城必完 『新唐書』 卷220, 「列傳」 145, 東夷 高麗.

35 河泊之孫日月之子鄒牟聖王元出北夫餘… 『牟頭婁墓誌銘』.

36 不樂世位, 因遣黃龍來下迎王. 王於忽本東罡, 履龍頁昇天… 『廣開土王陵碑』.

37 敬信佛法 尤好淫祀 又有神廟二所 一曰夫餘神 刻木作婦人之象 一曰登高神 一曰登高神 北史本傳倒作高登神 云是其始祖夫餘神之子 竝置官司 遣人守護 蓋河伯女與朱蒙云 『周書』 卷49, 「列傳」 41, 「異域」 上, 高麗.

국내성은 고유의 예맥계 고구려 문화에 새로운 문화 요소를 더하는 방식으로 제3의 새로운 문화가 아닌 독자적인 국내성 문화를 발전시켜 나갔다고 할 수 있다.[38]

오회분4호묘 천장고임 벽화의 해신, 달신, 문명신들도 고유의 문화 요소를 중시하던 국내성 특유의 문화를 바탕으로 등장한 존재들이다. 일부 신들의 조형적 기원은 중국 미술에서 찾을 수 있을지라도 관념적 유래는 고구려 후기의 신화 체계에서 찾을 수밖에 없다. 물론 고구려 신화의 세세한 내용이 현재까지 전해 내려오지는 않고 있으며, 앞으로도 벽화의 문명신들과 관련된 신화적 서술이 문헌 기록으로 확인될 가능성은 그리 크지 않다.

오회분4호묘 벽화는 6세기 전반 고구려가 사회적 혼란과 분열을 겪는 과정에 국내성지역이 문화적으로도 평양과 더 거리를 둔 결과라고 할 수 있다. 큰 틀에서는 동아시아 전반의 문화 흐름과 궤적이 같고, 평양 문화와도 큰 차이를 보이지 않지만, 세부적으로는 나름의 독자적인 전개를 추구하면서 국내성 문화의 개성을 잘 보여 준 사례로 평가할 수 있다. 불교적 관념에 바탕을 둔 연화화생이 도교의 신선 신앙 표현에 사용된 사례, 고구려 고유의 신화 체계를 형상화하는 과정에서 중국의 남북조시대 이전에 조형된 복희형 해신, 여와형 달신의 모습을 활용한 사례 등은 6세기 후반 국내성 화파가 시도한 독자적인 회화 실험을 잘 보여 주는 사례로 평가받을 수 있을 것이다.

고구려의 오회분4호묘는 국내성지역에서 축조된 가장 늦은 시기의 벽화고분이다. 6세기 후반의 작품으로 평가되는 오회분4호묘 벽화는 고구려의 국내성지역이 수도인 평양 일대와 구별되는 개성적 색채가 뚜렷한 문화를 발전시켰음을 보여 준다. 이는 고구려의 국내성지역이 오랫동안 예맥계 문화를 기반으로 외래의 문화를 수용, 소화했던 경험에서 비롯된 현상이라고 할 수 있다.

오회분4호묘 벽화는 통구사신총과 오회분5호묘 벽화를 잇는 작품이다. 5~6세기 동아시아에서 유행한 운기화생적 표현이 국내성지역과 평양지역의 6세기 고분벽화에 보이지만, 두 지역의 벽화는 색감이나 필선에서 뚜렷이 구분된다. 강렬하고 역동적이며 화려한 국내성지역 고분벽화와 달리 평양지역 고분벽화는 세련되고 부드러우며 차분하다. 물론 오회분4호묘 벽화는 앞

38 전호태, 「고구려 통구사신총 연구」.

시기 국내성지역 고분벽화에 비해 필선이 세련되고 벽화 제재도 정돈되어 배치되었다. 그런데도 오회분4호묘 벽화는 제재 구성과 표현 기법에서 평양 지역의 6세기 고분벽화와 차이를 보인다.

오회분4호묘 벽화는 고구려 고유의 신화 체계를 형상화해 나타낸 점에서 평양 일대의 6세기 고분벽화 및 중국 남북조시대 6세기 회화와 구별된다. 오회분4호묘 벽화를 비롯한 국내성지역의 고분벽화가 큰 틀에서는 동아시아 다른 지역의 회화, 특히 장의미술과 다르지 않지만, 세부적인 제재 구성과 표현에서 차이를 보이는 것은 국내성지역 문화의 개성과 보수성이 작용했기 때문이다. 특히 오회분4호묘 벽화는 앞 시기의 충분히 다듬어지지 않은 신화적 관념 체계의 표현에서 한 걸음 더 나아가 비교적 잘 정리된 신화 체계를 세련되게 표현해 냈다는 점에서 고구려 국내성 화파의 개성적인 회화 세계를 잘 구현한 사례로 평가할 수 있을 것이다.

2. 강서대묘

1) 유적 개요

강서대묘는 고구려 후기의 문화를 잘 보여 주는 벽화고분이다. 강서대묘 벽화는 중국 남북조시대 회화의 영향에서 벗어나 고구려 특유의 미감을 담아낸 새로운 유형의 예술 작품이다. 이미 발견 보고된 지 120년이 되었지만, 강서대묘의 주인이 누구인지는 여전히 과제로 남아 있다. 무덤도 도굴되고 기록도 남지 않은 상태에서 왕릉급 무덤인 강서대묘의 주인이 누구인지 추정할 수는 있어도 정확히 밝혀지기는 앞으로도 어려울 것이다.

그러나 무덤의 구조와 벽화 구성, 벽화를 묘사한 기법 등은 앞으로의 연구를 통해 강서대묘의 건축사적 위상이나 미술사적 자리 매김에 새로운 역할을 할 수도 있다. 이 절에서는 기존의 연구를 통해 밝혀진 것에 더해 벽화의 개별 도상이 지닌 문화사적 위치와 의미, 도상의 구성과 배치에서 확인할 수 있는 벽화 제작 당시의 관념 세계, 전체 벽화 구성과 표현이 담아내는 고구려 벽화의 동아시아 문화예술사에서 강서대묘의 위상 등을 살펴보고자 한다.

강서대묘는 남포시 강서구역 삼묘리(옛 지명: 평안남도 강서군 군내면 우현리,

평안남도 대안시 삼묘리)에 있는 고구려시대 흙무지 돌방벽화무덤이다(그림 1-173). 1902년경 강서군수 이우영 일행이 강서대묘와 강서중묘 내부를 조사했다고 한다.[39] 이후 동경미술학교 학생이던 오다 후쿠조(太田福藏)가 진남포 주둔 일본군으로 근무하면서 1905년 11월 26일부터 11월 28일까지 무덤을 다시 열고 내부의 벽화를 조사, 스케치했다.[40] 1906년에는 강서군수 이우영의 친구였던 강서우편소장 오카무라 유이치(岡村祐一)가 다시 무덤을 열고 안에 들어가 벽화를 살펴보았다.

강서대묘의 정식 발굴과 실측, 벽화 모사는 1912년 가을 조선총독부의 촉탁 세키노 다다시(關野貞), 야쓰이 세이이치(谷井濟一), 구리야마 슌이치(栗山俊一), 이왕직박물관의 의뢰를 받은 오바 쓰네키치(小場恒吉), 오다 후쿠조 등에 의해 진행되었다. 약 70일간의 벽화 모사 작업은 예전의 도굴 과정에서 깨진 천장석 자리의 좁은 구멍으로부터 들어오는 빛, 램프와 양초 불빛에 의지해 이루어졌으며 초벌 그림은 동경대학, 모사도 완성본은 이왕직박물관에 보관되었다. 1913년 한 차례 더 모사 작업이 진행되었고, 이때 기본적인 무덤 수리와 출입구 시건 장치 설치, 무덤 둘레 철조망 시설 등의 보호 조치가 이루어졌다. 보호 조치는 1924년과 1930년 두 차례 더 이루어졌다.

강서대묘 내부의 벽화 조사 및 모사 작업은 조선총독부의 의뢰로 1930년 한 차례 더 진행되었으며 오바 쓰네키치가 담당했다. 1930년 제작된 모사도는 경성박물관(현 국립중앙박물관)에 보관되었다.[41] 1936년에는 경성제국대학 미학연구실에 의해 약 40일 동안 벽화의 적외선 사진과 삼색 건판 필름을 이

---

39 太田天洋, 「朝鮮古墳壁畵の發見に就て」, 『藝術新報』 12卷4號, 1913, 16~18쪽; 關野貞, 「朝鮮江西に於ける高句麗時代の古墳」, 『考古學雜誌』 3卷8號, 1913; [消息], 「朝鮮江西古墳壁畵模寫の御覽」, 『考古學雜誌』 3卷12號, 1913; [消息], 「江西遇賢里第一塚玄室壁畵(附圖說明)」, 『建築雜誌』 314號, 1913; 關野貞, 「平壤附近に於ける高句麗時代の墳墓」, 『建築雜誌』 326號, 1914(『朝鮮の建築と藝術』 岩波書店, 1941, 397~406쪽); 關野貞, 「高句麗時代の壁畵」(三) 『國華』 298號, 1915, 265~268쪽; 朝鮮總督府(關野貞 外), 『朝鮮古蹟圖譜』 二, 名著出版社, 1915, 도판 601~603, 605~629; 朝鮮畵報社 編, 『高句麗古墳壁畵』, 講談社, 1985, 도판 185~200; 조선유적유물도감편집위원회 편, 『조선유적유물도감』 6(고구려편 4)(『북한의 문화재와 문화유적』 II, 서울대학교출판부, 2000), 도판 352~369.

40 太田天洋, 「朝鮮古墳壁畵の發見に就て」, 『藝術新報』 12卷4號, 1913, 16~18쪽.

41 최장렬은 강서대묘 벽화 모사도의 상호 대조를 통해 1912년 완성본은 이왕직박물관에 보관되었다가 이후 행방을 알 수 없게 되었고, 1930년 완성본이 국립중앙박물관 소장본임을 밝혀냈다(최장렬, 「일제강점기 강서무덤의 조사와 벽화 모사」, 『고구려무덤벽화-국립중앙박물관소장 모사도』, 국립중앙박물관, 2006, 232~245쪽).

용한 실물 크기 사진 촬영이 이루어졌다.

강서대묘는 삼묘리 소재지 마을 앞의 두 줄로 배치된 세 무덤 가운데 남쪽인 앞줄에 홀로 조성된 무덤이며, 무덤 북쪽으로는 무학산이 보인다. 옛 지명에 따라 우현리대묘, 우현리남묘(遇賢里南墓)로 불리다가 해방 후 강서대묘, 강서큰무덤으로 불리게 되었다. 한국전쟁 이후 북한의 학자들에 의해 무덤의 수리와 보존 조치가 이루어졌으며, 무덤 내부의 온도를 조절하기 위한 U자형 통로가 만들어졌다. 1971년 돌방 위를 타르 종이로 덮었고, 통로에는 시멘트를 주재료로 한 바닥이 만들어졌다. 돌방 위 5m 높이에는 시멘트 돔이 설치되었다. 1989년 3월, 바닥, 벽, 천장으로 이어져 무덤 안의 출입을 막는 유리 및 금속 방벽이 설치되어 온도 및 습도 조절이 시도되었다. 그러나 벽화층을 거의 뒤덮는 흰 막이 발생했으며, 금속과 시멘트는 응축된 수분으로 덮여 있다. 2004년 7월 유네스코 세계문화유산에 등재되었다.[42]

무덤 방향은 남향이며, 널길과 널방으로 이루어진 외방무덤이다. 진흙과 석회를 섞어 다져 만든 방대형 흙무지의 직경은 51m, 높이가 9m다. 커다란 화강암 판석을 무덤칸 축조 재료로 썼다. 널방 벽을 올릴 때 각 방향별로 두세 장씩 쌓아 올리면서 위로 갈수록 안으로 약간씩 기울어지도록 돌면을 다듬어 사용했다. 벽 상단 네 모서리에는 오각형의 고임돌을 끼워 천장고임에 가해지는 무게 압력이 네 모서리로 분산되도록 했다. 천장고임 각단에 사용한 고임돌들도 쌓아 올리면서 안으로 휘어 올라가게 해 무게가 분산되고 미적으로도 공간에 부드러움과 안정감이 생기도록 했다. 널길과 널방의 길이×너비×높이는 각각 3.0×1.8×1.7m, 3.18×3.15×3.50m이다(그림 1-174). 널방 입구에는 두 짝의 문을 달았던 자리가 남아 있다. 널방 바닥에 두 개의 커다란 판돌을 깔았으며 그 위에 동서로 나란히 두 개의 돌관대를 설치했다. 널방의 천장 구조는 2단의 평행고임 위에 2단의 삼각고임을 얹은 평행삼각고임이다.

사신을 주제로 한 무덤 안 벽화는 돌벽 위에 그대로 그려져 안료가 돌 입자 속으로 스며들었다. 그래서 무덤 안으로 비교적 쉽게 사람들이 드나들 수 있었지만, 백회를 바르고 그 위에 그림을 그렸던 고구려의 초기, 중기 고

42 전호태, 「북한 소재 고구려 고분벽화의 보존과 관리방안 연구」, 『한국고대사연구』 35, 2004.

173

174

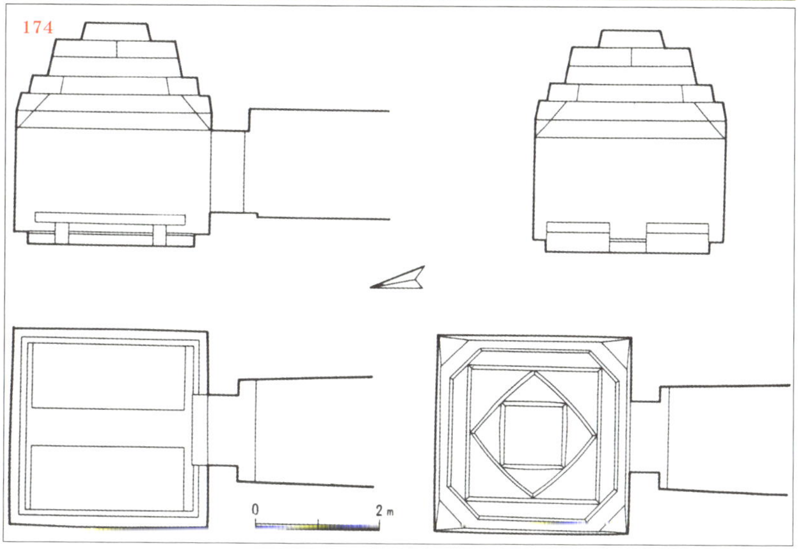

그림 1-173 강서대묘 전경
그림 1-174 강서대묘 무덤칸 실측도

분벽화들과 달리 재발견 당시 벽화의 보존 상태는 비교적 양호한 편이었다. 벽화는 먼저 밑그림을 그린 뒤 채색하고, 여기에 먹으로 테두리를 넣은 뒤 다시 세부를 다듬는 방식으로 그려졌으며 적색, 자색, 갈색, 황색, 녹색, 흑색, 백색 등 다양한 색이 사용되었다.

널방 남벽 좌우에는 암수 주작을 그리고 두 주작의 발치에 산악을 나타냈다. 널방 동벽과 서벽에는 청룡과 백호를 그렸고, 북벽에는 현무를 묘사했다. 암수 주작은 두 날개를 원형에 가깝게 활짝 편 자세로 널방 문 입구를 바라보고 있다. 부릅뜬 눈과 뒤로 길게 뻗어 나간 머리 깃, S자 모양의 목과 몸통, 활짝 편 날개와 반원 꼴로 크고 힘 있게 말려 올라간 세 갈래 꽁지깃, 위협적으로 쳐든 한쪽 다리 등의 요소들이 주작을 거세고 힘 있는 존재로 만들어 주고 있다.

청룡은 남쪽을 향해 왼쪽 앞발을 크게 내달으며 하강하는 모습이다. 어깻죽지에서는 날개털이 불꽃 모양으로 뻗쳐 나갔으며 네 다리 뒤로는 가는 털들이 뭉치를 이루어 휘날린다. 커다란 S자를 이룬 가느다란 목과 굵은 몸통, 계단 모양을 이루면서도 유연하게 뻗쳐 나간 꼬리, 적절하게 내딛고 뒤로 뻗은 네 다리가 서로 어우러져 청룡의 자태를 자연스러우면서도 힘 있게 만들어 준다. 튀어나올 듯이 커다란 두 눈과 길게 내민 붉은 혀, 커다란 귀와 가늘게 뻗어 올라간 두 뿔 등은 호남리사신총과 같은 보다 이른 시기 고분벽화 사신도의 전통을 이어받아 발전시킨 표현이다.[43] 목 뒤에는 불꽃 모양의 척목(尺木)이, 목 아래에는 희고 붉은 삼색 띠가 표현되었다. 몸체 각 부분의 화려하면서도 치밀한 묘사와 채색이 두드러진다.

백호는 남쪽의 널방 입구를 향해 포효하며 내닫는 모습이다. 백호의 기본 자세와 태도는 동벽에 그려진 청룡과 거의 같다. 현무는 서쪽을 향해 나아가는 자세다. 다만 역(逆) S자 꼴을 이루며 목에서 몸통으로 이어지는 선이 가파르며, 치밀한 세부 묘사를 생략한 몸통 표현, 상대적으로 가늘어 보이는 네 다리의 묘사가 백호 나름의 분위기를 만들어 내고 있는 점이 다를 뿐이다. 목 아래에는 청룡에서와 같은 희고 붉은 삼색 띠가 그려졌다.

현무의 뱀은 거북의 몸 뒤편 두 다리 사이를 지나 귀갑을 한 번 휘감은 다음 앞의 두 다리 사이로 빠져나가 거북의 목 앞을 지나면서 반원을 이룬 뒤, 이미 한 번 꼬이면서 원을 이룬 자신의 꼬리 부분을 얽은 후 고개를 뒤로 돌린 거북의 머리 쪽으로 머리를 틀었다. 마주 보는 위치에서 비스듬히 허공을 쳐다보는 자세인 거북과 뱀의 크게 벌린 아가리에서는 음(陰)과 양(陽)의 기운이 불꽃처럼 뿜어 나온다. 두 기운은 각각 삼각형의 좌우 두 변을 이루면서 꼭짓점에 해당하는 부분에서 만나게 되고, 이로써 음양의 조화, 이로 말미암은 우주 질서의 재생이라는 현무의 존재 목적을 달성하는 것이다.

---

43 전호태, 「고구려의 五行信仰과 四神圖」, 『國史館論叢』 48, 1993, 78~79쪽.

벽과 천장고임이 만나는 네 모서리의 경계부는 역삼각형 세 개가 한 꼭짓점에서 만나도록 돌을 깎아 끼워 넣었다. 이 때문에 평행고임 제2층의 경우 귀퉁이가 삼각을 이루고, 평면상으로는 팔각을 이루도록 돌이 놓였다. 역삼각형을 이루는 네 모서리는 천장 고임돌의 하중을 분산시키는 효과가 있다.

평행고임 제1층의 인동연꽃 띠는 연꽃에서 보주(寶珠)가 화생하는 과정을 단계적으로 나타내도록 구성되었다. 평행고임 2층 이상의 천장고임 공간에는 산과 나무, 산화공양(散花供養)을 하는 비천(飛天), 각종 악기를 연주하는 기악천(伎樂天), 상서로운 짐승과 새를 탄 선인, 인동연꽃과 기화요초(琪花瑤草), 이금서조(異獸瑞鳥) 등이 적절히 어우러지게 배치되고 묘사되었다. 꽃잎을 뿌리는 천인이나 화생보주(化生寶珠) 관념을 담아내는 인동연꽃은 불교적 회화의 제재다. 배경이 아닌 독립 제재로서의 산과 나무, 이를 향해 상금서수(祥禽瑞獸)를 타고 나르는 선인(仙人), 연꽃의 형태를 빌려 그려진 신비한 화초 등은 선계(仙界)를 나타내는 표현들이다.

널방 천장석은 최초 조사 당시 3조각으로 깨진 채 발견되었다. 천장석을 깨뜨리면서 도굴이 진행되었던 까닭이다. 천장석에는 활짝 핀 연꽃을 각 모서리에 ¼씩 나누어 표현하고, 가운데에 둥글게 틀었던 몸을 힘 있게 펼치려는 듯한 모습의 황룡을 그렸다. 황룡의 주위로는 강한 기운의 흐름이 구름무늬처럼 표현되었다. 천장석 바로 아래의 삼각고임 제2층 밑면에는 삼각고임 꼭짓점에 해당하는 공간에 인동잎이 더해진, 활짝 핀 연꽃이 ¼씩 묘사되었다. 삼각고임 제1층 밑면에도 인동연꽃이 같은 방식으로 표현되었는데, 삼각형 밑변에 해당하는 공간에 서로 마주 보면서 날갯짓하는 서조가 두 마리씩 그려진 점이 다르다. 평행고임 밑면에 해당하는 공간에는 활짝 핀 인동연꽃이 세 송이씩 그려졌다. 천장석에 표현된 황룡은 오행(五行) 신앙에서 중앙을 나타내는 신수다.

강서대묘는 전형적인 외방무덤의 요소를 모두 갖추고 있으며, 벽화의 표현 기법도 최고 수준이다. 무덤 축조에 사용된 석재, 천장을 포함한 무덤칸의 결구 방식에서도 이 무덤의 축조에 고구려 최고의 토목건축기술이 적용되었음을 알게 한다. 이런 점들을 참고할 때 강서대묘는 6세기 말경 축조되었을 가능성이 크다. 6세기 말경의 왕릉급 무덤임을 고려하면, 강서대묘의 주인을 평원왕으로 보아도 큰 무리는 아닐 듯하다.[44]

2) 벽화 분석

강서대묘 널길에서는 벽화가 발견되지 않았다. 진파리1호분이나 통구사신총 같은 6세기 고분벽화에 보이는 천왕형 문지기가 강서대묘 벽화에는 보이지 않는다. 능묘였던 까닭일까? 광개토왕릉비의 사례로 보아 능묘에는 수십에서 수백에 이르는 수묘인 가구가 배치되며, 이들은 무덤을 관리하고 제사를 지내는 것을 업으로 삼는다.[45]

널방 남벽의 암수 주작이 우주적 수호신이라는 사실은 두 다리 밑 아득한 곳에 묘사된 산줄기로 확인된다(그림 1-175, 1-176). 진파리1호분 벽화의 암수 주작은 빠르게 흐르는 기운을 배경으로 날갯짓하고 있을 뿐이다(그림 1-177, 1-178). 강서대묘보다 앞선 시기의 고분벽화에서 고봉준령 위에 떠 있는 주작이 묘사된 사례는 확인되지 않는다.

널방 동벽에는 청룡 외에 아무것도 그려지지 않았다(그림 1-179). 이 때문에 청룡은 텅 비어서 오히려 한없이 깊어 보이는 공간을 유영하는 듯하다. 청룡을 그린 고구려의 화가는 비워 두면 공간이 깊어 보이는 효과를 거둘 수 있다는 사실을 잘 알고 있었던 듯하다. 비워서 공간을 만들어 내는 방식은 강서대묘 벽화에서 비로소 나타나는 표현법이다.[46] 진파리1호분이나 통구사신총 같은 다른 6세기 고분벽화에서 공간을 나타내는 기법으로 사용했던 빠른 기운의 흐름이 강서대묘 벽화에서는 보이지 않는다(그림 1-180). 이는 고구려의 화가가 이미 알려진 공간 표현법에서 벗어나 새로운 방식으로 공간을 나타내려 했기 때문이다.

널방 서벽의 백호도 텅 비어 한없이 깊어 보이는 공간을 유영하고 있다(그림 1-181). 그런데 서벽 백호의 얼굴은 이전에 그려진 어떤 백호와도 다르다. 오회분4호묘를 비롯해 앞선 시기 벽화의 백호가 호랑이의 얼굴이 더 사납고 무섭게 변형된 모습이라면(그림 1-182), 강서대묘 벽화에서의 백호는 서방의 수호신으로 재탄생된, 새로운 얼굴을 보여 준다. 부리부리한 눈, 얼굴

---

44 기경량, 「평양지역 고구려 왕릉의 위치와 피장자」, 『한국고대사연구』 88, 2017.

45 김락기, 「高句麗 守墓人의 구분과 立役方式–廣開土王陵碑 守墓人烟戶條를 중심으로」, 『한국고대사연구』 41, 2006.

46 전호태, 「고구려 고분벽화–강서대묘(江西大墓)의 현무도(玄武圖)를 중심으로」, 『한국사 시민강좌』 23, 일조각, 1998.

그림 1-175 강서대묘 널방 남벽 벽화: 주작 1
그림 1-176 강서대묘 널방 남벽 벽화: 주작 2
그림 1-177 진파리1호분 널방 남벽 벽화: 주작 1
그림 1-178 진파리1호분 널방 남벽 벽화: 주작 2

그림 1-179 강서대묘 널방 동벽 벽화: 청룡
그림 1-180 통구사신총 널방 동벽 벽화: 청룡

그림 1-181 강서대묘 널방 서벽 벽화: 백호
그림 1-182 오회분4호묘 널방 서벽 벽화: 백호

그림 1-183 강서대묘 널방 북벽 벽화: 현무
그림 1-184 통구사신총 널방 북벽 벽화: 현무

의 반을 차지한 큰 입에서 나온 넓고 붉은 혓바닥, 머리 뒤로 뻗어 나간 날개 털들에서 호랑이의 이미지를 떠올리기는 어렵다. 강서대묘 널방 서벽의 백호는 고구려 화가의 새로운 시도이자 성과다.

널방 북벽의 현무도 텅 비어 있는 공간을 무대로 삼고 있는 점에서 동벽의 청룡, 서벽의 백호와 같다. 또한 강서대묘 벽화 현무의 뱀은 거북의 몸을 한 번만 감고 머리로 자신의 꼬리 부분과 만나는 것도 한 번에 그치고 있다(그림 1-183). 이는 통구사신총과 같은 이전의 다른 고분벽화에서는 볼 수 없던 모습이다(그림 1-184). 뱀과 거북의 머리도 서로를 마주 보거나 닿을 듯이

그림 1-185 강서대묘 널방 천장 평행고임 1단 벽화: 인동연꽃
그림 1-186 강서대묘 널방 천장 평행고임 1단 벽화 모사선화: 인동연꽃 연화화생 과정

가까이 다가서지 않았다. 거북의 등 한가운데 위에서 서로를 향해 비스듬히 머리를 들어 올려 뱀과 거북의 입에서 뻗어 나온 기운이 삼각형의 꼭짓점에서 만난다. 매우 특별한 방식으로 암수의 기운이 만나 우주의 질서를 회복시키는 순간이 화면에 그려진 셈이다.[47] 강서대묘 벽화를 그린 고구려 화가가 이 시기 동아시아에서 가장 창의적이고, 예술적 감각이 빼어난 인물임을 이 현무의 모습에서 확인할 수 있다.

널방 벽 천장 평행고임 1단에는 인동연꽃 넝쿨을 그렸다(그림 1-185). 하나하나 나누어 살펴보면 넝쿨 속 연꽃이 피어올라 연밥 안에서 금강보주(金剛寶珠)를 탄생시키는 장면을 나타낸 것임을 알 수 있다(그림 1-186).[48] 즉 천장 평행고임 1층 벽화의 주제는 불교에서 정토의 탄생법으로 설명하는 연화화생이다.

국내성지역 벽화고분인 오회분4호묘 벽화의 사례로 보아 6세기 고구려에서 불교의 연화화생은 도교 선계의 탄생법으로도 받아들여지고 회화로도 그려졌으므로 벽화의 이런 장면을 더는 불교적 관념과 표현으로만 해석하기는 어렵다. 그러나 금강보주라는 것이 불교에서 자주 언급되고 중요시되었

---

47 전호태, 「고구려 고분벽화–강서대묘(江西大墓)의 현무도(玄武圖)를 중심으로」.
48 전호태, 『고구려 고분벽화 연구』.

그림 1-187 강서대묘 널방 천장 평행고임 2단 남면 벽화: 선계의 선인들
그림 1-188 강서대묘 널방 천장 평행고임 2단 동면 벽화: 선계의 선인들
그림 1-189 강서대묘 널방 천장 평행고임 2단 서면 벽화: 선계의 선인들
그림 1-190 강서대묘 널방 천장 평행고임 2단 북면 벽화: 비천(기악천과 산화공양 천인)

음을 고려하면 벽화의 금강보주 화생은 일단 불교와 더 관련이 깊은 표현으로 보아도 될 듯하다.

천장 평행고임 2단 남면에 그려진 선인들은 허공을 날아서 동면에 표현된 선계의 산을 향하고 있다. 선인들 사이에는 허공을 흐르는 운기 속에서 화생을 일으키는 연꽃과 연봉오리들이 그려졌다. 이른바 운기화생이다.[49] 동면에는 한가운데 산봉우리들이 솟아 있다. 이곳을 향해 서조가 날아가고 있는 것으로 볼 때, 이 산봉우리들은 선계에 속한 곳이다. 서면에도 한가운데

---

49 吉村怜, 『天人誕生圖の研究』, 東方書店, 1999, 163~180쪽.

그림 1-191 ~ 1-194 강서대묘 널방 천장 삼각고임 1단 벽화: 상금서수 1~4

에 선인들이 이르고자 하는 선계의 산이 표현되었는데, 붉은 옷을 입은 한 인물이 서조를 타고 이곳에 다가간 상태다. 흥미로운 것은 이 산을 지나 남쪽으로 향한 듯이 보이는 두 선인이다. 앞의 선인은 어깨에 날개가 돋았고, 뒤의 선인은 옷깃이 날개처럼 바뀌어 있다(그림 1-187~1-189).

평행고임 2단 북면에는 나팔과 피리를 부는 천인들과 연꽃잎을 허공에 뿌리는 천인이 묘사되었다. 연꽃잎을 뿌리는 '산화공양'은 불교적인 관념이고 불교적인 표현이다(그림 1-190). 천인들의 모습도 불교미술의 비천과 같다. 평행고임 2단에 불교의 산화공양과 도교의 승선 장면이 모두 묘사된 셈이다.

천장 삼각고임 1단에는 영지(靈芝)로 해석될 수 있는[50] 상서로운 화초를

50 이병도, 『韓國古代史研究』, 박영사, 1976.

가운데 두고 서로 마주 보는 한 쌍의 서조와 서수를 그렸다. 서남면과 동남면, 동북면에는 서조를, 서북면에는 한 쌍의 기린(麒麟)을 묘사해 평행고임 2단에 묘사된 선계가 어떤 곳인지를 알려 준다. 선계는 불로장생을 가능하게 하는 기화요초가 자라고 상금서수가 노니는 곳임을 벽화를 통해 보여 주고 있는 것이다(그림 1-191~1-194).

천장 삼각고임 2단의 동서남북 네 면에 그려진 상서로운 새들도 선계의 존재들이다(그림 1-195~1-198). 서면의 남쪽에 묘사된 토끼 머리의 새는 기서(奇書) 『산해경』의 기금이수를 연상하게 한다.[51] 북면 서쪽에 그려진 새의 부리 가까이에서 꽃이 피는 중인 인동잎이 뻗어 나가며, 꽁지도 인동잎처럼 피었다. 뒤쪽에는 화생하는 듯이 보이는 용의 머리 일부가 운기에 싸여 있다.

천장 삼각고임 2단에 묘사된 이런 장면들은 선계로 보이는 공간이 운기화생과 연화화생이 동시에 이루어지는 곳임을 보여 준다. 이와 유사한 표현은 진파리1호분 벽화에도 보인다(그림 1-199, 1-200).[52] 이는 강서대묘 벽화가 이전의 고분벽화가 담아낸 관념을 계승하며 재해석하고, 이를 더 구체적으로, 동시에 새롭게 그려 내고 있음을 짐작하게 한다.

삼각고임 1단 밑면에 인동연꽃 ¼과 마주 보는 서조 한 쌍씩을, 삼각고임 2단 밑면에 인동연꽃 ¼을, 천장석 네 모서리에 연꽃 ¼을 나누어 그린 것은 벽화에서 화생의 주체로서 연꽃이 지닌 비중과 의미를 강조했다고 보아도 될 듯하다(그림 1-201, 1-202). 이는 벽화에 그려진 공간을 도교 신선 신앙의 선계로만 보기는 어려움을 뜻한다.

천장석에 그려진 황룡은 형상과 자세에서 통구사신총이나 오회분4호묘에 그려진 것과 비슷하다. 그러나 선명한 오색(五色)이 아니고 화면을 뚫고 나갈 듯이 강한 동세를 보이지 않는 점, 연꽃이 둘레에 표현된 점에서 두 고분벽화의 황룡과는 구별된다(그림 1-203, 1-204). 부드러우면서도 기운차게 돌며 흐르는 운기 사이에서 몸을 틀고 있는 벽화의 황룡이 균형과 조화를 상징하는 오행(五行)의 중앙 신수임은 잘 알려진 사실이다. 강서대묘의 경우 무덤 규모, 무덤 축조에 사용된 석재의 크기와 다듬는 방식, 무덤 축조에 세심하게 적용된 토목공학적 원리, 새로우면서도 안정감 있는 사신 표현, 벽화 제재의

51 정재서, 『산해경』, 민음사, 2004.
52 전호태, 「고구려 진파리1호분 연구」.

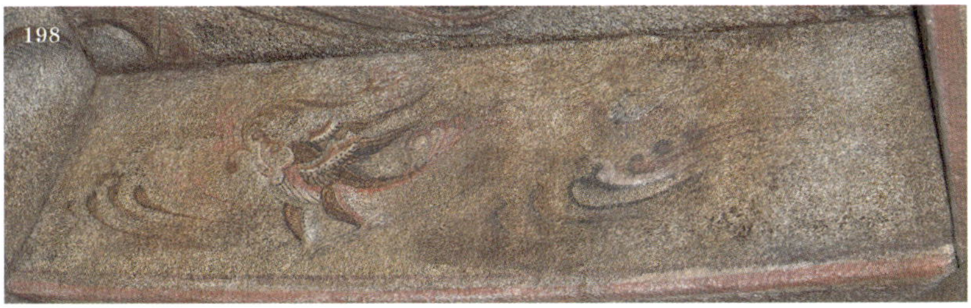

그림 1-195~1-198 강서대묘 널방 천장 삼각고임 2단 벽화: 상금서수 1~4
그림 1-199 진파리1호분 널방 동벽 벽화: 운기화생한 서조
그림 1-200 진파리1호분 널방 동벽 벽화: 연화화생 중인 인동연꽃

정돈된 배치 등을 고려하면, 천장석의 황룡에는 오행신앙의 중앙 신수 이상의 의미가 부여되었을 수도 있다.[53]

그림 1-201 강서대묘 널방 천장 삼각고임 1단 밑면 벽화: 서조와 인동연꽃
그림 1-202 강서대묘 널방 천장 삼각고임 2단 밑면 벽화: 인동연꽃

그림 1-203 강서대묘 널방 천장석 벽화: 황룡과 인동연꽃
그림 1-204 오회분4호묘 널방 천장석 벽화: 황룡

53 최택선, 「고구려사신도무덤의 주인공문제에 대하여」, 『조선고고연구』 1988년 1호.

3) 6세기 고구려 사회와 강서대묘

6세기의 고구려는 5세기에 비해 정치·사회적으로 많은 변화를 겪었다. 장수왕의 뒤를 이은 문자명왕 시대 후반기의 고구려는 전성기를 지나 정체기에 접어들었고, 외적 팽창이 한계에 이른 상태에서 내적 균열이 일어나고 있었다. 고대 정복국가가 공통으로 겪던 문제인 영역 확장이 더는 이루어지기 어려울 때, 한정된 자원의 분배를 놓고 귀족사회가 갈등을 빚고 분열을 향해 치닫는 현상이 고구려에도 나타날 조짐을 보인 것이다.

『일본서기』는 문자명왕의 뒤를 이은 안장왕, 안원왕이 잇달아 시해를 당한 듯한 기사를 남기고 있다.[54] 『삼국사기』에는 이런 기사가 없으나, 안원왕 말년의 외척 사이 싸움으로 패한 쪽의 인물 2,000여 명이 죽임을 당했다는 『일본서기』의 기사는 문자명왕 통치 후반기부터 갈등을 겪고 분열하던 고구려 귀족 사회가 안원왕 말년에 세력 간 대규모 충돌을 빚기에 이르렀음을 미루어 짐작하게 한다.[55] 삼국시대 후기는 국가 간 갈등이 격화하면서 잠재적 적국의 정세 변화에 민감했던 상황임을 고려하면, 『일본서기』의 이런 기사는 사실이었을 가능성이 매우 크다.

동아시아의 강국이기도 하던 고구려가 지배 세력의 갈등과 분열로 어려움을 겪는 동안, 중국 북조의 북위는 6진의 난을 겪은 뒤 그 후유증으로 동서로 나뉘었다. 534년 북위가 동위와 서위로 나뉘고 오래지 않아 서위는 북주로, 동위는 북제로 정권이 바뀌었다. 하지만 내적 갈등이 깊어지던 고구려는 북중국 변경으로 영역 확장을 시도하거나 남으로 백제와 신라를 압박하는 등, 동아시아 정세의 변화를 적극적으로 활용하는 모습을 보이지 못했다. 오히려 나제동맹 상태의 백제와 신라가 한강 유역과 동해안 일대로 북진하지 이를 막아내지 못하고 수세에 몰리는 모습을 보였을 뿐이다.[56]

---

54 冬十二月丙申朔庚子 葬于藍野陵或本云 天皇 廿八年歲次甲寅崩 而此云 廿五年歲次辛亥崩者 取百濟本記爲文 其文云 太歲辛亥三月 軍進至于安羅 營乞乇城 是月 高麗弑其王安 又聞 日本天皇及太子皇子 倶崩薨 由此而言 辛亥之歲 當廿五年矣 後勘校者 知之也『日本書紀』卷17,「男大迹天皇 繼體天皇」25年; 임기환,『고구려 정치사 연구』, 한나래, 2004, 262~269쪽.

55 是年 高麗大亂 被誅殺者衆百濟本記云 十二月甲午 高麗國細群與麤群 戰于宮門 伐鼓戰鬪 細群敗不解兵三日 盡捕誅細群子孫 戊戌 狛國香岡上王薨也『日本書紀』卷19,「天國排開廣庭天皇 欽明天皇」7年.

56 노태돈,『고구려사연구』, 사계절, 1999.

6세기 전반 후기와 550년대에 고구려가 겪었던 혼란스러운 상황은 평원왕이 즉위할 즈음 귀족 연립에 바탕을 둔 정치 체제가 만들어지면서 정리되기 시작했다. 이전의 혼란에 비하면 평원왕 시대는 상대적 안정기였다고 하겠다. 586년 고구려가 지금의 평양성인 장안성으로 도읍을 옮길 수 있었던 것도 평원왕 즉위 이후 국정이 안정되었기 때문이라고 할 수 있다.[57]

6세기 중엽을 전후해 동아시아 정세에 상당한 변화가 있었고 고구려도 내적으로 상당한 혼란을 겪었지만, 고구려와 중국 남북조 사이의 교류는 이전과 같이 계속되었다. 고구려의 사신은 정기적으로 북조의 북위, 북위를 이은 동위와 서위, 북주와 북제 사이를 오갔으며 남조의 양과도 교류했다.[58] 이런 과정에서 중국 남북조의 문화예술 동향도 고구려에 전해졌고, 미술사조의 새로운 흐름은 고구려의 고분벽화에도 영향을 끼쳤다.

6세기 전반에서 후반 전기에 걸쳐 제작된 진파리4호분과 진파리1호분, 통구사신총, 오회분5호묘, 오회분4호묘 벽화는 고구려가 6세기에 중국 남북조에서 유행하고 있던 미술사조의 흐름을 적절히 수용, 소화하고 있었음을 잘 보여 준다.[59] 그리고 강서대묘 벽화는 6세기 중엽까지 고구려에서 이루어지던 중국 남북조 미술사조의 수용과 소화 이후의 단계, 즉 고구려 문화예술이 추구하던 새로운 모습과 관련이 있다.

강한 기운의 흐름을 배경으로 다양한 풍경을 연출하고, 상금서수와 기이한 존재들을 묘사하는 미술사조는 6세기 중국 남북조에서 크게 유행했다.[60] 이런 사조는 4세기 이래 계속된 도교 신앙의 체계화, 도교와 불교의 경쟁, 도불 관념의 상호 영향과 혼합 등이 문화예술의 여러 방면에도 영향을 끼친 데서 비롯되었다고 할 수 있다. 특히 남조에서는 동진(東晉) 이래 도교와 불교의 혼합적인 사고가 귀족 사회의 교양처럼 자리 잡으면서 도교 신선 신앙의 운기화생과 불교의 연화화생을 뒤섞은 듯한 표현이 자연스럽게 한 화면에 등장하는 사례도 나타났다. 남조 사회에서는 불교 신앙에 무게 중심을 두었던 북조 사회와는 대조적인 흐름이 일반화되었지만, 이런 경향이 알게

57 임기환, 『고구려 정치사 연구』.

58 노태돈, 『고구려사연구』.

59 全虎兌, 「高句麗 後期 四神系 古墳壁畵에 보이는 仙·佛 混合的 來世觀」, 『蔚山史學』 7, 1997.

60 전호태, 「고구려 통구사신총 연구」; 전호태, 「고구려 진파리1호분 연구」.

모르게 북조 사회의 예술과 문화에도 영향을 끼쳤으며 이는 여러 미술 작품을 통해 확인된다. 당시의 활발했던 문화 교류를 고려하면, 고구려도 중국의 남북조에서 일어났던 이런 종교의 흐름이나 예술적 동향에서 자유롭기는 어려웠을 것이다.

강서대묘 벽화는 동아시아 각 사회에 관철되던 이런 사고와 표현의 흐름을 잇고 있으면서 이로부터 한 걸음 벗어난 듯이 보이는 점에 눈길이 간다. 앞에서 보았듯이 강서대묘 벽화의 사신은 아무런 장식이 없는 벽면에 단독으로 그려졌다. 암수 주작의 경우만 두 다리 아래 아득히 먼 곳에 산줄기가 묘사되었을 뿐, 6세기 중국 남북조의 고분벽화, 석관 장식, 묘지 개석과 고구려 고분벽화에 표현된 운기의 흐름은 보이지 않는다. 텅 비어 오히려 깊어 보이는 강서대묘 벽화의 사신의 배경 공간은 명백히 고구려 화가가 창안한 것이다.

사신의 하나인 백호의 기이하면서 새로운 얼굴 형상도 강서대묘를 제외한 고구려의 다른 고분벽화에는 보이지 않는 것이다. 물론 중국 남북조의 미술 작품에서도 호랑이의 형상에서 완전히 벗어난 새로운 백호의 얼굴은 찾아볼 수 없다. 우주 서방의 수호신으로서 백호만의 형상이 고구려 화가의 손에서 탄생한 셈이다. 이것 역시 강서대묘 벽화에서 발견되는 새로운 요소다.

강서대묘 널방 천장 평행고임 1단에 띠를 이루며 묘사된 인동연꽃은 연화화생의 과정을 제대로 담아내고 있다. 물론 오회분4호묘 벽화의 선인화생(仙人化生)과 비교되는 이런 표현을 특별히 새로운 것이라고 하기는 어렵다. 연화화생은 5세기 이래 고구려인에게 익숙한 불교적 관념이기 때문이다.[61] 이런 점에서 강서대묘 벽화는 앞선 시기 고분벽화 표현의 전통을 그대로 잇고 있는 셈이다. 이런 표현은 6세기 중국 남북조의 미술 작품에도 보이는 화생 관념 묘사와 같지는 않더라도 개념상으로는 서로 통한다고 할 수 있다.

강서대묘 널방 천장 평행고임 2단의 비천과 선인들은 선불 혼합적인 사고와 표현의 전형에 가깝다. 선인들과 함께 묘사된 수염 난 연봉오리들은 진파리1호분 벽화에도 보일 뿐 아니라, 백제 무령왕릉에서 출토된 왕비 베개 장식무늬로도 보이고, 중국 남북조의 미술 작품에도 빈번히 등장한다. 세련된 필선으로 묘사된 천장 평행고임 2단의 선인과 비천들은 강서대묘 벽화를

61 전호태, 『고구려 고분벽화 연구』.

그린 고구려 화가가 당대에 유행하던 미술사조의 흐름을 잘 알고 있었으며, 이를 충분히 소화하고 재구성해 벽화로 표현했음을 보여 준다.

강서대묘 널방 천장 삼각고임 1단과 2단의 측면에 그려진 서조와 기린 등은 신선 신앙과 관련된 상금서수라고 할 수 있다. 그러나 삼각고임돌 1단과 2단의 밑면에 표현된 인동연꽃은 불교적인 요소, 불교와 관련된 장식무늬로 보는 것이 적합할 것이다. 이처럼 강서대묘 널방 천장고임 벽화에는 불교와 도교의 신선 신앙 관련 표현이 번갈아 나타나거나 뒤섞여서 표현되는데, 이는 벽화로 확인되는 선불 혼합의 전형적인 사례다.

강서대묘 벽화는 6세기 중엽까지 제작된 고구려 고분벽화의 종합판이자 개정판이다. 이전 시기 벽화에 관철되고 있던 주요한 관념과 표현이 곳곳에 나뉘어 등장하며, 새로운 시도와 그로 말미암은 성과도 함께 모습을 보인다. 선불 혼합이 매우 세련된 방식으로 그려지는가 하면, 시대의 신앙과 사상의 흐름을 어떻게 나타낼지 고민한 화가 나름의 해석과 표현도 읽힌다. 이런 점에서 강서대묘 벽화는 이전의 고분벽화들과 다르고, 중국 남북조의 같은 시기 미술 작품과도 결이 다르다. 6세기 중엽까지의 고분벽화가 중국 남북조 미술사조의 영향에서 완전히 자유롭지 못한 상태였다면, 강서대묘 벽화는 고구려에서 창안된 새로운 미술사조의 첫 작품이라고 할 수 있다.

앞서 언급했듯이 고구려는 6세기부터 정체 상태에 접어들었고 6세기 전반 후기에는 심각한 사회적 분열을 경험한 뒤, 그 여파로 남부의 영역을 백제와 신라에 잃는 등 국가적 위기에 직면한다. 이런 상황에서 비록 귀족 연립이라는 불안정한 정치 체제였지만, 평원왕 통치기는 고구려가 사회적 안정을 다시 찾은 시기였다. 강서대묘 벽화에서 안정감과 균형감이 느껴지고 새로운 시도와 그로 말미암은 성과를 읽어 낼 수 있는 것도 이러한 사회적 분위기와 관련이 있는 듯하다. 중국 남북조 미술사조의 영향이 강하게 흔적을 남기고 있는 6세기 전반의 고분벽화나, 이에서 조금 벗어나는 정도에 그친 6세기 중엽의 고분벽화와 6세기 말의 강서대묘 벽화가 서로 다른 문화권의 작품처럼 느껴지는 것도 이러한 사회적 요인 때문일 것이다. 이처럼 강서대묘 벽화가 외래 미술사조의 물결에서 한 걸음 떨어져 있는 듯이 보이는 것은 이 작품을 남긴 고구려 화가가 이전의 회화적 흐름을 종합하고, 여기에서 벗어난 나름의 작품 세계를 구상해 그려 낸 까닭이 아닐까? 강서대묘 벽화는 6세기 말 고구려 예술이 이루어 낸 가장 의미 있는 성과물이라고 평가할 수 있다.

무덤 구조와 벽화 내용, 벽화 제작에 적용된 표현 기법으로 보아 강서대묘 벽화는 6세기 말의 작품이다. 아득한 산줄기 위의 허공에 버티고 선 채 나래를 펼친 암수 주작에게서는 우주의 남쪽 방위신으로서의 위상이 뚜렷이 느껴지고, 배경을 비운 상태로 그려진 청룡, 백호, 현무는 깊은 공간 속을 유영하는 듯이 보인다. 기괴하면서도 새로운 얼굴의 백호는 고구려 고분벽화에서만 볼 수 있는 새로운 유형의 신수(神獸)이자 방위신이다.

강서대묘 널방 천장고임은 불교와 도교 신선 신앙의 관념을 형상화한 존재들로 장식되었다. 연화화생의 과정을 잘 보여 주는 인동연꽃 띠 위에는 산화공양을 하거나 악기를 연주하는 불교의 비천이 묘사되었고, 선계를 향해 날아가는 도교의 선인들이 그려졌다. 그리고 선인들 사이에는 화생 중인 인동연꽃이 묘사되었다. 이들의 위에 그려진 서조와 기린 같은 상금서수, 그 위와 아래에 묘사된 인동연꽃 등을 아울러 고려하면, 강서대묘 널방 천장고임 벽화의 주제는 전형적인 선불 혼합이다.

강서대묘 벽화는 6세기 말 고구려 사회가 안정되어 화가가 이전 시기의 미술 사조를 종합한 위에 새로운 기법을 고민하고 구성을 창안해 작품으로 남길 수 있게 한 결과다. 벽화 전반에 안정감과 균형감이 흐르고, 화가의 새로운 시도가 의미 있는 회화적 효과로 이어진 것도 이러한 사회적 요인 덕분이다. 즉 강서대묘 벽화는 6세기 말 고구려 예술 세계가 남긴 의미 있는 성과물이다.

제2부

백제, 신라, 가야

제1장

백제

1. 유적 개요

백제의 벽화고분은 공주 송산리와 부여 능산리에서 각각 1기씩 발견, 조사되었다. 공주 송산리6호분은 일제강점기인 1932년 발견된 뒤,[1] 벽돌을 사용하여 축조된 새로운 유형의 무덤이라는 점, 사신도를 주제로 삼은 고분벽화라는 점에 주목을 받았다.[2] 무덤의 사용 방식 및 무덤주인과 관련된 논의도 이루어졌다.[3] 그러나 고분벽화라는 미술 장르에 주목한 비교 연구는 제대로 이루어지지 않았다.

또 한 기의 벽화고분인 부여 능산리1호분(동하총) 역시 일제강점기인 1915년 발견, 조사되었으나,[4] 고분의 주인을 둘러싼 논의에 초점이 맞춰졌다. 이에 따라 장의미술의 주요한 장르인 고분벽화가 백제에도 수용되었다는 사실을 확인시켜 주는 유적임에도 능산리1호분의 고분벽화는 고구려와의

---

1 이 장에 사용된 백제 벽화분의 무덤칸 실측도와 벽화 모사도는 국립문화재연구소에서 발간한 『남한의 고분벽화』에 실린 것을 재인용했다. 송산리고분군의 발견 및 조사과정은 국립공주박물관·공주시, 『宋山里古墳群 基礎資料集(解說)』, 2012, 56~57쪽에 상세히 소개되어 있다.

2 윤용혁, 「송산리6호분의 사신도 벽화에 대하여」, 『한국사학부』 33, 2008.

3 이주헌, 「송산리6호분 문양전의 성격과 무령왕릉의 역연대」, 『한국고대사탐구』 27, 2017.

4 부여 능산리고분군의 현황과 조사 경과는 부여군, 『부여 능산리고분군의 조사와 기록』, 2017, 60~125쪽; 서현주, 「백제 사비기 왕릉 발굴의 새로운 성과와 역사적 해석」, 『한국고대사연구』 88, 2017, 50~66쪽에 잘 정리되어 있다.

관련성이나 문화 계통이 언급되는 정도에서 더 나아가지는 않았다.[5]

이 장에서는 백제 벽화고분의 성격과 계통 규명에 중점이 두어진 기존의 연구성과를 바탕으로 고분벽화의 위상을 좀 더 구체적으로 살펴보려고 한다. 백제 고분벽화가 고구려 고분벽화와는 어떤 관련이 있는지, 백제 고분벽화가 동아시아 장의미술 전개 과정에서 지니는 위치는 어떠한지에 초점을 두고자 한다.

1) 공주 송산리6호분

공주 송산리고분군은 공주시 금성동(옛 지명: 송산리, 웅진동) 산5-1번지에 조성된 7기의 백제시대 고분으로 이루어졌다(그림 2-1, 2-2). 송산(표고 120m)에서 뻗어 나온 구릉의 남쪽 경사면에 조성되었으며, 송산리1~5호분은 횡혈식 석실분, 송산리6호분과 송산리7호분(무령왕릉)은 전축분이다. 송산리고분군은 1963년 사적 제13호로 지정되었다.

송산리6호분은 일제강점기인 1932년 송산리고분군 진입로 개설 공사 과정에 배수구의 일부가 노출되면서 존재가 확인되었다. 1933년 7월 말 공주고보의 교사 가루베 지온(輕部慈恩)이 자의적으로 무덤 안에 들어가 일부 유물을 수습했다.[6] 이후 조선총독부로부터 파견된 후지이 료사쿠(藤田亮策) 등에 의해 순금제 이식(耳飾) 등이 추가로 수습되었다.[7] 2015년 7월 제39차 유네스코 세계유산위원회에서 백제역사유적지구에 포함되어 유네스코 세계유산으로 등재되었다.

송산리6호분은 송산리벽화고분으로도 불리며 터널 형태의 널길과 널방으로 이루어진 외방무덤이다(그림 2-3). 널방 남벽 한가운데서 시작되는 널길의 길이×너비×높이는 2.30×0.80~1.10×1.32~1.49m다. 남북이 긴 장

---

5 이태호, 「삼국시대 후기 고구려와 백제의 사신도벽화」, 『고구려연구』 16, 2003; 정호섭, 「백제 벽화고분의 조영과 문화계통」, 『한국고대사연구』 61, 2011.

6 윤용혁, 「송산리6호분의 사신도 벽화에 대하여」, 『한국사학보』 33, 2008, 483~484쪽; 정상기, 「일제강점기 송산리고분군의 조사—국립중앙박물관 소장 유리건판 사진을 중심으로」, 『宋山里古墳群 基礎資料集(論考)』, 국립공주박물관·공주시, 2012, 107쪽; 국립공주박물관, 『송산리4~8·29호분 재보고서』, 2015, 85~86쪽.

7 小泉顯夫, 『朝鮮古代遺跡の遍歷－發掘調查三十年の回想』, 六興出判, 1986, 200~207쪽.

방형 널방의 길이×너비×높이는 3.70×2.24×3.13m다. 널방 동벽 가까이에는 관대가 하나 설치되었고 널방 입구에서 남쪽으로 20m 길이의 배수로를 냈다.

벽과 천장은 오수전(五銖錢)을 모델로 삼아 만든 전문(錢文) 벽돌을 번갈아 가로쌓기와 세로쌓기를 하는 방식으로 쌓았다.[8] 벽돌을 쌓아 만든 줄 사이에는 석회 모르타르를 줄눈으로 채워 넣었다. 벽의 세로쌓기 줄은 일정한 간격으로 검게 칠하고, 천장고임 상부에는 검은 칠로 가로줄과 세로줄을 만들어 목조건물의 공포(栱包)처럼 보이게 했다. 천장은 아치형을 이룬다. 널방 동벽과 서벽의 세 곳, 북벽의 한 곳에는 등잔을 위한 보주형 등감(燈龕)을 만들었고 등감 위에는 가상의 창을 설치했다. 등감과 가상의 창 둘레는 붉은색과 녹청색으로 채색했다.[9] 널길 천장과 널방 남벽에서 도굴 구멍이 발견되었다. 벽면 일부에 회를 섞은 점토를 바르고 연분으로 주작과 일월, 청룡, 백호, 현무를 그렸으나[10] 조사 당시 벽화는 이미 심하게 훼손, 탈색된 상태였다.

2) 부여 능산리1호분

부여 능산리고분군은 부여군 부여읍 능산리 15번지 일대에 있는 17기의 백제시대 고분들을 가리킨다(그림 2-4, 2-5). 능산리고분군은 청마산에서 뻗어 나온 구릉의 남쪽 경사면에 조성되었으며 5기로 이루어진 동고분군, 8기가 조사된 중앙고분군, 4기가 확인된 서고분군으로 나뉜다. 벽화고분인 능산리1호분은 능산리고분군의 중앙고분군에 속한 유적으로, 일제강점기부터 동하총(東下塚)으로 불렸다. 능산리고분군은 1963년 사적 제14호로 지정되었다.

능산리1호분은 일제강점기인 1915년에 붙인 유구 번호이나 1917년 11월 야쓰이 세이이치(谷井齊一) 등에 의해 조사될 때에는 능산리2호분으로 다시 번호가 매겨졌다. 같은 해 오바 쓰네키치(小場恒吉)에 의해 벽화 모사 작업

8 송산리6호분 축조에는 전문전 외에도 사격자문전, 연화문전, 보주문전, 무문전 등이 용도에 맞추어 사용되었다(이주헌, 「송산리6호분 문양전의 성격과 무령왕릉의 역연대」, 400~403쪽).

9 윤용혁, 「공주 송산리6호분의 사신도 벽화에 대하여」, 492~493쪽.

10 이태호는 송산리6호분 벽화를 전축회면화법의 사례로 보았다(이태호, 「삼국시대 후기 고구려와 백제의 사신도벽화」, 291~295쪽).

이 시작되어 1920년에 마무리되었다. 그러나 1917년 조사 당시 이미 동벽과 천장, 널방 문에 구멍이 뚫려 도굴이 이루어진 상태였다. 1920년 10월 수리 작업이 이루어졌고 1921년 말부터 1922년 초까지 보호 시설이 설치되었다. 1931년 능산리고분군이 고적 제30호로 지정되면서 다시 능산리1호분이 되었다.

1972년 10월 이화여자대학교박물관에 의해 벽화가 촬영되어 1973년 5월 전시회를 통해 공개되었다.[11] 이후 1980년 12월부터 1981년 6월까지 벽화 모사가 이루어졌다. 1992년 국립부여문화재연구소가 시행한 부여 백제 고분 지표조사 과정에서 유구 번호가 능산리1호분으로 최종 확정되었다.[12] 2015년 7월 제39차 유네스코 세계유산위원회에서 백제역사유적지구에 포함되어 세계유산으로 등재되었다.

능산리1호분은 원형봉토석실분으로 무덤 흙무지의 직경은 동서가 26.5m, 남북이 25.7m이다.[13] 봉토 가장자리에는 깬돌로 축조된 3단의 호석이 열을 이루며 돌아가는데 남쪽이 북쪽보다 3m가량 낮다. 또한 능산리1호분은 널길과 널방으로 이루어진 외방형 석실분으로 널길이 널방 남벽 중앙에서 남으로 뻗어 나간다.

무덤길에 해당하는 널길 바깥 부분의 벽은 깬돌로 쌓았다. 길이×너비×높이는 각각 2.00×1.68~1.92×1.76m이며 입구는 깬돌로 쌓아 폐쇄시켰다. 널길에 해당하는 안쪽의 길이×너비×높이는 각각 1.67×1.52~1.60×1.77m다. 널길과 널방이 만나는 널방 남벽 가운데 너비 1.03m, 높이 1.34~1.36m 크기 문틀을 만들고 판석으로 문짝을 달았다. 문짝 가장자리에는 회를 발랐다. 널방 벽은 잘 다듬은 판석을 세워 만들었으며 천장은 2매의 판석을 올린 평천장이다. 널방의 남북 길이×동서 너비×높이는 3.26×1.49~1.52×1.94m로 장방형이다. 그리고 널방 가운데에는 방형 판석 여러 장을 깔아 길이 2.40m, 너비 1.28m 크기의 관대를 만들었다(그림 2-6, 2-7).

---

11 梨花女子大學校博物館, 『古墳壁畵』(1973. 5. 30.~6. 22.).

12 扶餘文化財硏究所, 『扶餘 百濟古墳 地表調査』 1994, 35쪽; 정상기, 「유리건판으로 본 일제강점기 능산리고분군의 조사」, 『부여 능산리고분군의 조사와 기록』, 부여군, 2017, 128~129쪽).

13 〈그림 2-7〉의 용어는 보고서(부여군, 『부여 능산리고분군의 조사와 기록』)의 것을 전재한 것이다. 본문의 우리말 기준으로 제시하면 전벽(앞벽), 좌벽(왼벽, 실제로는 오른벽), 우벽(오른벽, 실제로는 왼벽), 연도(널길), 현문(널방문), 현실(널방)이다.

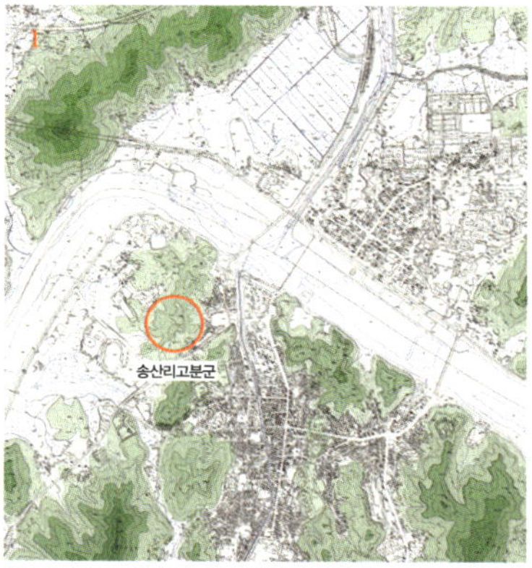

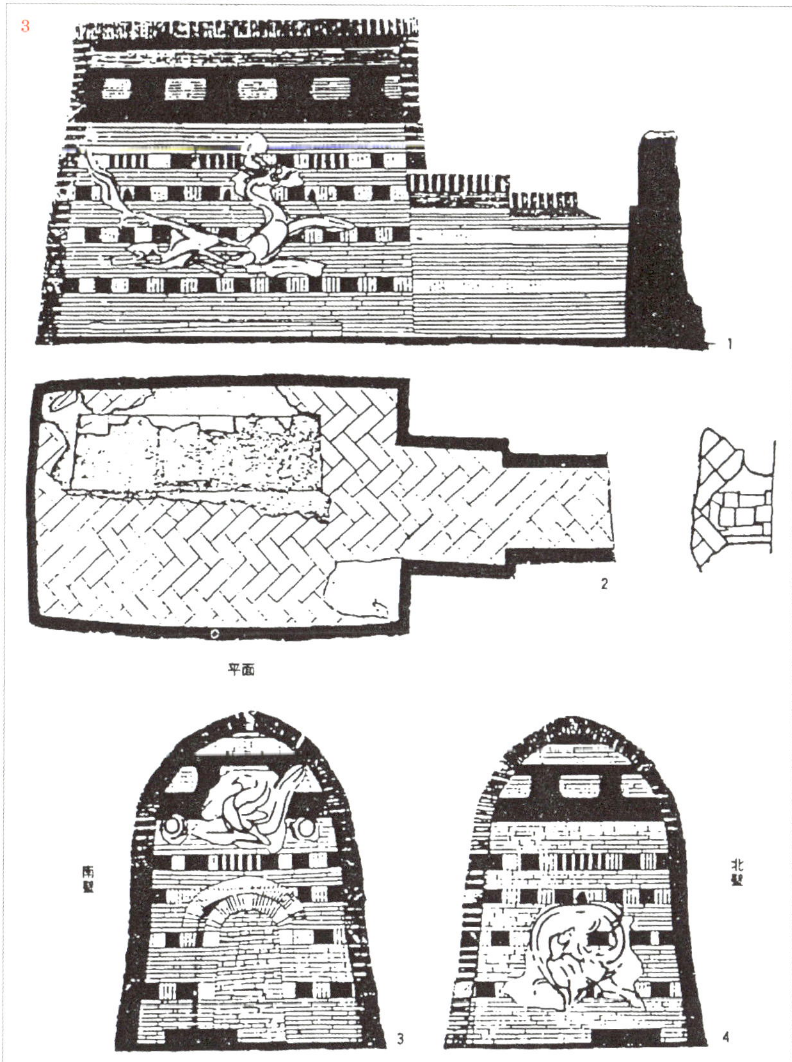

그림 2-1 공주 송산리고분군 위치

그림 2-2 공주 송산리고분군 배치도

그림 2-3 공주 송산리6호분 무덤칸 평면도 및 단면도

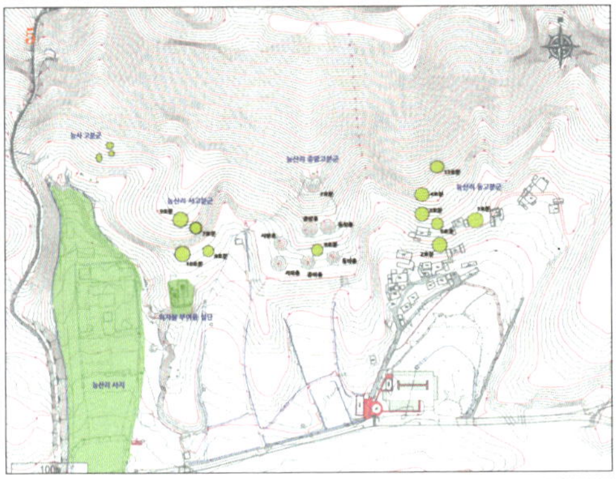

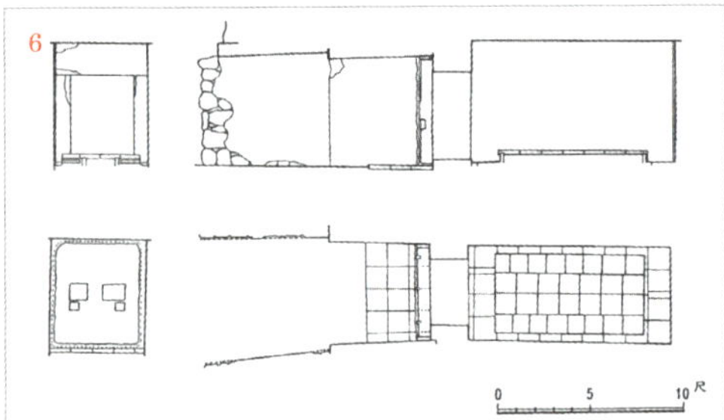

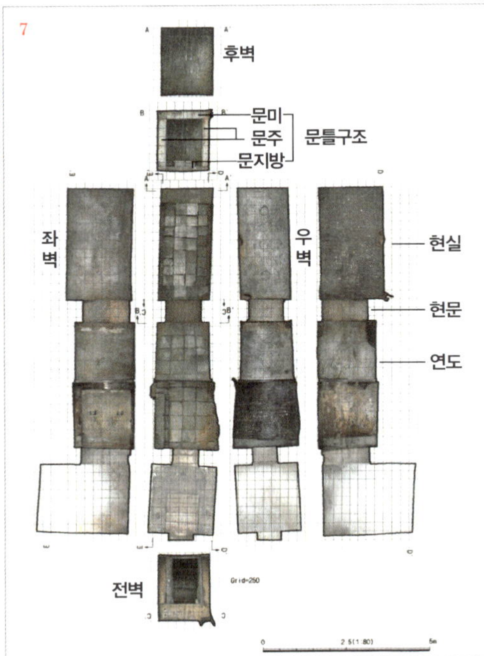

그림 2-4　부여 능산리고분군 전경
그림 2-5　부여 능산리고분군 배치도
그림 2-6　부여 능산리1호분(동하총) 무덤칸 실측도 1(1979)
그림 2-7　부여 능산리1호분(동하총) 무덤칸 실측도 2(2017)

널방 벽과 천장에는 판석 위에 바로 벽화를 그렸다. 천장에는 흐르는 구름 사이로 8엽겹꽃 형태의 연꽃이 점점이 떠 있는 모습을 그렸다. 연꽃은 3열, 7송이가 표현되었다. 널방 동벽에는 청룡, 서벽에는 백호를 그렸다. 청룡과 백호 역시 흐르는 구름을 배경으로 앞으로 나아가는 모습이다. 백호의 등 위에는 커다란 원과 그 안의 두꺼비가 묘사된 흔적이 남아 있어 달을 그렸음을 미루어 짐작할 수 있다. 남벽에 그렸던 주작은 일제강점기인 1917년 조사 당시에는 일부 남아 있었으나 해방 후 조사 과정에서는 확인되지 않았다. 그리고 도굴로 말미암아 목관의 측면 테두리, 머리가 둥근 금동제 못 외에는 다른 유물이 수습되지 않았다.

2. 고분과 벽화의 계통

1) 공주 송산리6호분

송산리고분군에서 발견된 2기의 전축분은 무령왕 대에 이루어진 백제와 중국 남조 양(梁) 간 긴밀한 교류의 결과다. 두 무덤 모두 널방 벽과 천장을 세울 때 벽돌 가로쌓기와 세로쌓기를 번갈아 시도해 건조물이 구조적으로 안정될 수 있게 했는데, 구체적인 방법에서는 차이를 보인다. 무령왕릉이 4줄의 가로쌓기와 1줄의 세로쌓기를 기본 원칙으로 삼고 있는 것과 달리 송산리6호분은 아래부터 10줄 가로, 1줄 세로, 8줄 가로, 1줄 세로식으로 가로쌓기 벽돌을 10줄, 8줄, 6줄, 4줄까지는 2줄씩 줄여 가다가 다시 20줄 가로쌓기를 넣는 식으로 쌓았다. 천장은 횡단면이 사다리꼴인 벽돌을 가로쌓기로 올려 아치형으로 만들었다.

송산리6호분과 무령왕릉의 축조 시기를 둘러싼 논쟁은 계속되고 있으나 다수의 의견은 송산리6호분이 상대적으로 빠르다는 쪽이다. 물론 두 무덤 모두 6세기 전반에 큰 시차 없이 축조되었다는 데에는 별다른 이견이 없다. 두 무덤에 사용된 벽돌 가운데 일부 벽돌의 문양이 같은 점 등이 그 근거로 제시된다.[14] 송산리6호분에 비해 무령왕릉이 더 안정적이고 정연한 방식으로 축조된 점도 송산리6호분이 상대적으로 이른 시기의 건조물이라는 견해에 무게를 실어 준다.

송산리6호분 널방 벽에 그려진 청룡, 백호, 현무는 다른 제재를 동반하지 않은 순수한 사신도다. 동벽의 청룡, 서벽의 백호는 허공에서 내려오며 무덤 안을 엿보는 자에게 포효하는 모습이고 남벽 상단의 주작은 좌우에 해와

---

14 송산리6호분과 무령왕릉의 축조 시기를 둘러싼 선후 논쟁은 정호섭, 「백제 벽화고분의 조영과 문화계통」, 316~319쪽에 잘 정리되어 있다.

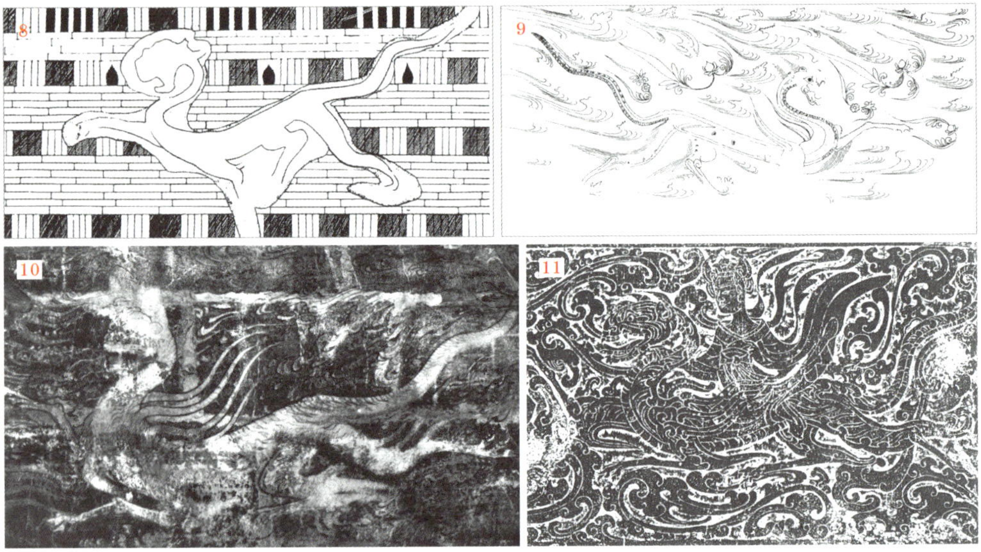

그림 2-8 백제 송산리6호분 널방 서벽 벽화: 백호
그림 2-9 고구려 진파리1호분 널방 서벽 벽화: 백호
그림 2-10 고구려 통구사신총 널방 서벽 벽화: 백호
그림 2-11 중국 하남 낙양 북위 이주습묘 묘지개석 선각화: 백호

달을 거느리고 날개를 활짝 편 자세를 취하고 있다. 북벽 중앙에 묘사된 현무는 거북의 몸을 얽은 뱀이 고개를 틀며 위를 쳐다보는 거북과 서로 마주 보는 형상이다.

송산리6호분 벽화의 사신에서 주목할 만한 것은 서벽의 백호다(그림 2-8). 자세와 형태가 유사한 또 다른 백호가 고구려 진파리1호분 벽화에서도 보이기 때문이다(그림 2-9). 진파리1호분 벽화에 비해 송산리6호분의 백호가 더 크게 포효하는 듯이 그려진 정도의 차이가 있을 뿐이다. 두 고분벽화의 백호와 비교 가능한 작품으로는 6세기 작품인 고구려 통구사신총 벽화와 북위 이주습 묘지개석 선각 백호를 들 수 있다(그림 2-10, 2-11). 동세를 포함해 화면을 통해 전해지는 기운 등에서 송산리6호분과 진파리1호분의 백호 사이 예술적 친연성은 매우 높지만 통구사신총 및 이주습 묘지 개석 선각 백호는 그렇지 않다.

529년 작품인 북위 이주습 묘지 개석 선각화를 비롯해 6세기 중국 남북조 미술에서 사신(四神)은 남녀 선인과 함께 묘사되는 사례가 많다.[15] 그러나 6세기 고구려와 백제 고분벽화의 사신은 단독상으로 그려진다. 백제 송산리6호분 벽화의 사신은 문양전으로 축조된 벽 위에 별도로 묘사된 까닭에 고구려 진파리1호분 벽화처럼 빠르게 흐르는 구름과 운기화생(雲氣化生)하는 인동 연꽃으로 가득한 공간을 배경으로 삼지도 않는다.

사신을 하나씩 나누어 살펴보면 송산리6호분과 진파리1호분 벽화는 도상의 구성뿐 아니라 세부 묘사까지 닮은 부분이 많다. 특히 청룡과 백호는 서로 영향을 받았다고 해석할 수밖에 없을 정도로 닮은꼴이다. 반면 주작은 좌우에 해와 달을 거느린 단독상이라는 점에서 진파리1호분 벽화와 어느 정도 거리를 보인다. 고구려 고분벽화에서도 5세기 후반까지는 주작을 벽 상단에 배치하는 사례가 여러 차례 발견되지만, 암수 한 쌍의 주작을 그리는 것이 일반적이다.[16] 6세기에 들어서면서 암수 주작이 널방 남벽 문 좌우에 묘사되는 것도 고구려 고분벽화에서 거의 정형화된 형식이라고 할 수 있다. 중국 남북조의 경우, 석관 정면 상단에 주작을 표현하지만 해와 달을 동반하지는 않는다. 이런 부분을 고려한다면 송산리6호분의 주작과 해와 달은 백제식 변형으로 해석될 수 있다.

현무는 중국 남조 화상전묘나 고구려 후기 고분벽화에서 유사한 사례를 확인할 수 있어 특정한 지역으로부터 영향을 받았다고 규정하기 어렵다. 그러나 초기의 보고에 현무 근처에도 원을 그린 흔적이 남아 있다고 묘사된 것으로 보아 주작의 사례와 같이 현무를 묘사하는 과정에도 백제식 변형과 재창안이 시도되었을 수 있다.

송산리6호분 벽화 사신도의 계통과 관련해 주목할 만한 것은 무령왕과 왕비의 첫 번째 매장지이고 무령왕릉이 천장지(遷葬地)라는 견해다. 송산리6호분은 무령왕이 사망한 523년경 축조되어 왕과 왕비의 초장지로 사용되었다가 천장 뒤에는 왕가의 다른 이를 위한 매장지로 재사용되었으며, 사신을 그린 것도 이 무렵이라는 것이다.[17] 이 견해를 받아들이면 송산리6호분에 사신이 그려진 것은 성왕이 중국 남조 양에 화사(畵師) 등을 청해 받은 541년 이후가 된다. 이는 백제 최초의 벽화고분이 어떻게 출현했는지와 관련하여 눈여겨볼 부분이라고 할 수 있다.

6세기 중엽으로 편년되는 진파리1호분 벽화의 사신은 1세기 이상 오랜 기간 벽화 제재로서 비중이 높았던 고구려 사신도 벽화 전통을 잇는 동시에

---

15 전호태, 『중국 화상석과 고분벽화 연구』, 솔, 2007, 281~283쪽.

16 전호태, 『고구려 고분벽화 연구』, 사계절, 2000, 311~330쪽.

17 이주헌, 「송산리6호분 문양전의 성격과 무령왕릉의 역연대」, 409~418쪽.

중국 사신도 회화의 양식적 변화 과정과도 밀접한 관련이 있다.[18] 백제의 첫 고분벽화로 생각되는 송산리6호분의 사신이 세련된 형태와 자세의 단독상이라는 사실을 고려하면 이는 백제와 이웃한 고구려 미술의 영향을 바탕으로 백제식 변형과 재창안을 거쳐 출현했다고 볼 수밖에 없다.[19] 송산리6호분 벽화가 6세기 중엽의 작품이라는 추정이 상당한 설득력을 지닌다고 판단되는 것도 이러한 이유 때문이다.

2) 부여 능산리1호분(동하총)

능산리고분군 중앙고분군에 속한 무덤들은 대부분 대형 석실분인데, 능산리1호분(동하총) 역시 잘 다듬은 판석으로 축조된 석실분이다. 천장이 평천장이며 석실이 평면 장방형이고 단면 방형이라는 점에서 궁륭고임이나 평행고임, 삼각고임을 여러 층 더해 천장을 높이는 고구려의 석실분과 구분된다.

능산리1호분은 널길이 길고 두 부분으로 나뉘며 널방 평면이 좁고 긴 세장방형에 해당된다는 점, 중앙고분군의 다른 고분들이 단면 터널형이거나 6각형인 것과 달리 방형이라는 점, 널방 가운데에 작은 방형 판석 여러 개로 관대를 만들었으나 수습된 목관 조각들이 두 개의 목관 것으로 추정되어 단장이 아닌 합장일 가능성이 고려되는 점 등으로 말미암아 고분군의 가장 큰 무덤인 능산리2호분(중하총)보다는 늦으나 그 외의 무덤들보다는 빠른 6세기 말에 축조된 것으로 추정되고 있다.[20]

능산리1호분은 능산리고분군 가운데 유일한 벽화고분이다. 능산리고분군의 피장자들이 왕과 왕비를 포함한 백제 왕실에 속한 인물들로 추정된다는 것을 고려하면 능산리1호분은 백제 왕실에 고분벽화라는 장의미술이 받아들여졌음을 확인시켜 주는 유적이라는 점에 의미를 부여할 수 있다. 물론 앞의 송산리6호분 역시 무령왕의 초장지가 아니라도 왕실의 인물이 묻힌 무

18 전호태, 『고구려 벽화고분』, 돌베개, 2016, 369~373쪽.

19 전벽에 회를 바르고 흑백 구도로 벽화를 그린 다른 사례가 없다는 점에서 이런 유형의 벽화의 기원에 대해서는 별도의 논의가 필요하다(윤용혁, 「공주 송산리6호분의 사신도 벽화에 대하여」, 495~496쪽).

20 서현주, 「백제 사비기 왕릉 발굴의 새로운 성과와 역사적 해석」, 82~84쪽.

덤이라면 능산리1호분과 마찬가지 의미를 지닌 유적이라고 해야 할 것이다.

능산리1호분 벽화의 주제 역시 송산리6호분과 같은 사신이다. 그러나 벽화 제작 기법에서 두 유적은 차이를 보인다. 송산리6호분의 사신이 문양전으로 쌓은 벽 일부에 임의로 점토 섞은 회벽을 만들어 그린 것과 달리 능산리1호분 벽화의 사신은 잘 다듬은 판석 위에 바로 그렸다. 이런 점에서 능산리1호분은 축조가 구상되는 단계부터 고분벽화가 의도되고 묘사되었다고 할 수 있다.

능산리1호분 벽화의 사신도 널방 벽면의 사실상 유일한 제재라는 점에서 앞의 송산리6호분 및 고구려 후기의 사신계 고분벽화와 다르지 않다. 그러나 청룡과 백호가 각각 해와 달을 동반하고 있다는 점에서는 6세기 이후로 편년되는 동아시아의 다른 고분벽화들과 구별된다. 5세기 작품으로 평가되는 고구려의 약수리벽화분과 수렵총에서 해와 달을 동반한 사신도벽화의 사례를 확인할 수 있으나[21] 사신과 생활풍속 제재가 함께 표현되었다는 점에서 사신만 그려진 벽화인 능산리1호분과 차이를 보인다.

능산리1호분 벽화에서 비교적 보존 상태가 좋은 백호는 동세가 약하고 머리의 형태가 호랑이의 그것과 크게 다르지 않다(그림 2-12). 배경을 이루는 제재인 흐르는 구름이나 백호의 몸에서 뿜어져 나오는 상서로운 기운에서도 강한 동세를 느끼기 어렵다. 백호의 등 위에 그려진 달은 원에 일정한 간격으로 둥근 돌기가 있어 일반적인 달의 표현과 구별된다. 달 안의 두꺼비는 엎드린 상태다.

거의 수평을 이룬 백호의 긴 몸, 정적인 느낌이 강한 호랑이 형태의 머리는 능산리1호분의 백호가 이웃 국가인 고구려나 중국 남북조, 수·당 미술의 백호와는 다른데(그림 2-13, 2-14), 이는 백제 화가의 사신 인식과 형상 해석의 결과다. 돌기가 달린 달 역시 백제식 표현으로 해석될 수 있다. 머리 일부와 몸의 윤곽 정도만 남은 능산리1호분 벽화의 청룡에서도 6~7세기 동아시아 장의미술에서 확인되는 동세를 느끼기는 어렵다. 이로 볼 때 능산리1호분 벽화의 사신은 당시 동아시아가 공유하던 사신 인식과 형상이 백제에도 전해지고 수용되지만, 회화적 표현은 백제식으로 변형되어 작품으로 남

21 안휘준은 고구려 약수리벽화분에 보이는 제재 구성 방식이 백제에 영향을 끼친 것으로 본다(안휘준, 『한국의 벽화고분』, 사회평론, 2013, 203쪽).

그림 2-12 백제 능산리1호분 널방 서벽 벽화 모사도: 백호
그림 2-13 고구려 강서대묘 널방 서벽 벽화: 백호
그림 2-14 중국 산서 태원 당 금승촌7호묘 널방 천장고임 벽화: 백호

게 된 결과라고 할 수 있다.

능산리1호분 널방 천장에는 흐르는 구름 사이로 활짝 핀 8엽겹꽃잎 형태의 연꽃이 7송이 그려졌다(그림 2-15). 활짝 핀 연꽃은 천장 가운데에 남북으로 일정한 간격을 두고 3송이가 표현되고 천장 동서에는 2송이씩 줄을 이루고 묘사되었으며, 구름이 흐르는 듯한 표현이 더해져 하늘에 뜬 별처럼 보인다. 능산리1호분 널방 천장벽화에서는 허공에 뜬 온갖 생명체가 강한 기운의 흐름에 휩쓸린 듯한 느낌을 주는 6세기 동아시아 미술 특유의 분위기를 느끼기 힘들다.

8엽겹꽃 형태의 연꽃은 6세기 백제의 와당에서도 쉽게 찾아볼 수 있다.[22]

22 朴容塡, 「百濟瓦當의 類型硏究-수막새기와를 중심으로」, 『百濟瓦塼圖錄』, 百濟文化開發硏究院, 1983, 397~393쪽.

그림 2-15 능산리1호분 널방 천장석 벽화: 연꽃

무령왕릉 축조에 사용된 문양전은 8엽겹꽃잎형 연꽃문과 8엽꽃잎형 인동연꽃문의 두 종류다.[23] 벽돌 2개가 모여 완성되는 인동연꽃문은 고구려 후기 고분벽화, 중국의 남조 석각선화, 북조 석굴사원 장식에서도 발견된다.[24]

무령왕릉 탁잔 몸체 밑부분에 새겨진 연꽃은 8엽겹꽃잎 형태로 각 꽃잎은 반원형 호선으로 둘레와 안쪽이 구분되었으며 바깥 부분에는 반(半)직선형 잎맥이, 안쪽에는 5~7개의 갈고리형 꽃술이 새겨졌다. 탁잔 뚜껑의 연꽃은 중심의 꼭지에서부터 꽃이 피는 순서에 따라 단계적으로 형상화되었다. 탁잔 받침의 연꽃은 16엽홑꽃잎형이며 꽃잎 모양은 뾰족한 끝이 없는 반타원형이다. 꽃잎 안에는 마찬가지로 반직선형 잎맥과 갈고리형 꽃술이 표현되었다. 무령왕릉 출토 탁잔의 반타원형 꽃잎은 고구려의 국내성보다는 평양 계통과 관련이 깊은 듯하다. 즉 5세기 후반 이래 고구려 평양 지역문화의 산물이 백제에 수용되어 백제식 변형을 거친 결과로 생각된다.

능산리1호분 널방 천장벽화의 연꽃은 반직선형 잎맥과 구슬형 꽃술을 지닌 꽃잎으로 구성되었고, 연꽃 사이로 흐르는 구름이 표현되는 식의 구성은 고구려 고분벽화에서도 찾을 수 있다. 그러나 규칙적인 배열을 보이는 도안화된 연꽃과 부드러운 흐름을 보이는 구름, 이로 말미암은 차분하고 안정

23 文化財管理局, 『武寧王陵』, 1973, 도판 100~104.
24 전호태, 「高句麗 古墳壁畵에 나타난 하늘연꽃」, 『미술자료』 46, 1990, 17~20쪽.

된 분위기는 6세기 동아시아 다른 지역의 미술 작품에서는 찾아보기 어렵다.[25] 이것은 부여 능산리1호분 벽화가 그려질 즈음 백제에서는 연꽃문 표현 등에서 백제화가 어느 정도 이루어지고 있었음을 의미한다.

3. 벽화고분과 6세기 백제 문화

6세기 전반의 백제 문화는 중국 남조 문화의 짙은 영향 아래 나름의 전통과 감각을 더해 성립된 것이었다. 특히 무령왕 대 중국 남조 양과의 지속적인 교류는 새로운 문화가 수용되고 소화되는 데 시간차가 거의 발생하지 않게 했다.[26] 남조식 전축분인 무령왕릉과 부장된 유물들은 백제가 남조의 양 문화를 얼마나 적극적으로 받아들였는지를 짐작하게 한다. 중요한 것은 양의 왕실이 불교를 깊이 신봉해 불교 문화가 매우 발달했으며, 불교의 전파에도 적극적이었다는 사실이다.[27]

무령왕릉에서 출토된 전돌과 탁잔 등이 각종 연꽃문으로 장식되었고, 왕비 두침 장식에 화생천인(化生天人)이나 어룡(魚龍)이 묘사되는 등 6세기 중국 남조 불교 예술과 맥이 닿는 표현들이 자주 발견되는 것은[28] 남조 양에서 개화한 불교 문화가 매우 구체적으로 백제에 전해졌음을 시사한다.

무령왕 대에 백제가 중국 남조 문화의 수용에 적극적이었던 것은 5세기 후반 고구려에 한성 일대를 빼앗기면서 시작된 국가적 혼란을 극복하고 지배 체제를 재정비하려던 백제 왕실의 의도와 관련이 깊다. 즉 선진문물을 수용해 확산시키는 과정에서 지배 세력을 결집하고, 국가의 직접적인 지배 영역을 확대해 지배 기반을 강화하려는 백제 왕실의 의지가 바탕에 깔려 있었

25 안휘준은 백제의 도인적 특성이 드러난 것으로 본다(안휘준, 『한국의 그림전통』, 사회평론, 2012, 80~83쪽).

26 『梁書』 列傳48 諸夷傳 百濟條; 『三國史記』 卷10 百濟本紀4 武寧王 12年(512年) 夏4月條, 21年(521年) 冬11月, 12月條 및 聖王 2年(524年), 12年(534年) 春3月條, 19年(541年), 27年(549年) 冬10月條.

27 鎌田茂雄(鄭舜日 譯), 『中國佛敎史』, 經書院, 1985, 90~92쪽.

28 吉村怜, 「南朝天人圖像の北朝及周邊諸國傳播」, 『佛敎藝術』 159, 1985, 11~29쪽.

다.[29] 늘 고구려의 남하 위협을 받던 백제가 북조와 대립하던 남조와 상호 연계의 필요성을 느끼면서 맺은 사실상의 동맹 관계가 백제가 중국의 남조 문화를 수용하기 쉽게 만들었다고 볼 수도 있다.

전축분인 공주 송산리6호분에 사신이 그려진 것도 중국 남조에서 유행하던 사신 인식 및 표현과 관련해 이해할 수 있다. 오행신앙 및 천인상관설(天人相關說)과 관계가 깊은 사신 표현은 6세기 동아시아 미술의 주요한 주제이기도 했으므로 중국의 북조 및 고구려에서도 즐겨 다루어지고 있었다. 6세기 전반 백제 고분에 사신도가 출현한 것은 백제 문화도 동아시아의 큰 문화적 흐름에 합류하고 있었음을 의미한다.

6세기 중엽을 고비로 고구려가 서방의 안정에 국력을 집중하고 신라, 백제와의 관계는 현상 유지에 방점을 두면서 삼국은 상당 기간 상호 격렬하게 충돌하지 않게 된다. 한강 유역의 지배를 둘러싼 신라와 백제 사이의 전쟁이 일단락되자 가야의 병합을 둘러싼 몇 차례 국지적인 갈등 외에는 백제는 백제대로, 신라는 신라대로 국제 관계에서의 안정에 주력하는 모습을 보인다. 6세기 후반 삼국은 외교를 통한 힘겨루기에 치중하며 대규모 군사적 충돌은 가능한 피하고 있었다고 해도 과언이 아니다.

무령왕의 뒤를 이은 성왕 대에도 백제와 중국 남조와의 관계는 안정적으로 유지되었다. 성왕의 뒤를 이은 위덕왕 대에는 중국의 남북조와 등거리 외교가 시도되었다.[30] 이후 백제는 남북조시대를 끝낸 수(隋)와도 외교 관계를 맺고 고구려를 견제하는 데 주력했다.

능산리1호분이 속한 부여 능산리고분군은 백제의 전축분이 중국 남조 양과의 밀접한 관계 속에 등장한 일시적 유행을 기반으로 한 벽화임을 확인시켜 준다. 전축분의 터널형 구조를 계승한 능산리2호분이나 단면 6각형의 장방형 석실분인 능산리3호분, 단면 방형의 세장방형 석실분일 능산리1호분이 능산리에 축조된 것은 백제가 고유의 문화전통에 발을 딛고 앞선 시대의 묘제를 계승, 발전시키는 과정을 잘 보여 준다.

백제식 석실분으로 명명할 수 있는 능산리1호분 역시 사신이 주제인

---

29 盧重國, 「百濟王室의 南遷과 支配勢力의 變遷」, 『韓國史論』 4輯, 국사편찬위원회, 1978, 77쪽.

30 양기석, 「백제 위덕왕대 왕권의 존재 형태와 성격」, 『백제연구』 21, 충남대학교백제연구소, 1990, 37~54쪽.

사신도 벽화고분이다. 백제의 오행신앙이 사신 인식에 영향을 미쳤고 형상화도 가능하게 했음을 확인시켜 주는 또 하나의 좋은 사례다. 두 고분벽화는 6세기 동아시아 문화가 백제의 장의미술에도 영향을 미치고 있었음을 보여 준다고도 할 수 있다.

6세기 말 작품인 능산리1호분 벽화의 백호는 차분하고 안정된 분위기를 보이는 천장의 연꽃 및 구름장식과 잘 어울리는 존재다. 고구려 국내성지역의 6세기 고분벽화에서 확인할 수 있는 격렬하고 위압적으로 귀(鬼)를 내쫓는 모습을 보이기보다, 위엄을 갖추되 차분하게 지키며 사귀를 물러가게 하는 백제식 수호신이라고 할 수 있다. 백제미술에 일관되게 흐르는 따뜻하고 부드러우며 안정적인 분위기가 우주적 수호신이 주인공인 사신도 고분벽화에도 흐르고 있다고 하겠다. 물론 그렇다고 해서 지키는 자의 힘과 위엄이 사라지는 건 아님을 벽화의 백호가 잘 보여 준다.

지금까지 백제의 유적에서는 송산리6호분, 능산리1호분 외에 다른 고분벽화가 발견되지 않고 있다. 전축분인 무령왕릉에는 벽화가 그려지지 않았으며, 성왕의 왕릉으로 추정되는 능산리2호분(중하총)이나[31] 무왕의 장지로 추정되는 익산 쌍릉의 석실에도 벽화는 보이지 않는다. 이는 백제에 고분벽화라는 장의미술이 소개되고 수용되었음에도 문화전통으로 자리 잡지 못했음을 의미한다.

무덤칸 벽에 그림을 그린 휘장이 걸려 있었을 가능성도 제기되지만,[32] 확인이 어려운 부분이다. 신라나 가야의 사례에서 알 수 있듯이 특정한 시기에 몇몇 인물이나 특정 가문에 의해 고분벽화라는 새로운 장의미술이 일시적으로 수용되는 데 그쳤다고 보는 것이 오히려 정확할 듯하다. 물론 그 원인은 장례문화가 지닌 강한 보수성에서 찾아야 할 것이다.

유물, 유적이나 문헌 기록으로 볼 때, 고분벽화로 확인되는 불교의 전생적 내세관이나 도교의 승선적 내세관, 다양한 종교 관념이나 신앙이 백제에 수용되지 않았던 것은 아니다. 무령왕릉에서 출토된 매지권이나 부여에서 출토된 산경문전 등은 백제에도 도교적 내세관이 수용되었다는

31 이남석, 「능산리 고분군과 백제왕릉」, 『백제 문화』 29, 공주대학교백제문화연구소, 2000, 21쪽.

32 안휘준, 『한국의 벽화고분』, 197쪽.

것을 의미하며,[33] 법왕(法王)과 관련된 기록이나 불교 관련 설화 등은 불교적 내세관이 백제의 주류적 내세관의 한 갈래로 자리 잡고 있었음을 미루어 짐작하게 한다. 송산리6호분의 주된 축조 재료인 오수전문 벽돌과 벽화로 그려진 사신 역시 오행설과 사신신앙에 바탕을 둔 풍수지리설, 천인상관설이 백제에 알려지고 유행했음을 확인시켜 준다. 물론 능산리1호분 널방 천장의 연꽃문이 불교적 내세관의 구체적 표현으로 이해되어야 한다.

그런데도 백제지역에서 벽화고분이 2기만 발견된 것은 고분벽화라는 장의미술이 백제 문화의 한 요소로 뿌리내리지 못했음을 뜻한다. 상지상묘술에 입각해 찾아낸 사신지세의 땅에 무덤을 조성했다면 무덤 안에 사신도를 그릴 필요가 없다. 승선관에 입각한 도사의 재초(齋醮)가 제대로 행해졌다면 무덤 안에 굳이 승선 장면을 묘사하지 않아도 될 것이다. 백제의 사원에서 온갖 명목의 제를 행했다면 불교적 내세관에 바탕을 둔 그림을 무덤 안에 그려 넣을 필요는 없지 않겠는가?

33 장인성, 『한국 고대 도교』, 서경문화사, 2017, 103~111쪽.

제2장

신라

1. 유적 개요

1) 순흥 읍내리벽화분

영주 순흥에서 발견된 2기의 벽화고분은 소백산맥 이남 신라의 영역 안에 축조된 유적이라는 점에서 세간의 눈길을 끌었다(그림 2-16, 2-17).[1] 2기의 벽화고분은 신라 중앙에서 횡혈식 석실분이 유행하기 이전 초기 양식으로 만들어진 석실분이다. 이에 더해 무덤칸 안에서 축조 시기를 짐작하게 하는 명문이 확인되었고 벽화도 발견되었다. 그런데 고분벽화는 신라에 수용되지 않았던 외부 세계의 낯선 미술 작품 아닌가?

영주 순흥의 2기 벽화고분은 발견된 이래 신라 중앙의 문화와 변경인 순흥 문화의 관계를 둘러싼 논의를 가능하게 한다는 점에서 주목받았다.[2] 하지만 관련 연구는 제대로 진행되지 못했고 연구도 충분히 축적되지 않았다. 두 유적이 발견되어 학계에 보고되던 시기에는 북한과 중국의 고구려 벽화고분도 고작 조사, 보고에 그칠 정도로 연구에 별다른 진척이 없었기 때문이다.

---

1 이 장에 사용된 순흥의 2기 벽화분의 벽화 모사도는 국립문화재연구소에서 제공받았고, 순흥 2기 벽화분 발굴, 조사 과정과 결과는 이화여자대학교박물관, 『영주 순흥벽화고분 발굴조사보고』, 1984; 문화재연구소, 『순흥 읍내리벽화고분』, 1986; 문화재연구소·대구대학교박물관, 『순흥 읍내리벽화고분 발굴조사보고서』, 1995를 참조했다.

2 안휘준, 「기미년명 순흥 읍내리고분벽화의 내용과 의의」, 『순흥 읍내리벽화고분』, 1986, 61~98쪽.

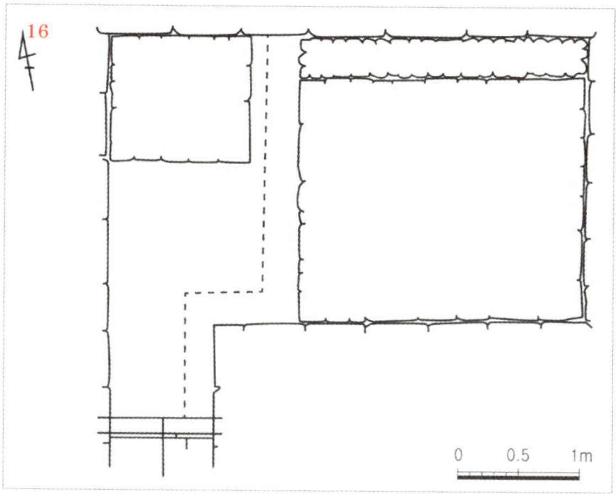

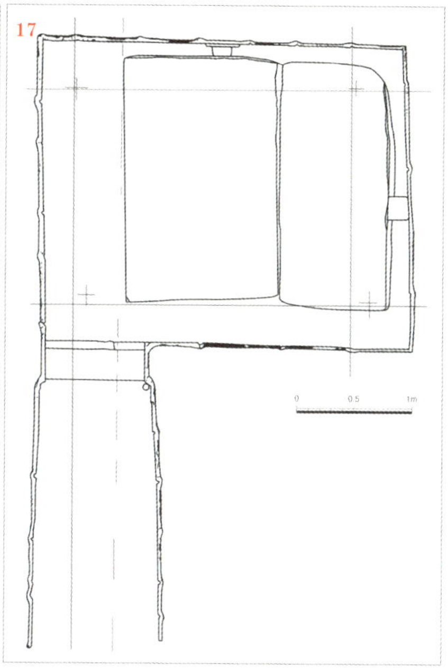

그림 2-16 순흥 읍내리벽화분 무덤칸 실측도
그림 2-17 순흥 어숙지술간묘 무덤칸 실측도

이 장에서는 영주 순흥의 2기 벽화고분이 사회문화의 어떤 흐름을 배경으로 축조되고, 벽화가 그려졌는지를 살펴본다. 먼저 벽화에 보이는 여러 제재와 비교, 검토될 수 있는 다른 유적, 유물에는 어떤 것이 있는지 알아보고, 영주 순흥에서 이런 형식과 내용의 벽화가 나타나는 과정과 의미를 추적해 보려고 한다.

순흥 읍내리벽화분은 영주시 순흥면 읍내리 산29-1번지 일대에 분포한 십여 기의 고분 중 하나다. 소백산맥의 줄기인 비봉산 정상에서 서남방으로 뻗어 내린 구릉 경사면에 있다. 1971년 이화여자대학교박물관에서 발굴 조사한 어숙지술간묘와는 1km 떨어진 곳이다. 폐고분의 도굴 구멍으로 무덤칸 안에 들어가 조사하던 중 벽면에 벽화가 그려져 있음을 확인하게 되었다고 한다. 1985년 문화재관리국 문화재연구소와 대구대학교박물관이 합동으로 발굴, 조사했다.[3]

읍내리벽화분은 널방 남벽 서쪽으로 치우친 널길과 널방으로 이루어진 굴식돌방무덤(橫穴式石室墓)으로 무덤간 방향은 남향이다. 널길의 길이×너비

3 문화재연구소·대구대학교박물관, 『순흥 읍내리벽화고분 발굴조사보고서』.

는 0.91×0.77m, 널방의 남북 길이×동서 너비×높이는 2.02×3.53×2.05m다. 무덤칸 입구는 큰 돌을 7단 정도 차곡차곡 쌓아서 막았다. 널길 입구에는 돌문이 설치되어 있다. 널방은 동서가 긴 장방형이다. 가로×세로 50×25cm 크기의 거칠게 다듬은 장방형 깬돌을 사용해 위로 올라가며 안으로 굽어지게 벽을 쌓았고, 큰 판석 여러 장을 동서 방향으로 나란히 덮어 무덤칸 천장을 마무리했다. 시신을 안치한 시상대는 막돌로 쌓아 만들었다. 시상대의 길이×너비×높이는 2.02×2.01×0.67m다. 시상대에는 40대 이상인 남자 1명, 20대 여성 2명의 인골이 놓여 있었다. 벽과 천장에 회를 바르고 그 위에 벽화를 그렸으나 많은 부분이 박락되었고 특히 천장석 벽화는 남아 있지 않다.

길이가 짧은 널길 동벽 끝의 널방 가까운 곳에는 역사상을 그렸다(그림 2-18). 역사의 벗은 상반신은 붉게 칠했으며 붉은 선을 진하고 굵게 여러 번 그어 근육을 나타냈다. 널방 남벽에는 벽화가 거의 남아 있지 않다. 상단에 묵서명문과 왼손에 삼지창을 쥔 인물상이 일부 남아 있을 뿐이다(그림 2-19). 2열 9자인 묵서명문은 "己亥中墓像人名□□(기해에 묘상인의 이름은 □□)"이라 읽을 수 있다.[4] 기해는 무덤이 축조된 해인 듯하다. 묘상인은 무덤의 주인을 가리킨다. 인물상이 손에 쥐고 있는 삼지창은 끝이 3갈래로 갈라졌고, 어형기(魚形旗)가 매달려 휘날린다.

널방 동벽은 오른쪽 윗부분에 도굴 구멍이 커다랗게 뚫리면서 벽체가 많이 훼손되었다. 동벽 벽화는 새 한 마리와 산을 그린 듯이 보이는 부분만 남아 있다(그림 2-20). 널방 서벽에는 두 손으로 뱀을 쥐고 달려가는 역사가 그려졌다(그림 2-21). 상반신을 드러낸 역사는 널길 쪽을 향해 크게 소리 지르며 달려드는 듯이 보인다. 역사의 키는 145cm 정도다. 역사를 표현할 때 묵선으로 윤곽을 그리고 그 안에 붉은색을 넣어 역사가 괴력을 지닌 존재라는 사실을 드러내려고 했다. 앞으로 풀어 헤친 역사의 검은 머리는 2갈래로 나뉘어 비스듬히 옆으로 뻗었으며 귀에 꽃봉오리 형태의 귀걸이를 했다. 아랫도리는 황색이다. 오른손으로는 뱀의 목을 잡고 왼손으로는 꼬리를 잡았다. 입은 크게 벌려 날카롭게 뻗은 송곳니를 드러냈으며 턱에는 구레나룻이 무

---

4 묵서명문의 간지가 '己亥'인지 '己未'인지를 둘러싼 논쟁이 있었으나, 최근 '未'로 읽었던 글자가 '亥' 자라는 사실이 확인되었다(김재홍, 「함안 성산산성과 출토 목간의 연대」, 『木簡과文字』 22, 2019, 25쪽).

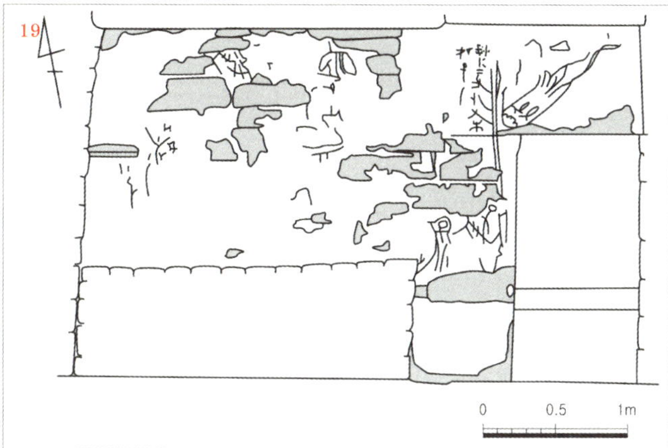

그림 2-18 순흥 읍내리벽화분 널길 동벽 벽화 모사선화: 문지기 역사
그림 2-19 순흥 읍내리벽화분 널방 남벽 벽화 모사선화: 묵서명문과 인물

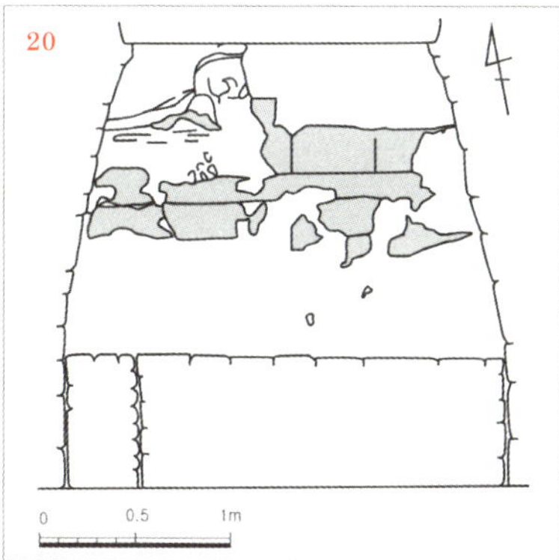

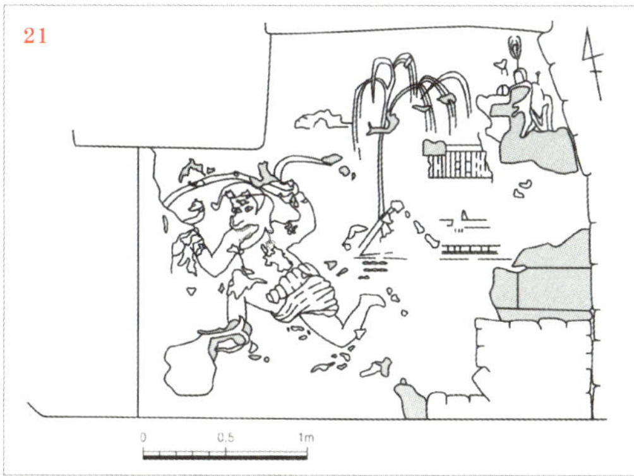

그림 2-20 순흥 읍내리벽화분 널방 동벽 벽화 모사선화: 새와 산
그림 2-21 순흥 읍내리벽화분 널방 서벽 벽화 모사선화: 역사와 버드나무

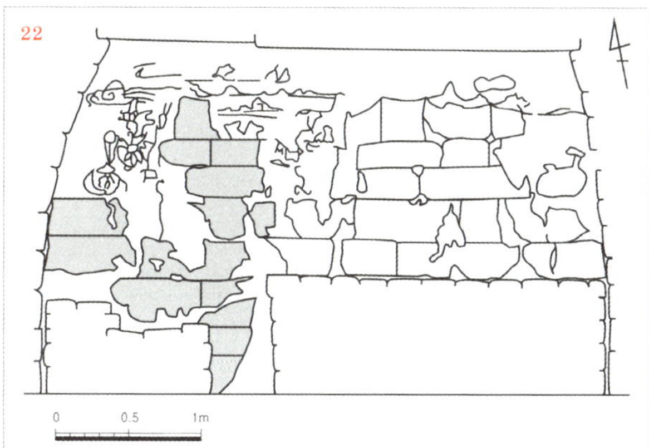

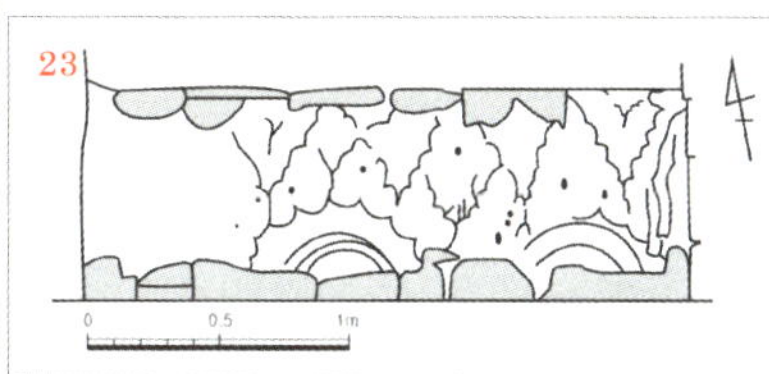

그림 2-22 순흥 읍내리벽화분 널방 북벽 벽화 모사선화: 연못
그림 2-23 순흥 읍내리벽화분 널방 시상대 벽화 모사선화: 장식문

성하다.

서벽 상단에는 버드나무와 시설물이 그려졌다. 가지가 늘어진 버드나무 오른쪽에 어떤 시설물이 있지만, 정체를 알기 어렵다. 버드나무와 이 시설물 둘레로는 담이 쳐졌다. 서벽 모서리에 여인이 묵선으로 그려졌다고 보고되었으나, 실제 벽화나 모사도에서는 이를 확인하기 어렵다. 널방 북벽은 벽면의 석회가 많이 박락되어 벽화 제재를 읽어 내기 쉽지 않다. 군데군데 산, 구름, 새, 꽃봉오리, 연못이 부분적으로 남아 있다(그림 2-22). 산은 묵선으로 윤곽을 그리고 안을 붉은색으로 칠했다. 벽 한쪽에는 날아가는 새를 선묘로 그렸다. 벽면 서쪽에 치우쳐 있는 여러 송이의 연꽃은 붉은색으로 윤곽을 잡고, 줄기 등은 황색으로 표현했다.

시상대 서쪽 옆면 하단에 그려진 것은 꽃의 일부인 것처럼 보인다(그림 2-23). 반원의 테두리 안에 붉은색 굵은 줄 2겹이 돌아가며, 그 위로 끝이 뾰족한 삼각문이 연결되어 반원의 테두리 밖으로 돌아간다. 그 끝에 굵은 점이 찍혔고 위에 꽃잎을 나타낸 듯한 묵선이 있다. 연꽃이 양식화되어 반만 그려진 것으로 보이기도 하나 정체가 불분명하다.

2) 순흥 어숙지술간묘

어숙지술간묘는 영주시 순흥면 태장리 산95번지 비봉산에 있으며 1971년에 이화여자대학교박물관에서 발굴, 조사했다.[5] 무덤은 널길과 널방으로 이루어진 외방무덤으로 무덤 방향은 남향이다. 널길의 길이는 2.6m다. 널방은 동서가 긴 장방형으로 남북 길이×동서 너비 2.45~2.50×3.10~3.14m다. 60×18cm 크기의 장방형 깬돌을 사용해 위로 올라가며 안으로 굽어지게 벽을 쌓았다. 벽면 2~3곳에는 쇠못이 박혀 있다. 널방 입구에 외짝의 돌문을 설치했다. 돌문의 높이×아래 너비×위 너비는 1.29×0.94×0.81m이며 문의 두께는 0.10m다. 돌문의 중간에는 청동제 고리를 달았다. 천장은 판석 2매로 덮었다. 관대는 판석 2매로 만들어졌다. 벽화는 널방의 네 벽과 천장에

5 이화여자대학교박물관, 『영주 순흥벽화고분 발굴조사보고』; 문화재연구소, 『순흥 읍내리벽화고분』.

회를 바르고 그렸으나 습기 등으로 인해 박락되었고, 현재는 널길 천장과 돌문에만 일부 남아 있다.

널방으로 들어가는 돌문 바깥 면에 두 여인이 그려졌다. 한 여인은 돌문 가운데에 그려졌으나 훼손이 심해 상반신은 거의 알아볼 수 없다. 비스듬히 옆으로 돌린 얼굴의 윤곽 정도를 알아볼 수 있을 뿐이다. 치마와 옷 주름을 표현한 선들은 비교적 잘 남아 있다. 황색 상의 양쪽으로 긴 끈이 치마 위로 늘어졌으며 옷 주름은 선이 여러 번 겹쳐 표현되었다. 돌문 안쪽 면에 '을묘년어숙지술간(乙卯年於宿知述干)'이라는 명문이 새겨져 있다. 조사 당시는 글자에 주칠(朱漆)이 남아 있었다. 이는 '술간'이던 '어숙'의 무덤이라는 뜻이다. 널길 천장에는 적색, 황색, 흑색으로 7엽 3중판 연꽃이 크게 그려졌다. 연잎에는 잎맥을 나타냈고, 끝은 뾰족하다.

2. 벽화 제재 분석

1) 순흥 읍내리벽화분

읍내리벽화분 널길 동벽에 그려진 역사(力士)는 문지기로(그림 2-24), 근육질의 붉은 몸에 험상궂은 표정으로 온갖 사악한 존재들이 무덤 안으로 들어올 엄두도 내지 못하게 하려 애쓰는 존재다. 무덤 문으로 기어들려던 사귀(邪鬼)들이 눈을 부릅뜨고 고함치며 을러대는 역사의 모습을 보고 겁에 질려 아예 무덤 안을 들여다보지도 못하게 하려 한 것이다. 역사의 왼쪽 어깨에서 내려와 오른쪽 허리 쪽으로 질러 내려간 띠 모양 천은 불교 여래와 승려의 옷자림에서 보이는 우견편단(右肩編袒)이다.

널길 역사의 상투 모양과 붉은빛 상체는 고구려의 6세기 벽화고분인 통구사신총의 문지기 역사와 닮은 점이 있다(그림 2-25). 통구사신총 문지기 역사는 상체에 아무것도 걸치지 않았고 손에 긴 창과 악기의 일종으로 보이는 것을 쥐고 앞으로 나아가는 자세를 하고 있다. 근육질이고 몸이 붉으며 눈을 부릅뜨고 입을 크게 벌려 고함을 지르는 모습은 읍내리벽화분 널길 역사와 비슷하다. 무덤을 지키는 존재로서 의미가 부여된 역사에게 거칠고 강한 이미지를 구상해 형상화했다는 점에서도 두 역사 사이에 공통된 부분이 있다.

그림 2-24 순흥 읍내리벽화분 널길 동벽 벽화 모사도: 문지기 역사
그림 2-25 집안 고구려 통구사신총 널길 서벽 벽화 모사도: 문지기 역사

그림 2-26 순흥 읍내리벽화분 널방 남벽 벽화 모사도: 어형기
그림 2-27 순흥 읍내리벽화분 널방 남벽 벽화: 어형기

그림 2-28 남포 고구려 덕흥리벽화분 앞방 남벽 벽화: 대행렬 중의 철기(鐵騎)
그림 2-29 안악 고구려 안악1호분 널방 동벽 벽화: 기수
그림 2-30 남포 고구려 약수리벽화분 널방 북벽 벽화: 행렬도 중의 기수들
그림 2-31 남포 고구려 수산리벽화분 널길 동벽 벽화: 문지기 장수

널방 남벽 벽화에서 주목할 만한 것은 묵서명문과 한 인물이 세워 든 삼지창의 어형기다(그림 2-26, 2-27). 삼지창을 든 인물 곁에 부분적으로 남은 선들은 이 인물 곁에 일정한 간격으로 최소 두 사람 정도는 선 채 무엇인가를 세워 들고 있었을 가능성을 고려하게 한다. 삼지창에 고리를 걸어 단 어형기는 바람에 휘날리는 상태인데, 이처럼 창에 깃발을 단 사례는 남포 덕흥리벽화분을 비롯한 5세기 제작 고구려 고분벽화에서 찾아볼 수 있다(그림 2-28~2-31).

무덤주인이 주인공인 규모 있는 행렬에서 호위를 담당한 철기(鐵騎)나 기마 인물들은 긴 창에 여러 유형의 깃발을 달아 행진함으로써 무덤주인의 지위와 권세를 과시하게 되는데, 벽화에 보이는 깃발 가운데는 읍내리고분벽화에 보이는 어형기처럼 끝이 두 갈래로 갈라진 것도 보인다. 고구려 수산리벽화분의 경우에는 무덤을 지키는 문지기 무사가 세워 든 창에 끝이 둘로 나뉜 깃발이 달려 있다. 이 문지기 장수는 5세기 후반의 늦은 시기에 그려진 것으로 추정된다.[6] 만약 읍내리벽화분 널방 남벽의 선 몇 개 정도만 남아 있는 부분에도 인물들이 그려졌다면 이들 역시 깃발 달린 창을 세워 들고 있었을 가능성이 크다. 고구려 안악3호분의 경우에도 의장 기수들은 앞방 남벽에 그려졌다.

널방 동벽은 도굴 구멍으로 인한 훼손으로 벽화가 거의 남아 있지 않으나 비교적 세련된 선으로 묘사된 새 그림의 일부는 주목할 필요가 있다(그림 2-32). 날개를 펴고 부리를 벌린 새의 둘레로 둥근 선이 돌고 있는 것으로 볼 때, 이 새가 해 안의 세발까마귀일 가능성을 보여 준다. 새의 위치가 동벽 제일 위라는 사실이 이런 추정에 힘을 실어 준다. 새를 그린 필선의 흐름이 자연스러워, 6세기 전반에 제작된 백제 무령왕릉에서 출토된 왕비 두침에 장식된 봉황[7](그림 2-33), 부여 능산리사지에서 출토된 백제대향로 뚜껑의 봉황(그림 2-34), 고구려 진파리1호분 벽화의 화생하는 새를 연상시킨다(그림 2-35).

천장고임부가 없는 읍내리벽화분에서는 해와 달은 벽의 상단에 그려 넣을 수밖에 없지만, 고구려 벽화고분의 경우 남포 수렵총이나 평양 진파리1호분의 사례처럼 천장고임이 있음에도 벽의 상단에 해와 달을 묘사하기도 한다(그림 2-36, 2-37). 만일 읍내리벽화분에 그려진 새의 아래 남아 있는 그림

---

6 전호태, 『고구려 벽화고분』, 돌베개, 2016, 184쪽.

7 백제 무령왕비는 526년 죽은 뒤, 529년 왕릉에 추가로 안장되었다(문화재관리국, 『무령왕릉발굴조사보고서』, 1973).

그림 2-32　순흥 읍내리벽화분 널방 동벽 벽화: 해 안의 새
그림 2-33　공주 백제 무령왕릉 출토 왕비 두침
그림 2-34　부여 백제 능산리사지 출토 백제대향로 뚜껑 위의 봉황

그림 2-35　평양 고구려 진파리1호분 널방 서벽 벽화 모사도: 화생하는 새
그림 2-36　남포 고구려 수렵총 널방 동벽 벽화 모사도: 청룡 위에 그려진 해
그림 2-37　평양 고구려 진파리1호분 널방 동벽 벽화 모사선화: 백호, 비천, 달

그림 2-38　순흥 읍내리벽화분 널방 서벽 벽화 모사도: 역사
그림 2-39　집안 고구려 삼실총 제3널방 동벽 벽화 모사도: 역사
그림 2-40　집안 고구려 삼실총 제2널방 동벽 벽화 모사도: 역사

이 산봉우리라면 벽화의 이 부분은 아침 일출 장면일 수 있다.

널방 서벽의 역사는 널길 벽에 그려진 뱀을 쥔 역사보다 오히려 더 험상궂고 기괴한 모습이다(그림 2-38). 크게 벌린 입의 위아래에는 맹수처럼 송곳니가 날카롭게 솟았고, 두 손에 뱀을 잡고 앞으로 달려가는 모습에서는 위협감이 느껴진다. 뱀과 함께 등장하는 역사는 집안 삼실총을 비롯한 고구려 고분벽화에서 쉽게 찾아볼 수 있다(그림 2-39, 2-40). 그러나 읍내리고분벽화의 뱀을 든 역사와 비슷한 분위기를 자아내는 역사는 찾아보기 어렵다. 뱀을 목이나 다리에 걸고 있는 고구려 삼실총 벽화의 역사들은 뱀의 재생력과 신수(神獸)로서의 이미지를 구현해 내는 존재임을 드러낸다.

읍내리고분벽화의 역사가 머리 위로 쳐든 뱀은 머리의 형태가 길짐승과 같으며 목에는 띠가 둘러져 있다(그림 2-41). 뱀의 머리와 목만 보면 마치 집에서 키우는 짐승인 것처럼 느껴진다. 머리가 길짐승처럼 보이는 뱀은 고구

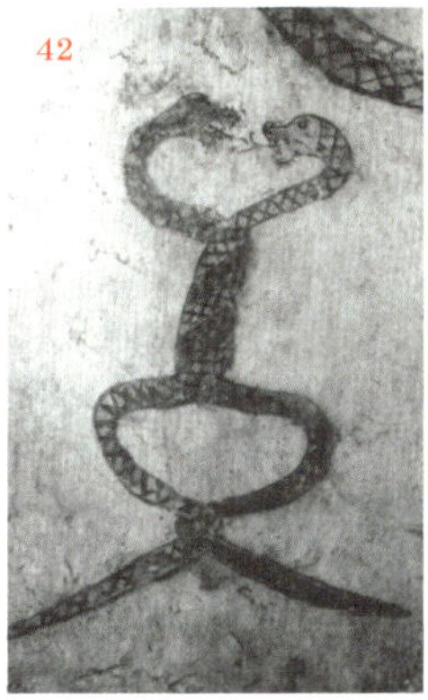

그림 2-41 순흥 읍내리벽화분 널방 서벽 벽화 모사도: 뱀
그림 2-42 집안 고구려 삼실총 제2널방 천장고임 벽화: 쌍사교미(雙蛇交尾)
그림 2-43 울산 천전리 각석 세선각화 모사선화: 엎드린 용

려의 삼실총 벽화에도 보이지만(그림 2-42), 읍내리고분벽화의 사례처럼 머리에 귀까지 달리지는 않았다. 이는 뱀을 인식하고 형상화하는 데에 지역 특유의 시각이나 이미지가 작용했음을 보여 준다. 즉 이것이 신라 사람들의 뱀에 대한 인식과 관련이 있을 수도 있다. 울산 천전리 각석의 경우, 세선각화로 묘사된 용 가운데 도마뱀처럼 엎드린 것은 머리에 두 귀가 달려 있다(그림 2-43).[8]

읍내리고분벽화의 역사는 무덤 안으로 몰래 기어든 뱀을 잡아챈 상태일까? 아니면 뱀의 힘과 이미지를 구현해 내는 존재여서 뱀을 두 손으로 잡아 머리 위로 치켜들고 있는 걸까? 표정에 당황한 기색이 없고 목에 띠를 두른 것으로 볼 때 이 뱀은 사람과 친숙하다. 즉 사람을 돕는 존재인 것이다. 구렁이를 집 지킴이로 여기는 한국의 오랜 문화전통을 고려하면 역사가 두 손에 쥐고 있는 뱀과 고구려 삼실총 벽회의 뱀은 재생력을 지닌 지킴이로서 벽화

---

8 전호태, 「울산 천전리 서석 암각화의 용」, 『한국고대사연구』 77, 2015, 83~84쪽.

에 그려졌다고 이해해야 할 듯하다.

읍내리고분벽화 역사의 귀에 걸린 귀걸이는 어떻게 해석해야 할까? 벽화에 묘사된 귀걸이는 가는 고리 귀걸이로 끝에 보조 장식이 둘레를 감싼 심엽형 드림이 달렸다(그림 2-44). 보조 장식과 심엽형 드림은 서로 어우러지며 피어나려는 꽃봉오리가 거꾸로 달린 듯이 보이기도 한다. 덧붙인 장식을 제외하고 심엽형 드림만 달린 가는 고리 귀걸이는 중국 길림성 집안 산성하고분군에서 출토된 고구려 금 귀걸이(그림 2-45)를 기본형으로 삼은 신라 6세기 전반으로 편년되는 금 귀걸이와 비교된다. 원통형 샛장식이 사용된 신라 귀걸이와는 세부적으로는 차이가 있으나[9] 역사의 귀에 걸린 귀걸이가 큰 흐름에서는 샛장식이 비교적 단순한 경주 노서동고분에서 출토된 금 귀걸이 등과 유사하다고 볼 수 있다.

고대사회에서 귀걸이가 신분, 지위, 소속 집단을 나타내는 상징물로 사용되었음을 고려하면 역사가 귀에 걸고 있는 귀걸이 역시 그런 의미를 지녔을 것이다. 역사가 귀에 걸고 있는 귀걸이는 무덤주인의 신분, 지위와도 연결 지을 수 있을 듯하다. 읍내리벽화분이 속한 읍내리고분군에서는 굵은 고리 귀걸이와 가는 고리 귀걸이가 모두 출토되었다(그림 2-46~2-48).[10]

널방 서벽 상단에 그려진 버드나무는 구름 사이로 높이 솟았다(그림 2-49). 나무 곁에는 어떤 시설물이 묘사되었으며 나무줄기 둘레로 그어진 'ㄴ'자 구획선은 담으로 해석되고 있다. 거목으로 그려진 버드나무가 특별히 구획된 공간 안에 배치되어 기림과 보호를 받고 있다.

고대 유라시아의 여러 민족에게 버드나무는 벽사와 재생의 능력을 지닌 신수 가운데 하나였다.[11] 선비족이나 말갈족, 거란족 등 동북아시아 여러 민족의 제천 행사에 사용되는 신목도 버드나무인 경우가 많았다. 선비족 탁발부가 세운 북위의 석각신화에 버드나무가 묘사되는 것도 버드나무에 대한 오랜 민속신앙의 흔적이라고 볼 수 있을 것이다(그림 2-50). 고구려의 시조인 주몽의 어머니 유화도 버드나무 신앙과 관련이 있다.[12] 오늘날에도 남아 전

9 이한상, 『황금의 나라 신라』, 김영사, 2004, 175~186쪽.

10 이한상, 「읍내리 분묘군의 편년을 통해 본 5세기 순흥지역의 위상」, 『역사문화연구』 19, 2003, 7~10쪽.

11 박원길, 『유라시아 초원제국의 샤마니즘』, 민속원, 2001, 81~84쪽.

12 최혜영, 「버드나무 신화소를 통해 본 유라시아 지역의 문명 교류의 가능성 혹은 그 接點」, 『동북아역사논총』 22, 2008, 185~217쪽.

그림 2-44　순흥 읍내리벽화분 널방 서벽 벽화 모사도: 역사의 귀에 걸린 귀걸이
그림 2-45　집안 고구려 산성하고분군 출토 가는 고리 귀걸이
그림 2-46　순흥 읍내리5호묘 출토 굵은 고리 귀걸이
그림 2-47　순흥 읍내리11호묘 출토 가는 고리 귀걸이 1
그림 2-48　순흥 읍내리11호묘 출토 가는 고리 귀걸이 2

해지는 한국의 무속에서도 버드나무 가지는 귀신을 쫓을 때 사용한다. 벽화의 버드나무 역시 이런 기능과 역할이 부여된 신목(神木)으로 보아야 할 것이다. 한국 삼한시대 솟대(그림 2-51)와 유사한 기능을 지녔다고 평가받는 몽골의 오보에 꽂아 두는 것도 버드나무 가지다.

버드나무 곁에 묘사될 시설물의 정체는 명확하지 않다. 기와집으로 해석되기도 하고 우물일 가능성도 거론되지만,[13] 어느 것으로 단정 지을 수 있을 만한 단서는 보이지 않는다. 다만 이 시설물이 신성목인 버드나무와 관련이 있을 가능성은 크다. 버드나무와 시설물의 오른쪽에도 어떤 식물의 일

13　이태호, 「高句麗와 新羅 미술이 공존하는 榮州 順興의 邑內里壁畵古墳과 台庄里 於宿墓」, 『미술자료』 79, 2010, 19~42쪽.

그림 2-49　순흥 읍내리벽화분 널방 서벽 벽화 모사도: 버드나무
그림 2-50　중국 하남 낙양 적천촌(翟泉村) 북망산파(北邙山坡) 출토 북위 영무석실(寧懋石室, 501년) 석각선화: 버드나무
그림 2-51　대전 괴정동 출토 농경문 청동기: 솟대의 새

부로 보이는 선이 여럿 남아 있으나 이 선의 정체가 무엇인지는 잘 드러나지 않는다.

벽화가 부분적으로만 남아 있는 널방 북벽에서 비교적 형태가 잘 보이는 것은 연꽃이다(그림 2-52, 2-53). 꽃이 활짝 핀 뒤 연밥이 자라 올라온 상태의 연꽃은 벽화로 거의 그려지지 않지만, 고구려 고분벽화에서 연화화생(蓮花化生)의 과정을 보여 주면서 연밥을 그렸던 사례는 있다(그림 2-54, 2-55).[14]

14　남포 성총 널방의 각 방향의 벽에는 연화화생의 과정이 네 단계로 나뉘어 묘사되었다(전호태, 『고구려 고분벽화 연구』, 사계절, 2000, 169~170쪽).

그림 2-52 순흥 읍내리벽화분 널방 북벽 벽화: 연못
그림 2-53 순흥 읍내리벽화분 널방 북벽 벽화 모사선화: 연못
그림 2-54 남포 고구려 성총 널방 서벽 벽화: 연꽃
그림 2-55 집안 고구려 장천1호분 앞방 벽화 모사선화: 연꽃

그림 2-56 순흥 읍내리벽화분 널방 북벽 벽화: 구름과 새, 꽃봉오리
그림 2-57 순흥 읍내리벽화분 널방 북벽 벽화 모사선화: 구름과 새, 꽃봉오리

그림 2-58 순흥 읍내리벽화분 널방 시상대 벽화 모사도: 장식문

만일 읍내리 고분벽화를 그린 화가가 연꽃을 묘사하면서 꽃술까지 다 그리고 연꽃잎 끝을 뾰족하게 마무리하는 고구려의 북방식 표현을 염두에 두었다면 널방 북벽 벽화의 연꽃이 탄생할 수도 있다.

널방 북벽의 오른쪽 아래 선묘로 그려진 새 두 마리는 비교적 세련된 필선으로 자연스럽게 묘사되었다. 상대적으로 소박한 느낌을 주는 화면 왼쪽 위의 연꽃과 대조가 된다(그림 2-56, 2-57). 사실상 한 화면이므로 화가가 제재를 나누어 그리지 않았음이 거의 확실한데, 필선의 흐름에 차이가 보이는 이유는 무엇일까? 이는 아마도 화가가 표현해 내려는 제재에 익숙한 정도와 관련이 있는 듯하다. 일상 속에서 볼 수 있는 새를 그리는 데에는 익숙하지만, 불교 신앙의 대상인 연꽃은 편안하게 묘사하기 어려웠기 때문일 것이다. 만일 화가가 화생(化生)하는 연꽃을 그리려 했다면 불교 신앙이 전제되어야 할 터이다. 그러나 불교에 대한 이해가 깊지 않다면 그림도 평범할 수밖에 없지 않겠는가?

읍내리벽화분 널방 시상대 옆면에 그려진 무늬와 비슷한 것을 삼국시대의 다른 유적, 유물에서는 찾기 어렵다(그림 2-58). 외형상으로는 중국의 5호16국시대 서역 석굴사원 벽화에 보이는 부처 본생담(本生譚) 배경을 연상할 수도 있지만, 시상대 장식 벽화가 그런 용도로 그려지지는 않았으므로 단순 비교는 곤란하다. 고구려 고분벽화의 삼각화염문과는 그리는 기법과 의도에서 아예 달라 비교할 수가 없다. 현재로서는 유사한 표현을 찾을 때까지는 이에 대한 검토를 미루어야 할 것 같다.

2) 순흥 어숙지술간묘

순흥 어숙지술간묘의 돌문에 실물대로 그려진 여인은 엉덩이까지 덮는 긴 저고리와 치마 차림이다(그림 2-59). 옷 위로 천의의 자락이 휘날리고 있어 이 여인이 속세의 존재가 아님을 드러낸다. 저고리 아래쪽에 허리띠를 맸고, 저고리 끝은 굵게 주름진 상태다. 색감이 화려하고 옷자락 선이 자연스럽게 흐르고 있어 화가가 인물화 묘사에 능하다는 사실을 알 수 있다. 인물의 구도와 배치까지 함께 고려하면 순흥 어숙지술간묘 벽화는 읍내리벽화분보다 늦은 시기에 제작되었음이 확실하다. 고구려 고분벽화에서는 이런 형상의 인물과 비교 가능한 사례를 찾아보기 어렵다. 수산리벽화분의 귀부인이나, 강

그림 2-59 순흥 어숙지술간묘 널방 돌문 벽화: 천녀
그림 2-60 남포 고구려 수산리벽화분 널방 서벽 벽화: 귀부인
그림 2-61 남포 고구려 강서대묘 널방 천장고임 벽화: 비천

서대묘 벽화의 비천과는 구상과 형식에서 차이를 보인다(그림 2-60, 2-61).

어숙지술간묘 널길 천장에 그려진 활짝 핀 연꽃은 7엽 3중판이며 꽃잎에 잎맥이 표현되었다(그림 2-62). 각 3중판의 안쪽에 2개의 붉은색 꼭지가 표현되었는데, 꽃술을 나타낸 듯하다. 3중판이나 4중판 꽃잎을 가진 연꽃은 고구려의 5세기 후반 평양권 고분벽화와 가야의 고령 고아동 고분벽화, 백제 무령왕릉에서 출토된 은제 탁잔 뚜껑 장식무늬에서도 보인다(그림 2-63~2-67).[15] 하지만 어숙지술간묘 연꽃처럼 꽃잎 전체에 잎맥이 표현되지는 않는다. 꽃술과 비슷한 꼭지 표현도 삼국시대의 다른 고분벽화 또는 유물에 장식된 연꽃에서는 찾아볼 수 없다. 따라서 어숙지술간묘 벽화의 연꽃은 백제나 고구려 장식무늬의 영향을 받았다 하더라도 최종 형태는 순흥에서 이 그림을 그린 화가의 창안이라 할 수 있다.

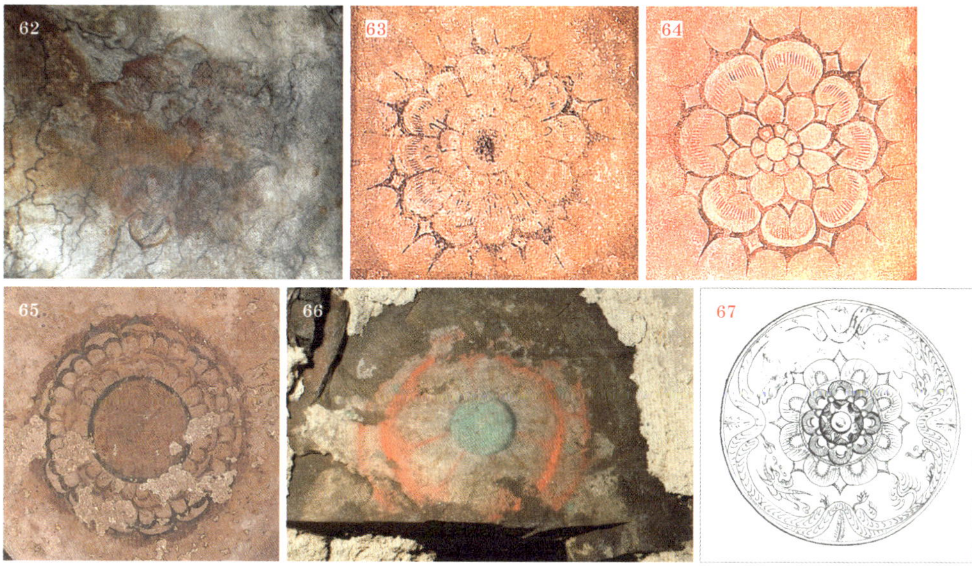

그림 2-62 순흥 어숙지술간묘 널길 천장 벽화: 연꽃
그림 2-63 남포 고구려 쌍영총 앞방 천장석 벽화: 연꽃
그림 2-64 남포 고구려 쌍영총 널방 천장석 벽화: 연꽃
그림 2-65 안악 고구려 안악2호분 널방 천장석 벽화: 연꽃
그림 2-66 고령 대가야 고아동벽화분 널방 천장 벽화: 연꽃
그림 2-67 공주 백제 무령왕릉 출토 동탁 은잔 뚜껑 장식: 연꽃과 상금서수

15 전호태, 「백제와 가야의 고분벽화」, 『남한의 고분벽화』, 2019, 203~225쪽.

3. 지역문화와 벽화고분

영주 순흥 일대는 삼한시대에 진한연맹체에 속했다. 거리상 경주나 경산, 청도, 영천, 의성 등 지역 소국 연맹체의 주도권을 놓고 각축하던 세력들에게서 떨어져 있어서 강력한 소국들 사이의 정치·사회적 알력에서는 벗어나 있었을 가능성이 크다. 아마도 순흥과 영주 일대는 사로국이 진한연맹체의 주도권을 확실히 쥐게 될 즈음 사로국의 세력권 안으로 편입되어 들어왔을 것이다. 진한연맹체와 외부 세계 사이의 통로인 죽령이 개통된 이후, 280년 진한 왕은 사로국의 이사금이 중국의 서진(西晉)에 사신을 파견했다고 추정되고 있다.[16]

사로국 왕이 진한연맹체를 대표하는 존재로서가 아닌, 진한 전역을 하나로 아우른 나라의 지배자로 국제 외교의 무대에 등장하는 것은 이로부터 1세기 정도 지난 377년이다. 이때 신라는 고구려를 통해 북중국의 전진(前秦)에 사신을 보낸다.[17] 순흥 일대가 신라의 지방 행정 단위로 확실하게 편제된 시기도 이즈음일 것이다. 392년 신라의 나물마립간이 이찬 대서지의 아들 실성(實聖)을 고구려에 볼모로 보낼 때,[18] 죽령 남쪽의 순흥은 신라에서 고구려로 넘어가는 국경 지대였을 것이다.

400년 가야, 왜국 연합군의 침입을 물리치는 과정에서 고구려 광개토왕의 도움을 받은 이후 고구려에 사실상 복속된 신라가 눌지마립간 때 볼모로 잡힌 복호(卜好)를 구해 내기 위해 신하들의 조언을 구할 때 등장하는 3인의 현자 중 한 사람인 파로(波老)는 이이촌간(利伊村干), 곧 영주 지역 지배자다.[19] 백제와 동맹을 맺어 고구려의 남하를 저지하려 애쓰던 소지마립간이 국경 지대를 순행하다가 미녀 벽화(碧花)를 만난 곳도 날이군, 곧 지금의 영주다.[20]

---

16 "武帝太康元年(280) 其王遣使獻方物 二年(281) 復來朝貢 七年(286) 又來"(『晉書』 卷97, 列傳67 東夷 辰韓; 박성현, 「5~6세기 고구려·신라의 경계와 그 양상」, 『역사와 현실』 82, 2011, 60쪽).

17 『資治通鑑』 卷104, 晉紀26 烈宗孝武皇帝上之中太元二年(377); 『太平御覽』 卷781, 四夷部東夷2 新羅.

18 "三十七年 春正月 高句麗遣使 王以高句麗强盛 送伊湌大西知子實聖爲質"(『三國史記』 卷3, 新羅本紀3 奈勿尼師今 37年).

19 "及訥祇王卽位 思得辯士往迎之 聞水酒村干伐寶靺一利村干仇里迺利伊村干波老三人有賢智"(『三國史記』 卷45, 列傳5 朴堤上).

20 "王幸捺已郡 郡人波路有女子 名曰碧花年十六歲 眞國色也 其父衣之以錦繡置轝 冪以色絹獻王"(『三國史記』 卷3, 新羅本紀3 照知麻立干 22年).

이를 보면 5세기 후반에도 영주와 잇닿은 순흥 일대가 고구려 세력이 소백산맥 이남으로 밀고 내려오지 못하게 막아 내는 마지막 보루처럼 여겨져 신라 중앙정부의 관심이 집중된 지역이었음을 알 수 있다.

중원 고구려비의 건립 시기를 6세기 초로 보고, 6세기에는 신라의 영향력이 죽령 이북에 미치게 되어 고구려와의 경계도 지금의 충주 일대로 옮겨졌을 것이라는 견해가 있다.[21] 이 경우, 6세기부터는 순흥 일대가 신라의 국경 지대가 아니게 된다. 순흥이 고구려의 급벌산군이었다가 신라의 급산군이 되었다는 『삼국사기』의 기사를 고려하면[22] 시기를 특정하지는 못하더라도 한때 고구려의 직접적 영향력이 소백산맥 이남에도 미쳤을 가능성을 전적으로 부정하기도 어렵다.[23] 중원 고구려비 건립 시기를 397년, 481년 등으로 제시한 근래의 논쟁도 참고가 된다.[24]

6세기 중엽 고구려가 왕위 계승을 둘러싼 귀족 간의 상쟁으로 심한 내분 상태에 빠진 틈을 타서 신라는 죽령 이북 남한강 유역을 따라 세력을 확대해 나간다. 이로 말미암아 신라 국경의 요충지이던 순흥은 신라 영토 안 깊숙한 곳의 지방이 되었다. 지역사회는 안정될 수 있었겠지만, 국토를 지키는 요충지로서의 위상은 현저히 떨어진 셈이다.

진한연맹체 시대부터 6세기까지 순흥 일대가 겪은 이와 같은 정치·사회적 위상 변화가 문화에는 어떻게 반영될까? 순흥에서 발견, 조사된 2기의 벽화고분은 이와 관련해 여러 가지 시사점을 던져 준다. 벽화고분인 읍내리벽화분과 어숙지술간묘가 발견된 읍내리고분군은 15기의 횡구식 석실묘와 횡혈식 석실묘로 이루어져 무덤 축조 방식이 횡구식 석실묘에서 횡혈식 석실묘로 이행해 가는 과정을 잘 보여 준다.[25] 5~6세기에 영남 일대의 묘제가 수혈식 석곽묘에서 횡구식 석실묘로, 다시 횡혈식 석실묘로 바뀐다는 사실을 고려하면 읍내리고분군에서 횡구식 석실묘와 횡혈식 석실묘가 차례로 축조되는 것은 자연스러운 이행 과정이라고 할 수 있다. 횡구식 석실묘인 읍내리5

---

21 박성현, 「5~6세기 고구려·신라의 경계와 그 양상」, 57~96쪽.

22 "岋山郡 本高句麗及伐山郡 景德王改名 今興州 領縣一"(『三國史記』 卷35, 雜志4 地理2 新羅).

23 金賢淑, 「4~6세기경 小白山脈 以東地域의 領域向方–三國史記 地理志의 慶北地域 高句麗郡縣을 중심으로」, 『한국고대사연구』 26, 2002, 75~114쪽.

24 중원 고구려비의 건립 시기를 둘러싼 논쟁은 최근 여호규에 의해 정리되었다(여호규, 「충주 고구려비의 단락구성과 건립시기」, 『한국고대사연구』 98, 2020, 97~140쪽).

25 이한상, 「읍내리 분묘군의 편년을 통해 본 5세기 순흥지역의 위상」, 1~16쪽.

호묘와 읍내리14호묘에서 5세기로 편년될 수 있는 금제 귀걸이가 수습된 것도 읍내리벽화분과 어숙지술간묘의 축조 시기를 가늠하는 데 도움이 된다.[26]

읍내리벽화분과 어숙지술간묘는 널길을 널방 서벽에 붙여 설치되었다. 이는 두 무덤이 널방 동벽에 붙여 널길이 만들어지는 동편향 널길 석실묘보다 이른 시기의 축조물임을 보여 준다. 동서 너비가 긴 동서 장방형 널방도 횡혈식 석실묘 가운데 상대적으로 이른 시기의 축조물이 보여 주는 특징이다. 횡구식 석실묘에서 횡혈식 석실묘로 이행해 가는 과정의 구조적 특징이 두 무덤에서 모두 나타남에도 무덤칸 안에 벽화가 그려진 점에서 두 무덤은 벽화고분 가운데 특이한 사례에 해당한다. 새로운 양식의 묘제가 들어와 정착하는 과정에서 문화적으로 낯설 수도 있는 고분벽화라는 미술 장르가 도입되었기 때문이다. 고구려 무덤 중에서도 횡혈식 석실묘가 축조된 지 상당한 시간이 흐른 뒤에도 벽화가 그려진 석실묘는 그리 많지 않다.

횡혈식 석실묘가 만들어지기 시작한 시기의 작품인 읍내리벽화분 벽화의 주제는 생활풍속이며 초점은 재생(再生)과 벽사(辟邪)에 두어졌다. 널길 동벽과 널방 서벽에 그려진 두 역사는 몸이 온통 붉다. 이 붉은빛은 역사가 벽사를 위해 그려졌기 때문이다. 서벽의 버드나무 역시 재생과 벽사에 쓰이는 신목이다. 석회가 박락되면서 남은 벽화가 얼마 되지 않는데도 재생과 벽사의 기능을 지닌 제재가 여럿 보이는 것은 벽화가 재생, 벽사를 위해 그려졌기 때문일 것이다.

읍내리벽화분 널방 북벽 서쪽에 그려진 여러 송이의 연꽃은 화면에서의 위치로 보아 구름 사이로 모습을 드러낸 연못에 핀 것이다. 벽화의 연못은 무덤주인이 불교의 낙원인 연화정토에서의 화생을 꿈꾸고 있음을 암시한다. 물론 남아 있는 벽화만으로는 불교 낙원에서의 내세 삶을 현세의 연장으로 이해한 현세 재현적 삶과 어떻게 구별해 인식하고 있었는지 알 수 없다. 408년 쓰인 고구려 덕흥리벽화분 묵서 묘지명과 벽화 제재가 보여 주듯이 불교의 낙원을 현세가 재현된 세계와 뚜렷이 구분하지 않았을 수도 있다.[27]

널방 북벽 가운데 부분의 벽화는 전혀 남아 있지 않아 처음에 무엇이 그려졌는지 알 수 없다. 그런데 화면의 동쪽에 구름과 날아가는 새 두 마리가 남아 있는 것으로 볼 때, 북벽 벽회에 묘사된 것은 무덤주인이 죽은 뒤 누리

26 文化財研究所, 『順興 邑內里古墳群 發掘調査 報告書』, 1994, 18~19쪽 및 26쪽.
27 전호태, 『고구려 벽화고분』, 105~111쪽.

려는 내세 삶터의 모습일 가능성이 크다.

사실상 벽화가 남아 있지 않은 어숙지술간묘 벽화가 시사하는 것도 읍내리벽화분의 벽화 주제와 크게 다르지 않다. 널길 천장의 활짝 핀 연꽃은 무덤주인이 불교를 알고, 불교 신앙에 상당히 열려 있었음을 알려 주기 때문이다. 비록 남은 벽화는 무덤 돌문에 그려진 천녀(天女)와 연꽃뿐이지만, 둘을 하나로 이으면 불교에서 말하는 하늘 세계나 정토가 떠오를 수밖에 없다. 즉 무덤주인인 어숙지술간이 꿈꾸던 내세 역시 불교의 낙원일 가능성이 크다고 할 수 있다.

고구려에서 불교가 공인되고 왕명으로 불교 신앙이 장려된 것은 4세기 말이다.[28] 5세기 초 집안 국내성지역에 그려진 고분벽화에는 불교 신앙의 흔적이 뚜렷하지 않지만, 5세기 중엽의 집안 국내성과 평양지역 벽화고분 가운데는 연꽃이 벽화의 주제인 사례가 여럿 보일 정도로 연꽃장식이 유행한다.[29] 국가가 불교 신앙을 적극적으로 후원한 지 반세기 만에 시대의 사조가 크게 바뀐 것이다.

신라에 불교가 전해진 것은 5세기 초 눌지마립간 시대에 고구려 승려 묵호자가 일선군 모례의 집에 오면서다.[30] 5세기 말 소지마립간 시대에는 승려 아도가 시자 3인과 함께 일선군 모례(毛禮)의 집에 왔다고도 한다.[31] 소지마립간 시대에 일어났다고 전해지는 '사금갑(射琴匣)' 사건은 신라에서 널리 믿어지던 토착 신앙과 불교가 갈등을 빚다가 불교 승려와 그를 후원하던 궁주가 함께 죽임을 당한 사건이다.[32] 한때 이렇게 심한 박해를 받기도 했던 불교가 믿어도 되는 종교로 공인을 받은 것은 법흥왕 시대에 이차돈이라는 인물이 처형되면서 일어난 신비한 일 때문이다.[33] 527년 이차돈이 처형되었고, 535

---

28 "三月 下教 崇信佛法求福 命有司 立國社 修宗廟"(『三國史記』 卷18, 高句麗本紀6 故國壤王 8年).

29 전호태, 『고구려 고분벽화의 세계』, 서울대학교출판부, 2004, 185~242쪽.

30 "十五年 … 初訥祇王時 沙門墨胡子 自高句麗至一善郡 郡人毛禮 於家中作窟室安置"(『三國史記』 卷4, 新羅本紀4 法興王 15年).

31 "又至二十一毗處王時 有我道和尙 與侍者三人 亦來毛禮家 儀表似墨胡子 住數年 無疾而終 其侍者三人留住 講讀經律 往往有信奉者"(『三國遺事』 卷3, 興法3 阿道基羅).

32 "王然之開見 書中云 射琴匣 王入宮見琴匣射之 乃內殿焚修僧與宮主潛通而所奸也 二人伏誅 自爾 國俗每正月上亥上子上午等日 忌愼百事 不敢動作 以十五日爲烏忌之日"(『三國遺事』 卷1, 紀異1 射琴匣). 이 사건의 이면에 소지왕과 지증왕 사이의 갈등이 있다고 보기도 한다(주보돈, 「삼국유사 '射琴匣'條의 이해」, 『신라문화제학술논문집: 신라 내물왕계와 중고기의 비약적 발전』 40, 2019, 59~98쪽). 어떤 경우이건 불교의 수용을 둘러싼 이견이 바탕에 깔려 있다고 보아야 할 것이다(신종원, 『삼국유사 깊이 읽기』, 주류성, 2019, 85~89쪽).

년 왕명으로 불교가 공인되었다.

이런 사정으로 보아 신라의 변경에 불교 승려가 모습을 드러낸 때는 늦어도 5세기 초다. 신라의 일선군(현 구미시 선산읍)이 고구려와의 접경지대가 아니고 백제와의 국경에서도 거리가 있는 곳이었음을 고려하면 불교 공인이 상대적으로 빨랐던 고구려와 백제에서 불교를 전하려는 승려들이 잇따라 신라의 문을 두드릴 때, 상대적으로 빨리 이들과 접촉할 수 있었던 곳은 일선군에서는 한참 먼 북쪽 땅, 영주와 순흥이었을 것이다.

고구려와 접경지역이던 순흥으로 들어온 불교 승려 중에는 묵호자와 같이 서역에서 출발해 고구려를 거쳐 먼 남쪽까지 온 이도 있었을 것이고,[34] 고구려 출신도 있었을 것이다. 5세기 중엽까지 신라가 고구려의 정치적 간섭을 받았고, 따라서 신라 중앙정부가 지방 세력에 어느 정도의 자율권을 보장할 수밖에 없었다는 사실을 고려하면 순흥 유력자들의 눈에 벗어나지 않는 한 이곳에 들어온 고구려 승려들이 목숨을 염려할 정도의 압박은 받지 않았을 가능성이 크다.

순흥 읍내리벽화분에 그려진 연못, 어숙지술간묘 벽화의 연꽃은 상대적으로 불교와의 접촉이 빨랐던 순흥지역 문화의 단면을 잘 보여 준다. 늦어도 5세기 초에 순흥에 불교가 알려지고, 불교와 토착 신앙 사이의 갈등이 해결되고 조정되는 시간이 어느 정도 필요했다고 하더라도, 신라 중앙에서도 불교 신앙을 둘러싼 논의가 상당한 진척된 6세기에는 순흥에도 불교 신앙에 바탕을 둔 내세관이 자리 잡을 여지가 충분해졌다. 읍내리벽화분 벽화의 연못, 어숙지술간묘 벽화의 연꽃은 순흥에 전해진 불교가 어느 시점에는 지역 지도자의 내세 신앙으로 자리 잡게 되었음을 잘 보여 주는 사례라고 할 수 있다. 그렇다면 이런 두 무덤에 무덤주인의 내세관이 어떤지 알려주는 벽화가 그려진 때는 언제일까?

읍내리벽화분 널길 동벽의 역사는 불교의 금강역사처럼 웃통을 벗었고, 우견편단이며 근육질에 서역인의 이미지가 있는 이국적인 얼굴이다. 이 역

33 “異次頓臨死曰 我爲法就刑 佛若有神 吾死必有異事 及斬之 血從斷處湧 色白如乳 衆恠之 不復非毁佛事”(『三國史記』 卷4, 新羅本紀4 法興王 15年).

34 필자는 순흥을 거쳐 선산까지 이르러 신라의 서울 서라벌에서도 불교를 전할 기회를 얻고자 애쓰던 서역 출신 고구려 승려의 이야기를 스토리텔링 방식으로 정리한 경험이 있다(전호태, 『황금의 시대 신라』, 풀빛, 2019).

사와 비교할 수 있는 고구려 고분벽화의 역사는 통구사신총의 문지기 역사다. 통구사신총은 6세기 전반으로 편년되는 유적이다.[35] 필선의 세련된 정도에서 두 고분벽화의 차이는 뚜렷하지만 둘 사이에 공유되는 회화 요소가 적지 않음을 고려하면 읍내리벽화분 역사를 그린 시기를 6세기 전반 이전으로 올려 보기는 어렵다.

해 안의 세발까마귀를 그린 듯이 보이는 널방 동벽의 새 머리는 무령왕릉에서 출토된 무령왕비 두침을 장식한 두 마리의 봉황 머리와 형태상 매우 닮았다. 무령왕비가 죽어 남편 곁에 안치된 해는 529년이다. 읍내리벽화분 널방 동벽에 보이는 봉황형 새 머리는 6세기 전반의 양식으로 그려졌다고 할 수 있다.

널방 서벽의 버드나무는 읍내리벽화분의 벽화 제재 가운데서도 특이한 것으로 고구려 고분벽화에는 이와 비교할 만한 그림이 보이지 않는다. 고구려 진파리1호분 널방 북벽에 보이는 나무줄기가 벽화의 버드나무와 비슷하나, 버드나무가 아닌 점이 다르다. 중국 북위시대 석각선화에는 버드나무를 묘사한 사례가 여럿 있는데, 가지의 무성한 정도에서 차이가 있으나 나무줄기를 묘사하는 방식은 비슷하다. 이런 사실들을 고려하면 읍내리벽화분 벽화의 버드나무는 6세기 전반의 벽화 양식을 바탕으로 그려졌다고 할 수 있다.

여러 개의 수평선을 긋고 그 위에 둥글게 호선을 넣어 구름을 나타내는 널방 북벽 벽화의 기법과 유사한 사례는 고구려 진파리1호분 벽화에서 볼 수 있다. 물론 양식화된 정도에서 두 무덤의 그림은 차이를 보이나 구름을 나타내면서 부드럽게 흐르는 느낌이 들지 않게 한 점에서는 비슷하다. 진파리1호분보다 늦은 시기의 작품인 진파리4호분 벽화의 흐름은 동세가 더 강하다. 이런 점에서 읍내리벽화분의 구름은 6세기 전반의 이른 시기 벽화 양식으로 그렸다고 할 수 있다.

순흥 읍내리벽화분 벽화의 개별 제재들을 고구려 고분벽화와 비교하면 6세기 전반에서 축조 시기가 더 올라가기는 어렵다. 무덤 안에서 발견된 묵서명문 중의 기해(己亥)년이 519년(법흥왕 6년)이나 579년(진지왕 4년) 중 하나라면, 신라 영토 안에서 이루어진 불교 신앙의 확산과 공인, 고구려와 백제 등에서의 새로운 회화 양식 전파와 순흥과 같은 변경에서의 소화 과정 등을 고

35 전호태, 『고구려 벽화고분』, 407~408쪽.

려하면 묵서의 간지가 579년을 가리킬 가능성도 고려할 필요가 있다.[36]

순흥 어숙지술간묘에 새겨진 명문 중 을묘년은 595년(진평왕 17년)으로 보는 것이 일반적이다. 실제 널길 천장에 그려진 연꽃이 3중판의 복잡한 형식이면서 지역 양식이고, 널방 돌문에 천의를 입고 있는 천녀를 비교적 세련된 필선으로 그린 점도 이런 추정에 힘을 실어 준다. 무덤칸 안에 활짝 핀 연꽃을 그려 넣을 수 있으려면 법흥왕에 의해 불교 공인이 선언된 뒤 어느 정도 시간이 흐른 뒤여야 할 것으로 보이기 때문이다.

순흥 읍내리벽화분과 어숙지술간묘는 삼국시대 신라의 영역 안에서 발견된 벽화고분이다. 신라의 중앙에서는 제작되지 않았던 고분벽화가 신라의 변경에서는 만들어졌다는 점에서 주목할 만하다. 순흥은 장기간 고구려와 신라의 경계였던 죽령 이남의 요충지다. 신라의 마립간이 영주와 순흥 일대를 순행한 것은 지방 세력에 어느 정도의 자율권을 주면서, 고구려와 맞닿은 국경 방어에 최선을 다하게 하려 함이었다.

고구려와 백제의 승려들은 늦어도 5세기 초에는 신라의 변경 지역에서 포교 활동을 시작했던 것으로 보이는데, 역사 기록 속 묵호자, 아도 같은 이들이 그들이다. 그러나 6세기 전반까지 불교 신앙은 신라에서 국가적 차원의 공인을 받지 못했다. 때문에 불교 신앙을 가진 지방 세력도 6세기 전반까지는 불교 신앙을 노골적으로 드러내지는 못했던 것으로 보인다.

순흥 읍내리벽화분과 어숙지술간묘 벽화는 순흥에 전해진 불교 신앙이 6세기에는 내세관을 변화시킬 정도에 이르렀음을 알게 한다. 일부 지방 세력은 무속적인 사고에서 벗어나 죽은 뒤 불교에서 말하는 하늘 세계나 정토에 태어나 새로운 삶을 누리기를 바랐고 이를 벽화로 표현하는 데 이르렀다. 그 증거가 바로 읍내리벽화분과 어숙지술간묘 벽화다.

제재의 종류나 회화 양식으로 볼 때 읍내리벽화분 벽화에 그려진 역사나 해 안의 새, 버드나무 등은 6세기 전반에 유행하던 기법으로 그려졌다. 어숙지술간묘 벽화의 연꽃이나 천녀가 그려진 시기는 6세기 후반이다. 즉 두 무덤의 벽화는 신라에서 불교가 공인된 이후 어느 정도 시간이 흐른 뒤에 차례로 그려진 것으로 보인다.

36 김재홍은 6세기 중엽 이전에 간지에 '中'을 붙여 '~에'로 읽던 관습이 기해명에도 적용되었음을 들어 읍내리벽화분의 묵서 간지가 6세기 초를 가리키는 것으로 보았다(김재홍, 「함안 성산산성과 출토 목간의 연대」, 25쪽).

제3장

가야

1. 유적 개요

고령 고아동벽화분은 고령읍 남쪽 약 1.5km 거리의 고아2동(속칭 골안마을) 뒷산에서 마을을 감싸며 뻗어 내린 남북 두 갈래의 능선 가운데 북쪽 능선 끝에 있다(그림 2-68).[1] 석실 방향은 남향이다. 고분의 바로 북쪽 2~3m 거리에 이 고분과 거의 같은 규모의 대형봉토석실분이 1기 있으며, 골안마을에 가까운 능선 서남쪽 경사면에도 크고 작은 10여 기의 고분이 흩어져 있다. 벽화고분이 위치한 능선 앞으로 가야산에서 발원한 안림천과 대가천이 합류한 회천(會川)이 흐른다. 벽화고분이 자리한 골안마을은 과거 회천과 낙동강을 이용한 하천 교통의 요지로 고령의 관문에 해당하는 곳이었다.

고아동벽화분은 1963년 10월에 발견되어 같은 해 11월 23일부터 12월 3일까지 조사되었으며, 1964년과 1977년에 각각 한 차례씩 보수 공사가 실시되었다.[2] 그러나 두 차례에 걸친 보수 공사로 원래보다 봉분이 높아져 토압이 높아지는 바람에 석실의 안전이 우려되고, 석실의 밀폐 상태에도 문제가

1 고아동벽화고분을 주제로 한 연구로는 神谷正弘, 「慶尙北道高靈壁畵古墳について」, 『森貞次郎博士古稀記念古文化論集』 下卷, 1982, 1111~1133쪽; 全虎兌, 「加耶古墳壁畵에 관한 일고찰」, 『韓國古代史論叢』 4(가락국사적개발연구원), 1992, 139~206쪽이 있다.

2 金元龍, 「高靈古衙洞壁畵古墳略報」, 『考古美術』 44號(5卷3號, 한국미술사학회, 1964); 金元龍·金正基, 「高靈壁畵古墳調査報告」, 『韓國考古』 2輯, 서울대학교 고고인류학과, 1967; 啓明大學校博物館, 『高靈古衙洞壁畵古墳實測調査報告』, 啓明大學校博物館遺蹟調査報告 第2輯, 1984.

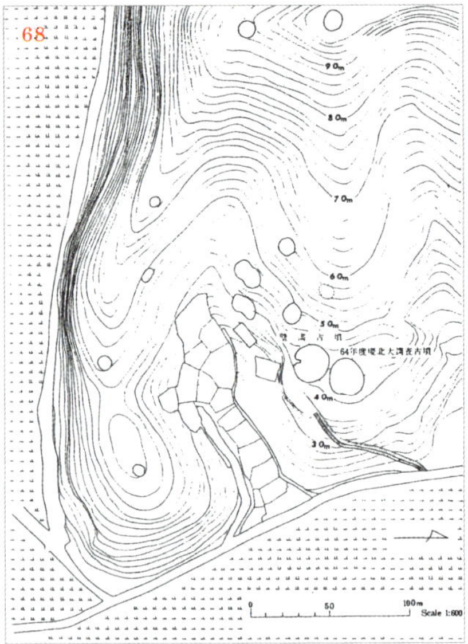

그림 2-68 고령 고아동고분군 분포도
그림 2-69 고령 고아동벽화분 무덤칸 실측도

있어 석실 내부에 결로 현상이 생기고 석회가 떨어져 나가는 현상까지 더해졌다. 이에 따라 1984년 3차 보수 공사를 위한 학술적 측면에서의 실측 조사가 이루어지고, 3차 보수 공사가 마무리되면서 유적은 밀폐 상태로 보존되게 되었다.[3]

발견 당시 고아동벽화분은 동서가 약간 긴 타원형 봉토분이었으며 봉토의 직경은 남북 약 20m, 동서 약 22m였다. 고분이 능선의 약간 경사진 곳에 축조되었던 까닭에 봉토 전면의 높이는 약 7m, 후면의 높이는 약 2.5m, 널방 바닥에서 봉토 꼭대기까지의 높이는 6.5m였다. 봉토는 사질 점토를 물에 이겨서 단단하게 다지는 판축 기법으로 쌓았다. 봉분 가장자리는 크고 작은 깬돌로 호석(護石)을 둘렀다. 호석은 널방을 중심으로 원형을 이루고 있으며 호석이 만든 원의 동서 직경은 18m다.

고분은 남북이 긴 장방형 널방과 남벽의 동쪽에 치우친 널길로 구성되었다(그림 2-69). 널길과 널방 벽은 깬돌로 쌓았다. 널길은 널방 남벽 동편에

---

3 이하 고령 고아동벽화고분의 입지, 구조, 벽화와 출토 유물 등에 대한 설명은 金元龍, 「高靈古衙洞壁畵古墳略報」, 1964; 啓明大學校博物館, 『高靈古衙洞壁畵古墳實測調查報告』, 1984에서 참조했다.

치우쳐 설치되었다. 널길 동벽과 서벽은 깬돌로 수직에 가깝게 쌓아 올렸으며 장방형 긴 천장은 7매의 넓고 편평한 판석으로 덮었다. 널길의 남북 길이×동서 너비×평균 높이는 4.82×1.48×1.64m다. 널길 천장에 백회가 입혀지고 벽화가 그려졌으나 석회 대부분이 떨어져 나가고 천장벽화 가운데 천장석에 그려진 연꽃문 일부만 남았다.

널방의 남벽과 북벽은 천장부까지 거의 직립에 가깝게 쌓았으며 동벽과 서벽은 천장부에서 아치형으로 안으로 기울어지게 쌓아 올렸다. 좁고 긴 장방형 천장은 넓적한 판석으로 덮었다. 이런 까닭에 널방 내부는 터널과 같은 느낌을 준다. 널방의 남북 길이×동서 너비×높이는 3.7×2.5×3.1m다. 천장 남북 길이는 2.81m, 동서 너비는 0.5~1.6m다.

널방 바닥에는 남북 방향으로 길게 관대 두 개를 나란히 설치했는데, 깬돌을 깔고 그 위에 고운 흙을 입혀 만들었다. 서(西)관대는 널방 서벽에서 10cm가량 떨어져 설치되었으며, 남북 길이×동서 너비×높이 2.70×1.35×0.09m다. 동(東)관대는 남북 길이×동서 너비×높이 2.70×0.95×0.09m로 한 변이 동벽에 붙어 있다. 두 관대 사이의 거리는 30cm다. 널방 바닥 둘레에는 너비 27~29cm, 깊이 22cm가량의 배수구를 파고 그 속을 자갈돌로 채운 다음 바닥 전면에 얇은 석판을 깔고 그 위에 회를 섞은 흙을 2~3cm 두께로 덮었다.

널방 벽과 천장 전면에는 2~4cm 길이의 짚과 굴 껍데기 가루를 섞어 만든 회반죽을 바르고 그 위에 다시 곱게 백회를 입힌 후 벽화를 그렸으나, 현재는 천장 일부에 연꽃무늬가 남아 있을 뿐이다. 4매의 부정형 판석으로 이루어진 널방 천장 북편 제1석에는 엷은 녹색 꽃심이 뚜렷한 8엽겹꽃잎 형태의 연꽃문이 하나 그려졌으며 천장 남편의 제3석과 제4석에는 연꽃문 꽃의 중심 일부가 희미하게 남아 있다. 널방 남벽 천장 상단에는 흑색과 녹색의 채색 흔적이, 바닥에서 2.6m 높이의 동편 끝에는 홍색 안료가 일부 남아 있으나 벽화의 내용은 알 수 없다.

널길 천장에도 널방에서와 같은 8엽겹꽃잎 형태의 연꽃문이 남아 있으며 그 형태가 비교적 뚜렷하다. 직경 26~30cm인 이들 연꽃문은 널방과 잇닿은 북편 제1석에 좌우로 2개, 제3석 북편 가운데에 1개, 남편 좌우에 2개, 제4석 가운데에 1개, 제5석 좌우에 2개, 제6석 가운데에 1개, 제7석 좌우에 2개로 모두 11개가 확인된다. 제8석의 서편에는 연두색의 작은 원이 하나 남아 있으며 11개의 연화문 주위로 연꽃 줄기나 인동넝쿨의 일부로 보이는 녹색 선, 갈색, 홍색, 녹색의 파상문 자국이 흩어져 있다. 1차 조사 당시 널길 동벽 하부에 홍색과 흑색 당초문의 일부와 같은 문양이 남아 있었다고 하나, 1984년 조사 때는 확인되지 않았다.

도굴로 말미암아 1차 조사 당시 무덤칸 바닥에서 청동못 4개, 쇠못 3개, 회백색 무문토기편 1점, 인골편 1점, 봉토 외부에서 토기편 3점이 수습되었을 뿐이다. 3차 조사에서는 봉토 단면 확인 작업 중 7점의 회청색 경질토기편이 추가로 수습되었다.

2. 고분과 벽화의 계통

1) 대가야 횡혈식 석실묘의 계통

계통상 대가야의 횡혈식 석실묘와 직접 연결될 수 있는 것은 백제의 석실묘다. 고구려의 석실묘 가운데 대가야 석실묘와 계통적으로 이어질 수 있는 유적은 축조 시기가 4세기로 올라가므로 두 나라 사이의 관계를 고려하기는 어렵다.[4]

고령지역 횡혈식 석실묘가 백제 전축분 및 전축분계 석실묘의 영향 아래 성립한 것임은 잘 알려진 사실이다. 문제는 대가야 진주지역 횡혈식 석실묘와 고령지역 횡혈식 석실묘의 선후 관계다.[5] 축조 시기 및 무덤칸 구성의 개별 요소를 보면 고령지역 횡혈식 석실묘를 진주지역 횡혈식 석실묘의 계승발전형으로 볼 수 있다.

그러나 두 지역의 횡혈식 석실묘는 처음부터 계통을 달리하고 있었을 가능성도 고려되어야 한다. 백제의 전축분 및 전축분계 석실묘는 백제에서

4 궁성희는 대가야지역에 대한 고구려 묘제의 영향을 대단히 강조한다(궁성희, 「삼국시기 돌칸흙무덤과 그 공통성에 관한 연구」, 『고고민속론문집』 11, 과학백과사전출판사, 1988).

5 金種徹, 「大伽倻墓制의 編年硏究」, 『韓國學論集』 9輯(계명대학교 한국학연구소, 1982), 240~242쪽; 定森秀未·吉井秀未·內里好昭, 「韓國慶尙南道晉州水精峰2號墳, 玉峰7號墳出土遺物-東京大學工學部建築史硏究室所藏資料紹介」, 『京都文化博物館硏究紀要.朱雀』 3輯, 1990, 36~41쪽.

발전한 여러 유형의 석실묘 가운데서도 독자적인 갈래에 속한다. 백제의 전축분계 석실묘는 6세기라는 특정 시기에 백제 내에서도 공주 일대에 집중적으로 조영되었다가 쇠퇴한 묘제다.[6] 백제의 판석식 석실묘와 연결되고 전래의 수혈식 석곽묘 전통을 잇는 진주지역 횡혈식 석실묘와 전축분계 석실묘의 영향 아래 축조된 고령지역 횡혈식 석실묘 사이에 선후 계승 관계를 상정하기는 어렵다고 하겠다.

고아동벽화분 무덤칸의 기본 구조는 무령왕릉 및 송산리6호분, 송산리29호분 등과 거의 같다. 전축분 특유의 터널형 무덤칸 구조를 지닌 이 고분이 무령왕릉 등과 다른 점은 천장 처리 방식과 무덤칸 축조 재료 및 널길 위치다. 무덤칸 축조 재료로 비교적 크기가 고른 깬돌류가 사용된 것은 깬돌과 자연석을 이용한 전래의 수혈식 석곽묘 축조 전통, 모전벽돌이나 구운 벽돌을 사용한 무덤칸 축조술에 아직 익숙하지 않은 점 등이 복합적으로 작용한 때문인 듯하다. 천장이 평천장으로 마무리된 것은 재료 및 토목 기술의 한계 때문으로 보아야 할 것이다. 그리고 무덤칸 널길이 널방 동벽에 치우쳐 설치된 것은 백제의 횡혈식 석실묘 축조 전통과 관련이 깊은 듯하다. 고아동벽화분은 아직 전축분 축조 전통이 세워지지 않은 시기, 백제의 석실묘 양식이 대가야의 새로운 묘제로 수용된 결과일 수 있다.

고아동벽화분에서 무덤칸 구조와 함께 고려되어야 할 것은 무덤칸 내부에 석회를 바르고 그 위에 벽화를 그린 점이다. 벽화를 그리기 위해 무덤칸 안에 석회를 입힌 경우는 백제에서는 공주 송산리6호분이 유일한 사례다. 무덤칸 구조가 다르다는 사실을 고려한다면 무덤칸을 벽화로 장식하는 기법이 고구려에서 직접 전래되었다고 보기는 어렵다. 역시 백제에서 전축분 양식과 함께 수용된 것으로 보는 것이 좋을 듯하다. 따라서 고아동벽화분은 대가야와 백제의 관계가 긴밀했던 6세기 전반에서 중엽에 이르는 시기에 백제 왕실과 지배층에서 일시적으로 유행했던 남조계 전축분 양식을 받아들이면서 나타난 대가야의 새로운 묘제라고 할 수 있다.

---

6 安承周, 「百濟古墳의 硏究」, 『百濟文化』 7·8合輯, 공주대학교 백제문화연구소, 1975, 146~147쪽; 姜仁求, 『百濟古墳硏究』, 一志社, 1977, 84~89쪽.

2) 고분벽화의 계통

고아동벽화분의 널길과 널방 천장에는 녹색 꽃심을 지닌 8엽겹꽃잎 연꽃문이 십여 개 남아 있다(그림 2-70, 2-71). 그러나 그 형태가 비교적 뚜렷한 것은 널방 천장에 1개, 널길 천장에 4개 정도다. 따라서 현재로서는 고아동벽화분의 널길과 널방 천장에 본래 몇 종류의 문양이 어떤 형태와 방식으로 표현되고 배치되었으며, 그 가운데 연꽃문이 차지하는 위치와 비중이 어떠했는지는 알기 어렵다.

고아동벽화분의 연꽃문은 옅은 녹색의 꽃심과 8엽씩 안쪽 꽃잎과 바깥쪽 꽃잎으로 나누어진 홍색 겹꽃잎으로 구성되어 있다. 테두리 정도만 묘사된 바깥쪽 꽃잎과 달리 안쪽 꽃잎은 반타원형 호선으로 구분된 테두리와 속, 속에 있는 세장한 꽃심형 갈색 꽃술까지 상세히 표현되었다. 각 꽃잎과 꽃잎 사이에는 사이 잎 끝이 뾰족하게 머리를 내밀고 있다. 녹색의 사이 잎으로 인해 연꽃문은 언뜻 보기에 8엽 4겹꽃잎 연꽃처럼 보이기도 한다. 연꽃 둘레 및 각 연꽃 사이로 길고 짧은 여러 줄의 파상형 녹색과 홍색 띠가 부분적으로 남아 있다.[7]

대가야의 유적, 유물에서 이러한 형태의 연꽃문과 비교할 만한 문양이나 표현을 지닌 것은 찾기 어렵다. 지리적으로는 고령과 가까우나 신라 문화권에 포함되는 영주 순흥 신라 어숙술간묘(於宿述干墓) 벽화의 연꽃문은 7엽겹꽃잎 연꽃으로 꽃잎에 사실적인 잎맥이 묘사되는 등[8] 표현 방식에서 뚜렷한 차이를 보인다.

고구려 벽화고분의 연꽃문은 집안 국내성과 평양을 중심으로 각기 독자적인 특성을 가지고 발전했다.[9] 끝이 바늘 모양으로 가늘고 날카롭게 뻗어 나온 꽃잎, 꽃잎 안의 반직선형 잎맥, 갈고리형 꽃술 등이 특징적 요소인 집안 계열 연꽃과, 끝만 뾰족하고 전체적인 모양은 복숭아 꼴인 꽃잎, 꽃잎 안의 도안화된 구슬형 꽃술을 특유의 표현 요소로 삼던 평양 계열의 연꽃은 고구려의 역사 속에서 두 지역이 지니고 있던 서로 다른 문화전통의 산물 가운

---

7 梨花女子大學校博物館, 『古墳壁畵』, 1973, 29~38쪽; 啓明大學校博物館, 『高靈古衙洞壁畵古墳實測調査報告』, 1984, 도판 6~11.

8 梨花女子大學校博物館, 『榮州順興壁畵古墳發掘調査報告』, 1984, 17쪽, 도판 2.

9 전호태, 「高句麗 古墳壁畵에 나타난 하늘연꽃」, 『미술자료』 46, 1990, 1~68쪽.

70

71

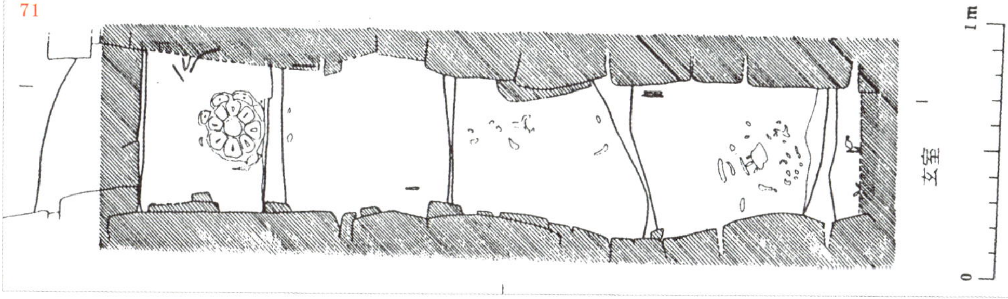

그림 2-70 고령 고아동벽화분 널길 천장 벽화 연꽃
그림 2-71 고령 고아동벽화분 널방 천장 벽화 연꽃

데 하나였다.

5세기 말로 편년되는 쌍영총 앞방 천장석 연꽃문은 평양 계열식 연꽃 표현과 집안 계열식 연꽃 표현의 평면적 결합 형태를 보여 준다. 이와 달리 널방 천장석 연꽃문은 두 계열의 표현을 바탕으로 창출된 새로운 형식의 연꽃문의 예를 보여 준다. 6세기 작품인 내리1호분 널방 북측고임 연꽃은 꽃잎 내 두 계열 양식의 결합을 보인다. 6세기에 이르러 고구려에서의 평양 중심의 문화 통합이 한층 강화되며 나타난 결과라고 하겠다.

6세기 전반 백제에는 고구려와 중국 남북조에서 다양한 갈래의 연꽃 표현 방식이 유입되었다. 그러나 이때까지는 고구려 혹은 남북조의 그것과 구별되는 백제식 표현 요소를 바탕으로 한 연꽃문이 출현한 것 같지는 않다. 즉 연꽃문 표현이 지역성이나 계통성을 띠지 않는 상태였다고 할 수 있다.

6세기 말 제작된 부여 능산리1호분 벽화는 백제 문화가 여전히 중국 남조 및 고구려와 밀접한 관계를 맺고 있었음을 보여 준다. 그러나 능산리1호분 널방 천장벽화는 제재 구성과 표현에서 고구려 및 중국 남조 문화와 거리를 보인다. 능산리1호분 벽화가 그려질 즈음의 백제에서는 연꽃문 표현 등에서 백제화가 어느 정도 이루어지고 있었기 때문일 것이다. 6세기 전반 고구려와 백제에서 전개되었던 연꽃 표현의 흐름을 염두에 두면서 고령 고아동벽화분의 연꽃문을 살펴보면 다음과 같은 몇 가지 사실이 눈에 두드러진다.

첫째, 꽃잎 안에 물방울형 꽃술이 표현되었다. 이런 형태의 꽃술은 6세기 백제와당 및 무령왕릉에서 출토된 왕비 두침 문양에서도 보인다.

둘째, 꽃잎이 넓고 둥글며 잎의 뾰족한 끝이 형식적으로 처리되었다. 넓고 둥근 꽃잎은 백제와당에 표현된 연꽃문의 일반적인 특징 중 하나이자 고구려 평양 계열 연꽃문의 기본 구성 요소다.[10]

셋째, 꽃잎 안에 잎맥이 표현되지 않으며, 꽃잎 윤곽선이 굵게 처리되었다. 윤곽선을 굵게 처리한 꽃잎은 무령왕릉에서 출토된 왕비 두침 연꽃문에서 볼 수 있으며, 부여 능산리1호분 벽화 연꽃문에서도 유사성을 확인할 수 있다.

넷째, 안쪽 꽃잎 및 바깥쪽 꽃잎의 각 꽃잎 사이에 녹색의 사이 잎이 표현되었다. 고구려, 백제 고분벽화의 연꽃문에는 사이 꽃잎이 표현되었다.

다섯째, 안쪽 꽃잎에 비해 바깥쪽 꽃잎의 비중이 현저히 낮다. 고구려나 백제 고분벽화의 연꽃문에서는 보이지 않던 표현 방식이다.

계통상 고아동벽화분 연꽃문은 백제와 이어진다. 넓고 둥근 꽃잎은 백제 연꽃문의 일반적 특징의 하나이며 물방울형 꽃술과 굵은 윤곽선의 꽃잎 등의 요소는 무령왕릉에서 출토된 왕비 두침 장식의 연꽃문과 가깝다. 따라서 고아동벽화분의 연꽃은 6세기 전반 백제에 수용, 소화되던 다양한 연꽃 표현 방식의 한 갈래가 고령의 대가야에 소개되어 대가야 나름의 방식으로 소화되고 재창조된 것으로 볼 수 있다(표 2-1).

연꽃문 이외의 벽화는 안료의 흔적만 남아 있는 정도다. 남아 있는 안료의 흔적 가운데 북편 제1석 동편과 서편 연꽃문 근처의 색 띠는 위치와 형태, 채색 등이 고구려 진파리1호분과 진파리4호분 널방 천장부벽화에 보이는 인동연꽃의 인동잎 부분을 연상시킨다. 한편 북편 제2석과 제3석의 S자형에 가까운 파상형 색 띠는 위치상 주위 연꽃문의 일부로 보기보다는 부여 능산리1호분 널방 천장벽화의 구름무늬와 같은 종류의 문양으로 보는 것이 좋을 듯하다. 만일 널길 천장에 남아 있는 녹색 및 홍색 띠들에 대한 이러한 추정이 어느 정도 사실이라면, 고아동벽화분의 널길 천장벽화는 사실상 부

10 전호태, 「高句麗 古墳壁畵에 나타난 하늘연꽃」, 39~48쪽.

표 2-1 삼국시대 5~6세기 연꽃문의 전개(1~3. 장천1호분; 4~5. 통구12호분; 6. 오회분4호묘; 7. 덕화리1호분; 8. 수산리벽화분; 9. 동명왕릉; 10~11. 쌍영총; 12~14. 안악2호분; 15~16. 내리1호분; 17. 진파리4호분; 18~19. 진파리1호분; 20~21. 강서대묘; 22~23. 강서중묘; 24. 익산 입점리1호분 금동관장식; 25~27. 무령왕릉 탁잔; 28. 무령왕릉 두침; 29~30. 무령왕릉 벽돌; 31. 능산리1호분; 32. 고아동벽화고분; 33. 경주 식리총 출토 금동신발 바닥; 34. 순흥 어숙지술간묘)

<table>
<tr><th colspan="2">시기
구분</th><th>5세기 후반</th><th>6세기 전반</th><th>6세기 후반</th></tr>
<tr><td rowspan="2">고구려</td><td>집안 계열</td><td></td><td>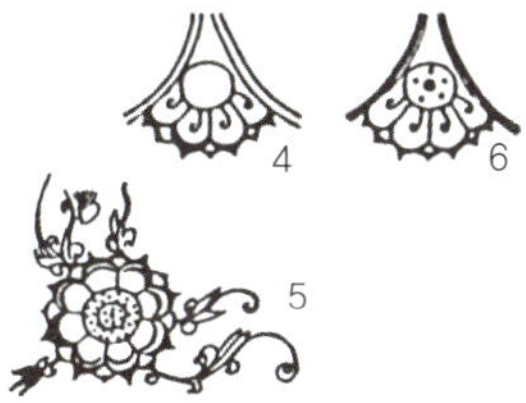</td><td></td></tr>
<tr><td>평양 계열</td><td></td><td>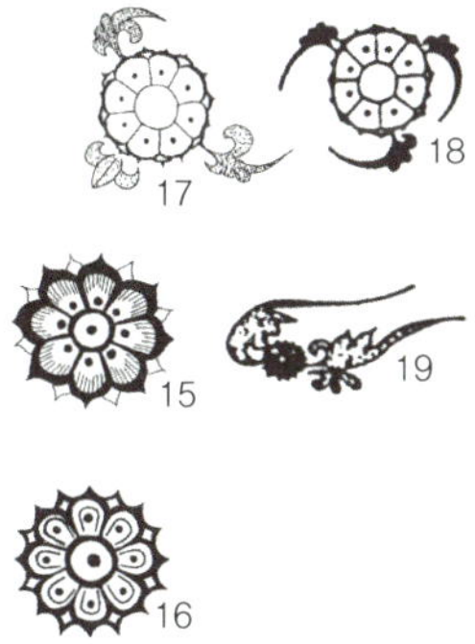</td><td></td></tr>
<tr><td colspan="2">백제</td><td></td><td>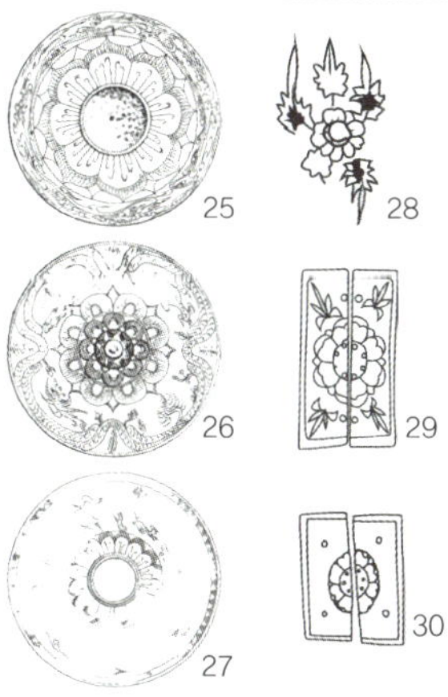</td><td></td></tr>
<tr><td colspan="2">가야</td><td></td><td></td><td></td></tr>
<tr><td colspan="2">신라</td><td></td><td></td><td></td></tr>
</table>

여 능산리1호분 널방 천장면 벽화와 구성 방식이 같다고 할 수 있다.[11] 그러나 보다 도안화된 연꽃문 때문에 벽화가 주는 느낌은 능산리1호분 널방 천장 벽화보다 더 정적이었을 수 있다.

널방 남벽 천장 상단의 흑색과 녹색의 채색 흔적과 널방 벽 상단의 홍색 안료는 널방 벽과 천장에도 특정한 문양이나 형상이 그려졌다가 석회가 떨어져 나가면서 없어졌음을 짐작하게 한다. 널방 동벽과 이어지는 널길 동벽 하부에도 홍색과 흑색 안료가 일부 남아 있다. 널길 동벽 하부의 흑색 안료가 남아 있는 형태에 근거해 보고자는 이 안료가 당초문의 일부처럼 보인다고 했다.[12] 고분벽화에서 당초문을 흑색 안료로 표현하는 경우가 많다는 점을 고려한다면 널방 남벽 상단부에도 같은 종류의 문양이 장식되었을 가능성이 있다.

3. 벽화 구성의 특징

고령 고아동벽화분 연꽃문은 상당히 양식화된 형태로 표현되었다. 이렇게 정형화된 연꽃문 배치의 예는 부여 능산리1호분 널방 천장벽화에서도 볼 수 있다. 능산리1호분 널방 천장 연꽃문은 널방 입구 쪽으로 한 개, 두 개씩 일정한 개수와 간격으로 반복해서 표현되었다. 와당문과 같이 양식화된 형태로 표현된 까닭에 능산리1호분 벽화 연꽃은 흐르는 구름 사이에 떠 있는 듯한 느낌을 준다. 같은 방식의 배치가 고아동벽화분에서는 널길 천장에 나타나는데, 이것은 천장 너비 차이에 따른 것으로 보인다. 널방과 널길이 평천장인 능산리1호분은 널길 천장도 널방 천장과 같은 방식으로 연꽃문이 장식되었을 가능성이 높기 때문이다.

그러면 고아동벽화분과 같이 무덤칸 천장을 연꽃으로 장식한 벽화고분 널방 벽에는 과연 어떤 벽화가 그려졌을까? 만일 무덤칸 천장을 연꽃으로 장식하는 것이 6세기 동아시아 문화의 중심 국가들에서의 일반적 흐름이었

11 神谷正弘, 「慶尙北道高靈壁畵古墳について」, 1130쪽.

12 金元龍·金正其, 「高靈壁畵古墳調査報告」, 3쪽.

고 고아동벽화분 무덤칸 천장벽화도 그런 흐름의 연장선에서 출현한 것이라면 무덤칸 벽도 같은 흐름을 타지 않았을까?

6세기 중국 남조 전축분 전돌 그림과 석관 석각선화, 고구려 고분벽화, 백제 전축분 벽화 등의 표현 기법과 구성 방식은 대체로 일정한 공통성을 가지고 있다. 곧 무덤칸 수호신으로서 사신(四神)에 대한 인식과 신앙이 깊어지면서 6세기의 중국 남조와 고구려, 백제에서는 고분을 축조하면서 무덤칸 천장은 연꽃, 벽은 사신이나 각종 상서로운 동물, 신선 등으로 장식하는 경향을 보인다.

그렇다면 전통적으로 백제와 정치·문화적 관계가 긴밀하던 대가야 벽화고분에도 이와 같은 내용의 벽화가 그려지지 않았을까? 더욱이 6세기 후반으로 편년되는 부여 능산리1호분 벽화가 무령왕릉 출토품에서 보이는 것과 같은 6세기 전반 이래 백제와 중국 남조 사이의 밀접한 문화 교류의 산물 가운데 하나라면, 전축분 구조의 석실묘를 백제로부터 받아들인 대가야 벽화고분 또한 같은 내용의 벽화로 장식되었을 가능성은 충분하다.

4. 벽화고분과 대가야의 불교

6세기 전반 백제에 수용된 양의 불교 문화는 곧바로 대가야에도 전해진 것으로 보인다. 이미 중국 남제와의 직접 교섭을 통해 동아시아의 국제 관계에 대한 나름의 인식이 있었던 대가야는 가야연맹 내 입지를 강화하기 위해서라도 백제로부터 전해지는 새로운 문물의 수용에 적극적이었을 것이다. 전축분계 석실묘인 고아동벽화분의 연꽃문양으로 장식된 무덤칸 벽화는 이러한 대가야의 태도를 읽게 하는 유력한 증거 자료의 하나로 주목될 필요가 있다.

공주 송산리 전축분들을 연상케 하는 고아동벽화분은 대가야 지배층이 6세기 전반 백제에서 전개되던 남조 문화의 의미를 이해하고 수용한 결과로 해석된다. 6세기 남조의 불교 문화와 백제의 불교 신앙을 고려할 때 고아동벽화분 연꽃문은 불교 신앙의 상징물로 이해해야 할 것이다. 더욱이 452년에는 김해의 남가라에 불사(佛寺)가 건립되었다는 기록이[13] 있다는 사실에 비추어 볼 때, 후기 가야연맹을 주도했고 일찍부터 백제와의 문화 교류가 활발했던 대가야의 지배층이 불교에 대한 이해나 신앙이 없이 무덤칸 천장을 연꽃문으로 장식했으리라고 생각하기는 어렵다. 오히려 무덤칸 벽화 중의 연꽃문은 피장자와 그 일족이 지닌 일정한 형태의 불교적 내세 신앙의 구체적 표현으로 받아들이는 것이 좋을 듯하다.[14] 만일 앞에서 추정한 바와 같이 고아동벽화분이 무덤칸 천장은 연꽃문과 구름무늬로, 무덤칸 벽은 사신으로 장식되었다면 무덤칸은 사신에 의해 수호되는 불교의 정토와도 같은 곳이다.

무덤칸 벽화가 그려질 당시의 대가야에는 일정 수준의 불교 신앙과 불교적 내세관을 지닌 계층이 있었으며, 고분의 규모와 형태로 보아 이들은 지배층 가운데에서도 최상층, 예컨대 왕족이었을 가능성이 크다. 다만 현재의 제한된 자료상 이들이 지닌 불교 이해의 정도, 불교 신앙의 내용 등에 대한 더 이상의 추론은 어렵다.

고령 고아동벽화분은 6세기를 전후해 가야지역에 새로이 출현하는 묘제인 횡혈식 석실묘의 하나로, 남조에서 백제에 전파된 전축분을 본떠 축조되었다. 터널을 연상시키는 널방과 벽화, 동벽에 치우친 널길 등은 이 고분이 석실묘와 전축분의 특징적인 요소가 아직 구분되지 않던 단계의 축조물임을 알게 한다.

널방 및 널길 천장을 장식한 연꽃문과 구름무늬 형태의 파상선은 6세기를 전후해 유행하는 중국 남북조 석굴사원 장식과 전축분 문양전, 고구려 후기 고분벽화에서 공통적으로 발견되는 비운문과 인동연꽃문을 연상시킨다. 고구려의 6세기 고분벽화와 중국 남조 전축분 무덤칸 장식, 같은 시기의 벽화분인 공주 송산리6호분의 널방 벽화, 이들보다 후기의 벽화분인 부여 능산리1호분 벽화를 고려할 때, 고아동벽화분은 널방 벽은 사신으로, 천장면은 연꽃으로 장식된 벽화분이었을 가능성이 크다. 현재 남아 있는 무덤칸 벽화와 고분의 규모, 구조 등으로 보아 고령 고아동벽화분은 6세기 중엽 대가야 최고 지배층의 무덤이었을 것으로 추정되며 피장자는 당시 동아시아문화의 공통 기반이던 불교에 대한 나름의 이해가 있던 인물로 생각된다.

---

13 『三國遺事』 卷3, 「塔像」 4, 金官城婆娑石塔條.

14 전호태, 「5세기 高句麗古墳壁畵에 나타난 佛敎的 來世觀」, 『韓國史論』 21, 서울대학교 국사학과, 1989, 3~68쪽.

제3부

미의식과 세계관

제1장

미의식

1. 미의식과 문화 정체성

인간은 아름다움을 찾고 읽고 만들어 낸다. 스페인의 시마 데 로스 우에소스 구석기 유적에서 출토된 규암제 주먹 도끼는 미적 조화와 균형에 초점을 두고 공들여 제작된 유물로 평가받는다.[1] 이런 작품이 출현하는 과정을 '미의식'의 발로 외에는 설명하기 어렵다. 특정한 종교적 관념이 전제되었다 하더라도, 굳이 대칭성을 추구하고 균형과 조화를 느낄 수 있도록 깨고 두드리고 다듬은 것은 본능에 내재한 예술성이 강하게 작동했기 때문으로 보아야 할 것이다.

선사 및 역사 시대의 도구와 건축물은 거의 예외 없이 실용성에 초점을 두고 만들어졌다. 대량 생산이 아니더라도 사회적 여건상 실용성은 도구 제작 및 건축의 전제일 수밖에 없었다. 그러나 완성되어 사용되다 버려지거나 묻혀 후대에 발견된 이들 유적, 유물들에서는 실용성 외에도 자연스럽게 덧붙은 미적 감각을 읽어 낼 수 있다. 의식적이건 무의식적이건 제작자나 건축자의 미의식이 유적, 유물에 배어들었다고 하겠다.

삼국시대 고구려 문화의 정수로 일컬어지는 고분벽화는 고구려인의 정신 세계를 형상화한 작품이다.[2] 한편으로는 고구려 사회문화의 현장 보도사

1 미셸 로르블랑세 지음, 김성희 옮김, 『예술의 기원』, 알마, 2014, 106쪽.

2 전호태, 『벽화여, 고구려를 말하라』, 사계절, 2004, 218쪽.

진이기도 하다. 벽화를 그린 고구려 화가는 주문받은 내용을 제재별로 정리하고 재구성한 뒤 현장 작업에 들어가면서 화가로서의 의식과 감각을 그림 안에 녹여 넣었다. 각각의 화가가 남긴 벽화의 한 장면, 한 장면마다 당시의 고구려인에게 일반적으로 받아들여졌고, 화가의 개인적 성향도 더해진 미의 세계가 바탕을 이루기도 하고 펼쳐지기도 한 셈이다.

이 장에서는 고구려인의 미의식이 고분벽화에 어떻게 배어들었으며 고분벽화에 담긴 아름다움이 고구려인의 문화 정체성과 어떤 관련이 있는지 알아본다.[3] 이를 위해 문화 정체성 성립의 전제가 되는 요소들, 문화 정체성에 바탕을 둔 미의식이 고분벽화에 작용해 표현되는 과정과 내용, 역사문화 및 예술사적 의미 등을 차례로 살펴보려고 한다.

한 사회, 한 민족의 미의식을 뭉뚱그려 규정하기는 어렵다. 미의식은 풍토 및 기질, 세계관과도 밀접한 관련이 있으며, 집단이나 개인의 경험, 이로 말미암은 인식에 바탕을 두고 성립하기도 한다. 사회적 교육, 관습, 종교 관념의 영향을 받아 집단적·지역적 변화를 겪기도 한다. 풍토, 기질, 세계관 위에 성립한 미의식은 미술 작품을 통해 시대성, 지역성, 보편성과 개성을 보여 준다. 결국 미의식의 성립과 표현, 전개 과정은 이런 요소들을 고려하면서 논할 수밖에 없다.

미의식은 주로 미술 작품으로 인정되고 평가받는 회화, 조소, 도자, 금속공예품을 통해 읽힌다. 그러나 실용적 의도로 제작, 건축된 도구와 건축물이라 할지라도 시대, 지역, 개인과 사회의 미적 감각이 배어들지 않을 수는 없다. 그렇다면 한 시대, 한 사회의 미의식을 읽어 낼 수 있는 작품의 범위는 크게 확대될 수밖에 없다.

어떤 형태든 도구와 건축물은 역사와 문화, 풍토와 기질이라는 배경을 지닌다. 특정한 시공간에서 펼쳐지는 역사 속에서 문화의 틀이 짜이고, 그 안에서 개인과 사회의 경험과 관념이 도구와 건축물이라는 유형의 산물로 남겨지는 것이다. 물론 이런 산물을 남기는 주체는 해당 역사와 문화, 도구

3 백제, 신라, 가야 문물에 보이는 미의식에 대한 연구는 몇 차례 시도되었다(권영필, 「新羅人의 美意識-北方美術과의 관계를 중심으로」, 『신라문화제학술발표논문집』 6, 1985; 이내옥, 「백제인의 미의식」, 『역사학보』 192, 2006; 권주현, 「대가야의 통형기대와 가야인의 미의식-뱀에 대한 인식을 중심으로」, 『계명사학』 21, 2010). 그러나 고분벽화를 미술 장르의 하나로 삼았던 고구려인의 미의식은 구체적으로 검토되지 못한 상태다.

와 건축물을 남긴 사람들이다. 따라서 한 사회의 미의식을 살펴보려면 반드시 문화적 정체성을 먼저 살펴볼 필요가 있다.

압록강 중류 유역의 좁고 긴 선상지 개척자들은 이웃 사회의 사람들에게 '성격이 급하며 달리듯 걷는다'는 소리를 들었다.[4] 밭이 좁아 먹을 것이 적게 난다는 걸 핑계로 약탈을 일삼는다는 비난도 받았다. 실제 고구려의 건국 시조 주몽은 졸본에 새로 터를 잡은 뒤 주변 지역을 정벌하느라 바빠 궁실을 지을 겨를이 없었다고 한다.[5] 부여의 왕자였던 명궁 주몽 자신이 직접 무리를 이끌고 약탈적 정벌에 나섰던 것이다.

고구려 초기부터 중기까지 주된 무덤 양식이었던 돌무지무덤은 비용과 시간을 크게 들일 필요가 없는 단순한 형태의 건축물로 시작되었다. 건국 시기 고구려 왕족들의 무덤으로 추정되는 환인 망강루 돌무지무덤들에서는 제작 기법이 단순한 장식용 공예품들이 출토되었다.[6] 이 유물들은 건국기 고구려인들이 소박하면서 실용적인 생활에 익숙했음을 짐작하게 한다.

건국 이래 5세기까지 고구려인에게는 질서며 가치관이 다르지 않은 현세와 내세, 혹은 하늘의 세계와 땅의 세계가 병존한다는 관념이 보편적이었다.[7] 현재의 신분과 사회질서가 죽은 뒤에도 계속된다면, 내세 삶을 위해 신에게 특별한 희생물을 바친다든가 현세의 이웃에게 열심히 공덕을 쌓는 등의 노력을 기울일 필요가 없다. 4세기 이후 불교 신앙을 수용하면서 세계관이 바뀌기 전까지 고구려인은 현재에 충실한 실용적 삶과 문화를 꾸려 나갔던 것으로 보인다.

문화적 정체성을 성립시키는 기본 요소가 풍토와 기질, 세계관이라면, 문화적 정체성에 변형을 가하거나 문화적 정체성에 작용해 특정한 형상을 갖춘 도구나 건축물, 의식주, 혹은 놀이의 한 형태로 드러나게 하는 것은 시대성과 지역성, 보편성과 개성일 것이다.

고구려는 예맥계를 중심으로 한 다민족 국가로 출발했고, 성장 과정에서 그러한 성격은 더 강화되었다. 고구려에서는 다양한 종족과 그들의 사회,

---

4 『三國志』 卷30, 「魏書」 烏丸·鮮卑·東夷傳 30, 高句麗; 『後漢書』 卷85, 「東夷列傳」 75, 高句麗.

5 『三國史記』 卷13, 「高句麗本紀」 1, 始祖 東明聖王 元年.

6 李新全, 「五女山山城과 주변의 고구려 초기유적」, 『고구려 문화의 역사적 의의』, 고구려연구재단, 2005, 102~106쪽.

7 전호태, 『고구려 고분벽화 연구』, 사계절, 2000, 27~30쪽.

문화를 '고구려'라는 이름 아래 통합하는 것이 언제나 사회적 과제의 1순위였다. 고구려가 대내외적으로 개방적이면서 독자성이 뚜렷한 사회를 유지했던 것도 이 때문이다.

고구려에서는 건국 이래 외래 문화의 전면적인 수용, 선택적인 소화, 보편적이면서도 개성적인 재창조 작업이 지속되었다. 이런 흐름이 당연시되었던 고구려 문화에서 보편성과 개성을 동시에 탐색하고 발견하게 되는 것은 자연스러운 과정이자 결과라고 할 수 있다.

고구려가 건국 시조인 주몽과 그 어머니 유화에 대한 신앙을 오랜 기간 국가 신앙 체계의 중심에 두었음은 잘 알려진 사실이다.[8] 고구려는 등고신, 부여신으로 불린 두 신에 대한 신앙을 뼈대로 삼아 '고구려적 천하관'을 성립시키고, 이를 대내외에 과시했다.[9] 고구려인이 자기 사회의 독자성, 혹은 문화적 개성에 자부심을 지니고 대외적으로도 이를 내세우는 것을 주저하지 않았음을 알게 하는 부분이다. 고구려 고분벽화의 중심 제재 가운데 하나인 해와 달 역시 이런 사회적·종교적 흐름과 무관하지 않다고 보아야 할 것이다.[10]

그러나 고구려가 존립하던 시기 동아시아 문화권 각 지역에도 고유한 천하관과 해와 달에 대한 신앙은 존재했다.[11] 따라서 특정사회나 지역을 중심으로 천하관이 성립하는 현상 역시 특별하다고 보기는 어렵다. 다원적 병립 현상을 보인 천하관의 적용 범위가 어디까지냐 하는 부분에서 차이를 보인다고 해도 과언이 아니다.[12] 신앙의 형상화에서 강약의 차이를 보였다고도 할 수 있다. 결국 해와 달에 대한 신앙의 강도와 밀도, 표현 방식, 천하관이 적용되는 영역과 관철력 정도에서 고구려적 개성의 특징과 내용이 정해졌다고 보아야 할 것이다.

고구려인은 시조의 아버지를 해신, 시조의 어머니를 물을 주관하는 달

---

8 고국양왕에 의한 '立國社修宗廟'는 4세기 말 이와 관련된 국가 차원의 신앙 체계 정비 활동이 있었음을 시사한다(『三國史記』 卷18, 「高句麗本紀」 5, 故國壤王 9年3月). 이와 관련된 근래의 연구 성과로는 이춘우, 「고구려 東盟祭·隧神祭와 神廟」, 『한국고대사연구』 79, 2015, 173~202쪽 참조.

9 전호태, 『고구려 벽화고분』, 돌베개, 2016, 191쪽.

10 전호태, 「高句麗古墳壁畵의 해와 달」, 『미술자료』 50, 1992.

11 중국 한~당시대의 해와 달에 대한 신앙 및 이의 도상적 표현은 전호태, 『중국 화상석과 고분벽화 연구』, 솔, 2007, 167~230쪽 참조.

12 천하관의 다원적 병립 현상은 노명호, 「東明王篇과 李奎報의 多元的 天下觀」, 『진단학보』 83, 1997; 노태돈, 『고구려사 연구』, 사계절, 2003 참조.

신으로 믿고 숭배하면서 두 신을 형상화했고, 두 신이 지키는 고구려가 세상의 중심이라는 천하관을 세상에 내놓았다. 이를 보면 동아시아의 패권 세력으로 성장한 고구려의 힘이 주몽신과 유화신 신앙을 중심으로 한 천하관을 동북아시아에 관철하고 고구려 문화의 개성적 측면을 내외에 각인시키는 데 어떤 역할을 했다는 해석이 가능하다.

문화적 정체성의 얼개를 이루면서 종교 현상이나 미술 작품을 통해 표현되는 보편성과 개성은 한중일에 공통적으로 나타나는 음양오행론의 수용 및 표현 방식을 통해서도 확인할 수 있다. 중국에서 오랜 기간 이론적 정립 과정을 거쳤던 음양오행론은 한중일이 공유하던 만물운행론이다. 오신신앙은 음양오행론을 바탕에 두고 천문우주관, 천인감응설, 풍수지리설이 차례로 교직되면서 수면 위로 떠올랐고, 한중일의 고대 및 중세 미술에서 사신도, 혹은 오신도로 형상화되었다.[13]

우주적 방위신인 청룡, 백호, 주작, 현무는 동경, 와당, 벽화, 화상전 등에 등장하는데, 한국, 중국, 일본에서 미술적으로 표현되는 매체와 양식이 차이를 보인다. 이는 사신신앙, 혹은 오신신앙을 어느 정도 넓고 깊이 있게 받아들이고 미술 작품으로 표현해 내는가에 대해 한국, 중국, 일본 사이에 인식과 시각 차이가 있었던 데서 비롯된 현상이다.

중국이나 일본과 달리 고구려 고분벽화에 사신만 묘사된 화면이 여러 차례 등장하는 것은 사신신앙의 전면적 표현이라는 점에서 주목할 만한 부분이다.[14] 특정한 제재의 예술적 표현 수준이 어느 단계에 이르는가는 특정한 신앙이 어느 정도 깊어지는가와 밀접하게 연결되어 있기 때문이다.

시대성과 지역성이 문화적 정체성 성립과 변화에 끼치는 영향, 드러나는 방식 등에도 주목할 필요가 있다. 문화적 정체성에 담기는 시대성은 외부 세계와의 교류에 영향을 받는 경우가 많다. 인적·물적·종교적 교류로 말미암은 관념 세계의 변화는 문화적 정체성에 직접적인 영향을 준다. 고구려의 경우, 불교를 받아들이면서 우주와 자연을 보는 시각에 큰 변화를 겪는데,[15] 이는 고구려 시기의 동아시아 전역에서 확인되는 현상이기도 하다. 이는 팔

13 고구려에서 오행신앙이 사신도 및 오신도로 형상화되는 과정은 전호태, 「고구려의 오행신앙과 사신도」, 『국사관논총』 48, 1993 참조.

14 전호태, 『고구려 고분벽화 연구』, 311~356쪽.

15 전호태, 『고구려 고분벽화 연구』, 133~140쪽.

레스타인에서 출현한 기독교가 로마제국의 국교가 되자 중근동과 유럽의 문화 지형이 크게 바뀌고 미의식과 미술 활동에도 큰 변화가 일어난 것과 유사한 사례다.

불교가 전해지면서 불교 문화라는 이름으로 서아시아와 인도의 관념 세계, 조형 감각, 미의식이 전해졌고, 동방 세계에 그들의 미술 작품 역시 소개, 수용, 확산되었음은 잘 알려진 사실이다. 고구려에 불교와 불교 문화가 전래되었다는 것은 서아시아와 인도, 중앙아시아와 내륙아시아, 중국 남북의 미의식과 미술 세계가 잇따라 고구려에 소개되었음을 뜻한다. 시간의 흐름에 따라 불교적 제재 중심으로 재구성되는 초기 및 중기 고분벽화는 고구려인이 이런 새롭고 강렬한 문화적·종교적·예술적 흐름에 어떤 반응을 보였고 그 과정과 결과가 어떠했는지를 잘 보여 준다.

문화적 정체성을 구성하는 요소 중 하나이자 문화적 정체성을 드러내는 방식의 하나이기도 한 지역성 역시 외부 세계와의 접촉에 영향을 받는다. 주목할 것은 지리적 특성이나 역사적 경험에 바탕을 둔 지역 차가 뚜렷할 수 있다는 사실이다. 한 지역이 교통의 이점, 정치사회적 위상이나 역할 등으로 말미암아 문화 중심으로 부상하거나 변방성이 뚜렷해지는 사례는 고구려 문화의 지역적 특징을 읽는 과정을 통해서도 확인할 수 있다. 문화적 지역성에 시대성이 더해지면 지역적 편차는 더 크게 보이기도 한다.

고구려의 경우, 대동강 하구의 남포는 대외 교통의 접점으로 기능하면서 후기의 수도 평양을 중심으로 한 남방문화권 안에서 독자의 지역문화권을 성립시킨 지역이다. 외래의 새로운 미술 문화 요소가 고구려에 소개될 때 남포 일대에서는 이를 원형에 가까운 형태로 수용, 소화하는 경향을 보인다.[16] 이와 달리 평양에서는 외래 문화를 고구려적 색깔이 뚜렷한 새로운 미술 문화 요소로 재탄생시켜 외부 세계의 문화와 차별성을 드러낸다. 파미르 고원과 타클라마칸 사막을 넘어 동쪽으로 전해진 서방 세계의 불교 미술 문화가 북중국의 서쪽 끝 돈황 일대에서 보여 주는 모습과 중원의 중심으로 일컬어지던 서안과 낙양 일원에서 보여 준 조형적 특징이 뚜렷이 달랐던 것도 같은 맥락에서 이해할 수 있다.

---

16 집안식, 평양식 복식을 모두 보여 주는 남포지역 고분벽화 인물도에서 이런 점이 잘 드러난다(전호태, 『고구려 생활문화사 연구』, 81쪽).

문화적 정체성 성립과 변화 과정에서 시대성과 지역성, 보편성과 개성, 풍토, 기질, 세계관 등의 요소는 각각 베틀의 벱대, 도루마리, 북이 되기도 하고, 틀 위에 오른 씨줄과 날줄이 되기도 한다. 문화마다 이들 각 요소의 배합은 다양하다. 결과적으로 무늬와 배색이 다른 옷감처럼 개성이며 지역성이 뚜렷한, 크고 작은 유형 및 무형 문화로 형태를 갖추어 역사의 한 장면이 되기도 한다.

미의식은 이런 역사의 한 장면, 혹은 문화 산물을 통해 읽어 낼 수밖에 없다. 시대성이며 보편성, 기질, 세계관 등을 담아낸 도구며 건축물, 의복, 노래와 춤 등에서 문화 정체성의 표현이기도 한 미의식이 어떤 결과를 낳았는지, 특정한 미를 구현해 낸 예술적 시각과 태도가 어디에서 비롯되어 어떤 방향으로 흘러가고 있었는지 설득력 있게 짚어 낼 수 있는 것이다. 고구려 고분벽화는 이런 작업을 하기에 더없이 좋은 유적이며 작품이다.

2. 고분벽화, 시대와 세계관에 담은 미의식

1) 초기

고구려인에게는 무덤 안 공간의 벽과 천장을 그림으로 장식한다는 것이 새로웠다. 관곽 바깥을 돌로 채워 돌무지무덤을 만들던 고구려인에게 돌방에 관을 넣고 그 안에 갖가지 그림을 그려 넣는다는 생각은 더 낯설었을 것이다. 낙랑으로 영역이 확대되고 요양까지 세력권에 넣은 고구려인은 풍문으로만 듣던 낯선 장의문화, 장의미술을 외면할 것인지 아니면 받아들일 것인지 결정해야 했다.

중국 한나라의 왕공과 귀족들 사이에 그림을 새기거나 그려 넣은 돌방이며 사당 만들기가 유행한다는 사실 자체는 고구려를 포함한 이웃 사회에 이미 알려져 있었다.[17] 중국 위·진시대 낙랑 사람들이 장례 때 나무로 만든 곽에 그림을 그려 넣는다는 소문도 고구려인의 귀에 들린 지 오래다. 4세기

17 전호태, 『고구려 고분벽화 연구여행』, 푸른역사, 2012, 26~28쪽.

에 낙랑과 요양이 잇달아 손안에 들어오자 고구려인도 '고분벽화'로 일컫는 장의미술 문화를 받아들이게 되었다.

초기 고구려 고분벽화의 중심 주제는 생활풍속이다.[18] 무덤에 묻힌 이가 살던 시대의 생활상이 벽화의 제재 겸 주제였다. 물론 벽화로 그려지는 생활상은 무덤주인이 겪던 것보다 더 좋게 그려졌다. 무덤주인이 생전에 작은 고을의 지배자였다면 벽화 속 주인은 더 큰 고을을 다스리던 자로 묘사되었다. 삶을 마친 뒤 살 저세상이 이전보다 나아야 한다는 생각을 바탕에 두고 그린 그림이었으니 주인이며 시종들이 더 멋지고 화려하게 표현되는 것은 당연한 일이었다.

그러나 현세의 생활을 모델로 삼아 그린 그림이니만큼 사람, 도구, 건축물의 형태며 색채는 그들이 살던 시대의 일반적인 양식 그대로일 수밖에 없다. 고구려 고분벽화에 고구려인이 등장하고 고구려인이 살던 집과 그 안의 살림살이, 고구려인이 사용하던 그릇, 타고 다니던 말과 우차, 입던 옷, 즐기던 놀이가 화가의 손으로 재현되었다고 보아야 한다.

초기 고분벽화의 고구려인은 시기와 지역에 따라 얼굴과 복식이 다르다. 357년 묵서명이 있는 재령강 유역 안악3호분 벽화의 남녀 주인공은 개인용 연꽃장식 장방 안 낮은 평상 위에 앉아 있다.[19] 화려하고 풍성한 옷감은 가늘고 구불거리는 구름무늬로 장식되었다. 주목할 만한 것은 얼굴이 살지고 눈이 가늘고 긴 여주인공과 시녀들이다. 이들이 당시의 표준적 미인상을 보여 준다고 한다면 4세기 중엽 고구려의 평양 및 안악 일원에서는 중국 한~당 시대의 미인상이 선호되었다고 보아야 할 것이다.

5세기 전반의 이른 시기 작품인 집안 각저총 벽화의 남녀 주인공은 넓은 장방 안 높은 평상 및 바닥에 나누어 앉아 있다.[20] 남편과 두 부인이 한 벽면 전체를 차지하는 장방 안에 함께 있는 점에서 안악3호분 벽화와 다르다. 품에 여유가 없는 저고리, 통 넓은 점무늬 바지 차림의 남편은 얼굴이 지워져 보이지 않으나, 주름치마 위에 두루마기를 덧입은 두 부인은 얼굴에 군살이

18 전호태, 『고구려 고분벽화의 세계』, 서울대학교출판부, 2004, 110쪽.

19 안악3호분 발굴 당시의 무덤 구조와 벽화 내용은 황욱, 『안악제3호분발굴보고』(『유적발굴보고』 3), 1958 참조.

20 각저총 발굴 당시의 무덤 구조와 벽화 내용은 池內宏·梅原末治, 『通溝』 卷下, 日滿文化協會, 1940 참조.

그림 3-1 안악3호분 앞방 서쪽 곁방 벽화: 여주인
그림 3-2 각저총 널방 동북벽 벽화: 여주인

없으며, 눈은 가늘지 않고, 눈동자는 둥글고 크다. 이들의 얼굴이 당시의 미인상을 기준으로 그려졌다면 5세기 초반 국내성 일대의 미인상은 4세기 중엽의 평양 및 안악지역과 달랐다고 볼 수 있다.

〈그림 3-1〉과 〈그림 3-2〉는 고구려 남북문화권이 일정 기간 풍토, 기질, 생활방식, 미의식과 미적 기준 전반에서 서로 달랐을 가능성을 고려하게 한다. 고구려가 건국된 압록강 중류 유역이 토지가 좁고 척박하며 겨울이 길고 차가운 곳이라면, 5세기부터 국가의 새로운 중심이 되는 대동강과 재령강 일대는 토지가 넓고 비옥하며 북부에 비해 겨울이 짧고 따뜻한 지역이다. 따라서 북쪽의 생활 양식은 소박하며 실용적인 반면, 남쪽의 그것은 풍부하고 여유가 있을 수밖에 없다. 회화의 선으로 비유하면, 북쪽의 필선은 힘 있고 단순하게 뻗어 나간다면 남쪽의 필선은 부드럽고 자연스럽게 휘어 나간다고 할 수 있다. 실제 각저총 벽화 인물의 얼굴선은 힘 있고 깨끗하게 흐른다. 이와 달리 안악3호분 벽화의 인물들의 얼굴선은 둥글고 부드럽다.

초기 고분벽화에 표현된 하늘 세계는 고구려 남북문화권의 세계관도 독자적인 부분이 있었음을 짐작하게 한다. 일반적으로 미술적 기법이나 양식의 차이는 시대와 지역을 나누는 기준으로 제시되기도 하지만, 서로 다른 세계관이나 종교관의 표현으로 이해되기도 한다.

408년 묵서묘지명으로 유명한 남포 덕흥리벽화분 벽화의 하늘 세계는 별자리와 길상 관념을 형상화한 기금이수로 가득하다(그림 3-3).[21] 도교의 신

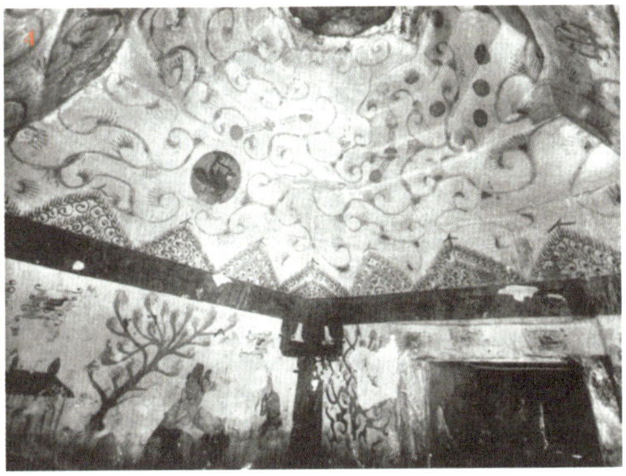

그림 3-3 덕흥리벽화분 앞방 천장고임 벽화: 하늘 세계
그림 3-4 각저총 널방 천장고임 벽화: 하늘 세계

선 신앙에서 하늘 세계의 사람으로 설명되는 선인과 옥녀들도 온갖 형상의 기운과 각종 별자리로 채워진 하늘 세계 곳곳을 날아다닌다. 둥근 궁륭고임 화면 속 구름 형상의 상서로운 기운은 자유롭게 흐르는 여러 갈래의 선으로 하나씩 덩어리진, 그 상태며 크기와 모양이 각각 다르다.

반면 덕흥리벽화분보다 약간 늦은 것으로 추정되는 각저총 벽화의 하늘 세계는 구성이 단순하다(그림 3-4). 해와 달, 북두칠성과 남두육성 등 방위별 별자리 몇 외에 빈 공간을 가득 메운 새 머리 꼴 구름무늬가 전부다. 화면 속 구름무늬는 일정한 크기와 형태로 반복되며, 서로 이어지기도 하고 떨어지기도 한다. 필선은 세련되게 흐르나 긴장되어 있고 규칙성을 보여 덕흥리벽화분 하늘 세계의 기운을 나타낸 자유로운 선과 구분된다.

덕흥리벽화분 벽화의 하늘은 신선 신앙의 세계다. 상서로운 기운으로 가득한 이 공간은 불로불사를 추구하던 사람들이 꿈꾸던 이상적 세계의 단면을 잘 보여 준다. 부귀와 장수가 형상화되어 표현되었고, 신선이 된 사람

---

21 덕흥리벽화분의 발굴 당시의 무덤 구조와 벽화 내용은 박진욱·김종혁·주영헌·장상렬·정찬영, 『덕흥리고구려벽화무덤』, 과학백과사전출판사, 1981; 朝鮮畵報社 編, 高寬敏 日譯, 『德興里高句麗壁畵古墳』, 講談社, 1986 참조.

과 함께 지낼 수 있는 곳이다. 상서로운 기운이 온갖 형상으로 그려지는 것도 그것에는 생명에 덕을 끼치는 힘이 있기 때문이다. '운기화생(雲氣化生)'의 초기 표현을 여기서 만날 수 있다고 하겠다.[22]

각저총 벽화의 하늘은 해와 달이 뭇별을 거느린 공간이다. 덕흥리벽화분 벽화에서 해와 달은 하늘에 붙박인 별들 가운데 중요한 자리를 차지하는 큰 별들이며 선인과 옥녀가 노니는 곳이 어디인지를 나타내는 존재다. 그러나 각저총 벽화의 해와 달은 하늘 세계의 중심에서 뭇별의 운행을 관리한다. 국가 시조 주몽과 시조의 어머니인 유화에 대한 신앙이 두 별에 투사되어 있는 것이다. 하늘 세계를 가득 채운 구름무늬가 정형성과 규칙성을 보여 주는 것도 하늘의 중심인 해와 달의 관리 아래 있는 까닭이다.

2) 중기

427년 이루어진 평양 천도는 고구려 문화의 흐름에도 큰 변화를 가져오는 사건이다.[23] 고구려가 불교를 받아들이고 백성들에게 믿도록 장려한 뒤 오래지 않아 국내성 일대와 문화적 토양이 다른 평양으로 수도를 옮겼기 때문이다. 즉 성격과 내용에서 구분이 되는 북쪽의 문화가 남쪽의 문화와 섞여 새로운 형태의 문화를 창출할 수 있게 된 것이다.

중기 고분벽화의 주제는 다양하다. 생활풍속에 연꽃 중심의 장식무늬와 사신이 더해졌다.[24] 장식무늬가 주제로 선호되는 경우가 많았지만 두 가지 이상의 제재가 주제로 선택되는 혼합 주제의 사례도 많았다. 특히 주목할 만한 것은 5세기 중엽 즈음 크게 유행하는 연꽃 장식무늬 고분벽화다.

고분벽화의 제재로 전면에 대두하는 연꽃 장식무늬는 고구려인이 불교 신앙에 몰입하는 현상과 관련이 깊다.[25] 물론 5세기 중엽 고구려 전역에서 불교 신앙에 깊이 빠져드는 일이 일어났는지는 확실치 않다. 그러나 연꽃 장식

22 상서로운 기운을 생명 에너지의 원천처럼 묘사한 도상에 대한 정리는 吉村怜, 「南朝天人圖像の北朝及び周邊諸國への傳播」, 『佛敎藝術』 159號, 1985 참조.

23 『三國史記』 卷18, 「高句麗本紀」 5, 長壽王 16年.

24 전호태, 『고구려 고분벽화 연구여행』, 73쪽.

25 전호태, 『고구려 생활문화사 연구』, 343쪽.

무늬 주제 고분벽화가 다수 제작된 것은 문화적·종교적·예술적으로 주목할 만한 현상이다.

회화 제재로서 연꽃은 357년 작품인 안악3호분 벽화에 이미 보인다. 그런데 408년 제작된 덕흥리벽화분 벽화에는 연꽃으로 가득한 연못이 화면의 반을 차지할 정도로 크게 그려진다. 이는 시간이 흐르면서 연꽃이 지닌 벽화 제재로서의 비중이 높아지고 있었음을 보여 준다.

앞에서 살펴보았듯이 세계관이 바뀌면 미의식이 달라지고 회화 기법과 양식도 변화하기 쉽다. '무엇이 아름다운가'를 다시 묻고 다시 답하게 되는 것이다. 일상에서 가치를 두는 대상이 달라지면 새롭게 가치가 부여된 것을 대하는 태도도 크게 달라진다. 5세기에 들어서면서 고구려에 불교 신앙이 유행하고 불교 문화가 새롭고 큰 흐름을 이루자 불교 관련 예술 제재에 대한 관심과 평가도 높아진다. 벽화 제재로서 연꽃의 비중이 높아지는 현상도 새로운 종교의 대두가 회화를 비롯한 예술 활동과 미의식에 영향을 끼친다는 사실을 잘 보여 주는 사례에 해당한다.

불교 신앙을 받아들이고 불교에서 강조하는 윤회전생관과 정토왕생관을 새로운 내세관으로 수용하게 된 고구려인은 천계에서 다시 태어나거나 정토에 왕생하기를 소망하게 된다. 따라서 고구려인이 연꽃으로 상징되는 불교적 깨달음에 무게를 두고 화가에게 '내세 소망의 표현'으로 연꽃을 무덤 속에 그려 넣도록 주문하는 것도 자연스럽고 당연한 현상으로 보아야 할 것이다.

문제는 연꽃으로만, 혹은 연꽃무늬를 중심으로 몇 종류의 무늬만 더해 무덤 속을 장식하는 사례가 고구려 외에는 보이지 않는다는 사실이다. 불교가 크게 유행해 수도에 사탑(寺塔)만 보였다는 5호16국시대 북중국의 왕조들이나 남북조시대 주요 왕조에서도 연꽃 장식무늬 고분벽화는 만들어지지 않았다. 결국 5세기 중엽 고구려 사회에는 불교적 내세 삶에 대한 남다른 열망이 있었고, 이런 태도가 연꽃 장식무늬 고분벽화 제작의 동력으로 작용했다고 하겠다. 즉 5세기에 들어서면서 고구려 사람들은 죽어 조상신의 세계로 돌아가는 대신 연꽃을 통해 온전히 자유로운 존재로 다시 태어나 새 삶을 꾸리기를 꿈꾸기 시작했고, 그 정도가 깊어지면서 어느 순간 무덤 속을 연꽃으로 가득한 연화정토(蓮花淨土)로 그려내게 된 듯하다(그림 3-5).[26]

---

26 전호태, 『고구려 생활문화사 연구』, 343쪽.

그림 3-5 환인 미창구장군묘 복원 모형
그림 3-6 장천1호분 앞방 천장고임 벽화: 예불

중기 벽화고분을 대표하는 집안의 장천1호분은 불교 신앙에 깊이 빠져든 고구려인 귀족 부부의 신앙과 벽화의 상관관계를 잘 보여 준다. 장천1호분의 앞방 천장부는 여래와 공양자들, 보살과 비천, 연화화생상으로 장식되었다.[27] 벽화는 고구려 불교사원 내부가 어떤 형상들로 장식되고, 사원 안에 들어간 공양자들이 어떻게 행동했는지를 잘 보여 준다(그림 3-6). 이 무덤의 널방은 연꽃무늬로만 장식되었다. 벽화는 널방에 안치된 귀족 부부, 곧 앞방에서 여래의 덕을 기리며 정토에서의 연화화생을 꿈꾸던 두 공양자가 연화정토에서 새 삶을 누리는 것처럼 보이게 한다.

연꽃 장식무늬 고분벽화는 불교 전래 초기, 고구려의 중심이던 집안 국내성지역에서 주로 유행했다. 이와 달리 천도 이후 불교 문화가 크게 유행한 것으로 보이는 평양 일대에서는 생활풍속과 사신을 혼합 주제로 삼은 고분벽화가 더 자주 제작된 듯 보인다. 무엇 때문일까?

5세기 말 작품으로 평가되는 쌍영총 벽화는 천도 후 반세기 이상의 시간이 흐르는 동안 평양을 중심으로 고구려 남북문화의 융합이 계속되어 일정한 성과를 거두었음을 보여 준다.[28] 그러나 문화 융합에서 한 걸음 더 나아간 새로운 통합 문화의 성립과 확산은 아직 미완의 진행형 과제였음을 짐작할 수 있다. 쌍영총 앞방과 널방 천장석 연꽃 형태에서 알 수 있듯이 고구려 남북문화의 차이는 여전히 존재하고 있었던 것이다.[29]

5세기 고구려에 쏟아져 들어온 불교 문화에는 인도 및 서아시아의 종교관념과 예술 기법이 포함되어 있었다.[30] 고구려 중기 고분벽화는 고구려인이 이런 새로운 관념과 기법을 고구려의 예술 양식을 구성하는 요소로 받아들이려 노력했음을 알게 한다. 이런 태도는 평양지역 고분벽화보다 집안 국내성지역 고분벽화에서 더 두드러지게 나타난다.

우주역사(宇宙力士)는 5세기 고분벽화에 등장하는 새로운 제재 가운데 하나다. 고구려인이 외부로부터 새롭게 받아들인 관념이 형상화된 경우다. 장천1호분과 삼실총에 표현된 우주역사는 기원전 2세기 중엽 그려진 중국 전한 시기 백화(帛畫)의 우강(禺彊)과 묘사 기법 및 결과에서 뚜렷한 차이를 보인다.[31] 화가가 역사를 그리면서 사용한 요철법과 명암법은 중앙아시아를 거쳐 동방 세계로 전해진 기법임이 확실하다. 따라서 고구려인 화가가 이 새로운

---

27 장천1호분 무덤 구조와 벽화 구성은 吉林省文物工作隊·集安縣文物保管所, 「集安長川1號壁畵墓」, 『東北考古與歷史』, 1982 참조.

28 발굴 당시 쌍영총 무덤 구조와 벽화 내용은 關野貞, 「平壤附近に於ける高句麗時代の墳墓」, 『建築雜誌』 326號, 1914(『朝鮮の建築と藝術』, 岩波書店(東京), 1941 재수록); 전호태, 「고구려 쌍영총 연구」, 『고구려발해연구』 46, 2013 참조.

29 전호태, 『고구려 고분벽화 연구』, 183쪽.

30 전호태, 『고구려 생활문화사 연구』, 327쪽.

31 삼실총 무덤 구조와 벽화는 池內宏·梅原末治, 『通溝』 卷下; 전호태, 「고구려 삼실총 벽화 연구」, 『역사와현실』 44, 2002 참조.

기법을 외부 세계로부터 받아들였다는 해석이 가능하다.

5세기 평양지역 고분벽화에도 우주역사는 등장한다. 대안리1호분과 수산리벽화분에 그려진 우주역사는 이목구비에서 중앙아시아 출신임을 잘 보여 준다.[32] 들보를 받쳐 들고 하늘 세계의 무게를 견뎌내는 역사의 얼굴과 자세는 국내성지역 고분벽화의 그것과 크게 다르지 않다.

그러나 평양지역 고분벽화에서 우주역사는 삼실총 벽화처럼 화면을 가득 메울 정도의 비중 있는 존재가 아니다. 장천1호분 벽화의 우주역사처럼 장딴지 근육이 터질 듯이 팽팽해지고, 발뒤꿈치가 땅바닥을 파고들 정도로 안간힘을 쓰지도 않는다.

집안 국내성 고분벽화는 우주역사라는 관념과 조형, 표현 기법이 처음 이를 받아들인 상태 그대로에 가깝다. 그러나 평양지역 고분벽화는 2차적 전파의 분위기를 강하게 띤다. 즉 생생하면서도 전면적이었던 외래의 기운과 기법이 한 차례 숨 고르기를 거치면서 부드럽게 다듬어지고 정리된 상태에 가깝다. 집안 국내성지역 특유의 강하고 힘 있게 뻗어 나가는 필선이 평양지역 회화의 부드럽고 둥글게 흐르는 선으로 바뀌면서 우주역사 특유의 긴장된 표정과 힘찬 기세가 한풀 사그라진 느낌마저 준다.

평양지역 초기 및 중기 고분벽화에서 변함없이 사용되는 부드럽게 흐르는 필선은 풍토 및 역사에서 비롯되는 지역문화의 성격과 관련이 깊은 듯 보인다. 고조선에서 낙랑으로 이어지는 역사 중심으로서의 위상, 여유 있고 풍성한 물적 기반, 자유로운 대외 교통에 바탕을 둔 문화적 개방성 등이 어우러지면서 예술적으로도 세련된 선, 우아한 표현 기법이 선호되고 주류적 위치를 점하게 되었다고 추정할 수 있다. 5세기 고분벽화의 우주역사는 고구려 남북에서 서로 다른 회화 기법이 동일한 관념의 형상화에 적용될 때 그 결과에 적지 않은 차이를 가져올 수 있음을 잘 보여 준다.

광개토왕 시대에 왕명으로 평양 9사 건립이 이루어지고 장수왕이 평양 천도를 단행하면서 평양은 고구려 불교의 새로운 중심으로 떠오른다.[33] 5세

32 대안리1호분과 수산리벽화분 무덤 구조와 벽화 내용은 과학원고고학및민속학연구소, 「평안남도룡강군대안리제1호묘발굴보고」, 『대동강및재령강류역고분발굴보고』(『고고학자료집』 2), 1959; 김종혁, 「수산리고구려벽화무덤 발굴중간보고」(『고고학자료집』 4), 1974; 전호태, 「고구려 수산리벽화분 연구」, 『역사문화연구』 40, 2011 참조.

33 『三國史記』 卷18, 「高句麗本紀」 5, 廣開土王 2年; 전호태, 「고구려 덕흥리벽화분 연구」, 『역사와경계』 95, 2015, 24쪽.

기 편년 평양지역 고분벽화에 빈번히 등장하는 연꽃무늬와 공양 행렬 장면, 불교사원 터에서 출토되는 불교 공예품, 불교 관련 문헌 기록 등은 천도 이후 평양을 중심으로 불교 신앙 활동이 활발했음을 확인시켜 준다. 그런데도 불교 신앙 몰입의 흔적으로 볼 수 있는 연꽃 장식무늬 고분벽화가 평양 일대에서는 자주 제작되지 않았다. 어떤 까닭일까?

평양은 고구려 영역 안에서도 문화의 뿌리가 깊은 곳이었다. 고조선의 뒤를 이어 이 지역에 터를 잡은 낙랑은 중국 군현에서 출발했으나 곧 토착화되었다.[34] 중국 한대 문화의 영향에서 완전히 벗어나지는 못했어도 나름의 문화적 역량을 축적해 자기 사회를 알릴 수 있는 정도는 되었다. 생활풍속을 주제로 한 고분벽화가 평양과 안악 일대를 중심으로 다수 제작된 것도 그 영향이라 할 수 있다. 벽화의 주요 제재로 사신이 등장하는 것도 그런 흐름의 연장선에서 이해가 가능하다.

5세기에 들어선 뒤에도 고구려의 평양 일대에서는 생활풍속과 사신을 벽화의 주제나 주요 제재로 삼는 문화적 흐름이 크게 약화되지 않았으며, 새롭고 큰 흐름을 이룬 불교 문화와 나란히 지역문화의 주요 줄기를 형성했다. 이는 집안 국내성 일대에서 불교 신앙과 불교 문화가 문화의 중심 줄기를 이루며 고분벽화 제작에 영향을 미치게 된 것과 대비되는 현상이다.

3) 후기

후기 고분벽화의 주제는 사신으로 한정된다.[35] 연꽃무늬나 생활풍속 장면이 지속적으로 제재로 선택, 표현되었으나 중심 주제로 떠오르지는 못한다. 사신은 5세기 말 편년 중기 고분벽화에서도 단독 주제에 가까워졌는데, 이는 이후의 흐름을 예측하게 한다. 그리고 6세기 초부터 7세기 전반에 이르는 후기 고분벽화 시기는 사신의 시대라고 해도 과언이 아니다.

사신은 하늘 사방의 28개 별자리를 방위별로 7개씩 나누어 신수(神獸)로 형상화한 상상의 존재다.[36] 고대 동아시아에서는 동서남북 각 방위의 방위신

34 오영찬, 『낙랑군 연구』, 사계절, 2006.
35 전호태, 『고구려 고분벽화 연구여행』, 79쪽.
36 『爾雅』, 「釋天」; 전호태, 『고분벽화로 본 고구려 이야기』, 풀빛, 1999, 116~135쪽.

에 해당하는 청룡, 백호, 주작, 현무가 있고, 그들은 죽은 자가 하늘 세계에서 내세 삶을 누릴 때에 수호신의 역할을 한다고 믿었다. 한~위·진시대 중국에서 유행한 '천지감응설(天地感應說)'에 따르면 사신의 형상을 갖춘 땅의 한가운데에 집을 지으면 하늘로부터 내려온 사신의 기운이 그 집에 끼쳐 그 집 사람들이 보호를 받는다.[37] 사회적으로 높은 지위에 이르고 재산도 크게 불어나 잘 살 수 있다고 한다.

그러나 사신 형상의 지세를 현실에서는 찾기 쉽지 않고, 찾더라도 그곳에 산 사람의 집이나 죽은 자의 무덤을 쓰기는 더 쉽지 않다. 그런 곳이 심산유곡일 수도 있고, 그런 곳에 이미 집이나 무덤이 있을 수도 있는 까닭이다. 그런 좋은 지세의 땅에 주인이 있어, 허락하지 않으면 쓸 수도 없다. 이런 어려움에 대한 대안이 무덤 안에 사신을 그려 넣거나 방위에 맞추어 사신의 형상을 나누어 새긴 마구리 기와를 집의 처마에 쓰는 방식이다. 사신을 새긴 동경(銅鏡)을 몸에 지니고 다니는 것도 사신의 기운을 받는 좋은 방법의 하나로 여겨졌다.

6세기를 전후해 사신이 고구려 고분벽화의 주요 제재와 주제로 선택된 것은 내적인 필요와 외부의 영향이 함께 작용했기 때문인 듯하다. 먼저 고려할 것은 고구려 사회에 사신신앙이 성행해 산 자의 집, 죽은 자의 무덤을 쓸 때 사신의 보호를 받으려는 의지가 강해진 결과일 가능성이다. 이미 5세기 초부터 사신이 고분벽화의 제재로 등장했고, 시간이 흐를수록 비중이 높아지는 것은 이런 추정에 힘을 실어 준다.

다음으로 검토될 수 있는 것이 중국의 남북조에서 나타난 새로운 경향이다. 이는 5세기 이후 남북조 사회에 풍수설과 음양오행론이 널리 받아들여지면서 석관이나 고분 내부를 사신으로 장식하는 것이 유행하자 이 흐름이 고구려에 영향을 끼쳤을 가능성이다. 실제 6세기 전반으로 편년되는 벽화고분의 사신도 가운데는 중국 남조 미술의 사신 형상을 그대로 옮겨 놓은 듯한 사례도 있다. 평양 진파리1호분 벽화의 백호는 중국 남조 화상전묘 백호와 형태 및 자세에서 별 차이를 보이지 않는다.[38]

---

37 李恩奉, 「土俗信仰과 風水圖讖思想의 發達」, 『전통과 사상』 4, 1990, 123~127쪽.

38 진파리1호분 무덤 구조와 벽화 내용은 전주농, 「전동명왕릉부근벽화무덤」, 『각지유적정리보고』(과학원고고학및민속학연구소, 『고고학자료집』 3), 1963 참조; 襄樊市文物管理處, 「襄陽賈家冲畵像塼墓」, 『江漢考古』 1986年1期; 전호태, 「고구려 진파리1호분 연구」,

후기 고분벽화의 사신도는 고구려인이 외부의 미술 문화 요소를 수용하여 소화하는 방식, 고구려 남북 지역문화와 각각의 예술적 특성을 잘 보여 준다. 고구려인이 보편적인 신앙 및 관념 세계를 형상화하면서 어떤 방식으로 기존의 해석과 조형을 재해석, 재구성해 독자적인 색채의 새로운 예술품으로 재탄생시키는지, 이런 과정에서 고구려 지역문화의 예술 전통이 어떻게 작용하며 어떤 결과를 낳는지를 알게 한다.

6세기 전반 집안 국내성지역과 평양에서 제작된 두 고분벽화의 사신도는 고구려의 남북문화권이 사신이라는 공통의 제재를 서로 다른 방식으로 해석해 화면 속에 담는 과정을 잘 보여 준다. 집안 통구사신총 벽화의 사신은 힘 있고 빠르게 흐르는 기운을 뚫고 나오는 신수들로 자신만의 독립적인 공간을 확보한 존재들이다.[39] 여기서는 사신의 방위별 수호신으로서의 위상이 확실하다. 평양 진파리1호분 벽화의 사신도 빠르게 흐르는 기운 사이에 모습을 드러내는 신수들로 독립적인 공간의 주인공이다. 동서남북 각 방위의 수호신으로서의 위상 역시 통구사신총의 사신들과 다름이 없다. 빠르게 흐르는 기운을 배경으로 삼은 사신 표현은 같은 시기 중국 남북조 석곽 및 대형 화상전묘의 선각화에도 보인다.

흥미로운 것은 벽화 주제와 배경 표현에서 확인되는 이런 공통점이 세부 묘사까지 이어지지는 않는다는 사실이다. 진파리1호분 벽화의 빠르게 흐르는 기운에는 운기화생의 생명력이 담겨 있어 연꽃과 화염보주, 서조, 천인을 낳는다. 하지만 통구사신총 벽화의 강한 기운은 허공을 가르며 힘차게 흘러갈 뿐이다. 널방 서벽의 백호 묘사에 특히 잘 나타나듯이 진파리1호분 벽화의 사신은 중국 남조 화상전 선각화 표현 양식과 직접 연결되어 있다(그림 3-7). 그러나 통구사신총 벽화의 사신은 중국 남조의 작품과는 뚜렷이 구별되며, 북조 석곽 선각화의 사신과는 세부 표현에서 차이를 보인다(그림 3-8).[40]

사신이라는 주제를 공유하면서도 통구사신총과 진파리1호분 벽화는 하

『역사와현실』 95, 2015, 356~357쪽.

39 통구사신총 무덤 구조와 벽화 내용은 池內宏·梅原末治, 『通溝』 卷下 참조; 전호태, 「고구려 통구사신총 연구」, 『고구려발해연구』 41, 2011.

40 中國美術全集編輯委員會, 『中國美術全集』 卷18, 墓室壁畫, 文物出版社, 1989, 도판 45~47 참조.

그림 3-7 진파리1호분 널방 서벽 벽화 모사도: 백호
그림 3-8 통구사신총 널방 서벽 벽화: 백호

늘 세계 구성과 표현에서는 두드러진 차이를 보인다. 진파리1호분의 하늘은 운기화생의 세계와 연화화생의 정토가 구별되지 않는 곳이다.[41] 강한 기운의 흐름 속에 연꽃이 피어나고 해와 달이 모습을 드러낸다. 그 외의 다른 신인이나 서수는 보이지 않는다. 반면 통구사신총의 하늘은 신인과 서수로 가득 채워진 곳이다. 해신과 달신, 용과 학, 기린과 서조를 단 신인들이 상서로운

41 전호태, 「고구려 진파리1호분 연구」, 362~363쪽.

그림 3-9 강서대묘 널방 북벽 벽화: 현무

기운 사이에서 모습을 드러내며, 해와 달이 떠 있는 하늘 한가운데에 황룡이 있어 각 방위의 수호신인 사신과 함께 오신의 세계를 완성하고 있다.

사신이 후기 고분벽화의 중심 주제로 떠오른 것은 6세기 고구려 사회에 사신신앙이 벽화 구성에 영향을 끼칠 정도로 크게 유행했음을 의미한다.[42] 후기 고분벽화 시대 초기 두 작품이 공통점과 함께 차이점을 드러낸 것은 고구려 지역문화의 개성적 측면이 강하게 작용한 까닭이다. 수도인 평양 중심의 문화 통합 활동이 5세기 내내 계속되어 일정한 성과를 거두었음에도 불구하고 집안 국내성지역과 평양 일대에서 오랜 기간 유지된 독자의 문화전통이 외부의 문화 예술이나 기존 신앙 및 관념 세계의 형상화 과정에 다양한 방식으로 영향을 끼쳤다. 풍토와 기질, 역사와 문화에서 비롯된 남북 두 지역의 미의식 차이가 서로 다른 느낌을 주는 사신도의 세계를 만들어 냈다고 할 수 있다.

후기 사신도 고분벽화의 정점을 보여 주는 작품은 강서대묘 벽화다(그림 3-9).[43] 강서대묘 벽화 사신도에는 중국 남북조 미술 양식의 영향이 남아 있

42 전호태, 「고구려의 오행신앙과 사신도」, 『국사관논총』 48, 1993.

43 강서대묘 무덤 구조와 벽화 내용은 關野貞, 「平壤附近に於ける高句麗時代の墳墓」, 『建築雜誌』 326號, 1914(『朝鮮の建築と藝術』 재수록) 참조; 전호태, 「고구려 고분벽화—강서대묘

지 않으며, 수·당 사신도의 표현 기법도 보이지 않는다. 강서대묘 벽화 사신도의 가장 큰 특징은 화면 가득 사신을 그려 넣고 배경에는 아무런 장식을 더하지 않은 점이다. 이는 이전 시기의 고구려 사신도에는 보이지 않던 기법이다. 중국의 남북조 및 수·당 시대 사신도에서도 유사한 사례는 확인되지 않는다. 배경을 일체 생략하게 되면 따르는 부담 때문에 화가가 금빛이나 옥빛으로 배경을 채워 특정한 분위기를 연출하는 사례는 있어도 보통 배경을 아예 비워 놓지는 않는다.

강서대묘 벽화의 사신도를 그린 화가는 배경에 아무런 붓질을 가하지 않음으로써 우주적 신수인 사신이 깊은 공간의 주인공이 되게 했다. 텅 빈 화면이 어떤 효과를 자아내는지 잘 알고 있었던 까닭이다. 그는 해와 달, 별과 구름으로 가득 채워진 공간보다 텅 빈 배경 화면이 어떤 것도 담아낼 수 있는 깊은 공간이 된다는 사실을 내다보고 있었다.

강서대묘 벽화의 하늘 세계는 남북 두 지역 사신도 고분벽화의 하늘 관념을 하나로 모아 재구성한 결과라고 할 수 있다. 연화화생하는 연꽃넝쿨 띠 위에 비천과 기악천, 삼신산(三神山)과 선인을 그린 뒤, 그 위에 영지며 기린, 서조를 배치했다. 삼각석 밑면에는 연꽃을, 천장석에는 황룡을 묘사해 진파리1호분 벽화와 통구사신총 벽화의 하늘 세계 구성 요소를 선택적으로 정리해 담았다. 통구사신총 벽화 하늘의 해신, 달신, 선인들과 별자리는 생략되었으며, 진파리1호분 벽화 하늘의 해와 달, 빠르게 흐르는 기운은 표현될 공간이 주어지지 않았다. 고구려 사신도의 세계, 고구려 오행신앙의 하늘과 오신이 평양권의 강서대묘 벽화에 구현된 셈이다.

풍토, 기질, 세계관은 문화 정체성을 결정하는 기본 요소다. 시대성과 지역성, 보편성과 개성은 문화 정체성의 성립과 변화에 개입하는 힘이자 문화 정체성을 더욱 활발하게 작동시키는 동인이기도 하다. 문화 정체성은 미의식을 통로로 삼아 다양한 예술품, 도구와 건축물을 통해 표출된다. 고구려 고분벽화는 고구려인의 문화 정체성이 어떤 미의식을 바탕으로 시대와 지역, 개성과 보편성을 드러내는지 잘 보여 준다.

고분벽화는 고구려가 낙랑과 요양으로 세력을 확장하면서 자연스럽게 고구려인의 새로운 미술 장르가 되었다. 초기 고분벽화를 대표하는 평양권

의 현무도를 중심으로」, 『한국사시민강좌』 23, 일조각, 1998.

의 안악3호분이나 집안 국내성 각저총 벽화는 고구려인이 종교, 신앙 및 세계관의 그릇이기도 한 고분벽화를 나름의 인식과 이해를 바탕으로 소화하기 시작했음을 잘 보여 준다. 평양 일원과 집안 국내성 일대 문화에 바탕을 두고 제작된 두 고분벽화는 고구려의 두 지역 사람들이 현세와 내세 삶의 형식과 질서를 보는 시각에는 차이가 없었으나, 미인상을 비롯한 복식의 디자인 등 사회적으로 선호되는 미적 기준이나 가치 등이 달랐을 가능성을 강하게 시사한다. 물론 외래의 미술 장르가 고구려 사회에 수용되는 과정에 회화 제재의 선택, 고구려식 구성과 회화 기법의 개발 및 적용, 고구려민의 양식을 따르는 예술 작품으로의 재창조 등이 시도되고 있었음은 평양권 남포 덕흥리벽화분 벽화를 통해 확인할 수 있다.

427년 평양 천도로 활짝 열린 동아시아 4강 시대, 고구려 사회에서는 불교 신앙이 크게 유행했으며 이런 흐름은 고분벽화의 제재 구성에도 영향을 주었다. 앞서 언급했듯이 집안 국내성지역을 중심으로 다수 제작된 연꽃 장식무늬 고분벽화는 무덤 안에 연화정토를 구현하려 한 경우로 고구려에서만 확인되는 특별한 현상이다. 같은 시기 동아시아 다른 지역에서는 집안 국내성 장천1호분 벽화와 같이 연화화생의 소망을 강렬하게 드러낸 사례가 발견되지 않는다. 5세기 고구려 집안 국내성지역에서 연꽃은 정토 삶을 시작하는 곳으로 가치와 의미가 부여되었다고 할 수 있다. 따라서 내세 삶의 통로로 가장 아름답게 인식되고 표현될 필요가 있었다.

남북문화의 통합, 고구려 천하관을 담은 새로운 문화의 정립이라는 5세기 고구려 사회의 최우선 과제가 어느 정도 성과를 거두었음은 평양권 쌍영총 벽화를 통해 확인할 수 있다. 쌍영총 앞방과 널방 천장석의 활짝 핀 두 연꽃은 5세기 말의 고구려 문화를 꾸려 나가던 사람들이 남북 양식의 혼합에서 한 걸음 더 나아가려 애쓰고 있었음을 짐작하게 한다.

6세기 초부터 시작되는 사신도 고분벽화의 시대는 낙랑문화의 영향을 받은 평양지역이 문화의 흐름을 주도한다. 평양 일대에는 일찍부터 음양오행설에 바탕을 둔 사신 관념과 표현이 알려진 상태였다. 고구려 사회에 음양오행설과 사신신앙이 확산되어 고분벽화 제재 구성에도 영향을 주자, 고구려 회가들이 중국 남북조의 사신 표현과 기법도 참조하게 된 듯하다. 평양 진파리1호분 벽화의 사신도가 중국 남조 화상전묘 사신도와 양식적으로 공유하는 부분이 많은 것도 이 때문으로 보인다. 집안 국내성지역의 통구사신총 벽화 사신도는 중국 남북조 고분의 사신도와 양식적으로 공통점보다 차이점을 뚜렷이 드러낸다. 이는 국내성 문화의 개성적 흐름에 6세기 고구려와 중국 남북조와의 교류가 평양을 거쳐 이루어지던 당시 상황이 더해지며 나타난 현상으로 해석될 수 있다.

고구려 천하관을 담은 새로운 문화의 정립이라는 고구려 사회의 진행형 과제는 7세기 전후 한 차례 마침표를 찍는데, 이는 강서대묘 벽화로 확인할 수 있다. 강서대묘 벽화의 사신도는 6세기 전반, 집안과 평양지역 고분벽화 사신도가 보여 주는 남북문화의 서로 다른 흐름을 넘어선다. 중국 남북조 및 수·당 고분 사신도의 영향에서도 자유롭다. 배경을 비워 사신을 우주적 깊이의 공간에서 유영하게 한 고구려 화가의 창의성은 아무리 높이 평가해도 지나치지 않다.

신선이나 천인을 동반하지 않은 사신만의 세계는 고구려 후기 고분벽화에서만 확인된다. 연꽃으로만 장식된 연꽃 장식무늬 고분벽화 역시 고구려 바깥에서는 보이지 않는다. 고구려 화가는 특정한 회화 제재만으로 화면을 구성하면서 해당 제재를 통로로 삼아 깊고 풍부한 관념의 세계로 빠져들 수 있게 한다. 이는 화가가 제재를 재해석, 재구성한 뒤 상상력에 실재성을 부여할 수 있는 수준의 필력을 발휘해야만 가능한 일이다.

이후 특정한 제재와 관념에 대한 깊이 있는 해석과 표현은 한국 미술과 사상, 문화와 종교의 특징 가운데 하나가 되었다. 고구려에서 시작된 새로운 문화전통이 후대로 이어진 셈이다. 고구려 고분벽화의 주요 제재가 삼국시대를 잇는 새로운 시대의 예술가들에게 계승, 발전된 것은 아니다. 그러나 남북국 시대에 제작된 완성도 높은 예술품들은 고구려 고분벽화의 제작 경험, 미적 감각과 미의식이 후대로 이어지며 너비와 깊이를 더해 갔음을 확인시켜 준다.

제2장

세계관

1. 정좌 신상과 내세

고구려 고분벽화의 주제는 생활풍속, 장식무늬, 사신 등 여러 가지다. 벽화 제재의 구성 방식은 더 다양하다. 그리고 각각의 제재는 특정한 문화적·종교적 배경을 지닌 경우가 많다. 이런 까닭에 벽화고분마다 나타나는 제재의 비중 변화로 개인의 관념, 시대적 동향이 어떻게 달라지는지도 짚어 볼 수 있다.[1]

고분벽화는 화면 단위로, 혹은 여러 개의 화면이 구성되는 방식을 통해 특정한 관념 세계와의 관련성을 보여 주기도 한다. 무덤칸의 벽과 천장고임 화면이 각기 다른 세계를 나타낼 수도 있고, 하나의 세계를 드러낼 수도 있다. 시대와 지역에 따라 벽화 구성 방식이 그대로 유지되거나 차이를 나타내기도 한다. 이런 경우, 각각의 유형이나 동향이 시대별·지역별 종교, 신앙 및 관념의 동향을 보여 준다고 할 수 있다.

고분벽화의 제재 구성에서 주목할 만한 것은 제재들이 모여 그려 내는 세계와 그것에 담긴 의도다. 죽은 이가 누운 공간의 벽과 천장에 묘사된 것이 삶에서의 경험과 기억인가, 아니면 저세상에서의 소망인가? 무덤주인이 생전에 꿈꾸었던 세계인가, 아니면 죽은 이의 일족이 상정한 내세 삶터에서

1 벽화 제재의 구성과 비중의 변화가 반영하는 관념과 인식의 변화 양상에 대해서는 전호태, 『고구려 고분벽화 연구』, 사계절, 2000 참조.

의 새 삶인가? 누구에게나 알려지고 공유되는 관념에 바탕을 둔 표현인가, 아니면 죽은 이와 그의 일족이 새롭게 꿈꾸거나 받아들인 세계인가?

이와 같은 질문을 차례차례 던지더라도 또렷한 답이 나오기는 어렵다. 전제가 되는 질문, 함께 풀어내야 할 답이 간단치 않은 까닭이다. 답을 위해서는 고분벽화가 등장하고 펼쳐지기까지 고구려에서 축조된 무덤 양식의 변화가 지닌 의미, 생사의 경계를 지나면서 맞닥뜨리는 육신과 혼백의 관계에 대한 관념, 사람이 살아가면서 맞부딪게 되는 눈에 보이는 세계와 보이지 않는 세계와의 관계에 대한 인식 등에 대해서도 묻고 답하기가 이루어져야 한다. 그러나 필자를 포함한 많은 이들에게 이런 과제들 중 대부분은 여전히 난제로 남아 있다. 문자 기록은 단편적이고, 유적과 유물은 관련된 기록을 동반하지 않는 경우가 일반적이기 때문이다.

문자 기록과 고분벽화 내용을 분석하면서 고구려 사람의 생사관을 짚어보는 작업은 이미 시도되었고, 일정한 성과를 거두었다.[2] 그러나 생사관의 전제가 되는 세계관에 대한 구조적 이해는 아직 풀어내야 할 과제로 남아 있다. 죽은 자의 세계가 산 자의 세상과 맺는 유기적 관계에 대한 설명도 남겨진 과제의 하나다. 산 자와 죽은 자를 나누는 육신과 혼백의 관계가 고분벽화로 드러나는지도 검토가 필요한 과제라고 할 수 있다. 이 장에서는 기존 연구 성과를 바탕으로 이런 과제들 가운데 일부에 접근하고자 한다.

고구려 초기 고분벽화의 주제는 생활풍속이다. 생활풍속 벽화의 주요한 제재 가운데 하나는 무덤주인의 초상이다. 남향의 여러방무덤인 안악3호분의 무덤주인은 앞방 서쪽 곁방의 안벽인 서벽에 정좌한 모습으로 그려졌다.[3] 감신총은 퇴화형 감이 달린 두방무덤으로 앞방의 동감 안벽인 동벽에는 정좌한 귀족 남자가, 서감 안벽인 서벽에는 정좌한 신상형 인물이 묘사되었다.[4] 무덤의 방향은 남향이다. 남향의 두방무덤인 덕흥리벽화분 무덤주인 진

---

2 나희라, 『고대 한국인의 생사관』, 지식산업사, 2008, 131~160쪽.

3 안악3호분 보고 및 도면, 도판은 황욱, 「안악제3호분 발굴보고」, 『유적발굴보고』 3, 과학원출판사, 1958, 1~32쪽, 도판 1~79; 사회과학원고고학연구실 편, 『미천왕무덤』 사회과학출판사, 1966; 朝鮮畵報社編輯部 編, 『高句麗古墳壁畵』, 講談社, 1985, 도판 135~143; 조선유적유물도감편집위원회 편, 『조선유적유물도감』 5(고구려편 3), 외국문종합출판사, 1990, 도판 194~204 참조.

4 李王職 編, 『朝鮮古墳壁畵集』, 李王職博物館, 1916, 도판 69~83; 朝鮮總督府 編, 『朝鮮古蹟圖譜』 二, 名著出版社, 1920, 도판 479~498; 關野貞, 『朝鮮の建築と藝術』, 岩波書店, 1941, 380~388쪽; 조선유적유물도감편집위원회 편, 『조선유적유물도감』 5(고구려편 3), 도판

은 앞방 북벽 서측과 널방 북벽에 각각 한 차례씩 두 번 묘사되었다.[5] 퇴화형 앞방과 널방으로 이루어진 각저총의 무덤주인은 널방 안벽인 동북벽에 정좌한 모습으로 두 부인과 함께 표현되었다.[6] 각저총의 무덤 방향은 서남쪽이다. 이처럼 무덤주인이 그려지는 무덤 앞방이나 널방 벽의 방향, 무덤주인이 묘사되는 횟수에는 무덤마다 차이가 있다. 그러나 네 무덤 모두 무덤주인이 정좌한 모습으로 표현되었다는 점은 같다.

고대 동아시아에서 죽은 자의 초상은 곧 조상신이 된 고인의 모습이기도 했다. 죽으면 났던 곳으로 돌아가 조상신 중 하나가 된다는 오랜 관념이 고인의 초상을 사당에 모시는 관습을 낳은 것으로 보인다. 따라서 고분벽화의 무덤주인 초상에도 사당에 모시는 죽은 이의 초상이나 위패에 부여되는 것과 동일한 관념이 투사되어 있다고 보아야 할 것이다. 고구려의 초기 벽화고분 가운데 하나인 안악3호분의 무덤주인이 앞방 서쪽 곁방의 안벽에 묘사된 것도 사당의 서감에 초상이나 위패를 모시고 그 앞에서 제사를 지내던 관습에서 비롯된 현상으로 해석할 수 있다.[7]

선사 및 고대 초기에 세계적 보편성을 가진 관점 가운데 하나가 지평선이나 수평선 너머 어딘가에 죽은 자의 세계가 있다는 관념이다. 분명 하늘이나 땅속 세계를 상정할 수도 있지만, 그런 곳은 일정한 기간 동안 신의 공간이자 미지의 세계로 인식되었다.[8] '산 자도, 죽은 자도 땅 위에 산다. 죽은 자의 혼은 생을 다한 육신을 이 세상에 남겨 두고 새 삶을 누릴 먼 곳으로 떠난다'는 것이 죽음과 그 이후의 삶과 관련된 선사 및 고대 초기 세계관의 특징이다. 죽은 자의 저세상 삶을 향한 멀고 험한 여행의 길잡이 동물로 개와 말

76~92 참조.

5 김용남, 「새로 알려진 덕흥리 고구려벽화무덤에 대하여」, 『력사과학』 1979년 3기, 1979, 41~45쪽; 박진욱·김종혁·주영헌·장상렬·정찬영, 『덕흥리고구려벽화무덤』, 과학백과사전출판사, 1981; 朝鮮畵報社 編, 『高句麗古墳壁畵』; 조선유적유물도감편집위원회 편, 『조선유적유물도감』 5(고구려편 3) 참조.

6 池内宏·梅原末治, 『通溝』 巻下, 日滿文化協會, 1940, 15~20쪽, 도판 35~46; 조선유적유물도감편집위원회 편, 『조선유적유물도감』 5(고구려편 3), 도판 27~50 참조.

7 東朝, 『高句麗考古學研究』, 吉川弘文館, 1997, 316~317쪽.

8 신석기 시대까지 하늘이나 땅속은 내세 삶의 공간이 아닌 신의 공간이었다(아리엘 골란 지음, 정석배 옮김, 『세계의 모든 문양』, 푸른역사, 2004, 16~37쪽). 시간이 흐름에 따라 하늘은 선택된 고귀한 자, 지하는 평범한 자의 영혼이 가는 곳으로 인식되고 그려지는 경향이 나타난다. 나희라는 이를 천상타계관, 지하타계관으로 나눈다(나희라, 『고대 한국인의 생사관』, 77~86쪽). 고대 중국에서 죽은 자들이 가는 지하는 황천(黃泉)이라 불렸다.

을 시신과 함께 매장하는 것도 이런 세계관에서 비롯된 관습이다.[9] 만일 고구려인에게도 수평적 세계관이 낯설지 않았다면 벽화의 무덤주인 초상에도 이런 관념이 투사되었을 수 있다.

안악지역 안악3호분의 앞방 천장석에는 해, 달, 별자리가 묘사되었지만, 널방 천장석에는 활짝 핀 연꽃이 그려졌다. 널방 천장석의 연꽃이 천제나 여래와 같은 특별한 신적 존재가 다스리는 세계를 나타낸다면,[10] 무덤주인과 그 일족에게 내세 삶터는 지평선이나 수평선 너머의 다른 공간이기 어렵다. 수평적 세계관으로는 천제나 여래의 세계를 설정하기 쉽지 않은 까닭이다. 오히려 방향을 특정할 수 없는 별도의 공간을 상정할 수 있을 것이다.

357년 묵서명이 남아 있는 안악3호분 무덤칸 천장고임은 새구름무늬로만 장식되어 하늘이 죽은 자를 위한 새로운 삶의 공간으로 여겨지지 않았음을 짐작하게 한다(그림 3-10). 물론 일상생활이 벽화의 중심 제재라는 점에서 안악3호분의 무덤주인 역시 자신의 내세 삶을 위한 새로운 세계의 사회질서나 제도가 이 세상과 크게 다르지 않다고 인식했을 것이다.

안악3호분의 무덤주인은 전연(前燕)에서 고구려로 망명한 동수(佟壽)로 추정된다(그림 3-11).[11] 동수는 망명 뒤 고구려 중앙정부로부터 대방 고지의 관리를 위임받았던 인물이다.[12] 안악3호분의 무덤주인 동수는 현세 재현적인 내세관에서 크게 벗어나지 않은 세계관을 지닌 상태로 죽음을 맞이한 뒤, 무덤에 안치되었다고 보아야 할 것이다.

용강 감신총의 무덤주인은 앞방의 동감 안벽에 있는 정좌한 귀족 남자로 보이며(그림 3-12), 서감 안벽의 신상형 인물은 앞방 서쪽 천장고임에 묘사된 서왕모의 곤륜세계와 관련 있는 존재다(그림 3-13, 3-14).[13] 정좌한 인물이 앉은 평상 밑 연꽃문이나 앞방 북벽 천장고임 연꽃은 불교와 관련이 있을 수도 있으나 무덤주인이 꿈꾼 내세의 삶터는 서해(西海)의 남쪽에 있다는 곤륜

---

9 고구려와 문화적 연계성을 고려할 수 있는 오환(烏丸)은 죽은 자의 영혼이 성지인 적산(赤山)으로 돌아간다고 믿어 개와 말을 죽은 자와 함께 불사른다(『三國志』 卷30, 「魏書」 30, 烏丸鮮卑東夷傳, 烏丸).

10 전호태, 『고구려 고분벽화 연구』, 210~211쪽.

11 전호태, 『고구려 벽화고분』, 돌베개, 2016, 48쪽.

12 임기환, 『고구려 정치사 연구』, 한나래, 2004, 168~180쪽; 공석구, 「4세기 高句麗 땅에 살았던 중국계 移住民」, 『고구려발해연구』 56, 2016, 18~20쪽.

13 전호태, 『고구려 고분벽화 연구』, 98쪽.

그림 3-10 안악3호분 내부: 새구름무늬와 벽사귀면(辟邪鬼面)
그림 3-11 안악3호분 앞방 서쪽 곁방 벽화: 무덤주인
그림 3-12 감신총 앞방 동감 벽화 모사도: 무덤주인
그림 3-13 감신총 앞방 서감 벽화 모사도: 신상
그림 3-14 감신총 앞방 천장고임 벽화: 서왕모

선계다.[14] 서왕모가 주관하는 곤륜선계는 수평적 세계관을 바탕으로 이해할 수도 있고, 수직적 세계관과 연결해 이해할 수도 있다. 5세기 전반의 이른 시기로 편년되는 감신총의 무덤주인과 일족에게 내세는 승선을 통해 장생불사를 실현할 수 있는 장소다. 땅과 하늘 사이에 있으면서 어떤 새도 날아서 이르기가 어려운 곳이[15] 바로 무덤주인의 새 삶터로 상정되고 있다.

집안 국내성 각저총의 무덤칸 천장고임은 해, 달, 별자리와 넝쿨문으로 장식된 하늘이라는 공간 이상도 이하도 아니다(그림 3-15).[16] 즉 5세기 초로 편년되는 각저총의 무덤주인이나 일족은 하늘을 새로운 삶이 이루어지는 내세의 생활 공간으로 인식하지 않았다고 할 수 있다. 각저총에서 일상의 삶이 묘사된 곳은 무덤칸 벽뿐이다. 이 경우 낮은 평상 위에 정좌한 각저총 무덤주인과 곁을 지키고 있는 두 부인이 꿈꾼 내세 삶터는 지평선이나 수평선 너머로의 긴 여행 끝에 이르게 되는 죽은 자들만의 세계라는 해석도 가능해진다(그림 3-16). 각저총 벽화에 그려진 무덤주인 부부의 내세 삶터는 수평적 세계관에 바탕을 둔 땅의 먼 곳 어딘가일 수도 있는 것이다.

강서 덕흥리벽화분의 무덤주인 진(鎭)은 앞방 북벽과 널방 북벽에 각각 모습을 보인다(그림 3-17, 3-18). 덕흥리벽화분 앞방 천장부는 60개의 별자리, 각종 상서로운 새와 짐승, 선인과 옥녀, 장식무늬처럼 보이는 구름으로 빼곡히 채워졌다(그림 3-19).[17] 일상생활 속 다양한 제재로 가득한 앞방 벽면보다 천장고임을 장식한 제재의 밀도가 더 높다고 해도 과언이 아닐 정도다.

벽화로만 보면 408년 묵서묘지명이 있는 덕흥리벽화분의 무덤주인과 일족에게 하늘은 땅 위만큼 번잡하다. 하늘도 땅 위처럼 생명 활동이 활발한 곳이다. 앞방 천장석에 그려진 활짝 핀 연꽃은 석가문불(釋迦文佛)의 제자임을 선언한 무덤주인 진이 선인과 옥녀들이 노니는 이 새로운 삶의 공간을 불교의 하늘 세계로 상정했음을 알려준다. 덕흥리벽화분 널방 천장고임이 구름무늬와 삼각화염문 위주로 장식된 것은 앞방 천장에 묘사된 세계가 널방에

14 『山海經』, 「大荒西經」.

15 곤륜선계는 아래는 좁고 위는 넓으며 깃털도 빠뜨리는 약수(弱水)로 둘러싸인 곳이다(『十洲記』). 봉황도 시엽(沙棠)이라는 신비한 열매를 부리에 물어야 날아서 건널 수 있다(『山海經』, 「西山經」).

16 전호태, 『고구려 고분벽화 연구』, 63쪽.

17 덕흥리벽화분의 별자리는 김일권에 의해 일일이 동정되었다(김일권, 『고구려 별자리와 신화』, 사계절, 2008, 50~91쪽).

15
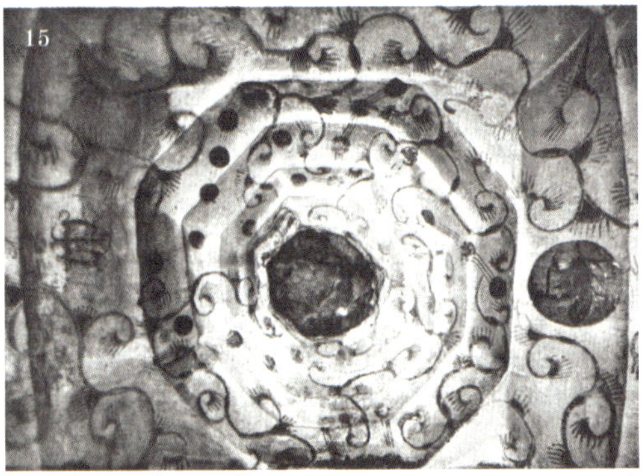

16

17

18

19

그림 3-15　각저총 널방 천장고임 벽화: 하늘 세계
그림 3-16　각저총 널방 동북벽 벽화: 무덤주인 부부
그림 3-17　덕흥리벽화분 앞방 북벽 벽화: 무덤주인
그림 3-18　덕흥리벽화분 널방 북벽 벽화 복원도: 무덤주인과 삼각화염문
그림 3-19　덕흥리벽화분 앞방 천장고임 벽화 복원도: 하늘 세계

모셔진 무덤주인의 내세 삶의 공간임을 재확인하는 의미를 지녔다고 보아야 할 것이다.

앞방과 널방 천장고임 벽화 내용만으로 볼 때 덕흥리벽화분의 무덤주인 초상은 그가 선인과 옥녀들의 공간인 하늘 세계로 올라가기를 꿈꾸며 그려졌다고 볼 수 있다. 사실 앞방 천장고임에 묘사된 세계는 내용상 불교의 낙원과는 거리가 있다. 무덤주인 진은 살았을 때 칠보공양(七寶供養)과 같은 불교 행사를 주관했지만, 불교적 내세를 구체적으로 그리지는 않았을 가능성이 높다. 고구려의 귀족으로 생을 마친 진에게 확실했던 것은 땅 위에서 올려다보는 별들의 나라인 하늘이 죽은 뒤 사람이 가서 살 수 있는 곳, 생명체로 가득한 세계라는 사실이었을지도 모른다.[18]

위의 네 사례는 4세기 중엽부터 5세기 초에 이르는 시기의 고구려에 수평적 세계관과 수직적 세계관이 공존했으며 죽은 자의 내세 삶터로 상정된 세계가 다양한 모습을 띠고 있었음을 보여 준다. 인간 관계나 사회질서에서 이승의 삶과 내세 삶이 크게 다르지 않다는 생각이 표출되기도 하고, 땅 위와 공간적으로 구분되는 특정한 장소에서 신적인 존재가 되어 불사(不死)를 누릴 수 있다는 소망이 표현되기도 한다. 하늘을 내세 삶의 공간으로 상정하면서 석가문불이 주관하는 곳으로 막연히 인식하는 사례도 보인다.

공통적인 것은 4기의 벽화고분 모두 정좌한 모습의 무덤주인 초상을 남김으로써 죽어서 신적인 존재가 된다는 관념을 죽은 자 자신과 그의 일족에게 거듭 확인시켜 준다는 사실이다. 소망하는 내세 삶터가 어떤 곳이든 살아서 귀족으로 많은 사람의 시중을 받던 사람은 죽어서도 그런 지위, 신분에서 벗어나지 않는다는 믿음을 확실히 드러낸다는 것이다. 그러나 5세기 중엽 전후 제작된 고분벽화 속 무덤주인의 새로운 모습은 고구려 사회에 공유되던 이와 같은 믿음과 소망이 불변의 관념은 아니라는 사실을 보여 준다.

18 진에게 불교의 낙원과 불사의 선계는 뚜렷이 구분되지 않았을 수 있다(전호태, 『고구려 벽화고분』, 111쪽).

2. 풍경, 인물과 우주

집안 국내성의 무용총은 각저총과 나란히 축조되었는데,[19] 무덤 규모와 구조 등 모든 면에서 각저총과 구별하기 어려운 벽화고분이다. 그러나 벽화 구성과 내용으로 볼 때 무용총 벽화의 제작 시기는 각저총보다 늦다. 널방 안벽인 동북벽에 묘사된 무용총의 무덤주인은 두 명의 불교 승려를 맞아 그들의 설법에 귀 기울이고 있다(그림 3-20). 각저총 무덤주인처럼 정좌한 채 남녀시종의 음식 시중을 받는 조상신의 모습이 아니다. 무용총의 무덤 방향은 서남향이다.

무용총의 널방 천장고임은 하늘로 떠오르는 연봉오리와 연꽃, 해, 달, 별자리, 기이한 짐승과 새, 선인들로 채워졌다(그림 3-21). 강서 덕흥리벽화분 앞방 천장고임처럼 무용총 널방 천장고임도 살아서 움직이는 존재들로 가득하다. 무용총의 하늘 세계가 덕흥리벽화분과 다른 점은 불교적 의미가 부여된 연꽃이나 연봉오리가 벽화 구성 제재로서 지니는 비중이 매우 높다는 사실이다. 하늘을 날아다니는 선인은 있어도 옥녀는 보이지 않는다. 또한 무용총 널방 천장고임의 선인들은 불교 하늘 세계의 구성원처럼 묘사되었다.

널방 벽 무덤주인의 모습과 천장고임 벽화를 구성하는 제재를 아울러 살펴볼 때, 무용총 무덤주인과 일족이 소망하던 내세 삶터는 불교에서 말하는 하늘 세계나 정토다. 물론 불교에서 언급되는 하늘 세계는 윤회하는 삶이 한 생을 마칠 때마다 다시 태어나는 여섯 세계 중 하나다. 그러나 불교의 정토는 윤회하는 삶의 굴레를 벗어난 자만이 이를 수 있는 완전한 자유의 공간이다. 궁극적인 깨달음에 이른 여래가 주관하는 세계로, 정토의 수는 여래의 수만큼 많다.

무용총도 덕흥리벽화분처럼 일상생활이 주제인 무덤칸 벽면 벽화와 하늘 세계의 존재들이 묘사된 천장고임 벽화는 내용뿐 아니라 공간상으로도 구별된다. 불교 승려들의 설법에 귀 기울이는 무덤주인의 모습에서 미루어 짐작할 수 있듯이 무덤주인이 꿈꾸는 내세 삶의 공간은 지평선이나 수평선 너머에 있다는 조상신의 세계가 아니다. 연꽃에서 화생(化生)하는 자들이 산

---

19 池內宏·梅原末治, 『通溝』 卷下, 15~20쪽, 도판 35~46; 조선유적유물도감편집위원회 편, 『조선유적유물도감』 6(고구려편 4), 1990, 도판 27~50 참조.

그림 3-20 무용총 널방 동북벽 벽화: 무덤주인과 두 승려
그림 3-21 무용총 널방 천장고임 벽화: 하늘
그림 3-22 장천1호분 앞방 천장고임 벽화: 예불
그림 3-23 장천1호분 널방 벽화: 연꽃장식

다는 불교의 낙원이다.[20] 그러나 그곳에서 어떻게 사는지는 무덤주인에게 명확하게 인식되지 않은 듯하다. 이 때문인지 일상의 공간을 주제로 삼은 무덤칸 벽면의 제재들은 덕흥리벽화분의 경우와 같이 다양하지 않다.

무용총보다 늦게 축조된 집안 국내성 장천1호분의 무덤주인은 벽화의 주요한 제재가 아니다.[21] 무덤 방향이 서향인 장천1호분 앞방 천장고임 안쪽, 곧 동면에 조그맣게 그려진 무덤주인 부부는 수미단 위의 여래를 경배하며 천계전생이나 정토왕생을 구하는 이생의 평범한 사람들이다(그림 3-22). 죽어 조상신이 되는 왕족이나 귀족이 아니다. 두방무덤인 장천1호분 널방은 벽과 천장이 연꽃무늬로만 장식되었다(그림 3-23). 이런 점에서 장천1호분은 무덤주인이 널방 벽화의 주인공으로 등장하는 5세기 초의 벽화고분들과 구별된다.

장천1호분 앞방 벽에는 무덤주인이 누리던 일상생활의 이모저모가 그려졌으나 천장고임에 묘사된 것은 불교 회화의 제재들이다. 앞방 천장고임 동면의 여래 외에도 보살과 비천, 기악천, 남녀쌍인 연화화생, 연꽃과 연봉오리 등이 천장고임의 벽화 제재로 등장한다. 심지어 앞방 벽면의 백희기악도와 사냥도의 개별 제재 사이 작은 공간도 작은 연봉오리와 꽃잎으로 채워졌다. 화면의 연봉오리와 꽃잎들은 백희기악, 가무, 사냥이 이루어지는 일상의 공간처럼 보이는 곳도 무덤주인 부부가 꿈꾸던 새로운 삶터, 곧 불교의 낙원임을 암시한다.[22]

장천1호분 앞방 천장고임은 해, 달, 별자리를 위한 공간이 아니며, 기이하고 신비로운 존재들이 날아다니는 하늘 세계로 묘사되지도 않았다. 장천1호분 앞방 천장고임은 불교 신앙의 주요 대상들을 위한 공간으로 규정되고, 불교적 존재들을 형상화하는 화면으로 사용되었다. 장천1호분 앞방 천장고임 벽화에서는 이미 알려지고 공유되던 하늘 세계에 대한 인식, 무용총 벽화

---

20 화생은 정토에서의 탄생법이다(『阿毘達磨俱舍論』(『大正藏』 卷29, 44項上); 『法華經』 卷4(『大正藏』 卷9, 35項上); 『無量壽經』 卷下(『大正藏』 卷12, 278項上·中)).

21 吉林省文物工作隊·集安縣文物保管所(陳相偉·方起東), 「集安長川一號壁畫墓」, 『東北考古與歷史』 1輯, 東北考古與歷史編輯委員會, 1982; 조선유적유물도감편집위원회 편, 『조선유적유물도감』 6, 도판 91~112 참조.

22 최연식은 장천1호분의 무덤주인이 꿈꾸고 그린 내세를 불교의 도솔천으로 이해한다(최연식, 「삼국시대의 미륵신앙과 내세의식」, 『고대인의 정신세계』, 가락국사적개발연구원, 2002, 222~236쪽).

에서도 비교적 뚜렷하게 남아 있던 수직적 세계관의 주요 공간을 확인하기 어렵다.

장천1호분의 경우, 하늘의 상징이라고 할 수 있는 해, 달, 별자리는 널방 천장석에 그려졌다. 널방 벽과 천장고임이 연꽃으로 장식되었음을 감안하면 천장석의 해, 달, 별자리는 무덤주인의 내세 삶터가 불교의 낙원임을 가리키는 표지다. 동서의 해, 달 외에 남북의 두 북두칠성이 사람의 생사를 주관하는 별자리임을 고려할 때,[23] 천장석의 별자리가 전통적인 의미의 하늘을 가리킨다고 규정할 필요는 없을 것이다.

장천1호분 널방 천장고임에 처음 그려진 제재 가운데 하나는 남녀쌍인 연화화생이었다. 그러나 화가는 이를 백회로 덮고 연꽃으로 채웠다. 널방 안이 아예 연꽃의 세계가 되게 한 것이다. 이런 식의 벽화 다시 그리기는 무덤주인이나 죽은 이의 일족의 요구로 이루어졌을 것이다. 불교적 내세 삶에 대한 죽은 이와 그 일족의 강렬한 소망이 연꽃만으로 장식된 새로운 공간을 만들어 냈다고 하겠다.

무용총과 장천1호분 벽화에서 알 수 있듯이 5세기 중엽 편년 고분벽화에서는 가장 주요한 제재였던 무덤주인의 초상이 사라지면서 일상생활에 대한 묘사도 줄어든다. 그리고 기존 제재의 빈자리는 연꽃을 비롯한 불교적 제재로 대체된다. 집안 국내성지역을 중심으로 무덤 안의 벽과 천장고임을 연꽃으로만 장식하는 연꽃장식 고분벽화가 등장해 유행하는 것도 5세기 중엽 전후다.[24] 그러나 5세기 중엽 전후의 모든 고분벽화에서 무덤주인의 초상이 풍경 속 인물로 표현되거나 심지어 사라지는 것은 아니다. 또한 일상생활을 보여 주는 벽화 제재가 연꽃이나 비천 등의 불교 관련 제재로 완전히 대체되는 것도 아니다.

5세기 중엽으로 편년되는 안악2호분은 널방 북벽에 무덤주인이 그려졌던 경우에 해당한다.[25] 안타깝게도 무덤주인이 묘사되었던 자리의 벽화는 박락된 상태다. 화면의 한가운데에 장방이 설치되고 평상이 놓여 있으며 두 사

---

23 김일권, 『고구려 별자리와 신화』, 128~129쪽.

24 전호태, 『고구려 고분벽화의 세계』, 서울대학교출판부, 2004, 194~195쪽.

25 채병서, 『안악 제1호분 및 제2호분 발굴보고』(『유적발굴보고』 IV), 1958, 1~21쪽; 朝鮮畵報社編輯部 編, 『高句麗古墳壁畵』, 도판 135~143; 조선유적유물도감편집위원회 편, 『조선유적유물도감』 5, 도판 194~204 참조.

람의 초상을 그릴 수 있는 공간의 한쪽에 정좌한 부인의 초상이 남아 있는 등의 정황으로 볼 때, 빈 공간에는 정좌한 무덤주인이 그려졌을 것이다. 안악2호분의 무덤 방향은 남향이며 벽화의 주제는 생활풍속이다.

벽화 주제는 생활풍속이지만 안악2호분 널방 벽면에 남아 있는 제재는 주로 불교 의식의 하나인 '공양'에 관한 것이다. 벽면임에도 불구하고 연화반을 받쳐 든 채 하늘을 유영 중인 비천이 묘사되었고, 비천과 한 화면에 등장하는 인물들도 두 손에 연화반을 받쳐 들었다(그림 3-24). 널방 동벽과 서벽, 북벽의 행렬을 이룬 인물들은 모두 널방 안벽인 북벽 장방 안의 무덤주인 부부를 향하고 있으며, 천장고임의 들보, 도리, 창방 사이 공간은 활짝 핀 연꽃으로 장식되었다(그림 3-25).

하늘 세계가 그려지는 공간인 천장고임이 연꽃장식으로 채워지고, 일상의 공간인 벽면이 연화공양의 현장으로 묘사되었다는 점에서 안악2호분 널방의 벽과 천장고임은 사실상 한 공간이다. 불교의 낙원을 상정하고 그려 낸 것으로 보아도 큰 무리가 없다. 안악2호분의 벽화 구성은 널방 북벽 장방 안에 정좌한 무덤주인 부부의 새로운 삶의 공간이 불교에서 언급하는 하늘 세계나 정토로 상정되었음을 뜻한다.[26] 따라서 안악2호분에서는 무덤주인 부부가 정좌한 신상의 자세로 모습을 드러내지만, 조상신으로 그려진 것은 아님을 짐작할 수 있다.

5세기 후반의 늦은 시기 작품인 용강 쌍영총 벽화에서도 무덤주인 부부는 정좌한 신상의 모습으로 그려진다(그림 3-26).[27] 두방무덤인 쌍영총의 무덤 방향은 남향이며 벽화 주제는 생활풍속과 사신이다. 벽화 구성에서 생활풍속 제재가 일정한 비중을 차지하지만 내용상으로는 일상생활의 재현에 무게가 있지 않다. 안악2호분 벽화에서와 같이 벽화 속 인물들이 행렬을 지은 이유는 예불공양과 같은 불교 의식을 치르기 위해서다(그림 3-27). 쌍영총 앞방과 널방의 벽과 천장고임 곳곳을 장식하는 문양도 연꽃이나 연봉오리다.

쌍영총이 불교적 제재 위주의 다른 벽화고분들과 구별되는 부분은 벽화 구성에서 사신(四神)이 지니는 비중이 높다는 사실이다. 쌍영총에서는 벽화 주제의 일부이기도 한 사신 가운데 청룡과 백호가 앞방 벽면의 중심 제재다.

---

26 전호태, 『고구려 벽화고분』, 147~151쪽.

27 朝鮮總督府, 『朝鮮古蹟圖譜』 二, 도판 527~581; 李王職 編, 『朝鮮古墳壁畵集』, 도판 91~103; 조선유적유물도감편집위원회 편, 『조선유적유물도감』 6, 도판 161~184 참조.

그림 3-24 안악2호분 널방 동벽 벽화: 연화 공양
그림 3-25 안악2호분 널방 천장고임 벽화: 연꽃장식
그림 3-26 쌍영총 널방 북벽 벽화: 무덤주인 부부와 쌍현무
그림 3-27 쌍영총 널방 벽화 모사도: 공양 행렬

앞방 북벽 상단에 작게 묘사된 암수 주작 및 무덤주인 부부 장방생활도 곁의 쌍현무와 달리 청룡과 백호는 앞방의 동벽과 서벽을 가득 채울 정도로 크게 그려졌다.

벽화 제재의 이런 구성과 배치로 말미암아 쌍영총의 널방은 앞방의 청룡과 백호, 주작이 지키는 새로운 삶의 공간이 되었다. 벽에 공양 행렬이 그려지고 천장고임에 해, 달, 별자리가 묘사되었음에도 쌍영총의 널방은 일상의 공간과 하늘 세계의 구별이 없는 새로운 삶터라고 할 수 있다. 별자리의 화신으로 북방의 수호신인 현무가 무덤주인 부부를 지키고 있기 때문이다. 장방 안에 신상의 자세로 정좌한 무덤주인 부부는 살았을 때의 세상과는 다른 세계에서 새 삶을 누리고 있다고 보아야 할 것이다.

쌍영총은 고구려 벽화고분 가운데 무덤주인을 정좌한 신상형 초상으로 그린 가장 늦은 시기의 유적이다. 쌍영총보다 늦은 시기 작품으로 추정되는 대동 덕화리1호분의 무덤주인은 널방 북벽 행렬을 이끄는 인물로 벽면의 $\frac{2}{3}$를 차지하도록 그려진 현무와 함께 등장한다.[28] 6세기 작품인 개마총 벽화에

그림 3-28　강서대묘 널방 천장고임 벽화: 기악천
그림 3-29　오회분4호묘 널방 천장고임 벽화: 불의 신과 농사의 신

도 무덤주인을 주인공으로 삼은 듯이 보이는 인물 행렬이 등장하나 화려한 장식을 뽐내는 말 위에는 어떤 인물도 그려지지 않았다.[29]

사신을 벽화 주제로 삼은 고구려 후기 고분벽화에는 아예 무덤주인이 묘사되지 않는다. 외방무덤인 사신도 벽화고분에 간간이 등장하는 인물들은 불교의 비천, 신선 신앙의 신선, 하늘 세계의 신이나 권속들이다(그림 3-28, 3-29). 이런 존재들은 우주적 방위신인 사신의 보호를 받는 세계가 어떤 공간인지 알려준다. 벽화로 모습을 드러내지 않는 무덤주인은 비천이나 신선, 문명신들의 세계에서 죽은 뒤의 새 삶을 누린다고 할 수 있다.

생활풍속을 벽화 주제로 삼은 초기 고분벽화에서 무덤주인은 정좌한 신상형 초상으로 표현되는 것이 일반적이다. 무덤칸의 벽면은 일상생활의 여러 장면으로 장식되고 천장고임은 해, 달, 별자리와 여러 가지 장식무늬, 하

28　朝鮮畵報社編輯部 編,『高句麗古墳壁畵』, 도판 135~143; 조선유적유물도감편집위원회 편,『조선유적유물도감』6, 도판 194~204 참조.

29　朝鮮總督府 編,『大正五年度古蹟調査報告』, 朝鮮總督府, 1917, 678쪽, 도판 312~324; 朝鮮總督府 編,『高句麗時代之遺蹟』圖版下卷, 朝鮮總督府, 1930, 도판 474~489; 조선유적유물도감편집위원회 편,『조선유적유물도감』6, 도판 241~246 참조.

늘 세계의 존재들이 표현되는 공간이다. 하늘 세계에 특별한 정체성을 부여하지 않을 경우, 무덤주인은 수평적 이동을 통해 도달하는 다른 세계에서 현세 재현적인 새 삶을 누린다고 할 수 있다. 하늘 세계의 존재들이 구체적으로 묘사되었다면 무덤주인의 내세 삶이 현세의 재현이라도 수직적 상승을 전제로 하늘이라는 새로운 공간에서 이루어진다고 상정된다. 즉 벽화로 그려진 무덤주인은 조상신이 되거나 그와 유사한 신적 지위를 지닌 존재가 되어 새 삶을 누린다고 할 수 있다.

불교적 제재의 비중이 높아지는 중기 고분벽화에서 무덤주인은 정좌한 신상형 초상으로 그려지기도 하고 특정한 풍경 속 등장인물로 묘사되기도 한다. 승려의 설법을 듣거나 여래상 앞에 엎드려 절하는 무덤주인의 모습에서는 더는 죽은 뒤 조상신이 되거나 신적 지위를 획득한 상태에서의 내세 삶을 상정하기 어렵다. 신선과 비천이 뒤섞여 등장하는 무덤칸 천장고임 벽화는 무덤주인이 현세가 재현되는 내세 삶의 공간과 구별되는 세계를 소망하였음을 짐작하게 한다. 이 경우 죽은 뒤의 새 삶의 공간을 향한 무덤주인의 수직적·수평적 이동이나 긴 여행은 고려되지 않고, 별다른 의미를 지니지도 않는다고 하겠다.

이전처럼 정좌한 모습으로 그려져도 중기 벽화고분의 무덤주인이 꿈꾸는 새 삶의 공간은 현세 재현적 성격의 별(別)세계나 하늘이 아니다. 이를 보여 주듯 무덤칸 벽면에는 일상의 삶이 구체적으로 묘사되지 않는다. 공양 행렬로 채워지거나 사신이 지키는 무덤칸의 벽과 천장고임은 불교의 하늘 세계나 정토일 수도 있고, 도교의 신선 신앙이 지향하는 선계일 수도 있다. 중요한 것은 무덤주인이 귀족이나 지배자로 살았던 이전과는 다른 존재가 되어 새 삶을 누린다고 믿어졌을 수 있다는 사실이다. 후기 사신도 벽화고분에 무덤주인이 그려지지 않는 것 역시 이런 인식과 관념에서 비롯된다는 해석도 가능하다.

3. 세계관과 생사관

4세기까지 고구려의 풍습을 기록한 『삼국지(三國志)』에 의하면 고구려 사람들은 결혼하면서 장례에서 쓸 수의를 마련했다고 한다.[30] 이는 결혼이 새 삶의 시작이듯 죽음도 내세 삶의 출발로 여긴 데서 비롯된 관습으로 이해할 수 있다. 적석총 분구에 화장의 흔적이 보이는 것은[31] 죽은 자의 영혼이 사후 삶을 위해 하늘로 날아오르게 하려는 의도에서 실제 화장을 했기 때문으로 해석되기도 한다.[32] 사후 삶의 공간을 어떤 곳으로 상정했는지는 확실치 않더라도 이와 같은 풍습과 행위에서 드러나는 것은 고구려인이 내세 삶을 믿었다는 사실일 것이다.

고구려의 전통적 묘제이던 적석총에 석실이 만들어지고, 새롭게 석실분이 수용되어 귀족들의 일반적인 무덤 양식으로 정착되는 단계에서 주목되는 것은 석실의 기능과 용도다.[33] 죽은 자의 새 집으로 여겨지고 육신과 함께 남는다는 백이나 육체혼을 배려하기 위해 석실이 만들어진 것일까? 아니면 죽은 자의 육신이 석실에 안치됨으로써 자유혼을 위한 내세 삶의 공간이 확정되거나 땅과 하늘 사이를 연결하는 길이 생겨서 혼백의 내세로의 여행과 정착이 보장되기 때문일까?

고구려인들 사이에는 사람이 죽으면 육신과 함께 살던 혼백이 혼과 백으로 나뉘거나 자유혼과 육체혼으로 분리되어 육신과 남기도 하고 내세로 떠나기도 한다는 관념이 어느 정도 공유되고 있었다. 이는 역사 기록으로도 확인할 수 있다. 고구려에 침입한 모용선비 사람들이 서천왕릉을 파헤치다가 음악 소리에 놀라고 갑작스레 죽기도 했다는 기록은[34] 무덤에 죽은 사람의 백이나 육체혼이 머문다는 인식이 당시 사람들 사이에 있었다는 증거다. 형제간인 고국천왕과 산상왕 사이에 왕비 우씨가 산상왕릉에 같이 묻힌 것으로 말미암아 다툼이 있었다는 기사[35] 역시 무덤이 죽은 자의 육신이 묻힌 곳에 그치지 않고 또 다른 삶의 공간으로 여겨졌다는 관념의 표현으로 받아들여져야 할 것이다. 그런데 이러한 인식과 표현의 근거가 된 무덤은 모두 적석총이다. 따라서 무덤에 석실이 설치된 것은 혼백이 나뉘어 존재한다는

---

30 『三國志』 卷30, 「魏書」 30, 烏丸鮮卑東夷傳, 高句麗.

31 강현숙, 『고구려 고분연구』, 진인진, 2013, 232~233쪽.

32 方起東, 「高句麗的墓制和葬俗」, 『東北亞歷史與考古信息』 1993年1期(『中國考古集成 東北卷』 10, 北京出版社, 1997), 155쪽.

33 나희라는 고구려인이 땅과 지하, 죽음에 더욱 관심을 가지게 되면서 석실분이 도입된 것으로 이해했다(나희라, 『고대 한국인의 생사관』, 135쪽).

34 『三國史記』 卷17, 「高句麗本紀」 5, 烽上王 5年 8月條.

35 『三國史記』 卷17, 「高句麗本紀」 5, 東川王 8年 9月條.

관념과 직접적인 관련이 없다고 보아야 할 것이다.

석실의 출현으로 달라진 것은 화장에서 매장으로의 이행이다.[36] 매장은 죽은 이의 육신을 소멸시키는 대신 그를 온전히 보존하려는 의지의 표현이다. 화장이 죽은 이와 산 자의 관계를 빠르게 정리하는 의미를 지닌다면 매장은 죽은 이와 산 자들 사이의 유대를 유지하려는 뜻도 담은 행위로 볼 수 있다. 물론 산 자와 죽은 이의 유대를 통해 덕을 보려는 쪽은 사자를 위해 석실을 마련하고 정중히 매장한 사람들이다. "날짜와 시간을 택한 것이 다 좋으므로 장례 후 부(富)는 7세(世)에 미쳐 자손은 번창하고, 관직도 날마다 올라 위(位)는 후왕(侯王)에 이르도록 하라. 무덤을 만드는 데 만 명의 공력이 들었고…. 기록해서 후세에 전한다"는 구절이 있는 덕흥리벽화분의 묘지명은[37] 이런 측면을 잘 보여 준다고 할 수 있다. 석실에 벽화를 그려 남기는 것도 이런 의미와 효과 때문일까?

앞에서 살펴본 초기 고분벽화의 주제는 생활풍속이며 무덤주인은 정좌한 신상형 초상으로 표현된다. 무덤칸 벽면은 공통적으로 일상생활의 다양한 장면으로 채워지지만, 천장고임에 묘사되는 제재는 무덤마다 차이가 있다. 주의할 것은 무덤칸 벽면을 장식하는 일상생활이 무덤주인 생전의 삶을 그대로 재현하지는 않는다는 사실이다. 경험과 기억이 바탕이 되지만 무덤주인 및 일족의 소망과 꿈이 더해졌을 수 있다. 감신총 벽화를 비롯해 초기 고분벽화에서 여러 차례 발견되는 무덤주인 좌상 뒤 '王' 자 문장식도 현실의 재현으로 보기는 어렵다고 하겠다.[38] 덕흥리벽화분 묘지명에서 기원한 내용이 회화적으로 묘사된 결과로 볼 수도 있는 것이다.

따라서 초기 벽화고분 천장고임을 채운 하늘 세계의 모습이 무덤마다 차이를 보이는 것도 소망된 내세가 각기 달랐기 때문으로 볼 수 있다. 이는 당연하고 자연스런 현상이다. 같은 시기라도 역사적 환경이나 문화적 배경이 다르면 꿈꾸는 내세의 모습이나 정체, 성격도 다를 수 있기 때문이다. 확실한 것은 무덤주인이 신적 존재가 되어 누리는 새 삶의 공간은 일족과 후손에게도 열려 있다는 믿음일 것이다.

안악3호분의 하늘 세계는 해와 달, 별이 있는 곳이자 천제나 여래와 관

---

36 方起東, 「高句麗的墓制和葬俗」, 『東北亞歷史與考古信息』, 155쪽.
37 전호태, 『고구려 벽화고분』, 84쪽.
38 박아림, 「고구려 벽화의 장식 문양과 錦帳의 표현」, 『고구려발해연구』 43, 2012, 57~77쪽.

련이 있는 연꽃으로 상징되는 공간이지만, 구체적으로 형상화되어 있지는 않다. 반면 생전 삶의 모습은 조목조목 벽화로 재현되었다. 따라서 안악3호분 무덤주인은 생전의 삶과 다름없는 내세 삶을 소망했다고 할 수 있다. 그러나 벽화만으로는 죽은 뒤 혼백이 나뉘어 각각 다른 공간에서 새 삶을 누린다고 상정했는지가 드러나지 않는다.

용강 감신총 벽화는 정좌한 무덤주인과 신상형 인물, 곤륜선계의 주관자인 서왕모에 초점이 맞추어져 있다. 벽화 주제는 생활풍속이라도 무덤주인과 일족이 소망한 내세는 불사의 선계다. 벽화 내용으로 보아 무덤주인과 일족은 무덤 안을 백이나 육체혼의 새 삶의 공간으로 인식하지 않고, 육신은 세상에 남고 혼백은 곤륜선계로 간다고 전제한 듯하다. 감신총 벽화는 무덤주인이 혼백으로나마 곤륜선계로 승선할 수 있기를 간절히 바라면서 제작되었다고 보아야 할 것이다.

집안 국내성 각저총에서도 하늘은 해, 달, 별들이 있는 곳이고 땅은 일상이 영위되는 삶의 현장이다. 따라서 각저총의 무덤주인은 생전의 삶과 다른 형태의 내세 삶을 상상하지 않았다고 보아야 할 것이다. 안악3호분에서와 같이 막연하게나마 천제나 여래의 세계도 상정되지 않았다. 이런 점에서 각저총 무덤주인과 일족이 꿈꾼 내세는 전통적 관념 위에 있다고 보아도 무방하다. 또한 혼백이 나뉘어 각각의 삶을 누린다는 인식도 없었던 것으로 보인다.

남포 덕흥리벽화분은 하늘 세계와 땅의 세계를 다르게 묘사한 경우다. 벽화 내용으로 보아 하늘에는 하늘 세계에서의 삶이 있고, 땅에는 지상 세계에서의 생활이 있다. 죽은 뒤 육신에서 분리된 혼백이 나뉜다고 인식하였다면 육체혼은 무덤 안에서 죽은 이가 영위하던 생전의 삶을 다시 누리고, 자유혼은 하늘로 올라가 선인, 옥녀들과 함께 지낸다고 상정할 수 있다. 무덤주인 진의 묵서묘지명이 "아침 식사로 먹을 간장을 한 창고 분이나 보관해 두었다. 기록해서 후세에 전한다. 이 무덤을 방문하는 자가 끊어지지 않기를"이라는 문장으로 마무리됨을 고려하면[39] 5세기 초의 고구려에 혼백이 분리되어 별개의 내세 삶을 산다는 관념이 있었다는 추측도 가능할 듯하다.

이처럼 고분벽화의 내용과 구성으로 볼 때 4세기 중엽에서 5세기 초의

39 전호태, 『고구려 벽화고분』, 84쪽.

고구려에서 혼백은 하나로도, 둘로도 인식되었다고 할 수 있다. 그렇다면 불교적 낙원이 구체적으로 그려지는 5세기 중엽 전후의 고분벽화에서는 혼백에 대한 관념이 어떤 방식으로 표출될까?

집안 국내성 무용총에서 하늘은 연화화생이 이루어지는 공간이다. 무덤의 널방 안벽에 등장하는 두 승려는 무덤주인에게 불교 신앙의 세계를 전하는 중인 듯이 보인다. 벽화 내용으로 볼 때, 무덤칸 벽과 천장고임에 그려진 세계는 하나로 이어진다. 천장고임에 묘사된 연화화생 세계는 무덤주인이 두 승려가 전하는 신앙 체계를 받아들였음을 뜻한다. 불교의 논리로는 혼백이 분리되지 않을 뿐 아니라 생전의 정체성을 유지하지도 못한다. 궁극적인 자유에 이르지 못한 상태에서는 모든 생명이 업과 인연에 따라 끝없이 윤회할 뿐이다.

무용총보다 축조 시기가 늦은 집안 국내성 장천1호분은 무덤주인 부부를 무덤칸 천장고임 예불도에 등장시킴으로써 벽과 천장고임에 그려진 세계를 나누어 볼 필요가 없게 했다. 불교사원의 금당 내부처럼 장식된 장천1호분의 앞방은 이 벽화를 그리거나 본 이로 하여금 무덤주인 부부가 연화화생을 통한 정토에서의 새 삶을 간절히 희구한다는 사실만 인식하게 한다. 여기에서는 육신에서 분리된 혼백에 대한 관념을 지녔는지는 전혀 관심의 대상이 되지 못하고 있다.

대방의 고지에 축조된 안악2호분도 불교적 제재 중심으로 벽화가 구성된 경우다. 연화공양에 초점을 맞춘 땅 위의 인물 행렬과 연꽃으로 채워진 하늘 세계에서 혼백 관념과 관련된 표현은 찾아보기 어렵다. 불교적 내세관이 수용된 상태에서는 매장이나 화장은 죽은 이의 내세 삶과 관련해 차별적 의미를 부여받지 못한다. 무덤주인이 정좌한 신상의 모습으로 그려져도 이전과는 달리 불교적 내세 삶을 희구하는 이가 누구인지 알게 하는 정도의 의미를 지닐 뿐이다.

용강 쌍영총은 사신이라는 하늘 세계의 존재가 아예 땅 위로 내려온 경우다. 사신이 천장고임에서 벽면으로 내려옴으로써 땅과 하늘의 구분이 아예 없어졌다고도 할 수 있다. 나뉘었던 공간이 하나가 된 셈이다. 불교 승려를 앞세운 귀부인의 공양 행렬이 보여 주듯 쌍영총의 무덤주인 부부가 희구한 내세는 불교의 낙원이다. 그러나 그곳이 구체적으로 어떤 곳인지는 벽화로 묘사되어 있지 않다. 무덤주인 부부의 불교 낙원 삶이 소망되는 쌍영총 벽화에서도 혼백 관념은 읽어 내기 어렵다. 또한 무덤주인 부부의 정좌한 신상형 초상도 별다른 무게감을 지니지 않는다.

6세기에도 고구려 사회의 불교 신앙은 굳건했지만, 고분벽화의 주제는 사신(四神)으로 일원화된다. 무덤칸에서는 무덤주인 부부의 모습이 사라진다. 사실 죽은 이의 육신이 사신에 둘러싸인 무덤칸 널방에 무덤주인 부부가 다시 그려질 이유는 없다. 별자리의 화신으로 둘러싸인 무덤칸은 이미 하늘 세계이며, 무덤주인 부부는 하늘 한가운데 있기 때문이다. 이런 상태에서는 죽은 이의 혼백이 존재하는지도 별다른 의미를 지니지 못한다. 5세기 중엽 이래 불교 신앙이 고구려인의 내세관을 포함한 세계관 전반에 큰 영향을 미치면서 혼백에 대한 고구려의 전통적인 관념도 모호해지거나 희미해졌다고 보아야 할 것이다.

다만 6~7세기 고분벽화에 보이듯이 사신이 보호하는 내세에 관심이 집중되면서 불교적 낙원인 하늘 세계로의 전생이나 정토로의 왕생은 이전처럼 열정적으로 희구되지는 않는 것처럼 보인다. 연꽃장식 벽화고분이 사라진 것에서도 그런 흐름을 읽을 수 있고, 사신을 주제로 한 벽화고분에서 천장고임에 그려진 하늘 세계 속 불교적 제재의 비중이 낮아진 데서도 고구려인의 내세 관념 변화 양상이 잘 드러난다. 강서대묘 널방 천장고임에 비천과 연화화생, 선계로의 승선 장면이 동시에 묘사되고,[40] 오회분4호묘 널방 벽과 천장고임에 연화화생, 문명신, 선인이 함께 그려지는[41] 선불(仙佛) 혼합 양상은 그 구체적 사례에 해당한다.[42] 이는 6세기 이후 고구려 사람들의 관심이 내세 삶의 공간이 어떤 곳인가보다 무덤주인의 내세 삶이 우주적 방위신인 사신에 의해 잘 지켜질 수 있는가로 옮겨 간 까닭으로 보아야 할 것이다.

고구려 고분벽화는 고구려인의 세계관, 생사관을 파악할 수 있게 하는 유적이다. 정좌한 무덤주인 초상은 고구려 초기 고분벽화의 주요한 제재 가운데 하나다. 무덤칸 벽면의 무덤주인 초상을 중심으로 펼쳐지는 일상생활 장면과 천장고임에 그려진 하늘 세계 표현 방식을 분석하면 고구려인이 내세관의 바탕으로 삼던 세계관과, 죽은 뒤 육신과 혼백의 존재 양상에 대한

---

40 朝鮮總督府, 『朝鮮古蹟圖譜』 二, 도판 601~603, 605~629; 朝鮮畵報社 編, 『高句麗古墳壁畵』, 도판 185~200; 조선유적유물도감편집위원회 편, 『조선유적유물도감』 6, 도판 352~369 참조.

41 조선유적유물도감편집위원회 편, 『조선유적유물도감』 6, 도판 287~307 참조.

42 전호태, 『고구려 고분벽화 연구』, 331~348쪽.

관념을 읽어 낼 수 있다.

4세기 중엽에서 5세기 초에 이르는 시기의 고분벽화는 고구려인이 수평적 세계관이나 수직적 세계관에 바탕을 두고 내세 삶의 공간을 상정했으며 혼백이 하나 혹은 둘로 나뉜다고 인식했음을 짐작할 수 있다. 내세는 현세 재현적 성격을 띠는 곳이기도 하고 도교 신선 신앙과 불교 신앙을 전제로 한 낙원이기도 하다.

불교 신앙이 확산되고 정착되는 5세기 중엽의 고구려 사회에서는 불교 신앙에서 언급되는 하늘 세계로의 전생이나 정토왕생이 희구되면서 불교적 제재 일색의 고분벽화가 제작된다. 이로 말미암아 무덤칸 벽면은 땅 위에서의 일상을, 천장고임에는 하늘에서의 삶을 나누어 그려 내던 이전의 관행도 서서히 사라진다. 사람들이 연화화생을 통해 이르는 불교 낙원에서의 삶을 소망하면서 무덤주인의 정좌 초상은 이전보다 작게 신상형 좌상으로 묘사되기도 하고, 풍경 속 인물로 그려지기도 한다. 이전에 지니던 의미와 무게감은 사라진 상태라는 것은 확실하다. 불교 제재 중심의 고분벽화에서는 혼백에 대한 관념이나 관심을 읽어 내기 어렵다.

6~7세기 고구려 후기 고분벽화의 주제는 사신이다. 사신이 무덤칸 벽면의 주인공으로 그려지는 대신 무덤주인은 무덤칸 벽이나 천장고임에 정좌 초상의 형태로도, 풍경 속 인물로도 표현되지 않게 된다. 하늘 별자리의 화신인 사신이 벽면에 표현됨으로써 무덤칸은 벽과 천장고임의 구별이 없는 하나의 공간이 된다. 벽화 구성이 달라지고 공간의 성격이 바뀌면서 벽화 제재를 통해 혼백의 존재 양상이 표현될 여지도 없어진다. 역사 기록으로 볼 때, 6세기에도 고구려 사회에서 불교 신앙의 입지는 굳건하다. 그러나 고분벽화에 그려진 내세 삶의 공간은 도교 신선 신앙과 불교 신앙의 낙원 관념이 혼합된 세계다.

제3장

가치와 의미

1. 문화사적 가치와 의미

고구려 고분벽화는 전근대 동아시아의 빛나는 문화적 성취 가운데 하나이고, 예술사적으로도, 문화사적으로도 의미 있고 가치 높은 유적이며 작품이다. 즉 풍부한 문화사적·예술사적·종교사적·사상사적·사회사적 가치와 의미를 담은 큰 덩어리의 역사 기록이다.

123기까지 확인된 벽화고분은 중국과 북한에 소재한 고구려 유적의 추가 조사 결과에 따라 지속적으로 수량이 증가할 것이다.[1] 또한 새롭게 확인되고 밝혀지는 사실도 많아질 것이다. 그러나 현재까지 조사, 보고된 벽화고분의 구조와 벽화 내용만으로도 고구려인의 문화예술적 성취, 관념과 형상의 연동 관계에 대한 기본적인 이해와 종합은 가능하다.[2]

고구려 고분벽화는 고구려에서 문화적 보편성과 독자성이 구현되는 과정과 결과를 알게 한다. 고구려는 다민족 국가였다. 건국 과정이나 국가 운영에서 예맥족이 중심적인 역할을 한 것으로 이해되고 있으나 삼한의 한(韓)족, 중국의 한(漢)족, 말갈족, 선비족, 거란족도 동시에, 혹은 단계적으로 참

---

1 필자가 파악한 123기는 정경일의 보고에 의해 추가된 황해도 연탄 문화리벽화분, 봉산 천덕리벽화분 등을 포함한 것이다(전호태, 「고구려와 모용선비 삼연의 고분문화」, 『동북아역사논총』 57호, 동북아역사재단, 2017, 13쪽; 정경일, 「최근 북한경내 고구려 벽화무덤의 발굴조사 현황과 과제」, 『사학연구』 126호, 한국사학회, 2017, 5~47쪽).

2 안휘준은 고분벽화가 고구려 문화 전반에 대한 정보를 전해 준다는 점을 강조한다(안휘준, 『고구려 회화』, 효형출판, 2007, 28쪽).

여했다. 다민족 국가에서 우선시되는 것은 국가다. 국가는 종족이나 부족의 경계를 넘어서는 조직이기 때문이다.[3]

고구려의 경우에도 개인이나 집단이 '고구려'를 전면에 내세운 의례와 질서에 적극적으로 참여하면서 고구려인이라는 사실을 의식하고, 자부심의 원천으로 여기게 하는 것이 국가적 과제였을 것이다. 이를 위해 고구려는 건국 시조 주몽을 해와 달의 아들로 일컫고 주몽의 어머니 유화를 부여신으로 신격화했다. 그리고 주몽과 유화를 대상으로 한 신앙과 의례를 위해 나라 곳곳에 사당을 세워 사회 통합의 상징적·실제적 중심으로 기능하게 했다.[4] 이는 고구려인으로서의 정체성 확립을 위해 국가가 개입한 경우로 해석 가능한 부분이다.[5] 고분벽화의 해와 달, 해신과 달신 표현에도 국가의 정체성과 시조 신앙 사이의 밀접한 관계가 반영되어 있다고 할 수 있다(그림 3-30).

다민족 국가에서 사회적 통합력을 유지하게 하는 것은 사회 바탕을 이루는 공통의 문화다. 부족이나 종족의 전통, 관습을 넘어서는 문화가 존재한다면 이를 기반으로 삼은 사회는 충분한 구심력을 지니고 있다고 할 수 있다. 밖으로는 열려 있으나 안으로는 뚜렷한 개성을 담은 문화, 보편성이라는 큰 흐름 안에 다양한 개성이 허용되는 문화가 다민족 국가에서는 필수적이다. 고구려의 고분벽화는 고구려 문화에 이런 성격이 잘 담겨 있다는 사실을 확인시켜 준다.

후기 고분벽화에는 사신(四神)도가 주로 그려지는데, 북쪽의 집안 국내성 지역에서는 강하고 힘 있는 선을 바탕으로 화려하게 채색된 작품으로 등장한다. 하지만 남쪽의 평양지역에서는 부드럽고 세련된 선으로 윤곽이 잡히고, 온화하고 안정감 있는 색채로 마무리된 작품을 선보인다. 사신이라는 제재를 주제로 삼은 점에서는 남북이 하나이지만 지역 문화권 단위의 개성적 표현은 유지되고 있다.[6] 6~7세기 동아시아 미술에서 사신이 의미 있고 주요

---

3 다민족 국가로서 고구려의 국가 형성 및 통치 체제 정비에 대해서는 박경철, 『한국 고대사의 재인식』, 서경문화사, 2018, 436~444쪽 참조.

4 『周書』 卷49, 「列傳」 41, 異域 上, 高麗; 노태돈, 『고구려사 연구』, 사계절, 1999, 366~367쪽; 전호태, 「고구려인의 미의식과 고분벽화」, 『고구려발해연구』 59호, 고구려발해학회, 2017, 13쪽.

5 고구려 국가 제사의 성격과 기능의 변화 과정에 대한 근래의 연구 성과로는 강진원, 『高句麗 國家祭祀 硏究』, 서울대학교 박사학위논문, 2015와 최일례, 『고구려 시조묘 제사의 정치성 연구』, 전남대학교 박사학위논문, 2015가 있다.

6 전호태, 『고구려 벽화고분』, 돌베개, 2016, 370쪽.

그림 3-30 오회분4호묘 널방 천장고임 벽화: 해신과 달신
그림 3-31 환인 미창구장군묘 복원 모형: 연꽃장식

한 제재로 여겨졌음을 고려하면 고구려 고분벽화의 주제와 표현에서도 보편성과 독자성이 동시에 구현되었다고 하겠다.

고구려 고분벽화는 고구려에서 이루어진 문화 재창조의 과정과 결과를 확인시켜 준다. 문화 산물에 보편성과 개성이 동시에 담기게 하려면 외래 문화에 개방적이면서 선택적 수용과 독자적 소화 과정도 뒤따라야 한다. 선택된 새로운 문화 요소에 고유의 문화적 색을 넣어 제3의 문화 산물로 만들어 내는 문화 재창조 과정이 전제되고 실행되어야 한다. 문화 재창조를 거친 새로운 문화 요소는 이전의 특색을 어느 정도 담고 있으면서도 이질감은 제거된 상태, 그러면서도 기존 문화의 폭을 넓히고, 깊이를 더하는 의미 있는 존재로 재탄생되어 있어야 한다. 또한 새로운 틀로 삼은 문화의 일부로 잘 녹아들어 갈 정도로 변형되어 있어야 한다. 고구려 고분벽화에는 이런 과정과 결과가 잘 드러난다.

5세기 중엽 전후 고구려에서 크게 유행한 연꽃장식 고분벽화는 불교가 동아시아에 전해지면서 연꽃에 대한 인식이 새로워진 결과를 볼 수 있다(그림 3-31). 즉, 이는 연꽃을 태양이나 빛의 상징이 아닌 불교적 깨달음, 불교적 낙원인 정토에서의 새 삶을 가능하게 하는 생명의 그릇, 정토왕생을 의미하는 표현으로 이해하면서 나타난 현상이다.[7] 그러나 주요 도시가 사원과 불탑

7 『阿毘達磨俱舍論』(『大正藏』 卷29, 44頂上); 전호태, 『고구려 고분벽화 연구』, 사계절, 2000, 141~145쪽.

으로 가득했던 남북조시대 중국에서도 사원이나 무덤 내부를 연꽃으로만 장식한 사례는 찾아볼 수 없다. 연꽃장식 고분벽화는 고구려 나름의 불교 신앙, 연꽃 인식의 산물인 셈이다.

문화적 개방성과 다양성은 사회적 건강성을 유지하고 사회적 통합력을 향상시킨다. 국가적 차원에서 대외 문화예술 교류가 활발하도록 지원하고, 자극할 필요가 있는 것도 이 때문이다. 새로운 관념과 예술 장르가 지속적으로 수용, 소화됨으로써 문화의 기반이 확장된다면 사회적 통합력 역시 강화될 것은 두말할 필요가 없다. 그렇다면 고구려 고분벽화에는 이 과정과 결과가 어떤 식으로 반영되었을까?

실제 고구려 고분벽화는 문화예술의 교류 과정과 결과를 잘 보여 준다. 고분벽화라는 장의미술 장르가 외래의 문화 요소였듯이 고분벽화의 제재와 구성 방식도 외래의 것이 고구려에 새롭게 수용된 경우다. 주목할 만한 것은 고분벽화라는 장르가 고구려에 수용된 시점부터 벽화 제재와 구성에 선택과 변화의 손길이 더해진다는 사실이다.[8] 초기 작품을 대표하는 안악3호분 벽화에는 온돌 시설을 전제로 제작된 고구려식 부뚜막이 등장한다(그림 3-32). 확이 한두 개이고 아궁이와 굴뚝의 방향이 직각으로 꺾여 땔감의 연소 속도를 떨어뜨리고 연소열이 오랜 시간 아궁이 안에 머물게 설계된 부뚜막은 고구려에서 사용되던 것이다.[9] 무덤 부장 유물이나 화상전, 고분벽화에서 확인할 수 있듯이 한~위·진 시기 중국의 부뚜막은 아궁이와 굴뚝의 방향이 일직선을 이룬다(그림 3-33). 덕흥리벽화분에 묘사된 부경(桴京)은 고구려 저택의 안채 시설 중 하나로 중국의 역사 기록에도 소개되었다.[10] 현재 중국의 환인, 집안 농촌에 남아 있는 옥미창은 고구려 부경에서 비롯된 주택 부속 시설이다.[11]

초기 고분벽화의 행렬도는 고구려인 화가에 의한 벽화 제재의 재해석과 재구성 의지를 더 확실하게 보여 준다. 중복해 표현하는 방식으로 제한된 화면에 다수의 인물을 등장시킨 안악3호분 벽화의 행렬도가 덕흥리벽화분 행

8 강현숙, 『고구려 고분 연구』, 진인진, 2013, 264쪽.

9 전호태, 『고구려 생활문화사 연구』, 서울대학교출판문화원, 2016, 150~151쪽.

10 『三國志』 卷30, 「魏書」 30, 烏桓·鮮卑·東夷傳 30, 高句麗.

11 신형식, 『고구려사』, 이화여자대학교출판부, 2003, 250~255쪽; 전호태, 『고구려 생활문화사 연구』, 204쪽.

그림 3-32 안악3호분 앞방 동쪽 곁방 벽화: 부뚜막
그림 3-33 중국 요녕 요양 북원3호벽화묘 출토 부뚜막 모형(중국 요양박물관)

렬도에서는 인물들을 펼치고 흩어지게 놓더라도 각 인물을 독립적인 존재로 그리는 방식으로 바뀐다.[12] 물론 등장인물의 수는 현격히 줄어든다. 행렬도를 그리는 목적이 주인공의 위세를 드러내기 위함이라는 사실을 고려하면 덕흥리벽화분 행렬도의 화가는 행렬의 규모로 위세를 표현하기보다는 내용으로 권위를 나타내는 데 초점을 두었음을 미루어 짐작할 수 있다.

이 외에도 초기 생활풍속도부터 말기의 사신도까지 고구려 고분벽화의 주제와 제재, 각종 제재의 표현 기법과 구성 방식은 수시로 고구려 바깥 세계의 문화예술로부터 자극을 받고, 수용과 소화, 재창조를 반복한다. 이런 까닭에 고분벽화의 특정한 제재에서 외부 문화의 영향을 생생하게 읽어 낼 수 있거나 고구려 나름의 이해와 기법이 더해진 새로운 이미지로 재탄생한 결과임을 자연스럽게 알 수 있게 된다.

고구려 고분벽화는 고구려 생활문화사에 대한 입체적 이해 및 원형 추적을 가능하게 한다.[13] 초기 고분벽화의 중심 주제인 생활풍속을 통해 고구려인의 의식주 및 풍속과 놀이 전반을 비교적 상세히 들여다볼 수 있다. 안

12 전호태, 『고구려 고분벽화의 세계』, 서울대학교출판부, 2004, 123~124쪽.
13 손수호는 당대 사회상을 재현한 점에서 고구려 고분벽화의 가치를 높이 평가한다(손수호, 『고구려 고분 연구』, 사회과학출판사, 2001, 213쪽).

악3호분이나 덕흥리벽화분의 벽화 제재의 배치 방식은 고구려 귀족 저택의 사랑채 및 안채 시설이 어떻게 배치되었는지를 보여 준다.[14] 안악1호분, 용강대묘 등에는 귀족저택의 외형을 알게 하는 간략한 묘사도 남아 있다. 안악3호분, 각저총, 무용총 벽화는 고구려인의 요리와 상차림, 1인상 중심의 식사 방식 등을 이해할 수 있게 한다(그림 3-34).[15] 물론 벽화의 식사 장면만으로는 평민과 귀족 모두 1인상 위주의 식사를 했는지 확인되지 않는다.

고분벽화의 등장인물들은 고구려인의 복식이 지역에 따라, 그리고 신분과 지위에 따라 어떤 차이와 공통점을 보이는지를 잘 드러낸다. 저고리와 바지, 치마의 무늬, 색채, 길이와 너비 등으로 확인되는 신분, 지위, 지역문화적 특성은 문헌 기록으로는 알 수 없는 내용까지도 보여 준다. 특히 벽화에 묘사된 남성의 모자는 문헌 기록을 상호 보완한다는 점에서 사회사적·문화사적 가치가 크다.

고분벽화에 묘사된 다양한 놀이 장면과 생활 도구는 고구려인의 풍속과 신앙, 물질 문화의 여러 측면을 이해하는 작업의 디딤돌로 활용될 수 있다. 각저총 씨름 장면에서는 서역계 역사와 겨루는 고구려인 씨름꾼 외에 배경을 이루는 거대한 나무의 검은 새들과 나무 밑동의 의인화된 호랑이, 곰을 함께 봄으로써 실제 행해졌던 놀이로서의 씨름에 더해 씨름의 장의적 요소, 종교적·신앙적 기능까지 동시에 읽어 볼 수 있다(그림 3-35).[16] 또한 무용총 수박희 장면은 널방 천장부에 그려짐으로써 수박희 역시 현실 사회에서 행해진 격투기 계통의 놀이였을 뿐 아니라 종교적 측면에서도 기능과 의미를 지녔을 가능성을 제시한다. 수박희에서도 고구려계 인물의 상대는 서역계 역사다.

고구려 고분벽화는 고구려인이 이루어낸 과학기술사적 성취 과정과 결과를 이해하는 데 큰 도움을 준다. 고분벽화에 매우 빈번하게 등장하는 천문도는 고구려인의 전통 신앙 및 천문 관측 지식의 확대, 심화 과정을 알게 한다. 덕흥리벽화분 앞방 천장고임에 묘사된 60개의 별자리 및 별자리를 형상화한 존재들, 진파리4호분 널방 천장에 금분으로 나타낸 28수 등은 각각 5세기, 6세기 고구려인의 천문 관측 능력과 지식, 천문관, 천문 신앙의 구체적

14 전호태, 『고구려 생활문화사 연구』, 210~211쪽.
15 전호태, 『고구려 생활문화사 연구』, 154~157쪽.
16 전호태, 『고구려 고분벽화 연구』, 48~52쪽.

그림 3-34 무용총 널방 동북벽 벽화: 대화
그림 3-35 각저총 널방 동남벽 벽화: 씨름

인 표현이다(그림 3-36).[17]

고구려 후기 고분벽화 제작 기법으로 잘 알려진 돌 위에 직접 안료를 입히는 회화 기법도 고구려인의 과학기술사적 성취의 하나로 인식되어야 할 부분이다. 강서대묘 벽화는 제작 후 1,400여 년 세월이 흐른 뒤, 오랜 기간 무덤 내부가 개방된 상태로 방치되고 많은 사람이 무덤 안을 드나들었음에도 불구하고 미치 조금 전 벽화 제작을 마친 듯 생생한 상태를 유지하고 있다(그

17 이와 관련된 연구 성과로는 김일권, 『고구려 별자리와 신화』, 사계절, 2008이 있다.

36

37

그림 3-36 덕흥리벽화분 앞방 천장고임 벽화 복원도: 하늘 세계
그림 3-37 강서대묘 널방 북벽 벽화: 현무

림 3-37). 이는 순전히 내구성 높은 안료와 아교 덕으로 보아야 할 것이다.[18]

후기 벽화고분인 강서대묘는 고구려인의 빼어난 수학적·물리학적 지식이 건축물에 어떻게 적용되었는지 알게 하는 좋은 사례다. 이는 강사대묘가 무덤 널방의 상부 구조물, 곧 천장고임에 사용된 석재의 무게가 벽부에 미치는 영향을 최소화해 건축물의 안정성이 최대한 오래 유지되도록 설계, 시공한 결과물인 까닭이다. 다른 고분에 비해 무덤칸의 규모가 큰 강서대묘 널방은 건축물 상부의 하중이 효과적으로 분산되도록 설계, 시공되어 완공 후 1,400여 년이 흐른 지금도 원형이 잘 유지되고 있다.

2. 예술사적 가치와 의미

고구려 고분벽화는 고구려에 수용된 외래의 예술 장르가 뿌리내리면서 독자적 위상을 확보한 사례로 주목될 필요가 있다. 고분벽화라는 장의미술의 한 장르는 한~위·진 시기 요하 유역의 요양지역과 대동강 중류 유역 낙랑의 고지에서 고구려에 전해진 외래 문화다.[19] 돌무지무덤을 주된 묘제로 삼던 고구려에서는 고분벽화라는 장르가 출현, 발전하기 어려웠다. 고분벽화는 무덤 내부에 벽화를 그릴 수 있는 화면이 존재해야 하기 때문이다.

고구려인이 고분벽화라는 장르와 직접 접촉한 것은 중국의 군현이었던 남쪽의 낙랑을 영역에 포함시키고 한~위·진 시기 중국 왕조의 영역이던 서쪽의 요양 일대를 지배하면서부터다. 두 지역에 대한 영향력을 확보하거나 지배권을 확보한 시기를 전후해 화면이 있어야 하는 무덤 양식의 필요성, 곧 무덤 안에 벽과 천장이 설치된 공간이 없으면 고분벽화가 수용되기 어렵다는 사실도 알게 되었다고 하겠다. 무덤의 매장 주체부로 석곽이 중요시되고 대형 기단식 돌무지무덤에 돌방이 설치되는 것은 고분벽화 수용과 제작의 전제 조건을 충족시키기 위함이라는 점에서 주목할 필요가 있다.

---

18 이종상, 「韓國 美術史에서 차지한 高句麗 壁畵의 位置-材料技法을 中心으로」, 『고구려연구』 16, 2003, 369~372쪽.

19 전호태, 「고구려 고분벽화의 기원」, 『강좌 한국고대사』 9권, 가락국사적개발연구원, 2002, 76~79쪽.

태성리3호분이나 안악3호분의 회랑, 요동성총의 다곽실은 고구려에서 벽화고분이 어떤 과정을 거쳐 수용되는지를 잘 보여 준다.[20] 한~위·진 시기 요양 일대에서 유행하던 묘제가 고구려에 받아들여지면서 고분벽화도 제작된 것이다. 초기 고분벽화의 주제가 생활풍속인 점도 요양지역 고분벽화의 영향이라고 할 수 있다. 물론 앞에서 지적했듯이 생활풍속을 이루는 초기 고분벽화 제재들에는 토착문화의 요소도 섞여 있어, 여기서도 외래문화의 선택적 수용과 소화라는 고구려 나름의 문화 재창조의 원칙이 적용되고 있다.[21]

고구려 고분벽화는 예술 제재의 개성적 재해석과 재구성 과정을 확인시켜 준다. 중기 고분벽화를 특징짓는 다양한 주제는 여러 갈래 회화 제재가 개성적인 방식으로 해석되고 구성되며 나타난 현상이라고 할 수 있다. 불교적 제재인 연꽃은 정토 탄생의 그릇이라는 측면이 적극 부각되면서 중심제재로 부상했고 한 걸음 더 나아가 주제로 자리 잡았다. 연꽃이 벽화의 주제가 된 사례는 고구려 고분벽화에서만 찾을 수 있다.

정토에서의 새로운 삶을 위해서는 연꽃이 탄생의 그릇이 되어야 한다는 사고는 고구려 장천1호분 벽화에서만 확인되는 남녀쌍인 연화화생이라는 특유의 관념과 표현을 가능하게 했다(그림 3-38). 남녀쌍인 연화화생은 부모와 자식 사이의 불가피한 인연으로부터 자유롭기 위해 연꽃에서의 개별적 탄생을 추구했던 불교적 사고와는 어긋난다(그림 3-39).[22] 남녀쌍인 연화화생은 현실에서의 부부의 연을 죽은 뒤에도 유지하겠다는 의지와 소망의 표현으로 이해되는 까닭이다. 이는 불교적 회화 제재를 고구려인 나름의 방식으로 재해석하고 표현한 좋은 사례라고 하겠다.

생활풍속 제재들이 비중을 잃으면서 사신이 중심 제재로 떠올라 벽화 구성에서 지니는 비중이 높아지는 과정도 고구려적 현상으로 볼 수 있다. 사신을 벽화의 주요 제재로 삼았던 수·당시대 중국 고분벽화에서는 사신이 주제가 되지 않았다. 중국 수·당시대의 고분벽화에서 벽화의 일관된 주제는 생활풍속이다.[23] 그러나 고구려 고분벽화에서 사신은 우주적 방위신으로 중

20 전호태, 『고구려 고분벽화의 세계』, 27쪽.

21 강현숙, 『고구려 고분 연구』, 264쪽.

22 전호태, 『고구려 벽화고분』, 300쪽.

23 중국의 남북조시대에도 사신이 고분벽화의 주요한 제재로 등장하나 주제가 되지는 않는다(郑岩, 『魏晋南北朝壁画墓研究』, 文物出版社, 2002, 285~288쪽; 한정희, 『동아시아 회화 교류사』, 사회평론, 2012, 15~17쪽).

그림 3-38　장천1호분 앞방 천장고임 벽화: 연화화생
그림 3-39　삼실총 제1널방 천장고임 벽화: 연화화생

시되고, 깊이 신앙되었으며 결국 후기 고분벽화의 유일한 주제가 되었다.

고구려 고분벽화는 고구려에서 회화 기법과 양식이 어떻게 전개되고 어떤 수준에 이르렀는지, 회화사의 큰 흐름을 파악하는 데 결정적인 정보를 제공한다. 초기 고분벽화의 인물들은 가면을 쓴 듯 표정이 굳어 있고 각자의 개성도 드러나지 않는다.[24] 매우 세련된 필치로 묘사된 357년 제작 안악3호분 벽화의 인물들에게서도 성격이나 감정 상태를 읽어 내기는 어렵다. 408년 묘지명이 남아 있는 덕흥리벽화분 인물도에서는 가면을 쓴 것처럼 경직된 표정의 얼굴들이 더 자주 등장한다. 필선은 이전에 비해 거칠고 어설프다. 두 고분벽화의 인물도에서 제한적으로나마 개성을 읽어 낼 수 있는 존재는 무덤주인과 배우자 정도다.

5세기 전반까지 고구려 고분벽화 인물도에서 개성이나 표정을 읽어 낼 수 없는 것은 기법의 한계보다는 관념의 벽이 작용한 측면이 높다. 누가 어떤 가문에 속했는지, 혹은 누가 특정한 집단이나 공동체를 대표하는지가 중요시되었던 사회질서와 관념의 연장선에서 인물도가 그려진 까닭이다.[25] 특정한 가문이나 집단을 대표하는 존재가 아니면 개성적 표현이 허용되지 않았다. 심지어 귀족이라 할지라도 특정인의 휘하에 있는 상태일 때는 개성을 드러내는 독립적인 존재가 될 수 없는 것이다. 덕흥리벽화분에 묘사된 유주 13군태수의 배례도에 등장하는 태수, 장군들이 하나같이 무표정하고 얼

24　이런 몰개성적 표현을 회화 기법상의 한계에서 비롯된 현상으로 해석하기도 한다(안휘준, 『고구려 회화』, 116~121쪽).

25　전호태, 『벽화여, 고구려를 말하라』, 사계절, 2004, 15~17쪽.

그림 3-40　덕흥리벽화분 앞방 서벽 벽화: 유주 13군 태수와 장군들
그림 3-41　장천1호분 앞방 동쪽 벽화: 문관형 문지기
그림 3-42　장천1호분 앞방 동쪽 벽화: 무관형 문지기

굴 생김새조차 뚜렷한 차이를 드러내지 못하는 것도 이 때문이라고 할 수 있다(그림 3-40). 중기 고분벽화를 대표하는 장천1호분의 두 문지기가 얼굴 생김새와 표정에서 이미 성격의 차이를 드러내는 것과 대조적이다(그림 3-41, 3-42).[26]

고구려의 집안 국내성지역과 평양성 일대가 풍토지리 및 역사에서 비롯된 사회적 기풍의 차이가 뚜렷했음은 남북 문화권의 서로 다른 회화 필치를

26　전호태, 『고구려 고분벽화 읽기』, 서울대학교출판부, 2008, 2~5쪽.

그림 3-43 오회분5호묘 널방 동벽 벽화: 백호
그림 3-44 강서대묘 널방 동벽 벽화: 백호

통해서도 확인된다.[27] 물론 필선의 차이는 대조적인 기법과 양식의 바탕을 이룬다. 평양권 회화에서 확인되는 부드럽고 여유 있는 선의 흐름은 사냥도나 격투기 장면 표현보다 인물도, 특히 여성 표현에서 장점을 드러내듯이 집안 국내성 일대 회화의 힘 있고 빠른 필선은 기마 사냥 장면이나 수박희 등의 격투기 장면의 표현에 적합하다.

후기 고분벽화 사신도에서도 북방 회화의 선은 강한 기운의 흐름을 타거나 뚫고 비상, 하강하는 청룡, 백호의 이미지를 연출한다(그림 3-43). 하지만 남방 회화의 선은 암수 주작이 마주보며 우아한 날갯짓으로 음양의 기운이 서로를 오가게 하고 현무의 뱀과 거북이 자연스럽게 어우러지며 우주 질서의 회복으로 나아가는 과정을 온전히 느낄 수 있게 한다. 무한한 공간을 유영하는 듯이 보이는 강서대묘 벽화의 청룡, 백호 역시 남방 회화 특유의 유려한 선이 빚어낸 걸작 가운데 하나라고 해야 할 것이다(그림 3-44).

3. 종교·사상사적 가치와 의미

고구려 고분벽화는 고구려인의 내세관, 세계관의 내용과 전개 과정을 알게

27 전호태, 『고구려 고분벽화 연구여행』, 푸른역사, 2012, 121쪽.

한다. 고분벽화의 모든 제재는 경험이나 사실을 표현하는 데 그치지 않는다. 살아왔던 세계를 되돌아보고 화면으로 재현시키는 데 목적이 있는 것이 아니기 때문이다. 벽화 제재 각각은 이 세상에서 죽은 자의 새로운 삶이 어떤 식으로 펼쳐져야 하는지, 어떻게 펼쳐지는지를 나타낸다.

초기 고구려 고분벽화의 생활풍속이라는 주제는 현세와 내세의 질서, 체계를 동일시하는 현세 재현의 계세적(繼世的) 내세관을 알게 한다.[28] 중기 고구려 고분벽화의 중심 주제인 연꽃장식 고분벽화는 천계전생(天界轉生), 혹은 정토왕생을 추구하는 불교적 내세관이 유행했음을 알려 준다. 한편으로 중기 고분벽화의 또 다른 주제인 생활풍속 및 사신, 생활풍속 및 연꽃 고분벽화는 고구려 사회에 내세에 대한 혼합적 관념이 존재했다는 사실을 드러낸다. 후기 고구려 고분벽화의 주제는 사신이지만, 하늘 세계를 묘사한 무덤의 널방 천장부에는 불교적 제재들이 다수 나타나고 선계의 존재나 문명신들이 그려지기도 한다. 이를 통해 죽은 이와 그를 보내는 사람들의 내세관에 승선 신앙과 불교적 전생관이 혼합된 관념이 자리 잡고 있음을 알 수 있다. 선·불 혼합적 내세관이 형상화된 사례라고 하겠다.[29]

고구려 고분벽화는 고구려에 어떤 종교가 전해지거나 자리 잡고 있었고, 고구려에서 특정한 신앙의 전개 과정이 어떠했는지를 확인시켜 준다. 초기 고분벽화의 생활풍속 표현을 통해 드러나는 계세적 내세관은 내세를 시원(始原)의 세계로 보는 전통신앙을 바탕으로 삼은 것이다. 즉 차안(此岸)과 피안(彼岸), 이 땅과 강 건너라는 관습적 표현이 시사하듯이 조상신의 세계에서 나와 이 세상에서 살던 자가 죽음이라는 사건을 계기로 되돌아가는 곳이 저세상, 곧 시원의 세계다.

연꽃장식 중심의 고분벽화는 죽은 이가 꿈꾸던 저세상이 불교의 천계나 정토임을 드러낸다. 불교의 윤회선생관에 따르면 한 사람이 현세 삶에서 지은 선업과 악업에 이전의 삶에서 지은 업, 곧 숙업(宿業)을 합산한 결과가 내세 삶의 형태와 장소를 정한다. 물론 불교를 신앙의 중심에 둔 사람들은 새 삶이 아수라나 축생에서 시작되기를 원하지 않았다. 최소 인간계, 아니면 천

---

28 안휘준, 『한국 고분벽화 연구』, 사회평론, 2013, 71쪽. 나희라는 이런 내용의 계세적 내세관은 지배층 중심의 타계관을 전제로 한다고 보았다(나희라, 『고대 한국인의 생사관』, 지식산업사, 2008, 156쪽).

29 전호태, 『고구려 고분벽화 연구』, 347~348쪽.

계에 전생하기를 원했고, 스스로 선업을 많이 닦았다고 생각한 이들은 정토에 왕생하기를 간절히 기원했다(그림 3-45). 고분벽화를 통해 5세기 전후 고구려인의 불교 신앙이 보수성이 강한 내세관에도 변화를 가져올 정도가 되었음을 알 수 있다.[30]

초기 고구려 벽화고분 무덤칸의 천장고임을 장식하는 별자리와 상상의 동물들은 동아시아에서 유행하던 승선 신앙과 관련이 깊다. 5세기 초 작품인 덕흥리벽화분 앞방 천장고임 벽화는 별자리와 상상의 동물, 선인과 옥녀들로 채워졌다. 무용총 널방 천장부에서도 상서로운 새와 짐승, 선인들의 모습이 보인다(그림 3-46). 선인은 불로장생이 가능해진 특별한 존재다.[31] 비록 이전에는 사람이었으나 불사의 능력을 획득한 상태에서는 신에 가까워졌다고 할 수 있다. 고분벽화에 선인이 자주 표현된 것은 고구려에서도 승선 신앙이 종교·신앙의 한 줄기로 자리 잡았음을 알려 준다.[32]

고구려 고분벽화는 관념과 형상, 화면을 제공하는 무덤 구조가 상호 연동되어 있음을 확인시켜 준다. 초기 고분벽화의 주제인 생활풍속은 현세 삶의 이모저모를 재현하면서 소망하는 내세 삶을 덧씌운 것이라고 할 수 있다. 자연스레 무덤을 조성하고 벽화를 그려 넣는 과정에 관여한 사람들은 현실의 삶을 가능하면 생생하게 반영하고자 벽화 제재의 배치와 무덤 구조 사이에 어긋남이 적어지게 하려는 의지를 발휘하게 된다. 재력과 인력, 기술이 허락하는 한 무덤 조성에 관여한 사람들은 귀족 저택의 구조를 무덤칸 조성에 적용하려 하고, 저택 구조에 걸맞게 벽화 제재의 위치를 정하려 한다는 것이다. 안악3호분이나 덕흥리벽화분은 이를 둘러싼 논의와 결정, 과정과 결과를 잘 보여 준다고 하겠다.[33]

불교 신앙이 수용되고 천계전생(天界轉生), 정토왕생 등이 추구된다면 벽화 제재는 단순해지므로 회랑이 달리거나 곁방, 감실 등이 덧붙은 복잡한 구조의 무덤이 필요하지 않다. 장천1호분 벽화는 불교적 제재의 표현과 배치가 무덤 구조를 제약하기보다 풀어 주는 요인으로 작용하게 됨을 잘 보여 준

30 전호태, 『고구려 고분벽화의 세계』, 24쪽.
31 정재서, 『불사의 신화와 사상』, 민음사, 1994, 33쪽.
32 정재서는 동이계의 조류 숭배가 주술적 비상을 특징으로 하는 신선 신앙의 기원이 되었다고 본다(정재서, 『동양적인 것의 슬픔-넘어섬, 그 힘의 예증까지』, 살림, 1996, 158~159쪽). 그럴 경우 고구려인의 승선 신앙은 이국적인 것으로 볼 필요가 없다.
33 전호태, 『고구려 생활문화사 연구』, 210~211쪽.

그림 3-45 장천1호분 앞방 천장고임 동쪽 벽화: 예불

그림 3-46 무용총 널방 천장고임 벽화: 하늘 세계

다. 장천1호분 앞방 벽화의 주요 제재는 생활풍속과 불교 신앙이다. 벽에는 생활풍속 제재를 배치했고, 천장고임에는 불교 신앙의 제재들을 그려 넣었다. 널방 벽화의 주제 겸 제재는 연꽃 장식무늬다. 처음 그려 넣었던 남녀쌍인 연화화생 장면조차 백회로 덮고 벽과 천장을 연꽃만으로 장식했다. 널방을 연화정토로 바꾸어 버린 셈이다.[34] 이런 식으로 상징성이 강한 단일한 제재로 벽과 천장을 장식해 무덤칸의 성격을 규정한다면 무덤 구조는 관념에 의해 제약받지 않게 된다. 그리고 궁극적으로는 외방으로도 내세 공간으로서의 의미와 기능이 완결될 수 있다.[35] 관념이 형상화하면서 무덤 구조에 얽

34 전호태, 『고구려 벽화고분』, 301쪽.

향을 주는 또 다른 방식을 잘 보여 준다고 하겠다.

사신이라는 단일 주제가 유행하자 무덤 구조가 두방에서 외방으로 단순화되는 것도 무덤에 묻힌 자를 위한 내세 공간으로서 무덤의 의미가 재확인되었기 때문이라고 할 수 있다. 이 경우 무덤의 널방은 우주적 방위신들에 의해 보호되는 독립적인 공간, 곧 완결된 우주가 된다. 강서대묘 벽화의 사신 각각이 배경이 생략되어 깊이와 너비를 잴 수 없는 우주 공간의 주인공으로 표현된 것도 이런 의미와 기능을 극대화한 경우라고 할 수 있다.[36] 이 역시 관념과 형상, 무덤 구조가 연동되면서 일관성을 드러낸 좋은 사례로 보아야 할 것이다.

4. 사회사적 가치와 의미

고분벽화는 고구려 역사·문화 복원의 기초 자료로서 중요한 의미와 가치를 지닌다.[37] 598년 중국의 수나라와 정면 충돌한 뒤 668년 신라 및 당의 연합군에 의해 평양성이 함락되기까지 70년 동안 고구려는 외부 세력과의 전쟁에 시달렸다. 전쟁과 전쟁 사이에 길게는 십여 년, 짧게는 몇 년 동안의 휴지기가 몇 차례 있었을 뿐이다. 평양성 함락 이후에도 여러 해 나라를 되살리려는 부흥 전쟁이 계속되면서 평양을 비롯한 고구려의 주요 도시는 대부분 파괴되고 주민들은 흩어졌다. 698년 고구려를 잇는 발해가 건국되었지만 쇠락한 고구려의 주요 도시들이 부흥되었다고 보기는 어렵다. 발해의 중심은 백두산 동북의 동모산 일대였던 까닭이다.

멸망 후 폐허가 된 고구려의 옛 중심도시와 주변 지역에는 성과 무덤뿐이었고 역사적 기록에 해당하는 것은 전혀 남지 않은 상태였다. 이런 상황에서 고분 안에 남은 벽화는 고구려의 역사와 문화에 대한 기록으로 귀중한 가

35 나희라는 벽화고분이 외방무덤으로 이행하는 과정을 내세를 극적으로 표현하려는 의지에서 비롯된 현상으로 이해한다(나희라, 『고대 한국인의 생사관』, 132쪽).

36 전호태, 『고구려 고분벽화의 세계』, 262쪽.

37 안휘준이 말한 기록성과 사료성이 이에 해당한다(안휘준, 『한국 고분벽화 연구』, 67~70쪽).

치를 지닐 수밖에 없다. 고구려의 고분벽화는 몇 안 되는 비문과 성돌 명문 외에 고구려인이 직접 남긴 현장 기록에 해당한다. 더하여 문자 기록보다 내용이 더 풍부하다고 할 수 있는 회화 형태라는 점에서 고분벽화가 지닌 역사 자료로서 가치와 의미는 매우 크다고 하겠다.

고분벽화는 고구려 사회의 질서와 신분 관계를 복원하고 재구성하는 데 주요한 자료로 활용될 수 있다. 이미 지적했듯이 고분벽화의 등장인물들은 복식으로 지위와 신분, 직업 등을 드러낸다. 다양한 형태의 모자는 고구려 남자들의 지위, 신분을 이해하고 상호 관계를 분석하는 데 결정적인 정보를 제공한다(그림 3-47). 일부 자료는 특정한 종족이 고구려 사회 안에서 지니던 사회적 지위나 직업을 알 수 있게 한다. 예를 들어 장천1호분 백희기악도를 보면 서역계 인물들은 산발에 평민의 복장을 한 채 말이나 수레를 다룸으로써 사회적 지위가 매우 낮았음을 알 수 있다. 5세기 고구려 사회에 흘러든 특정 집단의 현황을 보여 준다는 점에서 고구려 고분벽화는 사회사적으로도 의미 있는 자료라고 할 수 있다.[38]

고분벽화 등장인물들의 복식은 지역적으로 구분되고, 시기에 따른 변화도 보여 고구려 사회상의 지역적 특색, 시기적 변화를 추적하게 한다.[39] 5세기 전반까지 뚜렷했던 집안 국내성, 평양, 남포, 안악지역 유형의 복식이 5세기 중엽을 고비로 섞이는 과정은 평양을 중심으로 한 지역문화의 수렴과 재창조 과정을 보여 준다고도 할 수 있다.[40] 이를 통해 고구려 사회가 새로운 수도 평양을 중심으로 재편되고 고구려 문화로 불릴 수 있는 보편적 문화의 성립이 추진되고 있었음을 확인시켜 준다는 해석도 할 수 있다.

고분벽화는 고구려 사회사, 문화사, 예술사, 종교사의 복합적 이해를 가능하게 한다. 고분벽화는 장의미술이라는 점에서 내세관의 바탕을 이루는 종교·신앙의 표현이다. 그런데 회화를 표현 수단으로 삼는다는 점에서 예술

---

38 전덕재는 이들을 동서교역로를 통해 고구려에 흘러든 서역인으로 보았다(전덕재, 「고구려의 놀이문화: 백희잡기를 중심으로」, 『고고자료에서 찾은 고구려인의 삶과 문화』, 고구려재단, 2006, 238~240쪽). 박아림은 장천1호분을 포함한 5세기 편년 집안 국내성 소재 벽화고분 벽화 제재들이 유라시아 문화의 영향을 반영하고 있다고 본다(박아림, 『고구려 고분벽화 유라시아 문화를 품다』, 학연문화사, 2015, 311~318쪽).

39 이경희, 『4~5세기 고구려 官服 연구』, 인하대학교 박사학위논문, 2012와 郑春颖, 『高句麗 服飾 硏究』, 中國社會科學出版社, 2015는 이와 관련된 근래의 주요한 연구 성과다.

40 전호태, 『고구려 생활문화사 연구』, 80~81쪽.

그림 3-47 고분벽화에 보이는 모자를 쓴 인물들(1. 안악3호분; 2. 쌍영총; 3. 수산리벽화분; 4. 동암리벽화분; 5. 덕흥리벽화분; 6. 수산리벽화분; 7. 무용총; 8. 쌍영총; 9. 동암리벽화분; 10. 개마총; 11. 삼실총; 12. 덕흥리벽화분; 13. 동암리벽화분; 14. 덕흥리벽화분; 15. 무용총; 16. 통구사신총; 17. 안악3호분; 18. 감신총; 19. 안악3호분; 20. 삼실총)

사적 접근의 대상이기도 하다. 생활풍속이나 상징성이 강한 장식무늬 등을 회화적 제재로 삼는 점에서 사회사 및 문화사적 이해를 가능하게 한다.

앞에서의 검토 과정에서 드러났듯이 고분벽화의 제재 중에는 사회사·문화사·예술사·종교사적 의미 가운데 몇 가지를 동시에 지니는 것도 적지 않다. 벽화 속 등장인물의 복식은 신분, 지위를 나타내는 동시에 풍속, 관습, 미감, 자연 환경에의 적응 방식, 방직 및 염색 기술, 디자인 능력, 지역 및 시대적 특성 등을 담아내고 있어 사회사·문화사·예술사적 의미를 두루 지닌다. 연꽃과 같은 장식무늬는 불교의 전파와 수용, 정착의 역사를 담고 있을 뿐 아니라, 동서 문화·예술·종교적 교류 역사의 한 장을 보여 주기도 한다. 여기에 더해 시대적·지역적 미감의 차이, 토착문화 기반의 차이에서 비롯된 수용과 소화 방식의 차이도 보여 준다.[41] 게다가 종교 관념의 혼합 방식에 따라 불교적 의미를 그대로 지니고 있는지, 도교적 재해석의 결과인지 다시 판단해야 하는 경우도 있다. 고분벽화의 연꽃은 문화사·예술사·종교사적 의미가 복합된 경우가 많으므로 사례에 따른 의미의 해석이 시도될 필요가 있는 것이다.

고구려 고분벽화는 문화사, 예술사, 종교·사상사, 사회사적 가치와 의미를 모두 지닌 유적이다. 문화사적 측면에서 고구려 고분벽화는 문화적 보편성과 독자성이 구현되고 문화 재창조의 과정이 확인되는 유적으로 평가할 수 있다. 또한 고분벽화는 고구려에서 이루어진 문화·예술 교류의 과정과 결과를 담은 작품이기도 하다. 고분벽화는 고구려 생활문화사의 입체적 이해 및 원형에 대한 추적을 가능하게 해 주며, 과학기술사적 성취 과정과 결과도 확인시켜 준다.

예술사적 측면에서 볼 때 고분벽화는 외래문화 요소임에도 불구하고 고구려 예술 장르로서 독자적 위상을 확보한 좋은 사례라고 할 수 있다. 고분벽화는 고구려에서 이루어진 예술 제재의 개성적 재해석과 재구성 과정에 대한 접근과 이해를 가능하게 해 주며, 회화사적 기법과 양식의 전개 과정을 밝히고, 성취 수준을 확인시켜 주는 의미 있는 예술 작품이기도 하다.

종교·사상사적 측면에서 주목할 만한 것은 고분벽화가 고구려인이 지니고 있던 내세관, 세계관을 형상화해 드러내는 수단으로 활용되었다는 사

41 전호태, 「고구려인의 미의식과 고분벽화」, 『고구려발해연구』 59호, 2017, 29~30쪽.

실이다. 이는 내세관, 세계관의 바탕을 이루는 종교·신앙의 전개 과정을 파악하게 한다는 의미도 지닌다. 고분벽화는 또한 고구려인이 지닌 내세관, 종교·신앙과 관련된 관념과 형상, 무덤 구조의 연동 관계를 확인시켜 준다.

사회사적 측면에서 고분벽화는 고구려 역사·문화 복원의 기초 자료를 제공해 주는 의미 있는 유적이다. 고분벽화는 고구려 사회질서와 신분 관계의 재구성에도 활용될 수 있다. 또한 고분벽화는 고구려 사회사, 문화사, 예술사, 종교사의 복합적 이해도 가능하게 한다.

이처럼 문화사, 예술사, 종교·사상사, 사회사적 측면에서 다양한 가치와 의미를 지니고 있음에도 불구하고 고구려 고분벽화에 대한 연구는 성과의 축적이 여전히 제한적이다. 아마도 고분벽화 분석을 바탕으로 어떤 역사상을 읽어 내고자 할 경우, 역사학, 고고학, 미술사, 종교학 등 여러 방면에서 종합적·입체적 접근을 시도해야 하는 까닭일 것이다. 고분벽화 연구가 의미 있는 성과로 이어지려면 여러 분야의 연구자들이 팀을 이룬 학제적·융합적 연구가 추진되고 실현되어야 한다. 고구려 고분벽화 연구가 보다 활성화되어 연구 성과를 지속적으로 축적하기 위해서는 유적과 유물 정보의 DB센터 설립과 운영, 학술정보 수집과 공유, 연구를 전담할 연구 거점의 확보, 연구자 네트워크의 결성과 활성화 등이 전제되어야 할 것이다.

1. 발해의 고분벽화

1) 정효공주묘 벽화

1980년 발견되고 조사된 발해 정효공주묘는 무덤 구조, 무덤 안에서 발견된 묘지(墓誌), 무덤 안의 벽화 등으로 말미암아 국내외 연구자들의 눈길을 끌었다.[1] 특히 무덤 안 벽화의 인물들은 베일에 가려졌던 발해인의 모습을 구체적으로 드러내는 것으로 이해되어 지대한 관심을 불러일으켰다.[2] 이후 정효공주묘 벽화와 묘지의 내용 등은 발해사에 관한 논고나 저서에서는 거의 빠짐없이 언급되었다.[3] 특히 발해 사회 및 문화의 성격을 논하는 글에서는 빠질 수 없는 자료로 취급되었다.

그러나 정작 발해 문화의 성격을 논하는 몇몇 글에서는 정효공주묘 벽화와 묘지는 기존의 통설을 확인하는 자료로 제시되는 데 그치는 경향을 보였다. 이른바 발해 문화는 같은 시기 동아시아 세계의 중심임을 자처하던 당(唐) 문화의 영향을 일방적으로 받아들여 성립한 것으로, 그 수준이 중심부와는 거리가 있는 변방 문화이며, 정효공주묘의 벽화와 묘지는 이를 잘 보

---

1 발굴작업은 1980년 10월부터 1981년 6월까지 이루어졌다. 발굴 및 정리 과정에 대한 보고로는 延邊朝鮮族自治州博物館, 「渤海貞孝公主墓發掘淸理簡報」, 『社會科學戰線』 1982年1期 참조.

2 문헌상 발해인 畵家로 전하는 인물은 발해 멸망 후, 발해 왕족의 후예로 金에서 활약한 大簡之가 유일하다(大簡之 渤海人畵家 工松石小景 『渤海國志長編』 卷13, 遺裔列傳).

3 대표적인 것으로 다음의 글들을 들 수 있다. 李殿福, 「唐代渤海貞孝公主墓壁畵與高句麗壁畵比較硏究」, 『黑龍江省文物』 1983年2期; 池升元, 「渤海貞孝公主墓壁畵淺析」, 『延邊文物資料匯編』, 1983; 延邊朝鮮族自治州博物館, 「延邊發見渤海貞孝公主墓和壁畵」, 『延邊文物資料匯編』, 1983; 채희국, 「발해의 정혜공주묘와 정효공주묘에 대하여」, 『조선고고연구』, 1988년 2호; 방학봉, 『발해문화연구』 제1부, 이론과실천, 1991.

여 주는 사례라는 것이다.[4] 하지만 과연 그러한가? 정효공주묘의 벽화와 묘지를 비롯해 얼마 남아 있지 않은 발해 문화의 산물들에는 변방화·아류화된 당 문화의 흔적만이 담겨 있는가? 발해 문화를 단순히 당 문화를 모델로 동북아시아의 변방에서 성립한 모방 문화로만 볼 수 있을까? 발해 문화에는 발해 성립 이전 동북아시아 일대에서 성립, 번영한 부여, 고구려 등의 문화적 흔적은 전혀 담겨 있지 않은가? 발해가 만약 당의 지방 정권에 불과하다면 발해는 왜 스스로 고구려의 계승 국가임을 주장했고, 발해왕은 왜 자신을 고려왕이라고 했을까? 발해의 고구려 계승은 단순히 일본과의 외교를 원활하게 하기 위한 기술적 표현에 불과했을까?[5] 아니면 실제 그와 같은 역사적 계승 의식을 지니고 있었기 때문일까?[6]

정효공주는 발해 제3대 문왕의 넷째 딸로 756년(발해 대흥 20년)에 태어나 36세 때인 792년(대흥 56년)에 사망했다. 안장된 곳은 발해의 중경현덕부 자리인 길림성 화룡현 서고성에서 13km 떨어진 용수향 용해촌 용두산 발해 왕족무덤터다. 1980년 10월부터 1981년 6월에 걸쳐 연변조선족자치주박물관 조사단에 의해 발굴된 정효공주묘는 전축탑 아래에 매장 주체부를 마련하는 탑묘(塔墓) 방식으로 조성되었다(그림 1).[7] 무덤 축조에는 벽돌을 주로 사용했으며, 무덤 방향은 남향으로 북에서의 방향각이 170°다. 무덤은 널길과 널방으로 이루어졌다. 널길은 돌문을 사이에 두고 앞뒤로 나뉘어 있으며, 널길 바깥으로는 수평 거리가 7.10m, 남쪽 너비 5.75m, 북쪽 너비 3.30m인 계단

---

4 李殿福, 「唐代渤海貞孝公主墓壁畵與高句麗壁畵比較研究」, 『黑龍江省文物』 1983年2期 및 王承禮, 『渤海簡史』, 黑龍江人民出版社, 1984(송기호 한역, 『발해의 역사』, 한림대학교 아시아문화연구소, 1987)가 대표적이다.

5 이와 같은 시각을 담은 대표적인 글로 石井正敏, 「日渤交涉における渤海高句麗繼承國意識について」, 『中央大學大學院硏究年報』 4, 1975(林相先 韓譯, 『渤海史의 理解』, 신서원, 1990)를 들 수 있다.

6 주로 남북한 학자들이 취하는 견해다. 다만, 고구려 계승 의식의 내용과 정도에 대해서는 남북한 학자들 사이에 견해 차이가 있다(盧泰敦, 「渤海國의 住民構成과 渤海人의 族源」, 『韓國 古代의 國家와 社會』, 일조각, 1985; 박시형, 「발해는 고구려의 계승국」, 『발해사연구론문집(I)』, 1992). 중국학계에서는 이와 같은 표현을 지리적 계승 의식을 표방하는 것으로 이해하려는 경향을 보인다(劉振華, 「渤海大氏王室族屬新證-從考古材料出發的考察」, 『社會科學戰線』, 1981年3期; 金香, 「關于渤海國的若干民族問題」, 『社會科學戰線』, 1989年1期).

7 이하 무덤 구조 및 벽화 내용에 관한 글은 延邊朝鮮族自治州博物館, 「延邊發見渤海貞孝公主墓和壁畵」, 『延邊文物資料匯編』, 1983, 1982年1期 및 방학봉, 「정효공주묘무덤의 벽화에 대하여」, 『발해문화연구』 제1부 참조.

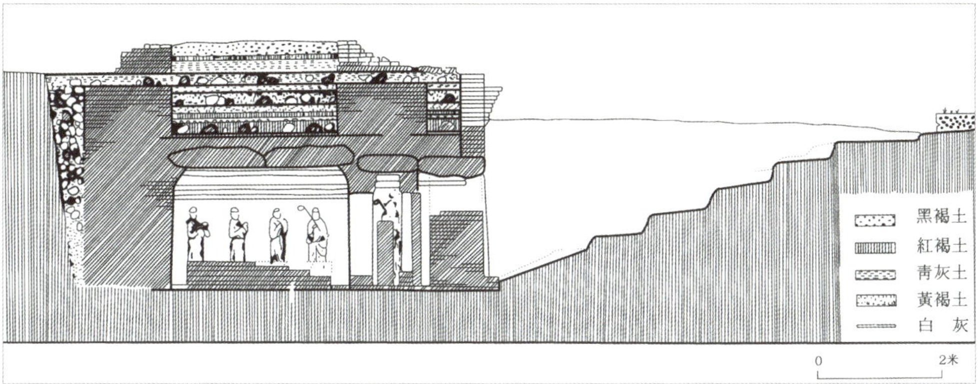

그림 1 정효공주묘 투시도

식 무덤길이 나팔 모양으로 뻗어 있다. 널길 입구에는 무덤 문이 있는데, 길이와 너비가 1.20×0.90m다. 바깥쪽 널길의 길이와 너비와 높이는 1.10×1.60~1.70×1.70~1.75m이며, 안쪽 널길의 길이, 너비, 높이는 0.64×1.70×1.80m다. 널방의 길이, 너비, 높이는 3.10×2.10×1.90m이며, 널방 안에 놓인 관대의 길이, 너비, 높이는 2.40×1.45×0.40m다. 무덤 안에서 길이, 너비, 두께 각 1.05×0.85×0.26m에 해서체로 728자의 한자가 음각으로 새겨진 규형(圭形) 묘지석과 남녀 두 사람의 유골 일부 외에 도금한 구리장식 8점, 도금한 구리못 7점, 쇠못 7점, 쇳조각 3점, 질그릇 조각 2점, 토우 얼굴 조각 2점, 검은색 칠기 조각 1점 및 문자 벽돌 3점을 비롯한 여러 종류의 벽돌이 수습되었다. 진흙과 모래를 이겨 만든 토우의 얼굴 조각 2점 가운데 하나는 얼굴의 아랫부분으로 입과 코, 턱이 남아 있으며, 다른 하나는 윗부분으로 이마와 눈썹, 눈, 코가 남아 있다. 벽화는 무덤의 널길 안쪽 좌우벽과 널방 좌우, 안벽 및 널방 안의 관대 남쪽 부분에서 발견되었다.

벽화는 먼저 종이에 초벌 그림을 그린 다음, 그 초벌 그림을 무덤 벽에 붙이고 그 위를 침(針)과 같은 물건으로 찔러 벽에 전사한 후 초벌 그림을 떼어내고 그림을 그렸다. 그림을 그릴 때는 전사한 선을 따라 먹으로 윤곽을 그리고 채색한 뒤, 다시 먹으로 선을 그어 마무리하는 방식을 택했다. 지금도 초벌 그림을 바늘과 같은 도구로 전사한 흔적이 벽에 남아 있다. 벽화의 인물과 도구의 채색에는 다홍색, 붉은색, 적갈색, 푸른색, 검은색, 흰색 등이 사용되었다.

정효공주묘 벽화의 주제는 인물이다. 널길 벽과 널방 벽에 그려진 인물

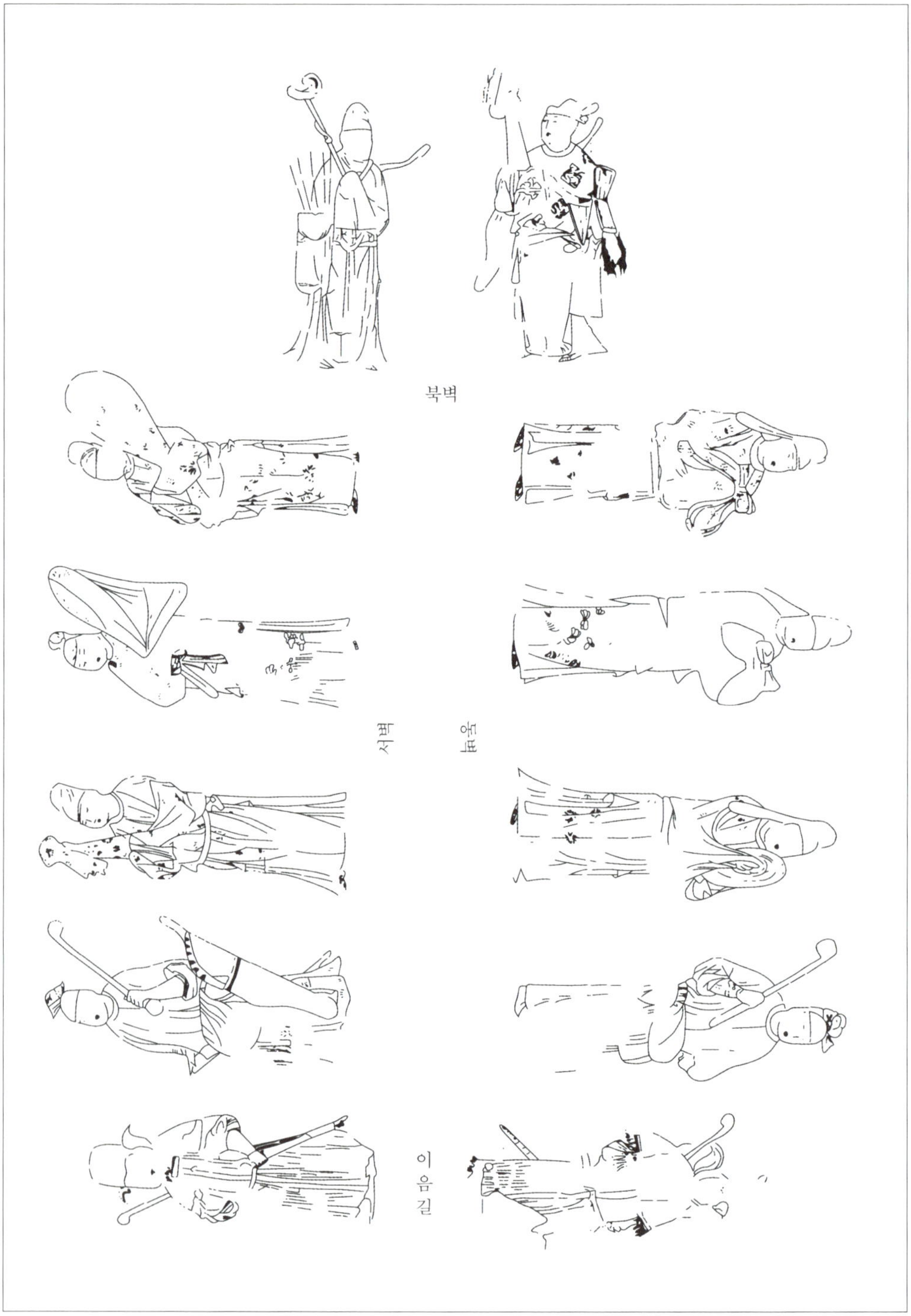

그림 2 정효공주묘 널방 벽화 인물 배치도 모사선화

그림 3 정효공주묘 널방 남벽 동쪽 벽화 모사선화: 위사
그림 4 정효공주묘 널방 남벽 서쪽 벽화 모사선화: 위사

은 모두 12인이나, 실물보다 작다(그림 2). 널길 안쪽 좌우벽에는 무덤을 지키는 수문 위사 각 1인이 서로 마주 보는 위치에 그려졌다(그림 3, 4). 그림 속 두 위사의 키는 98cm다. 머리에 붉은 술을 단 투구를 썼고, 몸에는 전포(戰袍)를 걸쳤다. 옷깃을 마주 여미고 검은색 허리띠를 동이고 붉은 옷 가장자리에 검은 이삭 장식을 한 물고기 비늘무늬 갑옷을 걸쳤다. 왼쪽 허리에 칼을 차고 왼손으로 칼집을 삽았으며, 오른손으로 철퇴를 들어 어깨에 메고 우뚝 서 있다. 몸체의 중간 이하가 희미하나 발에는 목이 긴 검은 신을 신었다.

널방 동벽에는 시위 및 내시로 보이는 사람 넷이 나란히 서 있다. 화면상 이들의 키는 113~117cm가량이다. (그림 5의 오른쪽부터) 문 쪽의 첫 번째 사람은 머리를 빗어 쪽지고 머리띠로 머리를 둘렀으며, 얼굴에 흰 분을 바르고 입술을 붉게 칠했다. 목둘레가 둥근 적갈색 도포를 입고 가죽 허리띠를 찼으며, 어깨에는 철퇴를 멨다. 두 번째 사람은 두 날개를 교차시킨 복두를 썼으며,[8] 얼굴에 흰 분을 발랐다. 흰색 바탕에 붉은색 꽃무늬로 장식된 목둘레가 둥근 도포를 입었고 가죽 허리띠를 둘렀다. 손에는 동경(銅鏡)을 들었다. 세 번째 사람도 머리에 두 날개를 교차시킨 복두를 썼으며, 얼굴에 흰 분을 바르고 입술을 붉게 칠했다. 푸른색 꽃잎무늬로 장식된 목둘레가 둥근 도포를 입었으며, 가죽 허리띠를 맸다. 손에는 흰색 봇짐을 들었다. 네 번째 사람 역

8 여기서 말하는 '날개'란 편의적 용어, 즉 복식사 논문에서 '巾子'라 불리는 것으로 복두의 주요한 구성 요소다. 발해의 복두에 대한 논의로는 김민지·이순원, 「발해의 복식에 관한 연구(1)–정효공주묘 벽화를 중심으로」, 『生活科學研究』 18, 1993 참조.

시 머리에 두 날개를 교차시킨 복두를 썼으며, 둥근 얼굴에 흰 분을 발랐다. 붉은색 바탕에 꽃잎무늬로 장식된 목둘레가 둥근 도포를 입었고 가죽 허리띠를 둘렀다. 손에 붉은색 봇짐을 들었다. 그림 내용으로 보아 첫째 사람은 시위, 다른 세 사람은 내시라고 할 수 있다.

널방 서벽에는 시위와 악사 등 4인이 그려졌다(그림 6). 화면상 이들의 키는 113~117cm가량이다. 문쪽의 첫 번째 사람은 머리를 빗어 쪽지고 띠로 머리를 묶었으며, 둥근 얼굴은 희게, 작은 입술은 붉게 칠했다. 가죽 허리띠를 둘렀고, 도포의 섶을 걷어 올려 허리띠에 끼우고 왼쪽 허리에는 활통을 달았으며 오른쪽 허리에는 검과 화살 주머니를 찼다. 오른손으로 검을 쥐고, 왼손으로는 철퇴를 들어 어깨에 멨다. 두 번째 사람은 머리에 두 날개를 교차시킨 복두를 썼다. 풍만한 얼굴에 흰 분을 바르고 입술을 붉게 칠했다. 흰색 바탕에 꽃잎무늬를 수놓은 목둘레가 둥근 도포를 입었으며 허리에는 가죽띠를 둘렀다. 발에는 삼으로 엮은 신을 신었고, 두 팔로는 갈색 비단 주머니를 안았는데, 주머니 안 물체의 형태가 박판(拍板)과 유사하다. 세 번째 사람도 머리에 복두를 썼다. 둥근 얼굴에 흰 분을 발랐으며, 입술이 붉고, 눈썹이 가늘다. 짙은 푸른색 바탕에 꽃잎무늬가 그려진 목둘레가 둥근 도포를 입었다. 비단 주머니를 안고 있는데, 주머니 안 물체의 형태가 공후(箜篌)와 같다. 네 번째 사람도 머리에 복두를 썼다. 입이 작고 입술이 붉으며 얼굴이 청아하다. 흰색 바탕에 꽃잎무늬가 있는 도포를 입었으며, 갈색 비단 주머니를 들었는데, 주머니의 윗부분이 아래를 향했다. 주머니 안 물체는 비파로 추정된다. 그림 내용으로 보아 첫째 사람은 시위, 나머지 세 사람은 악사다.

널방 안벽인 북벽에는 위사 2인이 몸을 옆으로 돌려 서로 바라보는 자세로 그려졌다(그림 7). 화면상 두 사람의 키는 117cm가량이다. 서쪽의 사람은 날개를 교차시킨 복두를 쓰고 황색 바탕에 꽃잎무늬를 수놓은 목둘레가 둥근 도포를 입었으며, 가죽 허리띠를 둘렀다. 왼쪽 어깨에 활통을 메고, 등뒤에 활을 멨으며 두 손으로 끝이 두 갈래로 나뉜 지팡이와 유사한 물건을 가슴 앞으로 들어 올렸다. 발에는 삼으로 엮은 신을 신었다. 동쪽의 사람도 머리에 두 날개를 교차시킨 복두를 썼다. 얼굴에 흰 분을 바르고 입술을 붉게 칠했다. 자색 바탕에 꽃잎무늬가 수놓아진 목둘레가 둥근 도포를 입었다. 왼쪽 허리에 활통을 차고, 왼쪽 어깨에는 활을 멨다. 두 손으로 어떤 물건을 들었는데, 화개(華蓋)처럼 보인다.

그림 5 정효공주묘 널방 동벽 벽화 모사선화: 위사와 시종

그림 6 정효공주묘 널방 서벽 벽화 모사선화: 위사와 시종

그림 7 정효공주묘 널방 북벽 벽화 모사선화: 위사

2) 삼릉둔2호묘 벽화

1991년 가을 행해진 영안현 삼릉향 삼성촌(옛 발해진 삼릉둔)의 삼릉둔2호묘의 널길과 널방 발굴조사에서 이 무덤이 벽화고분임이 확인되었다.[9] 이 일대에는 대형고분 3기가 남쪽의 1호묘를 꼭짓점으로 삼아 세모꼴로 배치되어 있는데, 발해의 왕릉구역으로 추정된다. 세 무덤 주위를 길이 약 450m의 토성이 '日' 자 꼴로 두르고 있다. 삼릉둔2호묘는 1호묘의 동북쪽에 있으며 세 무덤 가운데 두 번째로 크다. 삼릉둔2호묘는 외방의 전형적인 고구려식 돌방무덤으로 무덤의 방향은 남향이다. 1992년 여름의 무덤길 조사를 통해 무덤길이 지하에 있는 무덤을 향해 계단식으로 경사지게 조성되었음이 확인되었다. 흙으로 다져 만든 무덤길의 계단은 모두 13단이며, 잘 다듬은 현무암 판돌로 벽과 천장부를 쌓았다. 벽은 7층이며 약 1.70m이고, 천장부는 3층의 삼각고임을 얹고 그 위에 큰 판돌을 덮어 마무리했다. 널길과 널방 바닥에는 현무암 판돌을 한 벌 깔았다. 무덤길의 길이×너비 9.80×2.00m, 널길의 길이×너비×높이 2.70×1.40×1.70m, 널방의 길이×너비×높이 3.90×3.30×2.45m다.

무덤 안에서 10여 구 이상의 남녀 인골을 발견했으나, 0.5m 깊이로 물이 고여 있어 이들 인골이 1차장에 의한 것인지, 2차장에 의한 것인지는 확인할 수 없었다고 한다.[10] 널길과 널방의 벽과 천장에 백회를 바르고 그 위에 벽화를 그렸다. 무덤 안에서는 부장품이 발견되지 않았으며, 돌방 위의 흙무지 속에서 다량의 문자를 비롯해 철족, 도제 수두(獸頭), 도분(陶盆), 조개껍데기 등이 수습되었다.

벽화의 주제는 인물과 꽃무늬 도안이다. 널방 벽에는 실물에 가까운 크기의 인물들을 배치했는데, 퇴색이 심하거나 백회가 떨어진 부분이 많아 윤곽의 일부 외에는 거의 알아보기 어렵다. 널길 동벽과 서벽에 수문위사 각 1인을 그렸으며, 널방 남벽 좌우에 인물 각 1인, 동벽과 서벽에 각 4인, 북벽

---

9 黑龍江省文物考古研究所, 「黑龍江發掘渤海大型石室壁畵墓-對渤海史研究將起重大推動作用」, 『中國文物報』 1992年1月19日第3期; 鄭永振, 「1991年에 發掘한 三陵屯渤海壁畵墓와 高句麗壁畵墓와의 關係」, 『韓國上古史學報』 16, 1994.

10 鄭永振, 「1991年에 發掘한 三陵屯渤海壁畵墓와 高句麗壁畵墓와의 關係」(이하 무덤 구조와 벽화 내용에 관한 보고 부분은 같은 글 인용).

에 3인을 묘사했다. 따라서 널길 벽 및 널방 벽에 표현된 인물은 모두 15인이다. 얼굴 부분이 확인되는 인물은 대부분 여성이며 얼굴이 포동포동한 당나라 미인형이라고 한다. 널길 천장, 널방 천장고임을 장식한 것은 꽃무늬 도안이다. 흰색 바탕에 노란색 꽃잎으로 장식된 화려한 꽃무늬가 널방 고임돌의 밑면과 옆면을 채우고 있다. 천장고임의 꽃무늬는 한가운데 3겹과 6엽의 활짝 핀 커다란 꽃송이를 묘사하고, 그 둘레를 한가운데에서 씨방과 같은 것이 솟은 2겹의 꽃송이 6개로 감싼 뒤, 6개의 꽃송이 사이에 더 작은 꽃송이들을 채운 것을 한 단위로 삼았다.

3) 그 외의 사례

발해는 고분뿐 아니라 사원을 비롯한 관청의 벽 등도 벽화로 장식했다는 것을 발견, 수습된 벽화편들을 통해 확인할 수 있다. 발해의 사원 및 관청을 장식했던 벽화의 존재는 1933년부터 1934년까지 행해진 발해 상경용천부터(현 중국 흑룡강성 영안현 동경성 내) 발굴조사 시 수습된 단편들을 통해 알려지기 시작했다. 상경용천부터의 발굴보고서에 의하면 이때 제2사지에서 23점, 제3사지에서 4점이 수습되었다.[11] 벽화의 제재는 꽃무늬이거나 불상이었다.[12] 이들 벽화편은 사원의 건물벽 등을 장식했던 벽화의 잔해로 추정된다.

만주국이 존속하던 시기(1932~1945)에는 다수의 일본인이 발해의 옛 땅을 답사하면서 유물을 수집했다. 이때 수집된 일부 유물이 경성제국대학에 기증되었고 현재는 그 후신인 서울대학교박물관에 소장되어 있다.[13] 서울대학교박물관이 소장한 발해유물에는 벽화편도 8점 포함되어 있는데, 주로 사원을 장식했던 벽화의 파편들이다. 출토지로 전하는 곳은 흑룡강성 영안현 동경성 백묘자 서방사지를 비롯해 동경성 토태자사지, 길림성 혼춘현 반랍성사지, 반랍성 토성, 찰남대왕성 등 주로 동경성 및 반납성 일원이다.[14] 이

11 東亞考古學會, 『東京城-渤海國上京龍泉府址の發掘調査』, 1939, 도판 115~117.

12 東亞考古學會, 『東京城-渤海國上京龍泉府址の發掘調査』.

13 崔夢龍, 「서울大學校 博物館 所藏 渤海遺物」(서울대학교박물관, 『서울大博物館 所藏 渤海遺物』, 1998).

14 서울대학교박물관 소장 벽화편의 유물번호는 역0441, 역0498, 역0738, 역0742, 역0750, 역0760, 역0772, 역0887이다(서울대학교박물관, 『서울大博物館 所藏 渤海遺物』).

후 제2차 세계대전 종료 후인 1949년부터 6차례에 걸친 돈화현 육정산고분군 조사 및 정리를 통해 다시 벽화편들이 수습되었다. 벽화편들은 2대 무왕(武王)의 무덤으로 추정되는 IM6호분에서 출토되었다.[15] 이는 정효공주묘의 벽화 발견 이전 확인된 최초의 발해 고분벽화의 사례다. 이후 1971년에도 고분벽화의 조각이 수습되었는데, 이는 화룡현 팔가자 하남촌의 발해왕족묘를 정리하는 과정에서 발견되었다. 이 외에 발해의 상경용천부터에서 다시 벽화 조각이 수습되었는데, 절터가 아닌 관청 유지에서다. 관청의 벽 등도 벽화로 장식되었음을 짐작하게 하는 유물이다. 또한 정효공주묘 근처의 길을 보수하던 중 벽화 조각이 수습되기도 했지만, 발해시대 건물의 잔해인지는 확실하지 않다.

2. 고분벽화와 발해 문화

1) 발해와 동아시아

발해가 존립한 시기의 동아시아는 세계 제국으로 일컬어지던 당을 중심으로 한 국제 질서 아래 있었다. 비록 당의 동북아시아 지배 전략에 일대 타격을 가하면서 성립된 국가였으나, 발해 역시 당 중심의 동아시아 질서를 와해시키지는 못했다. 건국 과정에서의 어려움을 극복하고 국가로서의 존립을 국제적으로 인정받게 되자 발해 또한 당을 중심으로 성립한 동아시아 질서에 편입될 수밖에 없었던 것이다.

잘 알려졌듯이 8세기 전후 동아시아에서 당의 사회·문화적 우월성은 타의 추종을 불허할 만큼 확고했다. 당은 앞서 위진남북조 시기 중국의 여러 지역에서 성립한 제반 문화를 통일된 중국문화의 기반으로 삼았고, 그 위에 수(隋)에 의한 통일 이후 동서에서 흘러들어 오는 다양한 문화를 끊임없이 받아들여 당이라는 세계 제국의 문화로 재탄생시켜 나갔다. 이런 까닭에 당과

15 王承禮·曹正榕, 「吉林敦化六頂山渤海古墓」, 『考古』 1961年6期; 王承禮, 「敦化六頂山渤海墓清理發掘記」, 『社會科學戰線』 1979年3期.

외교 관계를 맺고 있던 주변의 여러 국가와 사회는 당에 영향을 주기보다는 당으로부터 영향을 받는 처지였다. 그런 점에서 신라와 발해도 예외가 될 수는 없었다.

7세기 중반의 격렬한 전란으로 옛 고구려의 중심이 사실상 폐허가 되자, 발해는 이곳에서 멀리 떨어진 만주 동부지역의 목단강 유역, 즉 현재의 중국 길림성 돈화현 일대를 국가의 중심으로 삼고 그 기틀을 다져 나갔다. 그런데 이 일대는 고조선 및 고구려 시대에는 변경에 해당하는 지역이었다. 비록 고구려 때 이 지역이 고구려의 주요 문화권 가운데 동부지역 옥저문화권의 영역으로 상정되는 곳이기는 하나, 그 문화 내용이 고구려 내 선진 문화의 중심이던 집안과 평양, 요양 일대의 그것과는 질과 양, 모든 면에서 현격한 수준 차이가 있었을 것은 부인하기 어렵다.[16] 이런 까닭에 국가로서 기틀이 잡히면서, 발해는 이미 동아시아뿐 아니라 세계 제국의 하나로 위치를 굳건히 하고 있던 당의 정치, 사회제도 및 문화 전반에 깊은 관심을 보이게 되었고, 한 걸음 더 나아가 수용에 적극적인 자세를 보이게 되었다.[17] 이미 고구려 말기 고구려와 당의 빈번한 갈등 및 대립 상황의 반복에도 불구하고 고구려가 당의 문물 수용에 일정한 관심을 보였음을 고려하면, 갈등 관계가 종식된 상태에서 건국기를 막 벗어난 발해가 당의 선진문물 수용에 긍정적·적극적 태도를 보이는 것은 오히려 자연스럽다고 할 수 있을 것이다. 발해가 5경(京)의 하나인 상경용천부를 당의 장안성을 본떠 구획하고 건설했으며, 정치제도와 행정기구 전반에 당의 그것을 참조했음은 잘 알려진 사실이다.[18]

그러나 비록 발해가 선진적인 제도와 문화를 갖추고 있던 당의 영향을 짙게 받았다고 하더라도, 이를 근거로 발해는 당대 중국의 지방정권이라고 규정하는 건 무리다.[19] 인접한 국가 간 제도와 문화는 일정 부분 공유될 수

---

16 전근대사회에서 중심과 변경의 사회·문화적 수준이 근현대에 비해 크게 벌어짐은 일반적으로 받아들여지는 사실이다.

17 문왕(文王)이 즉위 다음 해인 738년 唐에 사신을 보내어 『唐禮』, 『漢書』, 『晋書』, 『三十六國春秋』를 베껴 오게 한 데서 당시 발해가 당과의 교섭에서 무엇을 의도했는지를 잘 알 수 있다(『唐會要』 卷36, 蕃夷請經史; 『冊府元龜』 卷999, 「外臣部」 請求).

18 朱國忱·魏國忠, 『渤海史稿』, 黑龍江省文物出版社, 1984; 宋基豪, 『渤海政治史研究』, 一潮閣, 1996.

19 발해를 당대(唐代) 중국의 지방정권으로 보는 것은 현재 중국사학계의 기본 입장이다. 이를 대변하는 대표적인 발해연구서의 하나로 王承禮, 『渤海簡史』, 黑龍江人民出版社, 1984(송기호 한역, 『발해의 역사』, 한림대학교 아시아문화연구소, 1987)를 들 수 있다.

있으며, 고금동서의 역사에서 그러한 사례는 쉽게 찾아볼 수 있기 때문이다. 발해가 그 계승성을 주장했던 고구려도 이와 같은 사례에서 크게 벗어나지 않는다. 고구려가 중국 위진남북조와의 교류를 통해 이들의 제도와 문화를 상당 부분 수용했고 이를 고구려 고유의 역사전통에 더해 더 고구려적이며, 동시에 국제성을 강하게 띤 것으로 발전시켜 나갔음은 이미 널리 알려진 사실이다.[20] 더욱이 발해의 경우, 면밀히 검토하면 제도와 문화 전반에서 고구려의 독자적인 전통과 직결되는 요소를 비롯해 당의 영향과는 일정한 거리가 있는 다양한 요소들을 찾아볼 수 있으며, 시대에 따라 이들 제반 요소의 상호 비중이 일정한 변화를 보인다. 이는 발해 사회 역시 당의 모방에 그치지 않고 나름 독자의 길을 모색하고 개척해 나갔음을 읽게 하는 부분이다.[21] 문제는 오히려 발해 사회의 전개 과정이 구체적으로 어떠한지, 어떤 방법으로 이를 밝힐지에 대한 것이다. 밝혀진 전개 과정을 어떻게 평가할지는 이후의 문제다.

여기서 안타까운 것은 발해 사회의 전개 과정에 대한 이해가 여전히 단편적인 몇몇 문헌 자료에 의존한 추론 수준에서 크게 벗어나지 못하고 있다는 사실이다. 1차적 원인은 관련 자료의 절대적 부족이라고 하겠지만, 자료 접근이 발해사에 대한 편향된 시각을 전제로 이루어지는 데도 원인이 있을 것이다.[22] 그렇다면 기존의 단편적 문헌자료가 아닌 정효공주묘 및 벽화, 묘지와 같은 그 시대의 유적·유물자료에 대한 분석과 평가라는 방식으로 이 문제에 접근한다면 어떨까? 이들 자료를 하나씩 분석하고 평가하면서, 이를 통해 나타나는 발해 문화의 단면을 발해 사회의 성격을 파악하는 기초자료로 활용하는 것이다. 그러나 정효공주묘와 같은 발해의 몇 되지 않는 유적·유물자료 역시 발해사에 대한 자국사 중심의 이해 방식이라는 기존의 편향된 시각 및 연구 자세로부터 자유롭지는 않다.[23] 때문에 무엇보다 중요한 것

---

20 이에 대한 최근의 언급으로는 全虎兌, 「고구려 고분벽화—강서대묘 벽화를 중심으로」, 『한국사시민강좌』 23, 1998 참조.

21 발해가 당의 제도를 받아들이면서도 5상(常)의 덕목을 6부(部)의 명칭으로 사용하는 등 관청이나 관직명을 새로이 창작해서 쓴 사례가 많은 점도 이와 관련해 이해할 필요가 있다(宋基豪, 『渤海政治史研究』).

22 이에 대한 간단한 정리로는 西川宏, 「渤海考古學の成果と民族問題」, 『山陰考古學の諸問題』, 山本清先生喜壽記念論文刊行會, 1986(林相先 韓譯, 『渤海史의 理解』, 신서원, 1990) 및 宋基豪, 「발해사 연구의 몇 가지 문제점」, 『韓國古代史論』, 한길사, 1988 참조.

23 송기호, 「발해사, 남북한·중·일·러의 자국 중심 해석」, 『역사비평』, 1992년 가을호.

은 접근과 연구에서의 객관성 유지다.

2) 고분벽화로 본 발해 문화의 일면

(1) 정효공주묘와 벽화에 대한 논란

정효공주묘에서 먼저 문제가 되는 것은 무덤 구조 및 축조 재료다. 발해에 전탑(塼塔)을 세우고, 그 아래에 무덤을 조성하는 방식이 등장하는 것은 이 시기 동아시아를 휩쓸고 있던 불교 신앙 및 그 문화의 소산이자, 당의 영향 때문이다.[24] 무덤 축조에 벽돌을 사용하는 사례도 이전의 발해 고분에는 보이지 않는 새로운 방식이며, 이 역시 당에서 전래된 것이다. 그렇다면 정효공주묘는 당의 영향 아래 성립한 발해의 새로운 묘제인 셈이다. 발해의 유적 가운데 정효공주묘 이외의 다른 벽돌무덤의 사례로는 혼춘시에 무너진 상태로 남아 있는 마적달묘탑이 있으며,[25] 장백현의 영광탑 역시 묘탑으로 추정된다.

정효공주묘 벽화의 구성과 내용 역시 무덤 구조 및 축조 재료에 나타난 묘제 계통에 대한 평가와 거의 같이 해석할 수 있다. 정효공주묘 널방 벽화는 실물에 가까운 크기로 그려진 인물 10인으로 구성되어 있다. 벽화의 인물은 시위, 내시, 악사 등으로 공주를 모시던 이들이다. 죽은 이를 모시던 인물들을 실물에 가까운 크기로 그려 무덤 안을 장식하는 경우는 당대 고분벽화에서 흔히 찾아볼 수 있다. 당대에 유행하던 벽화 구성과 내용이 발해에 전해졌음을 짐작할 수 있는 부분이다.

벽화의 인물들 가운데 내시와 악사는 모두 남장여자로 추정되는데, 이 역시 당에서 유행하던 풍습이다. 인물들이 머리에 쓴 복두, 시위가 어깨에 멘 철퇴 등도 당대의 복식 및 시위 표현과 관계가 깊다. 이러한 제반 요소들로 볼 때, 정효공주묘 벽화 역시 당의 영향 아래 구상되고 표현되었다고 할 수 있다.[26] 따라서 정효공주묘와 벽화는 당의 묘제와 회화의 영향 위에 출현

---

24 장례 때에 죽은 이를 무덤에 안장하고 그 위에 탑을 세우는 모탑장(墓塔葬)은 중국 불교계에서 고승의 입적(入寂) 시에 적용했던 장의 방식이다.

25 鄭永振, 「渤海墓葬研究」, 『黑龍江文物叢刊』, 1984年2期.

26 李殿福, 「唐代渤海貞孝公主墓壁畵與高句麗壁畵比較研究」.

했다는 해석이 가능해진다. 그러나 이것만으로 발해 문화의 성격을 단언하기는 어렵다. 또한 정효공주묘와 벽화는 당의 문화적 영향의 결과라고 쉽게 결론짓기도 어렵다. 이에 대해 가부간 결론을 내리기에 앞서 우선 앞의 내용을 하나씩 차례로 되짚어 보기로 하자.

먼저 무덤 구조 및 축조 재료에 대해 살펴보자. 정효공주는 발해 제3대 문왕의 넷째 딸로 36세 때인 792년(대흥 56년)에 사망해 같은 해 겨울 11월 화룡현 용두산 발해 왕족무덤터에 안장되었다. 무덤은 위에서 살펴보았듯이 묘탑을 지닌 벽돌무덤이다. 그 언니인 정혜공주는 문왕의 둘째 딸로 40세 때인 777년(보력 7년) 사망해 3년 뒤인 780년 돈화현 육정산 발해 왕족무덤터에 안장되었는데, 무덤은 널길과 널방으로 이루어진 전형적인 돌방무덤이다(그림 16). 자매 사이인 두 공주가 안장된 시간차는 12년이다. 그러나 두 공주를 안장한 곳은 차이가 있으며, 무덤 구조와 축조 재료도 다르다. 반면, 두 공주의 무덤에서 발견된 묘지는 내용상 거의 차이가 없다. 뒤에 발견된 정효공주묘지로 정혜공주묘지 가운데 판독이 불가능했던 부분을 확인할 수 있을 정도다. 즉 12년의 세월이 발해 문적원에서 관리하던 왕족 묘지문의 변화를 가져올 정도로 긴 시간은 아님을 알 수 있다. 그런데 무덤 구조와 축조 재료는 바뀌었다. 그렇다면 그 변화의 원인과 의미는 무엇이며, 이 새로운 묘제가 이후에도 계속 쓰였을까?

다음으로 벽화 구성과 내용에 대해 살펴보자. 무덤 안을 실물에 가까운 크기의 인물, 그것도 죽은 이를 모시던 사람의 그림으로 채우는 방식은 당대의 고분벽화에서도 쉽게 발견할 수 있다. 그러나 당대에는 묘를 죽은 이의 집이라고 보아 무덤길과 널길부터 널방에 이르는 길고 넓은 화면에 그 시기의 생활풍속과 관련된 여러 가지 화제를 담되, 등장인물들을 실물에 가까운 크기로 그려 현실감을 갖추는 것이 특징이다. 때문에 당나라에서는 정효공주묘 벽화에서와 같이 특정한 인물을 일정한 공간에 배치해 이를 통해 공주의 생전 생활의 각 측면을 나타내는 방식을 쓰지는 않는다.

벽화 인물들의 복식이 당의 고분벽화에 등장하는 인물들의 그것과 유사한 점 또한 이 시기 동아시아 사회의 일반적인 흐름과 비교할 때 특기할 만한 사실이라고 볼 수 없다. 7세기 말 당 중심의 국제질서가 성립한 이래 동아시아의 여러 나라는 당의 사회·문화적 영향 아래 있었기 때문이다. 당에서 유행하던 복식은 같은 시기 통일신라와 일본에서도 널리 유행했고, 그 흔적은 고분벽화의 인물들과 고분에 껴묻은 토용의 복식을 통해서도 확인할 수 있다. 통일신라의 경우, 경주 황성동 및 용강동 돌방무덤에서 출토된 토용들의 복식은 당대 문관 및 내관의 그것과 별 차이를 보이지 않는다.[27] 따라서 정효공주묘 벽화 속 등장인물의 복식은 기본적으로 그 시기 동아시아 사회에서 유행하던 복식일 뿐인 것이다.[28]

오히려 여기에서 관심을 기울여야 할 것은 정효공주묘와 벽화에 보이는 발해적인 요소일 것이다. 무덤 구조와 축조 재료에서 먼저 눈에 띄는 점은 널방 천장짜임에 벽돌을 사용하지 않고 대신 판돌을 이용해 평행고임으로 마무리한 사실이다. 이것은 바로 앞 시기, 적어도 정혜공주묘 조성이 이루어지는 780년까지 발해왕족묘 축조에 적용되던 돌방무덤의 천장고임 기술이 새로운 벽돌무덤 조성에 활용되었기 때문일 것이다. 두 번째로 눈에 띄는 점은 벽돌무덤이라는 새로운 묘제를 택했지만, 무덤 축조 재료로는 벽돌과 판돌을 적절히 섞어 쓰고 있는 점이다. 판돌만 쓰던 앞 시기부터의 무덤 축조 재료상의 전통이 일정하게 계승되고 있음을 알 수 있다. 무덤 위에 탑을 세우는 묘탑장이라는 특수한 장제가 채택된 점도 눈여겨볼 부분이다. 묘탑장은 당대 불교계에서 성행된 장제로 일반인들은 채택하지 않던 장례 형식인데, 정효공주에게 이 방식이 적용된 것이다. 벽돌무덤이라는 기존의 전통과는 상이한 묘제의 채택도 바로 이 묘탑장이라는 새로운 장제의 수용과 관련이 깊을 것이다. 그렇다면 무덤 구조와 축조 재료상의 변화는 '전륜성왕론'에 바탕을 둔 문왕의 통치 이념 정립 작업의 연장선에서 나타난 현상일 가능성이 크다.[29] 적어도 성당 문화의 일방적 영향의 결과는 아니다.

벽화 구성과 내용 가운데 눈길을 끄는 것은 인물만을 화제로 삼은 벽화 구성과 벽화의 인물들이 입은 의복 및 이들이 지닌 기물의 형태, 일부 기물에 그려진 도안들이다. 벽화 구성상 인물만을 화제로 삼은 예를 당의 고분벽화에서는 찾아보기 어렵다. 당 고분벽화가 인물 외에 사신(四神)을 포함한 천

---

27 이들 무덤에서 출토된 토용의 복식에 대한 글로는 具仁叔, 「隍城洞古墳 出土 土俑의 服飾 研究」, 이화여자대학교 박사학위논문, 1986 및 金仁淑, 「龍江洞 土俑에 나타난 服飾 研究」, 이화여자대학교 석사학위논문, 1987이 참조된다.

28 이에 대해서는 김민지·이순원, 「발해의 복식에 관한 연구(1)-정효공주묘 벽화를 중심으로」가 참조된다. 김민지·이순원은 정효공주묘 벽화 인물의 복식이 당시의 보편적인 국제 복식인 동시에 4~5세기 고구려 고분벽화 인물의 복식과도 전통이 닿아 있음을 지적하고 있어 눈길을 끈다.

29 송기호는 文王이 774년 대흥에서 보력으로의 개원을 통해 유신을 단행하면서 전륜성왕 이념을 채택한 것으로 보고 있다(宋基豪, 『渤海政治史研究』, 122~124쪽).

상계의 존재 및 사냥 장면, 성곽이나 저택 등 생활풍속상의 다양한 제재도 화제로 삼는 것에 비해,[30] 정효공주묘 벽화는 죽은 이를 모시던 인물만을 화제로 삼고 있다. 벽화의 인물들이 생활상의 특정한 장면을 연출해 내지 않는 점도 당 고분벽화와는 다른 점이다. 인물들이 입은 도포의 자락은 하나같이 끝자락이 발등까지 덮고 있어 끝자락이 신목 부분까지만 드리워진 당 고분벽화 인물들의 도포와 차이를 보인다. 일부 인물들이 신고 있는 목이 긴 검은 가죽신은 발해인들이 잘 만들었다고 전하는 '암모화(暗謨靴)'로 추정된다.[31] 또 인물들이 지닌 기물 일부는 당시 동아시아 귀족 사회에서 널리 사용되던 것으로 당 고분벽화의 제재를 모방한 결과로 보기는 어렵다.[32] 다른 몇몇은 형태나 제반 특징으로 보아 발해인이 사용하던 것이 확실하다. 예를 들어 시위들이 메고 있는 활을 보면, 활 등을 검은색, 안쪽을 흰색으로 칠하고 안쪽에는 '〈' 자 형태의 도안을 했으며 활시위는 팽팽하다. 이 활은 고구려시대 이래 이 지역에서 사용하던 활을 그린 것으로 보인다. 당 고분벽화의 인물들은 이런 형태와 도안의 활을 지니고 있지 않다. 화살통이나 철퇴도 형태나 장식 등에서 당 고분벽화의 동일한 기물과 다르다. 특히 손잡이 아랫부분 일부가 희고 다른 부분은 검으며, 끝이 공처럼 둥근 철퇴는 당의 고분벽화에서 찾아볼 수 없는데, 그렇다면 이는 발해인이 사용하던 철퇴의 특징적인 모습으로 볼 수밖에 없다.[33] 그리고 시위와 내시 등이 입은 도포 자락이나 몸에 지닌 비단 주머니 또는 화살통 등에는 여러 가지 도안이 있는데, 당 고분벽화에는 보이지 않는 것이다. 특히 밑이 둥근 원통형 화살통에 그려진 머리를 틀어 뒤를 돌아보면서 날쌔게 달아나는 노루 그림과 같은 사례는 눈길을 끈다. 이는 이 지역 특유의 사냥 문화와 직결된 표현이라고 보아야 할 것이며,

---

30 上田宏範, 「唐代古墳壁畵高松塚古墳」(橿原考古學研究所 編, 『壁畵古墳 高松塚』, 便利堂, 1972); 王仁波, 「隋唐時期的墓室壁畵」(中國美術全集編輯委員會 編, 『中國美術全集』 繪畵編 12(墓室壁畵), 文物出版社, 1989).

31 일본에 간 발해사신 양중원이 도량향에게 선물로 준 물품 가운데 암모화가 포함되어 있다(『都良香文集』 卷17). 김육불은 이 신이 밤길을 걸을 때 유용하게 쓰인 때문에 이런 이름이 붙은 것으로 보았다(『渤海國志長編』 卷17 「食貨考」 靴).

32 널방 안벽의 시종들이 들고 있는 기물이 장과 화개라면, 이들 기물은 수·당 이전 남북조시대에도 삼국과 일본을 포함한 동아시아 귀족사회에서 널리 쓰이던 것이므로 굳이 당 문화의 영향 정도와 관련해 논의할 필요는 없을 것으로 생각된다. 고송총 벽화를 비롯해 일본의 유적, 유물에 나타나는 장, 화개 등에 대한 정리는 上田宏範, 「唐代古墳壁畵高松塚古墳」 참조.

33 방학봉, 「정효공주묘무덤의 벽화에 대하여」.

앞 시기 고구려 고분벽화의 사냥 장면을 연상시키기도 한다. 악사가 들고 있는 것으로 추정되는 박판, 공후, 비파는 당 고분벽화에도 보이지만, 이 가운데 공후와 비파는 발해 이전의 고구려 사회에서도 쓰이던 악기다.[34] 박판은 당에서 전래된 것으로 보이지만, 공후와 비파는 고구려 음악문화의 전통을 계승한 것으로 보아야 할 듯하다. 이처럼 세부적인 면에서는 정효공주묘 벽화가 당의 고분벽화와는 여러 가지 점에서 차이를 지니고 있음을 알 수 있다.

(2) 삼릉둔2호묘 및 벽화의 성격

앞에서 보았듯이 삼릉둔2호묘는 전형적인 돌방무덤으로 축조 재료와 방법, 무덤 구조상 고구려 후기의 돌방무덤을 잇고 있다. 그러나 돌방을 지하에 축조한 점, 돌방을 향한 지하계단식 무덤길을 길게 낸 점 등에서 고구려의 돌방무덤과 차이를 보인다. 이는 당 묘제의 부분적 수용의 결과로 해석될 수 있는 부분이다.

벽화는 15명의 인물과 꽃무늬 도안으로 구성되었다. 실물 크기의 인물을 벽화에 표현한 사례는 이미 중기 및 후기 고구려 고분벽화에서도 확인되지만, 벽면 전체를 인물들로만 채우는 방식은 고구려 및 수·당의 고분벽화에서는 아직 발견되지 않는다. 따라서 이는 앞의 정효공주묘 벽화를 비롯한 발해 고분벽화의 특징 가운데 하나라고 볼 수 있다. 널길 천장과 널방고임 및 천장을 꽃무늬 도안으로만 장식한 점도 눈여겨볼 필요가 있다. 무덤 안의 일부, 혹은 전체를 연꽃무늬나 기타 도안으로 장식한 사례는 고구려 고분벽화에서 다수 찾을 수 있다.[35] 특히, 5세기 중엽경 고구려 집안지역에서는 장식무늬 고분벽화가 집중적으로 출현하기도 했다.[36] 환인의 장군묘나 평양의 전동명왕릉과 같이 왕릉으로 추정되는 고분의 내부가 연꽃만으로 장식되었다는 점은 특히 염두에 둘 만한 사실이다.[37] 고구려 고분벽화와는 달리 수·당의 고분벽화에서 무덤 안의 일부나 전체가 도안만으로 장식된 사례는 거

---

34 『삼국사기』에 고구려의 악기로 소개되는 것들 가운데 와공후, 수공후, 비파 등이 보인다(『三國史記』, 「雜志」 第一 樂). 발해의 음악에 대한 최근의 정리로는 宋芳松, 「渤海樂이 音樂史的 再照明-日本 六國史를 중심으로」, 『韓國學報』 53, 1988이 있다.

35 전호태, 「고구려 고분벽화에 나타난 하늘연꽃」, 『미술자료』 46, 1990.

36 전호태, 「5세기 高句麗 古墳壁畵에 나타난 佛敎的 來世觀」, 『韓國史論』 21, 1989.

37 전호태, 『고구려 고분벽화 연구-내세관 표현을 중심으로』 제2장, 서울대학교 박사학위논문, 1997.

의 찾아볼 수 없다. 수·당의 고분벽화에서 꽃무늬나 여러 가지 도안은 그야말로 벽화의 주된 화제에 덧붙는 장식무늬로만 사용된다. 따라서 삼릉둔2호묘 벽화의 꽃무늬 도안은 계통상 고구려 고분벽화와 이어짐을 알 수 있다. 이처럼 무덤 구조 및 형태, 벽화 구성과 내용으로 볼 때, 삼릉둔2호묘는 정효공주묘에 비해 당보다 고구려에 가깝다. 그렇다면 이러한 현상이 나타나는 이유는 무엇일까?

(3) 고분벽화와 문화

잘 알려졌듯이 발해는 698년 고왕 대조영의 건국 선언에 이어 713년 당의 승인을 통해 독립국으로서 지위를 국제적으로 인정받았다.[38] 그러나 그 이후에도 흑수말갈에 대한 지배권을 둘러싼 당과의 갈등, 이로 말미암은 국제적 긴장의 고조 등에서 드러나듯이 2대 무왕 대에도 발해의 대내외적 상황은 그리 안정되지 못했다. 발해가 대내외적으로 안정과 발전을 기할 수 있었던 것은 3대 문왕(737~793)의 치세 때부터다.

김육불의 『발해국지장편(渤海國志長編)』을 비롯한 발해사 관련 문헌 자료집에 의하면 57년에 이르는 재위기간 동안 문왕은 당에 61차례, 일본에 11차례에 걸쳐 사신을 파견했다.[39] 여기서 문왕이 당과의 관계 유지에 적극적이었음을 알 수 있다. 즉 발해가 당 문화에 지속적으로 접할 수 있었으며, 필요에 따라 적극적인 수용이 가능했을 것이다.

이와 더불어 눈길을 끄는 것은 정효공주묘지의 '대흥보력효감금륜성법대왕(大興寶歷孝感金輪聖法大王)'이라는 문왕의 존호다.[40] 같은 표현은 정효공주의 언니인 정혜공주의 묘지에도 보인다. 대흥과 보력은 문왕의 연호이며, 금륜과 성법은 통치자로서 성격을 규정하는, 곧 문왕의 치세 방향을 나타내는 용어다. 잘 알려졌듯이 금륜은 풍륜, 수륜, 금륜의 삼륜 가운데 하나다. 이

---

38 『舊唐書』 卷199下, 「渤海靺鞨傳」; 『新唐書』 卷219, 「渤海傳」.

39 현재 전하는 기록상 발해에서 중국에 사신을 파견한 횟수는 총 160여 차례에 이른다. 이 가운데 문왕 대의 당나라 사신 파견 횟수는 상경 천도 이전인 전기(737~756)에 29회, 상경 및 동경 시대인 후기(757~793)에 32회다(朱國忱·魏國忠, 『渤海史稿』, 258쪽; 宋基豪, 『渤海政治史硏究』, 112~113쪽).

40 왕승례는 문왕의 존호가 당 측천무후의 존호를 본뜬 것으로 보고 있다(王承禮, 「唐代渤海貞惠公主墓誌和貞孝公主墓誌比較研究」, 『社會科學戰線』 1982年1期). 측천무후의 존호는 金輪聖神皇帝·越古金輪聖神皇帝·慈氏越古金輪聖神皇帝·天冊金輪大聖皇帝다(『舊唐書』 卷6, 「則天武后本紀」 長壽2年條 및 天冊萬歲元年條; 『新唐書』 卷76, 「則天武皇后傳」).

'륜'이란 '불법(佛法: 불교적 가르침)의 수레바퀴'를 말하는데, 이것을 굴리는 자가 바로 불교의 이상적 통치자인 전륜성왕이다. 금륜을 굴리는 자는 금륜왕, 금륜성왕, 금륜성제 등으로 불린다.[41] 성법은 물론 불법을 말한다. 문왕은 치세 중 자신을 세속사회에서의 불법의 보호자, 불법으로 세속사회를 다스리는 통치자로 여기고 있었다.[42]

문왕의 존호가 지니는 이와 같은 성격으로 보아 중국에서 불교계 고승의 장례에 적용하던 묘탑장제가 문왕 치세 말년에 왕의 넷째 딸 정효공주의 장례에 적용된 것은 문왕의 통치 이념의 내용 및 그 전개 과정과 관련이 깊다고 할 수 있다. 주의할 것은 묘지에 문왕에 대한 같은 존호가 적혔지만, 정혜공주에게는 죽은 지 3년 후 돌방무덤에 안장하는 기존의 장법, 장제가 적용되었다는 사실이다. 이것은 정혜공주가 안장된 780년부터 정효공주가 안장된 792년 사이에 발해 사회, 좁게는 발해 왕족 및 지배층에 묘탑장제의 수용을 가능하게 하는 불교 신앙의 변화가 있었을 가능성을 고려하게 한다. 혹, 문왕이 불교를 통치 이념으로 강하게 내세우면서, 이의 확산과 정착을 위해 왕족들부터 생활풍속 일반을 불교식으로 바꾸도록 요구한 결과 묘탑장제가 적용된 정효공주묘가 출현했을 수도 있다.[43] 결국, 발해에서 새로운 형태의 묘제로 선보인 정효공주묘는 문왕 대 발해 사회의 필요에 따른 결과인 것이다.

정효공주묘의 벽화 역시 마찬가지 시각으로 볼 수 있다. 문왕 치세 57년간 61차례에 걸친 대당 사신 파견은 발해로서는 40년에 걸친 건국기의 대내외적 정치작업에 뒤이어 자국의 정치·사회·문화적 안정과 발전을 확고히 하려는 조치다. 백제와 고구려의 멸망으로 귀결된 7세기 중반의 국제전으로 한반도 중·북부와 만주 서남부 일대가 입은 피해가 어느 정도였을지는 재론할 필요가 없을 것이다. 발해가 건국의 중심부로 만주 동부의 목단강 일대를 선택한 데는 여러 가지 이유가 있겠지만, 옛 고구려의 중심지역들이 사실상 폐허가 된 것도 그 이유 가운데 하나로 보아야 할 것이다. 앞에서도 언급

41 전륜성왕 이념에 대해 정리한 글로는 N. M. 판카즈, 「新羅 '中古'期의 轉輪聖王 理念 印度 Asoka王과 新羅 眞興王의 政治理念의 비교」, 서울대학교 석사학위논문, 1994 참조.

42 방학봉, 「정혜공주묘와 정효공주묘에 대하여」.

43 송기호는 이 시기에 왕실능묘제도가 바뀌었을 가능성을 제기하며, 왕협(王俠)은 문왕 대의 '위로부터의 개혁'이라는 성격을 드러내는 사례로 이해하고 있다(宋基豪, 『渤海政治史硏究』, 109쪽; 王俠, 「貞惠公主墓與貞孝公主墓」, 『學習與探索』 1985年4期, 143쪽).

했듯이 목단강 일대는 옛 고구려의 영역 가운데 변경에 속하는 곳이다. 이런 까닭에 이 지역은 고구려의 문화전통이 배어 있던 곳이라고 해도 문화적 변경성을 벗어나기는 어려운 지역이라고 해야 할 것이다. 따라서 발해가 이 지역을 중심으로 새로운 국가사회를 건설하고자 할 때, 비록 고구려의 문화전통과 닿아 있다 해도 이 지역 특유의 변경성 문화만으로는 필요를 충분히 채워 나가는 데 한계를 느낄 수밖에 없게 된다.

그런데 발해의 잠재적 적국이던 당과 통일신라 가운데 당은 같은 시기 동아시아의 정치, 경제, 사회, 문화의 중심으로 위치를 확고히 하고 있었고, 이런 까닭에 당과의 안정적인 관계는 발해의 안정과 발전을 위한 필수조건이었다. 반면, 통일신라는 동아시아 국제관계에서 발해와 경쟁 상대로서의 의미를 강하게 지니고 있었다.[44] 당과 함께 발해의 주된 외교 상대이던 일본은 통일신라를 견제하기 위한 배후 지원 세력으로 의미가 부여되던 존재였다.[45] 결국, 자국의 안정과 발전을 추구해야 할 단계에 이르렀을 때, 발해가 택할 수 있는 길은 극히 제한되어 있었던 셈이다. 즉 발해는 당의 사회 제도와 문화를 수용함으로써 기초가 약하고 내용이 빈약한 상태에 머무르고 있던 자국의 제반 분야를 짧은 기간 안에 획기적으로 발전시키는 길을 택할 수밖에 없었다.

문왕이 재위 시 당과의 우호 관계 수립 및 유지에 힘을 기울였던 것은 이와 같은 발해 사회의 현실적 필요와 밀접한 관련이 있다고 보아야 하겠다. 57년에 이르는 문왕의 재위 기간 중 당의 제도와 문화의 발해 유입은 계속되었을 것이며, 그 영향력은 발해의 정치기구 및 사회 제도의 변화에 그치지 않고 문화 전반에까지 이른 듯하다. 그러므로 정효공주묘 벽화는 이와 같은 문왕 대 발해의 국가정책상 의도가 문화의 특정 분야에까지 영향을 미쳤음을 알게 하는 증거의 하나로 보아야 할 것이다.

장의미술의 한 장르로서 발해의 고분벽화는 발해가 역사적 정통성을 계승했음을 선언한 고구려 고분벽화의 전통을 계승한 것이라고도 할 수 있다. 그러나 마지막 단계에 순수한 사신도를 주제로 삼는 고구려 고분벽화의 전

---

44 浜田耕策, 「唐朝における渤海と新羅の爭長事件」, 『古代東アジア史論集』 下, 吉川弘文館, 1978 ; 송기호, 「발해에 대한 신라의 양면적 인식과 그 배경」, 『韓國史論』 19, 1988.

45 韓圭哲, 「渤海와 日本의 新羅挾攻計劃」, 『中國問題硏究』 5, 慶星大 中國問題硏究所, 1993 ; 王承禮, 『渤海簡史』, 175~203쪽.

통이 곧바로 발해로 이어지는지는 현재로서 알 수 없다. 더욱이 현재까지 발견된 가장 늦은 시기의 고구려 고분벽화와 가장 이른 시기 발해 고분벽화와의 시간적 거리가 1세기에 이른다. 비록 발해 문화를 구성하는 여러 요소 가운데 고구려의 영향력을 확인하게 하는 것이 많으나, 당의 영향에 의한 것도 적지 않음을 고려할 때, 고분벽화라는 장르 또한 여기에서 예외일 수는 없을 것이다. 특히, 당이 위진남북조 및 수대 고분벽화의 전통을 계승해 이를 당대 특유의 실경(實景) 생활풍속으로 발전시켰으며, 당의 왕공과 귀족 사이에 장의미술로서 고분벽화가 유행한 점을 염두에 둘 필요가 있다.[46]

발해인이 고분벽화를 제작하기 시작한 것이 언제부터인지는 명확하지 않다. 그러나 죽은 이의 삶터를 벽화로 장식하면서 여기에 고구려 이래 전통이 작용했다면, 당에서 유행하던 장의미술의 영향 또한 받았을 가능성을 부정할 수 없다. 실제 정효공주묘 벽화 및 삼릉둔2호묘 벽화의 구성과 기법에서 당 고분벽화의 영향이 엿보인다. 이는 저간의 사정으로 보아 자연스러운 현상이다. 그러나 발해 고분벽화는 발해인의 필요로 인한 선택의 결과로 보는 것이 타당하며, 그 선택적 태도는 고구려 이래 문화적 전통과 맥이 닿아 있다고 보아야 할 것이다. '화제의 선택적 수용과 재배치'는 고분벽화 수용과 발전 과정에서 특히 두드러지게 나타나는 고구려의 외래문화 수용상의 특징적인 자세의 하나라고 할 수 있기 때문이다.[47]

그런데 삼릉둔2호묘 벽화의 '꽃무늬 도안과 인물의 조합'은 고구려 문화의 이와 같은 특성과 가장 잘 맞아떨어진다. '선택한 화제의 독자적 표현 시도' 역시 고구려 문화, 구체적으로는 고구려 고분벽화의 특징 가운데 하나라고 할 수 있는데, 정효공주묘 벽화의 제한된 화면에 적응한 인물의 구성과 배치, 독자의 복식과 자세, 세부 표현에서 이러한 면을 읽을 수 있다. 이는 발해 고분벽화, 나아가 발해 문화의 성격을 짐작하게 하는 부분이다.

발해 문화에 대한 기존의 자국사 중심의 이해 방식을 지양하려면 먼저 발해 문화를 구성하는 여러 가지 요소에 대한 객관적이고 구체적인 접근이 필요하다. 이와 관련해 눈길을 끄는 것이 발해의 유적·유물자료이며, 그 가운데 하나가 고분벽화다. 정효공주묘 및 벽화를 중심으로 발해 고분벽화와

46 王仁波, 「隋唐時期的墓室壁畵」.
47 全虎兌, 「高句麗 古墳壁畵의 文化史的 위치」, 『韓國繪畵의 自生性』, 한길사, 1998.

발해 문화와의 관계를 살펴본 결과 8세기 발해 사회 및 문화에 관해 다음과 같은 몇 가지 사실을 이해할 수 있었다.

첫째, 발해는 제3대 문왕 대에 국가의 안정과 발전을 기하기 위해 당의 제도와 문화를 적극적으로 수용하게 되었다. 이로 말미암아 발해에는 당의 영향을 반영하는 문화 요소의 비중이 매우 높아지게 되었다.

둘째, 문왕 대의 친당정책과 그로 말미암은 당 문화 요소의 유입은 고구려 문화가 사회적 기초를 이루고 있다고 하더라도 상대적으로 문화적 기반이 취약한 만주 동부지역에서 새로운 국가를 건설해야 하는 발해 지배층으로서는 불가피한 선택이었다. 문왕 치세 후반의 장제 및 묘제 변화의 양상은 이와 같은 발해의 정책 방향 흐름을 잘 드러낸다.

셋째, 발해는 당의 제도 및 문화를 일정한 기준과 방법 위에 수용했다. 정효공주묘와 벽화는 발해가 외래의 선진문물을 받아들이면서도 그 위에 나름의 전통을 접맥하고자 했음을 잘 보여 준다. 발해 나름의 기준과 방법은 고구려 이래 문화적 전통이 바탕이 되어 성립한 것으로 보인다. 삼릉둔2호묘와 그 벽화는 이러한 가능성을 뒷받침하는 자료다.

이상의 몇 가지 점을 통해서 알 수 있듯이 발해사는 발해를 고구려의 계승국이나 당대 중국의 지방정권, 또는 만주의 말갈족 왕조 가운데 하나로 일방적으로 규정하는 태도로는 그 실체가 규명되기 어렵다. 발해를 제대로 이해하기 위해서는 발해 건국 세력이 처한 대내외적 상황, 수성기 발해의 국가 이념 및 사회정책, 발해인 자신의 역사의식, 발해 문화의 전개 과정과 내용 등에 대한 객관적이고 구체적인 접근과 이해가 전제되어야 한다.

참고문헌

사료

『廣開土王陵碑』, 『牟頭婁墓誌銘』, 『迎日 冷水里碑』, 『三國史記』, 『三國遺事』, 『東國李相國集』, 『山海經』, 『爾雅』, 『三國志』, 『晉書』, 『梁書』, 『周書』, 『舊唐書』, 『新唐書』, 『唐會要』, 『冊府元龜』, 『資治通鑑』, 『太平御覽』, 『渤海國志長編』, 『日本書紀』, 『都良香文集』, 『阿毘達磨俱舍論』, 『法華經』, 『無量壽經』

발굴보고 및 도록

1) 한국(남북한)

啓明大學校博物館, 『高靈古衙洞壁畫古墳實測調査報告』(啓明大學校博物館遺蹟調査報告 第2輯), 1984.

고고학 및 민속학연구소, 『안악 제1호분 및 제2호분 발굴보고』(『유적발굴보고』 IV), 과학원출판사, 1960.

과학원고고학및민속학연구소, 「평안남도순천군룡봉리료동성총조사보고」, 『대동강류역고분발굴보고』(『고고학자료집』 1), 과학원출판사, 1958.

과학원고고학및민속학연구소, 「평안남도룡강군대안리제1호묘발굴보고」, 『대동강및재령강류역고분발굴보고』(『고고학자료집』 2), 과학원출판사, 1959.

국립공주박물관, 『송산리4~8·29호분 재보고서』, 2015.

국립공주박물관·공주시, 『宋山里古墳群 基礎資料集(解說)』, 2012.

국립중앙박물관, 『고구려 무덤벽화-국립중앙박물관 소장 모사도』, 주자소, 2006.

김광철·안춘성, 「송죽리 고구려 벽화무덤 발굴보고(2)」, 『조선고고연구』, 2014년 2호.

김대영·김광철, 「송죽리 고구려 벽화무덤 발굴보고(1)」, 『조선고고연구』, 2013년 4호.

김용남, 「새로 알려진 덕흥리 고구려벽화무덤에 대하여」, 『력사과학』, 1979년 3기.

金元龍, 「高靈古衙洞壁畫古墳略報」, 『考古美術』 44號, 1964.

金元龍·金正基, 「高靈壁畫古墳調査報告」, 『韓國考古』 2輯, 서울대학교 고고인류학과, 1967.

김일성종합대학, 『동명왕릉과 그 부근의 고구려유적』, 김일성종합대학출판사, 1976(呂南喆·金洪圭 日譯, 『5世紀の高句麗文化』, 雄山閣, 1985).

김종혁, 「수산리 고구려벽화무덤 발굴 중간보고」, 『고고학자료집』 4, 1974.

大韓民國文化財管理局, 『武寧王陵』, 학생사, 1974.

동북아역사재단, 『옥노리 고구려 벽화무덤』, 2011.

문화보존연구소편집부 편, 『우리나라역사유적』, 과학백과사전출판사, 1983.

文化財管理局, 『武寧王陵』, 1973.

문화재연구소, 『순흥 읍내리벽화고분』, 1986.

문화재연구소·대구대학교박물관, 『순흥 읍내리벽화고분 발굴조사보고서』, 1995.

박진욱·김종혁·주영헌·장상렬·정찬영, 『덕흥리고구려벽화무덤』, 과학백과사전출판사, 1981.

박천수, 『동아시아 고분 역연대 자료집』, 학연문화사, 2011.

부여군, 『부여 능산리고분군의 조사와 기록』, 2017.

扶餘文化財硏究所, 『扶餘 百濟古墳 地表調査』, 1994.

사회과학원고고학연구실 편, 『미천왕무덤』, 사회과학출판사, 1966.

윤광수, 「연탄군 송죽리 고구려 벽화무덤」, 『조선고고연구』, 2005년 3호.

李王職 編, 『朝鮮古墳壁畫集』, 李王職博物館, 1916.

梨花女子大學校博物館, 『古墳壁畫』 1973.5.30.~6.22.

이화여자대학교박물관, 『영주 순흥벽화고분 발굴조사보고』, 1984.
정경일, 「송죽리 고구려 벽화무덤의 발굴 정형에 대하여」, 『전북사학』, 48, 2016.
조선유적유물도감편집위원회 편, 『조선유적유물도감』 5(고구려편 3, 평양: 외국문종합출판사, 1990).
조선유적유물도감편집위원회 편, 『조선유적유물도감』 6(고구려편 4, 평양: 외국문종합출판사, 1990).
조선유적유물도감 편찬위원회 편저, 『북한의 문화재와 문화유적』 I, II, 서울대학교출판부, 2000.
朝鮮畵報社編輯部 編, 『高句麗古墳壁畵』, 講談社, 1985.
채병서, 「安岳 近傍 壁畵古墳 發掘收錄」, 『아세아연구』 2권 2호, 1959.
채병서, 「安岳地方의 壁畵古墳」, 『백산학보』 2, 1967.
崔夢龍, 「서울大學校博物館 所藏 渤海遺物」, 서울대학교박물관, 1998.
학계소식, 「새로 발굴 정리한 고구려 동명왕릉」, 『력사과학』 1978년 4기.
황욱, 「안악제3호분발굴보고」, 『유적발굴보고』 3, 과학원고고학및민속학연구소, 1958.

2) 중국

吉林省文物考古研究所·集安市博物館 編著, 『洞沟古墓群-1997年調查測繪報告』, 科學出版社, 2002.
吉林省文物工作隊, 「吉林集安長川二號封土墓發掘紀要」, 『考古與文物』, 1983年1期(崔茂藏 韓譯, 『增補 高句麗.渤海文化-中國考古學者의 發掘報告書』, 集文堂, 1985).
吉林省文物工作隊(李殿福), 「吉林集安五塊墳四號墓」, 『考古學報』 1984年1期.
吉林省文物工作隊·集安縣文物保管所(陳相偉·方起東), 「集安長川一號壁畵墓」, 『東北考古與歷史』 1輯, 1982.
吉林省文物志編委會, 『集安縣文物志』, 1984.
吉林省博物館(李殿福·方起東), 「吉林輯安五塊墳四號和五號墓清理略記」, 『考古』 1964年2期.
吉林省博物館輯安考古隊(方起東), 「吉林輯安麻線溝一號壁畵墓」, 『考古』 1964年10期.
武家昌, 「桓仁米倉溝將軍墓壁畵初探」, 『遼海文物學刊』 1994年2期.
辛占山, 「桓仁米倉溝高句麗"將軍墓"」, 『日本東亞細亞文明的原流的考古學研究』, 1993.
襄樊市文物管理處, 「襄陽賈家冲畵像塼墓」, 『江漢考古』 1986年1期.
楊泓, 「高句麗壁畵石墓」, 『文物參考資料』 1958年4期.
延邊朝鮮族自治州博物館, 「渤海貞孝公主墓發掘清理簡報」, 『社會科學戰線』 1982年1期.
王承禮, 「敦化六頂山渤海墓清理發掘記」, 『社會科學戰線』 1979年3期.
王承禮·曹正榕, 「吉林敦化六頂山渤海古墓」, 『考古』 1961年6期.
王承禮·韓淑華, 「吉林輯安通溝第十二號高句麗墓」, 『考古』 1964年2期(崔茂藏 韓譯, 『增補 高句麗渤海文化-中國考古學者의 發掘報告書』, 集文堂, 1985).
魏存成, 『高句麗遺跡』, 文物出版社, 2002.
李殿福, 「1962年春季吉林輯安考古調查簡報」, 『考古』 1962年11期.
中國美術全集編輯委員會 編, 『中國美術全集』 繪畫編 12, 文物出版社, 1989.
黑龍江省文物考古研究所, 「黑龍江發掘渤海大型石室壁畵墓-對渤海史研究將起重大推動作用」, 『中國文物報』 1992年1月19日 第3期.

3) 일본

關野貞, 「朝鮮江西に於ける高句麗時代の古墳」, 『考古學雜誌』 3卷8號, 1913.
關野貞, 「滿洲輯安縣及び平壤附近に於ける高句麗時代の遺蹟」(一), 『考古學雜誌』 5卷3號, 1914.

關野貞, 「朝鮮平壤附近の樂浪高句麗及ひ支那輯安縣附近の高句麗遺蹟」, 『朝鮮及滿洲』 78, 1914.
關野貞, 「平壤附近に於ける高句麗時代の墳墓」, 『建築雜誌』 326號, 1914.
關野貞, 「高句麗時代の壁畵」(三), 『國華』 298號, 1915.
關野貞, 「新に發見せられたる高句麗時代の繪畵」, 『國華』 327號, 1917.
東亞考古學會, 『東京城 - 渤海國上京龍泉府址の發掘調査』, 1939.
梅原末治·藤田亮策 編, 『朝鮮古文化綜鑑』 卷IV, 養德社, 1966.
[消息], 「朝鮮江西古墳壁畵模寫の御覽」, 『考古學雜誌』 3卷12號, 1913.
[消息], 「江西遇賢里第一塚玄室壁畵(附圖說明)」, 『建築雜誌』 314號, 1913.
永島暉臣愼, 「북한 고고학의 최신성과」(2002.10.8. 부산대학교).
朝鮮總督府(關野貞 外), 『朝鮮古蹟圖譜』 一, 名著出版社, 1915.
朝鮮總督府(關野貞 外), 『朝鮮古蹟圖譜』 二, 名著出版社, 1915.
朝鮮總督府(關野貞 外), 『大正五年度古蹟調査報告』, 1918.
朝鮮總督府, 『高句麗時代之遺蹟』 圖版下卷(古蹟調査特別報告第五冊), 1930.
池內宏·梅原末治, 『通溝』 卷下, 日滿文化協會, 1940.
太田天洋, 「朝鮮古墳壁畵の發見に就て」, 『藝術新報』 12卷4號, 1913.
黑田源次, 「輯安古墳發掘に關する調査」, 『滿洲史學』 1卷2號, 1938.
黑田源次, 「輯安高句麗時代の古墳調査」, 『滿洲史學』 1卷3號, 1938.

연구논문 및 저서

1) 한국(남북한)

姜仁求, 『百濟古墳硏究』, 一志社, 1977.
강진원, 『高句麗 國家祭祀 硏究』, 서울대학교 박사학위논문, 2015.
강현숙, 「고분을 통해 본 4·5세기대 고구려의 집권체제」, 『한국고대사연구』 24, 2001.
강현숙, 『고구려고분연구』, 진인진, 2013.
고광의, 「옥도리 고구려 고분벽화에 대한 고찰」, 『고구려발해연구』 41, 2011.
공석구, 「고구려의 영역과 평양천도 문제」, 『한국고대사연구』 33, 2004.
공석구, 「4세기 고구려 땅에 살았던 중국계 이주민」, 『고구려발해연구』 56, 2016.
具仁叔, 「隍城洞古墳 出土 土俑의 服飾 硏究」, 이화여자대학교 박사학위논문, 1986.
궁성희, 「삼국시기 돌칸흙무덤과 그 공통성에 관한 연구」, 『고고민속론문집』 11, 과학백과사전출판사, 1988.
권영필, 「新羅人의 美意識 - 北方美術과의 관계를 중심으로」, 『신라문화제학술발표논문집』 6, 1985.
권영필, 『실크로드 미술 - 중앙아시아에서 한국까지』, 열화당, 1997.
권주현, 「대가야의 통형기대와 가야인의 미의식 - 뱀에 대한 인식을 중심으로」, 『계명사학』 21, 2010.
기경량, 「평양지역 고구려 왕릉의 위치와 피장자」, 『한국고대사연구』 88, 2017.
김광철, 「송죽리 벽화무덤의 축조년대에 대하여」, 『조선고고연구』 2010년 4호.
김광철, 「송국리무덤벽화의 특징」, 『조선고고연구』 2015년 3호.
김락기, 「高句麗 守墓人의 구분과 立役方式 - 廣開土王陵碑 守墓人烟戶條를 중심으로」, 『한국고대사연구』 41, 2006.
김민지·이순원, 「발해의 복식에 관한 연구(1) - 정효공주묘 벽화를 중심으로」, 『生活科學硏究』 18, 1993.
김병곤, 「고구려의 평양천도 기획시점과 남진」, 『고구려발해연구』 3, 2019.
김사봉, 「학계소식: 봉성리벽화무덤에 대하여」, 『력사과학』 1980년 2기.
김원룡, 『한국벽화고분』, 일지사, 1980.
金仁淑, 「龍江洞 土俑에 나타난 服飾 硏究」, 이화여자대학교 석사학위논문, 1987.

김일권, 『고구려 별자리와 신화』, 사계절, 2008.
김재홍, 「함안 성산산성과 출토 목간의 연대」, 『木簡과文字』 22, 2019.
金種徹, 「大伽倻墓制의 編年硏究」, 『韓國學論集』 9輯, 1982.
김진순, 「집안 오회분4·5호묘 연구」, 『미술사연구』 17, 2003.
김진순, 「高句麗 後期 四神圖 고분벽화와 古代 韓·中 문화 교류」, 『선사와 고대』 30, 2009.
金賢淑, 「4~6세기경 小白山脈 以東地域의 領域向方-三國史記 地理志의 慶北地域 高句麗郡縣을 중심으로」, 『한국고대사연구』 26, 2002.
나희라, 『고대 한국인의 생사관』, 지식산업사, 2008.
노명호, 「東明王篇과 李査報의 多元的 天下觀」, 『진단학보』 83, 1997.
盧重國, 「百濟王室의 南遷과 支配勢力의 變遷」, 『韓國史論』 4輯, 국사편찬위원회, 1978.
노중국, 「4~5세기 백제의 성장·발전과 삼국의 각축-개로왕 국서의 내용을 중심으로」, 『鄕土서울』 66, 2005.
盧泰敦, 「渤海國의 住民構成과 渤海人의 族源」, 『韓國 古代의 國家와 社會』, 일조각, 1985.
노태돈, 『고구려사연구』, 사계절, 1999.
노태돈, 「광개토왕대의 정복 활동과 고구려 세력권의 구성」, 『한국고대사연구』 67, 2012.
박경철, 『한국 고대사의 재인식』, 서경문화사, 2018.
박서영, 「백제 무령왕릉 두침과 족좌의 용도와 성격」, 『미술사학연구』 289, 2016.
박성현, 「5~6세기 고구려·신라의 경계와 그 양상」, 『역사와 현실』 82, 2011.
박시형, 「발해는 고구려의 계승국」, 『발해사연구론문집(I)』, 1992.
박아림, 「고구려 벽화의 장식문양과 錦帳의 표현」, 『고구려발해연구』 43, 2012.
박아림, 『고구려 고분벽화 유라시아 문화를 품다』, 학연문화사, 2015.
朴容塡, 「百濟瓦當의 類型硏究-수막새기와를 중심으로」, 『百濟瓦塼圖錄』, 百濟文化開發硏究院, 1983.
박원길, 『유라시아 초원제국의 샤마니즘』, 민속원, 2001.
손수호, 「환인지방에서 새로 발견된 고구려 벽화무덤에 대하여」, 『조선고고연구』 1992년 3호.
손수호, 『고구려 고분 연구』, 사회과학출판사, 2001.
손영종, 『고구려사』 1, 과학백과사전종합출판사, 1990.
宋基豪, 「발해사 연구의 몇 가지 문제점」, 『韓國古代史論』, 한길사, 1988.
송기호, 「발해에 대한 신라의 양면적 인식과 그 배경」, 『韓國史論』 19, 1988.
송기호, 「발해사, 남북한·중·일·러의 자국 중심 해석」, 『역사비평』 1992년 가을호.
宋基豪, 『渤海政治史硏究』, 一潮閣, 1996.
宋芳松, 「渤海樂의 音樂史的 再照明-日本 六國史를 중심으로」, 『韓國學報』 53, 1988.
서현주, 「백제 사비기 왕릉 발굴의 새로운 성과와 역사적 해석」, 『한국고대사연구』 88, 2017.
신종원, 『삼국유사 깊이 읽기』, 주류성, 2019.
신형식, 『고구려사』, 이화여자대학교출판부, 2003.
安承周, 「百濟古墳의 硏究」, 『百濟文化』 7·8合輯, 공주대학교 백제문화연구소, 1975.
안휘준, 「기미년명 순흥 읍내리고분벽화의 내용과 의의」, 『순흥 읍내리벽화고분』, 1986.
안휘준, 『고구려 회화』, 효형출판, 2007.
안휘준, 『한국의 그림전통』, 사회평론, 2012.
안휘준, 『한국의 벽화고분』, 사회평론, 2013.
양기석, 「백제 위덕왕대 왕권의 존재 형태와 성격」, 『백제연구』 21, 충남대 백제연구소, 1990.
여호규, 「4세기 高句麗의 樂浪·帶方 경영과 中國系 亡命人의 정체성 인식」, 『韓國古代史硏究』 53, 2009.
여호규, 「충주 고구려비의 단락구성과 건립시기」, 『한국고대사연구』 98, 2020.
오영찬, 「대방군의 군현지배」, 『강좌 한국고대사』 10, 가락국사적개발연구원, 2003.
오영찬, 「고구려 벽화고분의 등장과 낙랑·대방군」, 『고분벽화로 본 고구려 문화』, 고구려연구재단, 2005.
오영찬, 『낙랑군 연구』, 사계절, 2006.

윤용혁, 「공주 송산리6호분의 사신도 벽화에 대하여」, 『한국사학보』 33, 2008.
윤장섭, 『韓國의 建築』, 서울대학교출판부, 1996.
이경희, 『4~5세기 고구려 官服 연구』, 인하대학교 박사학위논문, 2012.
이남석, 「능산리 고분군과 백제왕릉」, 『백제 문화』 29, 공주대학교 백제문화연구소, 2000.
이내옥, 「백제인의 미의식」, 『역사학보』 192, 2006.
이병도, 『韓國古代史硏究』, 박영사, 1976.
이송란, 「고구려 고분벽화의 천상표현에 나타난 화염문의 의미와 전개」, 『미술사학연구』 220, 1998.
이유리, 「고구려 옥도리 벽화고분 연구」, 숙명여자대학교 석사학위논문, 2014.
李恩奉, 「土俗信仰과 風水圖讖思想의 發達」, 『전통과 사상』 4, 1990.
이종상, 「韓國 美術史에서 차지한 高句麗 壁畵의 位置-材料技法을 中心으로」, 『고구려연구』 16, 2003.
이주헌, 「송산리6호분 문양전의 성격과 무령왕릉의 역연대」, 『한국고대사탐구』 27, 2017.
이춘우, 「고구려 東盟祭·隧神祭와 神廟」, 『한국고대사연구』 79, 2015.
이태호, 「삼국시대 후기 고구려와 백제의 사신도벽화」, 『고구려연구』 16, 2003.
이태호, 「高句麗와 新羅 미술이 공존하는 榮州 順興의 邑內里壁畵古墳과 台庄里 於宿墓」, 『미술자료』 79, 2010.
이한상, 「읍내리 분묘군의 편년을 통해 본 5세기 순흥지역의 위상」, 『역사문화연구』 19, 2003.
이한상, 『황금의 나라 신라』, 김영사, 2004.
임기환, 「6·7세기 高句麗 政治勢力의 동향」, 『韓國古代史硏究』 5, 1992.
임기환, 『고구려정치사연구』, 한나래, 2004.
임기환, 「고구려 평양도성의 정치적 성격」, 『한국사연구』 137, 2007.
장인성, 『한국 고대 도교』, 서경문화사, 2017.
장종진, 「5世紀 前後 國際情勢와 高句麗 平壤遷都의 배경」, 『한국고대사연구』 61, 2011.
전덕재, 「고구려의 놀이문화: 백희잡기를 중심으로」, 『고고자료에서 찾은 고구려인의 삶과 문화』, 고구려재단, 2006.
전주농, 「전동명왕릉부근벽화무덤」, 『각지유적정리보고』(『고고학자료집』 3), 1963.
전호태, 「5세기 高句麗 古墳壁畵에 나타난 佛敎的 來世觀」, 『韓國史論』 21, 1989.
전호태, 「고구려 고분벽화에 나타난 하늘연꽃」, 『미술자료』 46, 1990.
전호태, 「加耶古墳壁畵에 관한 일고찰」, 『韓國古代史論叢』 4, 가락국사적개발연구원, 1992.
전호태, 「고구려 고분벽화의 해와 달」, 『미술자료』 50, 1992.
전호태, 「고구려의 五行信仰과 四神圖」, 『國史館論叢』 48, 1993.
전호태, 「고구려 각저총 벽화 연구」, 『미술자료』 57, 1996.
전호태, 「高句麗 後期 四神系 古墳壁畵에 보이는 仙·佛 混合的 來世觀」, 『蔚山史學』 7, 1997.
전호태, 「고구려 고분벽화-강서대묘(江西大墓)의 현무도(玄武圖)를 중심으로」, 『한국사시민강좌』 23, 일조각, 1998.
전호태, 「高句麗 古墳壁畵의 文化史的 위치」, 『韓國繪畵의 自生性』, 한길사, 1998.
전호태, 『고구려 고분벽화 연구』, 사계절, 2000.
전호태, 「古墳壁畵로 본 高句麗人의 神仙信仰」, 『新羅文化』 17·18합집, 동국대학교 신라문화연구소, 2000.
전호태, 「고구려 삼실총 벽화 연구」, 『역사와 현실』 44, 2002.
전호태, 「고구려 고분벽화의 기원」, 『강좌 한국고대사』 9권, 가락국사적개발연구원, 2003.
전호태, 「역사의 블랙홀, 동수묘지」, 『고대로부터의 통신』, 푸른역사, 2003.
전호태, 『고구려 고분벽화의 세계』, 서울대학교출판부, 2004.
전호태, 『벽화여, 고구려를 말하라』, 사계절, 2004.
전호태, 「북한 소재 고구려 고분벽화의 보존과 관리방안 연구」, 『한국고대사연구』 35, 2004.
전호태, 「고구려 안악3호분 재론」, 『한국고대사연구』 44, 2006.
전호태, 『고분벽화로 본 고구려 이야기』, 풀빛, 2006.

전호태, 『중국 화상석과 고분벽화 연구』, 솔, 2007.
전호태, 『고구려 고분벽화 읽기』, 서울대학교출판부, 2008.
전호태, 「고구려 수산리벽화분 연구」, 『역사문화연구』 40, 2011.
전호태, 「고구려 통구사신총 연구」, 『高句麗渤海研究』 41, 고구려발해학회, 2011.
전호태, 『고구려 고분벽화 연구여행』, 푸른역사, 2012.
전호태, 「고분벽화로 본 고구려와 중앙아시아의 교류」, 『한국고대사연구』 68, 2012.
전호태, 「고구려 쌍영총 연구」, 『고구려발해연구』 46, 2013.
전호태, 「고구려의 매사냥」, 『역사와 경계』 91, 2014.
전호태, 「고구려 덕흥리벽화분 연구」, 『역사와 경계』 95, 2015.
전호태, 「고구려 진파리1호분 연구」, 『역사와 현실』 95, 2015.
전호태, 「울산 천전리 서석 암각화의 용」, 『한국고대사연구』 77, 2015.
전호태, 『고구려 벽화고분』, 돌베개, 2016.
전호태, 『고구려 생활문화사 연구』, 서울대학교출판문화원, 2016.
전호태, 「고구려와 모용선비 삼연의 고분문화」, 『동북아역사논총』 57, 2017.
전호태, 「고구려인의 미의식과 고분벽화」, 『고구려발해연구』 59, 2017.
전호태, 「백제와 가야의 고분벽화」, 『남한의 고분벽화』, 문화재연구소, 2019.
전호태, 『황금의 시대 신라』, 풀빛, 2019.
전호태, 「고구려 고분벽화의 개」, 『한국고대사연구』 97, 2020.
전호태, 『고구려 벽화고분의 과거와 현재』, 성균관대학교출판부, 2020.
전호태, 『무용총 수렵도』, 풀빛, 2020.
전호태, 『중국인의 오브제』, 성균관대학교출판부, 2020.
정경일, 「최근 북한경내 고구려 벽화무덤의 발굴조사 현황과 과제」, 『사학연구』 126호, 2017.
정병모, 「고구려 고분벽화의 장식문양도에 대한 고찰」, 『강좌미술사』 10, 1998.
정병삼, 『한국불교사』, 푸른역사, 2020.
정상기, 「일제강점기 송산리고분군의 조사-국립중앙박물관 소장 유리건판 사진을 중심으로」, 『宋山里古墳群 基礎資料集(論考)』, 국립공주박물관·공주시, 2012.
정상기, 「유리건판으로 본 일제강점기 능산리고분군의 조사」, 『부여 능산리고분군의 조사와 기록』, 2017.
鄭守一, 「高句麗와 西域 關係 試考」, 『高句麗研究』 14, 2002.
정재서 역주, 『山海經』, 민음사, 1985.
정재서, 『不死의 신화와 사상』, 민음사, 1995.
정재서, 『동양적인 것의 슬픔-넘어섬, 그 힘의 예증까지』, 살림, 1996.
정재서, 『한국 도교의 기원과 역사』, 이화여자대학교출판부, 2006.
정재서, 『이야기 동양신화-중국편』, 김영사, 2010.
정재서·전수용·송기정, 『신화적 상상력과 문화』, 이화여자대학교출판부, 2008.
정호섭, 『고구려 고분의 조영과 제의』, 서경문화사, 2011.
정호섭, 「백제 벽화고분의 조영과 문화계통」, 『한국고대사연구』 61, 2011.
주보돈, 「삼국유사 '射琴匣'條의 이해」, 『신라문화제학술논문집: 신라 내물왕계와 중고기의 비약적 발전』 40, 2019.
진홍섭, 「武寧王陵 發見 頭枕과 足座」, 『백제연구』 6, 1975.
채희국, 「발해의 정혜공주묘와 정효공주묘에 대하여」, 『조선고고연구』 1988년 2호.
최연식, 「삼국시대의 미륵신앙과 내세의식」, 『고대인의 정신세계』, 가락국사적개발연구원, 2002.
최일례, 『고구려 시조묘 제사의 정치성 연구』, 전남대학교 박사학위논문, 2015.
최장렬, 「일제강점기 강서무덤의 조사와 벽화 모사」, 『고구려무덤벽화-국립중앙박물관소장 모사도』, 국립중앙박물관, 2006.
최택선, 「고구려사신도무덤의 등급에 대하여」, 『조선고고연구』 1987년 3호.
최택선, 「고구려사신도무덤의 주인공문제에 대하여」, 『조선고고연구』 1988년 1호.

최혜영, 「버드나무 신화소를 통해 본 유라시아 지역의 문명 교류의 가능성 혹은 그 接點」, 『동북아역사논총』 22, 2008.
韓圭哲, 「渤海와 日本의 新羅挾攻計劃」, 『中國問題硏究』 5, 慶星大 中國問題硏究所, 1993.
한정희, 『동아시아 회화 교류사』, 사회평론, 2012.

2) 중국

耿鐵華, 「集安五盔墳五號墓藻井壁畵新解」, 『北方文物』 1993年3期.
耿鐵華, 『高句麗古墓壁畵硏究』, 吉林大學出版社, 2008.
金香, 「關于渤海國的若干民族問題」, 『社會科學戰線』 1989年1期.
羅豊, 『胡漢之間-"絲綢之路"與西北歷史考古』, 文物出版社, 2004.
모종감 지음, 이봉호 옮김, 『중국도교사: 신선을 꿈꾼 사람들의 이야기』, 예문서원, 2015.
方起東, 「高句麗的墓制和葬俗」, 『東北亞歷史與考古信息』 1993年1期.
방학봉, 「정효공주묘무덤의 벽화에 대하여」, 『발해문화연구』, 이론과실천, 1991.
방학봉, 「정혜공주묘와 정효공주묘에 대하여」, 『발해문화연구』, 이론과실천, 1991.
孫仁杰·遲勇, 『集安高句麗墓葬』, 香港亞洲出版社, 2007
延邊朝鮮族自治州博物館, 「延邊發見渤海貞孝公主墓和壁畵」, 『延邊文物資料匯編』, 1983.
吳廣孝, 『集安高句麗壁畵』, 山東畵報出版社, 2006.
王承禮, 「唐代渤海貞惠公主墓誌和貞孝公主墓誌比較硏究」, 『社會科學戰線』 1982年1期.
王承禮, 『渤海簡史』, 黑龍江人民出版社, 1984(송기호 한역, 『발해의 역사』, 한림대학교 아시아문화연구소, 1987).
王仁波, 「隋唐時期的墓室壁畵」(中國美術全集編輯委員會 編, 『中國美術全集』 繪畵編 12(墓室壁畵), 文物出版社, 1989).
王俠, 「貞惠公主墓與貞孝公主墓」, 『學習與探索』 1985年4期.
劉振華, 「渤海大氏王室族屬新證-從考古材料出發的考察」, 『社會科學戰線』 1981年3期.
尹國有, 『高句麗壁畵硏究』, 吉林文學出版社, 2003.
李新全, 「五女山山城과 주변의 고구려 초기유적」, 『고구려 문화의 역사적 의의』, 고구려연구재단, 2005.
李殿福, 「集安高句麗墓硏究」, 『考古學報』 1980年2期.
李殿福, 「唐代渤海貞孝公主墓壁畵與高句麗壁畵比較硏究」, 『黑龍江省文物』 1983年2期.
李殿福, 「高句麗的考古學」, 『東北考古硏究(二)』, 中州古籍出版社, 1994.
郑岩, 『魏晋南北朝壁画墓硏究』, 文物出版社, 2002.
鄭永振, 「渤海墓葬硏究」, 『黑龍江文物叢刊』 1984年2期.
鄭永振, 「1991年에 發掘한 三陵屯渤海壁畵墓와 高句麗壁畵墓와의 關係」, 『韓國上古史學報』 16, 1994.
郑春颖, 『高句麗 服飾 硏究』, 中國社會科學出版社, 2015.
朱國忱·魏國忠, 『渤海史稿』, 黑龍江省文物出版社, 1984.
池升元, 「渤海貞孝公主墓壁畵淺析」, 『延邊文物資料匯編』, 1983.

3) 일본

鎌田茂雄 著, 鄭舜日 譯, 『中國佛教史』, 民族社, 1985.
關野貞, 「順川郡北倉面の八角天井塚に就て」, 『朝鮮と建築』 4卷11號, 1925.
吉村怜, 「南朝天人圖像の北朝及周邊諸國傳播」, 『佛教藝術』 159, 佛教藝術學會, 1985.
吉村怜, 『天人誕生圖の硏究』, 東方書店, 1999.
南秀雄, 「高句麗壁畵の地軸像」, 『古文化談叢』 30, 九州古文化硏究會, 1993.

南秀雄, 「高句麗古墳壁畵の圖像構成-天井壁畵を中心に」, 『朝鮮文化研究』 2, 東京大學朝鮮文化研究室, 1995.
東潮, 『高句麗考古學研究』, 吉川弘文館, 1997.
浜田耕策, 「唐朝における渤海と新羅の爭長事件」, 『古代東アジア史論集』 下, 吉川弘文館, 1978.
上田宏範, 「唐代古墳壁畵高松塚古墳」(橿原考古學研究所 編, 『壁畵古墳 高松塚』, 便利堂, 1972).
西川宏, 「渤海考古學の成果と民族問題」, 『山陰考古學の諸問題』, 山本清先生喜壽記念論文刊行會, 1986(林相先 韓譯, 「발해고고학의 성과와 민족문제」, 『渤海史의 理解』, 신서원, 1990).
石井正敏, 「日渤交渉における渤海高句麗繼承國意識について」, 『中央大學大學院研究年報』 4, 1975(林相先 韓譯, 『渤海史의 理解』, 신서원, 1990).
神谷正弘, 「慶尙北道高靈壁畵古墳について」, 『森貞次郎博士古稀記念古文化論集』 下卷, 1982.
永島暉臣愼, 「새로 발견된 고구려 벽화고분의 특징에 대하여-황해북도 연탄군 송죽리 벽화무덤」(고려대학교 국제학술심포지엄, 『고구려와 동아시아-문물교류를 중심으로』 2005.5.6.~7.).
定森秀未·吉井秀未·內里好昭, 「韓國慶尙南道晉州水精峰2號墳, 玉峰7號墳出土遺物-東京大學工學部建築史研究室所藏資料紹介」, 『京都文化博物館研究紀要 朱雀』 3輯, 1990.
早乙女雅博, 「高句麗壁畵古墳の調査と保存」, 『關野貞アジア踏査』, 東京大學總合研究博物館, 2005.
黑田源次, 「輯安古墳壁畵模寫開始」, 『滿洲史學』 2卷2號, 1939.
黑田源次, 「輯安十二號墓の保存可能と存る」, 『滿洲史學』 2卷2號, 1939.

4) 그 외 아시아, 미주 및 유럽

미셸 로르블랑셰 지음, 김성희 옮김, 『예술의 기원』, 알마, 2014.
아리엘 골란 지음, 정석배 옮김, 『세계의 모든 문양』, 푸른역사, 2004, 16~37쪽.
N. M. 판카즈, 「新羅 '中古'期의 轉輪聖王 理念-印度 Asoka王과 新羅 眞興王의 政治理念의 비교」, 서울대학교 석사학위논문, 1994.

그림 목록

제1부 고구려

제1장 초기: 안악1호분

제2장 중기

1. 옥도리벽화분

2. 송죽리벽화분

3. 천왕지신총

4. 통구12호분

제3장 후기

1. 오회분4호묘

2. 강서대묘

제2부 백제, 신라, 가야 제1장 백제

제2장 신라

제3장 가야

제3부 미의식과 세계관 제1장 미의식

제2장 세계관

제3장 가치와 의미

부록: 발해

표 목록

찾아보기

전호태全虎兌

서울대학교 국사학과와 같은 대학 대학원을 졸업했다(문학박사). 국립중앙박물관 학예연구사, 미국 U.C.버클리 및 하버드대학교 객원교수, 문화재전문위원을 역임했다. 현재 울산대학교 역사문화학과 교수로 재직하고 있으며 반구대암각화유적보존연구소장을 겸하고 있다. 한국 고대문화사를 전공했으며, 고구려 고분벽화 및 한국의 암각화, 중국 고대문화와 미술에 관한 글을 다수 발표했고 고구려 고분벽화를 주제로 한 특별전을 국내외 미술관 및 박물관에서 여러 차례 기획, 감독했다.

지은이는 고구려 고분벽화를 한국문화사 및 한국미술사의 주요한 연구 분야로 자리 잡게 한 연구자다. 고분벽화에 대한 지성사적 접근을 시도해 고고학, 미술사학, 역사학, 종교학을 아우르는 역사자료는 어떻게 접근하고 분석, 종합하는 것이 적절한지 실증적으로 보여 주었다. 1990년대 중반부터 어린이부터 어른까지, 일반 시민부터 전문가까지 모든 계층을 위한 고구려 및 고분벽화 교양서와 전문연구서를 발간했다. 고구려 고분벽화 및 한국 암각화에 대한 지은이의 기초자료 정리 결과 및 심도 있는 연구 성과는 한국, 중국, 일본에서뿐 아니라 유럽과 미국에서도 폭넓게 인용되고 있으며 동아시아 미술 관련 연구 및 학습 교재로도 적극 활용되고 있다.

전문연구서로 『고구려 벽화고분의 과거와 현재』(성균관대학교출판부, 2020), 『무용총 수렵도』(풀빛, 2019), 『고구려 생활문화사 연구』(서울대학교출판문화원, 2016), 『고구려 벽화고분』(돌베개, 2016), 『고구려 고분벽화 읽기』(서울대학교출판문화원, 2008), *Goguryeo, in Search of its Culture and History*(Hollym, 2008), *The Dreams of the Living and Hopes of the Dead - Goguryeo Tomb Murals*(Seoul National University Press, 2007), 『중국의 화상석과 고분벽화 연구』(솔, 2007), 『고구려 고분벽화의 세계』(서울대학교출판화원, 2004), 『고구려 고분벽화 연구』(사계절, 2000)가 있다.

청소년 및 일반인을 위한 교양서로 『글바위, 하늘의 문』(진인진, 2020), 『중국인의 오브제』(성균관대학교출판부, 2020), 『고대에서 도착한 생각들』(창비, 2020), 『황금의 시대, 신라』(풀빛, 2019), 『글로벌 한국사 1 - 문명의 성장과 한국 고대사』(풀빛, 2011), 『화상석 속의 신화와 역사』(소와당, 2009), 『벽화여, 고구려를 말하라』(사계절, 2004), 『고분벽화로 본 고구려 이야기』(풀빛, 1999)를 냈으며, 어린이를 위한 우리 역사 이야기책 『고구려 고분벽화 이야기』(사계절, 2007), 『신라를 왜 황금의 나라라고 했나요?』(다섯수레, 1999), 『고구려 사람들은 왜 벽화를 그렸나요?』(다섯수레, 1998), 『고구려 나들이』(보림, 1995)를 펴냈다.

근래에 기획, 감독한 주요 전시로 〈고구려〉(유네스코, 2012.10.11.~26., 프랑스 파리 유네스코 본부), 〈동아시아 고대 문화의 빛, 고구려〉(동북아역사재단, 2009.6.~10., 몽골 국립중앙박물관, 카자흐스탄 대통령문화관, 키르기스스탄 국립미술관), 〈고대 동북아 문화의 중심, 고구려고분벽화특별전〉(동북아역사재단·일본벳부대학, 2007.11., 일본벳부대학역사문화종합센터), 〈한국의 힘과 자부심의 원천, 고구려〉(동북아역사재단·LA한국문화원, 2007.5., LA한국문화원), 〈인류의 문화유산, 고구려〉(연합뉴스·일본교도통신, 2006.9., 서울역사박물관), 〈고구려 미술전〉(국제교류재단·독일베를린국립동아시아미술관, 2005.9., 베를린국립동아시아미술관) 등이 있다.